21世纪高职高专财经类规划教材
21SHIJI GAOZHIGAOZHUAN CAIJINGLEI GUIHUA JIAOCAI

经济学基础

（附微课 第4版）

Jingjixue Jichu

邓先娥 袁芬 ◎ 主编
鲁澴 鲁妍薇 ◎ 副主编
郑伦卉 ◎ 主审

21SHIJI GAOZHIGAOZHUAN CAIJINGLEI GUIHUA JIAOCAI

人 民 邮 电 出 版 社
北 京

图书在版编目（CIP）数据

经济学基础 : 附微课 / 邓先娥, 袁芬主编. -- 4版
. -- 北京 : 人民邮电出版社, 2022.8
21世纪高职高专财经类规划教材
ISBN 978-7-115-58821-0

Ⅰ. ①经… Ⅱ. ①邓… ②袁… Ⅲ. ①经济学－高等
职业教育－教材 Ⅳ. ①F0

中国版本图书馆CIP数据核字(2022)第040681号

内 容 提 要

本书以开阔的视野和丰富的现实案例分析，将西方经济学的基本理论与我国市场经济实践紧密结合，阐述了微观经济学和宏观经济学的基本原理和运用方法，力求通俗易懂，使读者能够学以致用。

为方便教师授课和学生学习，本书配套有课程标准、电子教案、电子课件、各类题目参考答案、文本案例、视频案例、微课视频、模拟试卷及答案等资料（部分资料仅限用书教师下载），索取方式参见“更新勘误表和配套资料索取示意图”，或向编辑咨询（QQ：602983359）。

本书是针对高职高专、成人高等教育院校财经类、管理类专业经济学基础理论教学而编写的教材，可作为基层单位经济管理人员的参考用书，也可作为经济师考试的参考用书和经济学爱好者的入门读物。

◆ 主　　编　邓先娥 袁　芬
副 主 编　鲁　澴 鲁妍薇
主　　审　郑伦卉
责任编辑　万国清
责任印制　李　东　胡　南
◆ 人民邮电出版社出版发行　　北京市丰台区成寿寺路 11 号
邮编　100164　　电子邮件　315@ptpress.com.cn
网址　https://www.ptpress.com.cn
保定市中画美凯印刷有限公司印刷
◆ 开本：787×1092　1/16
印张：15.25　　2022 年 8 月第 4 版
字数：381 千字　　2025 年 1 月河北第10次印刷

定价：49.80 元

第 4 版前言

在现代市场经济条件下，经济学理论既是社会大众从事经济活动的潜在行为准则，也是政府调控经济的基本理论依据。学习经济学理论有助于读者正确认识身边的经济现象，解读经济信息与经济政策，为学习经济管理类专业课程奠定理论基础，更有助于读者理性参与经济活动。

《经济学基础》自 2013 年 5 月出版以来，得到了国内许多高职高专院校师生的肯定和厚爱。为适应经济学理论与实践的发展及教学手段的进步，更好地服务于教学，编者采纳多位教材使用者的意见和建议，对《经济学基础》已进行了两次全面细致的修订。

本次修订在第 3 版的基础上，更新了部分案例和相关数据；新增“微课堂”栏目，以视频案例的形式解析经济学理论；大幅度更新了“视野拓展”栏目；调整了部分内容的逻辑顺序，新增“三次分配”及“五等份收入分组全距系数”等内容，进一步完善了原有的理论体系。编者团队在深入学习党的二十大报告后，在重印时对本书局部内容进行了微调，在配套教学资料中增加了素质教育指引。

修订后，本书具有如下特色。

（1）突出理论的基础性。基于高职高专的教育特点及学生的知识水平，本书以介绍经济学的基本原理和分析方法为主，选择微观经济学的基本理论作为主要内容，以宏观经济学的基础知识作为辅助内容，舍弃了需要较深数理基础的经济模型及其推导过程。

（2）突出理论的实用性。本书以大量的现实经济现象为素材，采用“案例”“思考与讨论”“微课堂”“视野拓展”等多种形式，将抽象的经济学理论与鲜活的实例紧密结合起来，引导读者从能够感知的现实生活入手，学习运用经济学的基本原理来分析问题的思路和方法。

（3）突出“案例”等辅助内容的新颖性。根据国内外经济活动的变化，本次修订对“案例”等各类辅助内容做了更新、补充和完善。

（4）用二维码链接相关文献或视频，以拓展读者视野。

（5）配套资料齐全且制作精良。本次修订对课程标准、电子教案、电子课件、各类题目参考答案、文本案例、视频案例、微课视频、模拟试卷及答案做了更新、补充和完善（部分资料仅限用书教师下载），这些资料的获取方式参见“更新勘误表和配套资料索取示意图”，或向编辑咨询（QQ：602983359）。

本次修订由湖北生态工程职业技术学院邓先娥、袁芬担任主编，负责设计修订方案、修缮初稿、统稿和定稿；湖北生态工程职业技术学院鲁澴、鲁妍薇担任副主编，参与修订方案的讨论与确定；湖北生态工程职业技术学院郑伦卉担任主审，提出修改意见。各章分工如下：邓先娥改编第一章至第四章，鲁妍薇改编第五章和第六章，袁芬改编第七章至第九章，鲁澴改编第十章至第十二章。

在本次修订过程中，编者得到了多所用书院校授课教师的指点，参阅了大量国内外相关教材、报刊和网站的文献，在此表示衷心的感谢！

鉴于编者水平有限，书中不妥之处在所难免，盼读者批评指正，编者邮箱为 dxe81810023@126.com。

编　者

目 录

第一章　经济学概述

【学习目标】

了解经济学的主要内容和基本分析方法；了解学习经济学的意义；理解市场机制及市场经济的运行；掌握经济学、经济资源、资源配置、经济体制、绝对优势、比较优势等基本概念；能运用机会成本和生产可能性曲线分析现实经济问题。

案例 1.1

我国楼市三大“神话”终结

自 1998 年房改以来，我国商品房价格一路走高，大量投资者蜂拥而入，一部分企业和个人因此“变富”。而与此同时，不少中低收入者买不起房或背负了沉重的房贷。

在房地产市场过热时期，国家针对楼市采取了增加保障房供给、限购、限贷、提高法定准备金率和利率等一系列措施。党的十九大报告明确提出：“坚持房子是用来住的、不是用来炒的定位，加快建立多主体供给、多渠道保障、租购并举的住房制度，让全体人民住有所居。”

在严厉的调控之下，楼市的三大“神话”终结。其一，“以钱炒钱”的模式终结。许多投资者靠的是借钱运作，一旦资金面全面卡紧，便会陷入缺钱的境地。其二，“只赚不赔”的现象终结。查询人民法院公告网的相关文书，2020 年全国共计有 408 家房地产企业发布了相关破产文书，2021 年有所减少，但仍高达 396 家。其三，“全民炒房”的时代终结。

楼市调控实例

启发思考

（1）楼市上存在哪些市场主体及市场客体？

（2）楼市是怎样自发进行资源配置的？

（3）政府为何要对楼市进行调控？

经济活动即生产与消费活动，是人类社会赖以生存和发展的基础。有两个基本的事实支配着人们的经济活动，即有限的资源和无穷的欲望。经济学从消费者、厂商、政府等多个角度研究如何用有限的资源最大限度地满足人们的需要并揭示其规律，是人们作出经济决策的基本理论依据。

经济学并非高高在上的纯学术理论，正如 19 世纪伟大的经济学家阿尔弗雷德·马歇尔所言，“经济学是一门研究人类一般生活事务的学问”。经济学可以被运用到人们生活中的方方面面，无论是处理家庭或个人生活事务，还是从事管理工作，人们都有可能因学习并运用经济学而受益。

第一节　什么是经济学

人类从事经济活动的历史源远流长，其间不乏较成熟的经济思想，而系统研究经济活动并形成学科体系的经济学仅有200多年的历史。如今，经济学已发展成为分支众多的一门学科。经济学体系的基础为起源于西方的微观经济学和宏观经济学，一般合称西方经济学。本书主要介绍微观经济学和宏观经济学的基础知识。

微课堂
经济资源的稀缺性

那么，什么是经济学？它产生的前提是什么？

一、经济学的两个基本前提

经济学有两个基本的前提条件，即经济资源的稀缺性和资源配置的选择性。

（一）经济资源的稀缺性

人们进行经济活动所需要的诸种要素或条件统称为资源。资源按其丰裕程度可分为经济资源和自由取用资源。

经济资源是指供给有限，取用需付出代价的资源。经济资源通常分为劳动、资本、土地与企业家才能四种类型。劳动是指劳动者所提供的劳务，包括体力劳动和脑力劳动。资本是指经济活动中所使用的资金，包括实物资本和货币资本。实物资本包括机器设备、厂房、道路、原材料、动力燃料等资本品；货币资本包括现金、银行存款等。土地泛指一切自然资源，既包括狭义的土地，还包括矿藏、森林、河流、湖泊、海洋等自然资源。企业家才能是指企业家组织管理、创新和承担经营风险的能力。

自由取用资源是指供给无限，取用无须成本的资源，如阳光、风力等。经济学的研究仅限于经济资源。

人们进行经济活动是为了满足相应的需要。需要即欲望，是指人们取得并享受某种物品的愿望。

人们的需要具有无限性。从需要的层次来看，我国春秋时期的齐国丞相管仲提出了“仓廪实而知礼节，衣食足而知荣辱”的思想；卡尔·马克思把人的需要由低到高划分为生存需要、享受需要和发展需要三个层次；美国心理学家亚伯拉罕·马斯洛把人的需要由低到高划分为生理需要、安全需要、社交需要、尊重需要和自我实现需要五个层次。当低层次的需要得到满足后，人们便开始追求更高层次的需要。从需要的内容来看，人们的需要具有多样性，当一个方面的需要得到满足后，便开始追求其他方面的需要。这种追求会一直持续下去，没有止境。

相对于人们需要的无限性而言，经济资源总是有限的，这就是经济资源的稀缺性。随着人类社会的不断发展，越来越多的自然资源因人类的需要而成为稀缺资源，且稀缺程度日趋严重，因而经济资源的稀缺性已成为当今社会普遍存在的现象。

思考与讨论 1.1

（1）从人们的衣食住行等多个方面，举例说明需要（或欲望）的无限性。可以用哪些成语来说明需要的无限性？

（2）你拥有哪些经济资源？谈谈经济资源的意义。

（3）俗语“物以稀为贵”说明了经济资源的稀缺性可以用什么来衡量？

（二）资源配置的选择性

微课堂

机会成本

资源配置是指把既定资源分配到各种可供选择的用途中，以生产出能满足人们不同需要的产品。资源配置的选择性是指既定资源的配置有多种方案可供选择，它可用机会成本和生产可能性曲线来说明。

1. 机会成本

机会成本即选择的代价，是指具有多种用途的既定资源，因用于某一用途而放弃的其他用途中所能得到的最高收益。

知识点滴

我国战国时期儒家代表人物孟子说：“鱼，我所欲也；熊掌，亦我所欲也。二者不可得兼，舍鱼而取熊掌者也。生，亦我所欲也；义，亦我所欲也。二者不可得兼，舍生而取义者也。”

对于孟子而言，若二者不可兼得，则其选择熊掌的机会成本是舍弃的鱼；选择正义的机会成本是舍弃的生命。

在可供选择的各种可行性方案中，机会成本最低的方案为最优方案，因为在资源既定的条件下该方案所付出的代价最小。运用机会成本可以帮助人们进行可行性分析，为优化决策提供依据。

机会成本是关于选择的成本。没有选择，就没有放弃，当然也就不存在机会成本。所以，运用机会成本必须满足以下三个前提条件：其一，资源本身有多种用途；其二，资源可自由流动且不受限制；其三，资源能够被充分利用。

思考与讨论 1.2

（1）一些体育明星年少时为何放弃读大学而选择从事体育运动？许多农民为何放弃种地而选择到城里打工？

（2）在现实的经济活动中，机会成本普遍存在吗？

（3）结合自身的实际生活，谈谈如何运用机会成本优化决策。

2. 生产可能性曲线

生产可能性曲线是指在一定的技术条件下，用既定资源能生产的各种产品的最大可能产量组合的轨迹。

假设某村在一定的技术条件下，将既定资源用于种植茭白（X）与莲藕（Y），其最大可能产量组合如表 1.1 所示。构建坐标系，画出表中各组数据点，用光滑曲线连接各点，即得出对应的生产可能性曲线 AE，如图 1.1 所示。

表 1.1　某村最大可能产量组合

（单位：吨）

产量组合	茭白（X）	莲藕（Y）
A	0	563
B	300	463
C	547	296
D	693	115
E	747	0

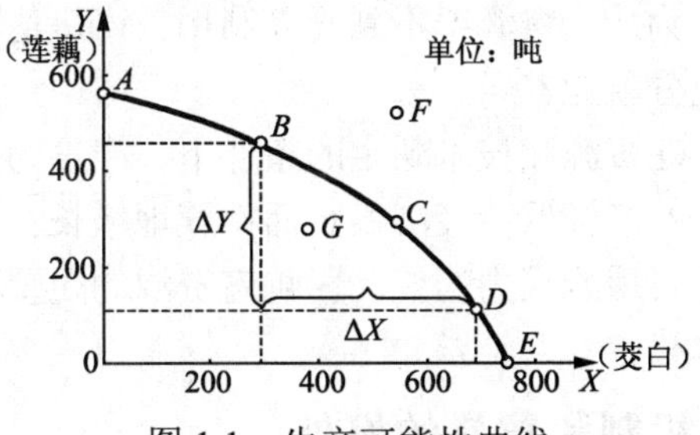

图 1.1　生产可能性曲线

思考与讨论 1.3

在资源既定的条件下，采用何种途径可以使生产可能性曲线向外移动？

在图 1.1 中，曲线 AE 上的任意一点，表示当既定资源全部用完时可达到的最大产量组合，即处于资源充分利用状态，一个组合点代表一种资源配置方案，组合点的非唯一性意味着资源配置方案的多样性和选择性；曲线 AE 以外的点，如 F 点，表示现有经济资源和技术条件无法达到的产量组合；曲线 AE 以内的点，如 G 点，表示资源未得到有效利用，生产能力未得到充分发挥的产量组合。

生产可能性曲线可以说明选择的机会成本。如图 1.1 所示，在 B 点，茭白的产量是 300 吨，如果要多生产 393 吨茭白（ΔX），则必须以放弃生产 348 吨莲藕（ΔY）为代价。

二、经济学的定义

经济资源具有稀缺性，而人们的需要具有无限性，经济学正是基于这一矛盾而产生的。经济学是研究怎样将稀缺资源在各种可供选择的用途中进行最佳配置与充分利用，从而最大限度地满足人们需要的社会科学。面对稀缺性，人们必须在各种可能性中进行选择，消费者、厂商和政府概莫能外，均需通过比较和选择，来实现对稀缺资源的最佳配置与充分利用。因此，经济学是关于选择的学问，是研究如何节约资源的社会科学。

从定义中不难看出，经济学要解决的基本问题有两类，即资源配置与资源利用。

资源配置是指把既定资源分配到各种可供选择的用途中，以生产出能满足人们不同需要的产品。资源配置具体包括三个方面的问题。

第一，生产什么，生产多少。人们的需要具有多样性和层次性，条件不同，每种需要的相对重要性也不同。在资源稀缺，全部需要得不到完全满足时，为使有限的资源能提供的满足程度最大，就要根据各种需要的相对重要性，合理选择应满足需要的种类及其程度。由于资源有限，用于生产某种产品的资源多一些，则用于生产其他产品的资源就会少一些。

第二，怎样生产。怎样生产是指用什么资源和生产方法来生产。资源具有多样性，且每种资源的相对稀缺程度不同，同样的产品可以用能相互替代的不同的资源或资源组合来生产，那么就要选择生产成本最低或能带来最高收益的资源或资源组合。生产方法的实质是如何对资源进行组合，如劳动密集型方法或资本密集型方法。

第三，为谁生产。为谁生产是指生产出来的产品按什么原则、采用什么方式在人们之间进行分配。

资源利用是指人们如何更好地利用现有的稀缺资源生产出更多的产品。有时候，稀缺资源会得不到充分利用，如在经济危机时期，大量工厂设备闲置，工人失业，整个社会的实际产量并没有达到生产可能性曲线水平，而是处于类似于图 1.1 中的 G 点的水平。资源利用涉及三个方面的问题。

第一，为什么资源得不到充分利用，产量达不到生产可能性曲线水平？如何解决失业问题，实现充分就业？

第二，在资源和技术既定的条件下，产量为什么不能始终保持在生产可能性曲线上，而是时高时低？怎样保持经济稳定而持续地增长？

第三，货币购买力的变动影响着资源的配置和利用，那么怎样通过控制通货膨胀来保持物价的基本稳定？

三、市场机制和贸易的好处

经济体制是资源配置与资源利用的基本方式。在现代社会，有两种基本的经济体制：一种是计划经济体制，即有关生产和分配的所有重大决策由政府作出，政府按指令性计划来配置与利用资源；另一种是市场经济体制，即由经济活动的当事人对生产或消费自主作出决策，并通过市场机制来配置与利用资源。计划经济体制在全局性、长远性方面具有优势，但不利于发挥单个经济单位的能动性；市场经济体制有利于发挥单个经济单位的能动性，但存在市场失灵情形。由于这两种基本的经济体制各有利弊，现实中许多国家根据本国国情综合使用这两种体制，形成混合经济体制。目前，世界上绝大多数国家都在使用以市场为基础，辅之以政府干预的混合经济体制。

微课堂
混合经济体制

1. 市场机制

市场经济体制由市场主体、市场客体以及市场机制构成。

广义的市场，是供求关系的总和。狭义的市场，是商品或劳务交易的场所或接触点。它可以是有形的场所，如杂货店、农贸市场、酒楼饭店、证券交易所、展销会、订货会等；也可以是无形的，如通过网络、电话等进行交易所形成的市场。市场还有其他多种分类方法，如按供求关系分为卖方市场、买方市场与均势市场，按交易对象的用途分为消费品市场与生产要素市场，按销售环节分为批发市场与零售市场，按国界分为国内市场与国际市场等。

知识点滴

在我国古代，城市中往往有一定的区域供人们从事商品交易活动，这样的区域称为“市”。因为交易各方比较分散，交通又不便，且可交易的商品量不多，所以人们只在特定的时间在“市”中进行交易活动，即“日中为市”。现在，我国一些地区仍存在定期聚集于某固定场所进行商品交易活动的集市贸易，北方人称到集市上买卖货物为“赶集”。

市场主体是市场上从事或参与各种交易活动的当事人，包括自然人、家庭、企业、社会团体、经济组织的法人、政府等，其角色为买方、卖方、中介和监管者。在案例 1.1 中，房地产市场主体主要有政府、房地产开发公司、出售旧房者、中介服务机构及购房者。

市场客体是指买卖双方在市场活动中交易的对象，包括商品、劳动、资本、土地、技术、信息等。在案例 1.1 中，房地产要素市场客体主要有土地、资本、劳动等，产品市场客体为房屋。

市场机制是通过市场价格和供求关系的变化及市场主体之间的竞争，协调生产与需求之间的关系，调节生产要素的流动与分配，从而实现资源配置的一套有机系统。价格是市场机制的核心，供求是其基础，而竞争则是其灵魂。现以两部门经济为例，不考虑政府、外贸、银行，说明市场经济的运行，如图 1.2 所示。

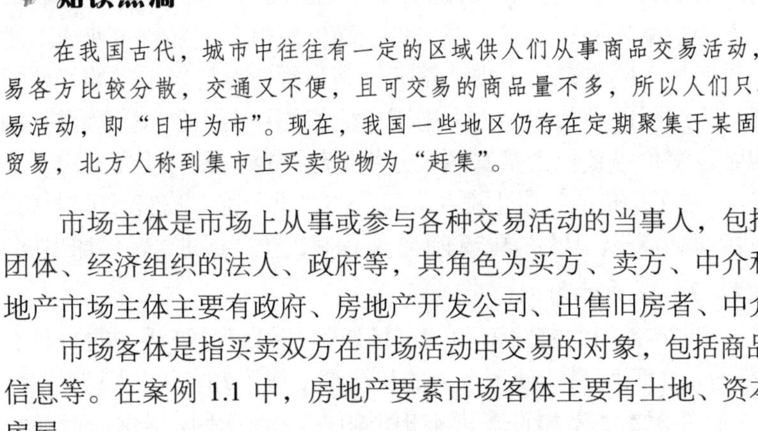

图 1.2　市场经济的运行

在图 1.2 中，消费者通过向生产要素市场提供劳动、资本等生产要素以获得收入，并从产品市场上购买所需产品；厂商从生产要素市场购买各种生产要素来生产产品，并向产品市场提供产品以获得销售收入。通过市场交易，交易者各取所需、各得其利，从而实现资源配置。

市场竞争是市场主体为自己争取有利市场地位的行为，是市场主体之间的利益博弈。竞争机制是连接价格与供求的纽带，是推动价格和供求变动的机制。如图 1.3 所示，当商品供不应求时，买方竞争激烈，推动价格上升，供给相应增加；当商品供过于求时，卖方竞争激烈，推动价格下跌，供给相应减少。

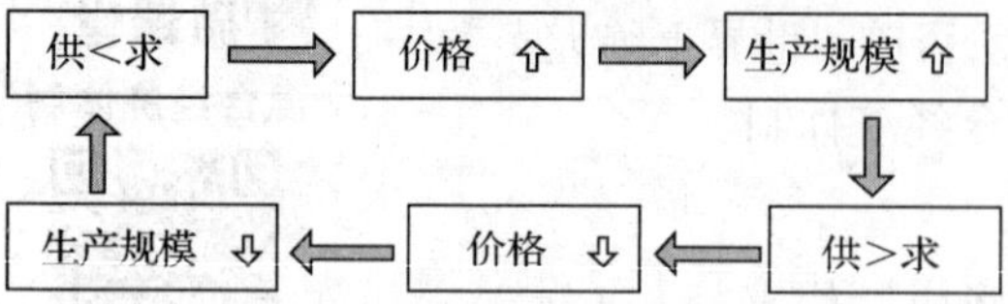

图 1.3　价格机制的运行过程

思考与讨论 1.4

（1）市场竞争存在于哪些市场主体之间？

（2）政府在市场中扮演的角色有哪些？请列举实例说明。

价格机制是指商品或资源的供给、需求与价格变化之间的有机联系，其运行过程如图 1.3 所示。价格机制具有传递信息、配置资源、提供生产与竞争动力、影响或决定收入分配及收入水平的功能。

在案例 1.1 中，价格机制自发调节着楼市的资源配置：房价上涨，吸引投资者进入房地产业并扩大投资规模；房价下跌，房地产企业缩小生产规模，部分房地产企业甚至退出房地产业。

房价过高危害经济的可持续发展：第一，有限的资源被过多配置在房地产业及相关领域，直接影响到其他行业及整个经济的均衡发展；第二，高房价推高房屋租金，导致企业成本激增，吞噬着其他产业的利润，进而推动物价普遍上涨；第三，高房价使得越来越多偏好储蓄的人们因购房而迅速由储蓄者变为严重的负债者，大大削减了他们的可支配收入，严重抑制了城市居民的消费能力；第四，高房价导致社会贫富两极分化日趋严重，影响社会安定。

思考与讨论 1.5

华为搬迁引关注

（1）请列举与房地产业相关的行业。

（2）在现实社会中，除计划与市场之外，还有哪些配置资源的方法？请列举。

（3）谈谈你对华为搬迁的看法。

鉴于房价的过度上涨和高房价的严重危害，政府必须对楼市进行调控，以引导资源合理配置，保障民生，促进经济健康发展。

2. 贸易的好处

世界各国的实践证明，市场通常是组织经济活动的一种有效方法，而贸易能使每个人的状况都变得更好。正是因为贸易，人们每天才能享用许多素不相识的人甚至国外所提供的商品和服务。贸易促使人们专门从事自己最擅长的活动，并享用更多更好的商品和服务，促进不同区域或不同国家之间优势互补、互通有无、互惠互利。这正是经济全球化蓬勃发展的根源所在，具体可以用绝对优势和比较优势解释贸易的好处。

（1）绝对优势。绝对优势是指用比其他生产者更少的投入生产某种产品的能力。亚当·斯密认为，分工可以极大地提高劳动生产率，从而降低产品成本。每个生产者、地区或国家都有其适宜生产某些特定产品的优势条件，如果都按照各自的优势进行专业化生产，然后进行交易，则对交易者非常有利，世界上的财富也会因此而增加。正如裁缝不为自己做鞋子，鞋匠不为自己缝制衣服，农场主既不打算为自己做鞋子也不打算为自己缝制衣服，因为他们都知道，把自己的全部精力集中用于比他人更擅长的职业，而以其收入购买所需要的其他物品，比自己生产一切物品能得到更多的利益。

（2）比较优势。比较优势是指用比其他生产者更低的机会成本生产某种产品的行为。大卫·李嘉图认为，两个生产者在都能生产同样两种产品的条件下，若其中一个生产者在两种产品生产上的劳动生产率皆高于另一个生产者，则每个生产者都应根据“两利相权取其重，两弊相权取其轻”的原则，集中资源生产其具有“比较优势”的产品，即处于优势地位的生产者专门生产优势较大的产品，处于劣势地位的生产者专门生产劣势较小的产品，通过分工与贸易，双方仍可从中获利。

比较优势理论具有普遍的适用性，例如，经验丰富的外科大夫不仅能给病人动手术，还能胜任对病人的护理，并亲自为一台外科手术作各方面的准备，但他们往往要专门聘请护士；企业的高级资深管理人员不仅可以全面打理企业业务，而且能非常熟练地处理企业的日常业务档案，至于对文件的打印以及资料的分类、整理、归档等工作可能更是行家里手，但他们同样要专门聘请秘书。

思考与讨论 1.6

（1）新疆盛产棉花，江西赣南盛产脐橙，两者比其他同类产区质优且单产高，这是何种优势？

（2）现实生活中，有些职业人士擅长做家务，但仍会雇钟点工清洁房屋、做饭，试解析该现象。

第二节　微观经济学与宏观经济学

经济学是研究稀缺资源的配置与利用问题的科学。随着人类社会经济的发展，经济学的基本理论形成了两个不同的分支——微观经济学和宏观经济学。微观经济学主要研究稀缺资源的合理配置，而宏观经济学则主要研究稀缺资源的充分利用。

一、微观经济学

微观经济学是以单个经济单位为研究对象，通过研究其经济行为和相应的经济变量单项数值的决定来说明价格机制如何解决资源配置问题的经济理论。

1. 微观经济学的主要特征

微观经济学主要有四个方面的特征。

第一，研究的对象是单个经济单位。单个经济单位是指单个消费者、单个厂商或单个市场。

第二，解决的问题是资源配置。微观经济学研究单个经济单位的经济行为，分析单个消费者如何将有限的收入分配在各种商品的消费上，以获得最大满足；分析单个厂商如何将有限的资源分配在各种商品的生产上，以获得最大利润，研究单个厂商的产量、成本、使用的生产要素数量和利润如何确定；分析单个商品或生产要素的需求、供给和价格如何确定等。

第三，中心理论是均衡价格理论。市场经济中，在每个经济单位追求自身利益最大化的过程中，价格起着极为重要的作用。价格就像一只“看不见的手”，指引着各种经济主体的行为，引导着资源配置，决定着购买什么、购买多少、何时购买以及生产什么、生产多少、怎样生产、为谁生产。微观经济学以均衡价格理论为中心，着力阐述价格机制如何使资源配置达到最优化，故也称价格理论或市场经济学。

第四，研究方法是个量分析。个量即经济变量的单项数值，如某产品的产量、价格等，微观经济学分析这类个量的决定、变动及其相互关系。

2. 微观经济学的基本假设

微观经济学的研究以三个假设为前提条件。

第一，市场出清。这一假设是指价格可以自由而迅速地升降，发挥调节机制，使市场自发消除过剩或短缺，实现供求均衡。具体而言，商品价格的调节使商品市场均衡；利率的调节使资本市场均衡；工资的调节使劳动力市场均衡。在这种均衡状态下，资源得到充分利用，不存在闲置或浪费。微观经济学假设资源得到充分利用为常态，进而研究资源的配置问题。

第二，完全理性。这一假设是指消费者和厂商都是以利己为目的的经济人，行事自觉以利益最大化为原则，既知道其目标是利益最大化，又知道如何实现利益最大化。只有在消费者和厂商具备完全理性的条件下，价格的调节才有可能使资源配置实现最优化。

第三，完全信息。这一假设是指消费者和厂商可以免费而迅速地获得各种市场信息，并具有处理信息的能力。例如，消费者能充分了解每种商品的性能和特点，准确判断不同消费量给自己带来的满足程度，掌握价格的变化情况等，进而作出最优的消费决策；厂商能充分了解生产要素和产品价格的变化，掌握投入与产出之间的函数关系，准确了解其产品的市场需求等，进而作出最优的生产决策。消费者和厂商只有在获得完全信息的情况下，才能及时对价格信号作出反应，实现资源配置的最优化。

3. 微观经济学的内容

微观经济学主要包括均衡价格理论、消费者行为理论、生产理论、成本与收益理论、市场结构理论、收入分配理论、微观经济政策等，其中心理论是均衡价格理论。

人物谱

亚当·斯密

亚当·斯密（Adam Smith，1723—1790），英国古典经济学家。

他在1776年出版的《国民财富的性质与原因的研究》（即《国富论》）一书中提出的许多结论和观点在当今的市场经济中仍然发挥着积极的作用。其关于一只“看不见的手”自发调节经济的思想至今仍然是“经济学皇冠上的宝石”。

《国富论》标志着微观经济学的产生，亚当·斯密被认为是现代经济学的奠基人。

二、宏观经济学

宏观经济学是以整个国民经济为研究对象，通过研究经济中各种有关总量的决定及其变化来说明资源如何才能得到充分利用的经济理论。

1. 宏观经济学的主要特征

宏观经济学主要有以下四个方面的特征。

第一，研究的对象是整个国民经济。宏观经济学研究整个国民经济的运行方式与规律，从总量上分析经济问题，如失业、通货膨胀、经济周期和经济增长等。

第二，解决的问题是资源利用。宏观经济学把资源配置作为既定的前提，研究现有资源未得到充分利用的原因、达到充分利用的途径，以及经济如何增长等问题，以实现社会经济福利的最大化。

第三，中心理论是国民收入决定理论。宏观经济学把国民收入作为最基本的总量，以国民收入决定为中心来研究资源利用问题，分析整个国民经济的运行状态。

第四，研究方法是总量分析。总量是指能反映整个经济运行情况的经济变量，如国内生产总值、国民收入、总投资、总消费等。宏观经济学分析这些总量的决定、变动及其相互关系，故也称总量经济学。

2. 宏观经济学的基本假设

宏观经济学的研究以两个假设为前提条件。

第一，市场机制不完善。自从市场经济产生以来，各国的经济就在繁荣与萧条中交替发展。单纯依赖市场机制的自发调节，无法克服危机与失业，容易使资源的稀缺与浪费并存，也就难以实现稀缺资源的合理配置与充分利用。

第二，政府有能力调节经济。政府通过研究经济运行的规律，以“看得见的手”弥补市场机制的缺陷。宏观经济学主张政府应该调节经济，政府能够调节经济。相对于“看不见的手”的提法，人们把政府对经济的干预或宏观调控称为“看得见的手”或“有形之手”，并且普遍寄希望于“两只手”的配合运用。

3. 宏观经济学的内容

宏观经济学主要包括宏观经济理论、宏观经济政策和宏观经济计量模型。本书主要涉及宏观经济理论和政策，其具体内容主要有国民收入的衡量与决定理论、宏观经济政策、失业与通货膨胀理论、经济周期与经济增长理论等。其中心理论是国民收入决定理论。

人物谱

约翰·梅纳德·凯恩斯

约翰·梅纳德·凯恩斯（John Maynard Keynes，1883—1946），英国经济学家。

凯恩斯最卓越的成就在于对宏观经济学的巨大贡献。其发表于 1936 年的代表作《就业、利息和货币通论》（简称《通论》）引发了经济学的革命，开辟了宏观经济学的研究阵地，成为宏观经济学的基石。

凯恩斯主张政府应积极干预经济，认为只有依靠政府对经济的全面干预，资本主义国家才能摆脱经济萧条和失业问题。

三、微观经济学与宏观经济学的关系

从以上阐述不难看出，微观经济学与宏观经济学之间既存在着明显的区别，又存在着密不可分的联系。

（1）微观经济学与宏观经济学的研究目的相同。微观经济学研究资源配置，宏观经济学研究资源利用。二者的研究目的都是为人类的经济活动提供正确的指导，以实现整个社会经济福利的最大化。

（2）微观经济学是宏观经济学的基础。整体经济是单个经济单位的总和，宏观经济学的总量分析以微观经济学的个量分析为基础，因此微观经济学是宏观经济学的基础。

（3）微观经济学与宏观经济学的研究内容相互补充。微观经济学是在假定资源已得到充分利用的前提下，分析怎样才能实现资源的最优配置；而宏观经济学是在假定资源已实现最优配置的前提下，分析怎

视野拓展

西方经济学说的演进历程

样才能使资源得到充分利用。二者从不同的角度分析社会经济问题，其研究内容相互补充，共同组成经济学的基本理论体系。

第三节　经济学的基本分析方法

学习经济学的分析方法，即学习经济学家的思考方式。经济学的分析方法分为实证分析方法和规范分析方法。实证分析方法最常用，其主要工具包括均衡分析法、边际分析法和经济模型分析法。

一、均衡分析法

均衡是物理学术语，指当一个物体受到两个大小相等、方向相反的外力作用时，该物体处于静止状态。19 世纪末，英国经济学家马歇尔和法国经济学家瓦尔拉斯把这一概念引入经济学中。在经济体系中，一个经济事物处在各种经济力量的相互作用中，且各种经济力量能够相互制约或相互抵消，使该经济事物处于一种相对静止的状态，即均衡状态。

均衡的概念一直是经济学家思维的基础，均衡分析法则是经济学的主要分析工具。均衡分析法是指对影响某一经济事物的各种经济变量进行分析，说明均衡的形成及变动的方法。均衡分析法可分为局部均衡分析法和一般均衡分析法。局部均衡分析法用于考察在其他条件不变的情况下，单个市场均衡的建立与变动。其考察对象是单个市场，这可以是单个消费者、一家厂商或一个行业、一种商品市场，因而存在消费者均衡分析、生产者均衡分析、某种商品均衡价格决定分析等。一般均衡分析法是把所有相互联系的各个市场看成一个有机整体，在各个市场的相互关系中考察单个市场如何实现均衡的分析方法。由于一般均衡分析法过于复杂，实际应用中大多采用局部均衡分析法。

二、边际分析法

边际分析法是指利用边际数量来分析经济变量的相互关系及其变动规律的方法。所谓边际数量，是指自变量每增加一个单位所带来的因变量的增量。边际分析法是微分理论在经济学研究中的具体运用，是常用的一种经济学分析工具。经济学中常见的边际数量有边际效用、边际产量、边际收益、边际成本、边际消费倾向、投资乘数等。

三、经济模型分析法

经济模型是经济理论的数学或图像表现。经济模型分析法是指运用函数或几何图形来描述和分析经济变量间的关系及变动规律的方法。经济学中涉及大量的经济模型，如生产可能性曲线、需求曲线、生产函数、成本函数等，能直观而深刻地揭示经济活动的内在规律。

视野拓展

实证分析方法和规范分析方法

实证分析方法是通过对客观经济现实的描述和分析，说明经济现象和经济过程“是什么”的方法。实证分析方法使经济理论可用事实来验证，具有客观性。越来越多的经济学家认为，经济学的实证化是使其科学化的唯一途径。实证分析方法的弊端是忽略价值判断，不考虑结果是否可取。

规范分析方法是从某种价值判断标准出发，研究社会经济活动“应该是什么”及“怎样做”才能符合给定标准的方法。所谓价值判断，是指对某一经济事物好或坏的判断。规范分析方法考虑结果的可取性，但用它研究经济问题所得出的结论因研究者价值观的差异而不同，具有主观性，且无从验证。

实证分析方法与规范分析方法各有利弊，二者相互联系、相互补充，常常结合使用。实证分析方法是规范分析方法的基础，规范分析方法是实证分析方法的前提。一方面，人们要运用实证分析方法对经济事物进行分析、推理、归纳，得出其特点和规律，并预测其未来趋势；另一方面，人们又必须运用规范分析方法，即根据一定的价值判断标准对经济活动的目标和政策作出选择。一般而言，目标层次越低的决策问题，其研究的实证性越强；目标层次越高的决策问题，其研究的规范性越强。

启发思考

“男女应该同工同酬”和“高职大三学生面临就业与专升本抉择”的命题各属于哪种分析方法？

第四节　学习经济学的意义与方法

经济学是经世致用之学，它应人类社会经济发展的需要而产生，因对社会经济实践的巨大影响而被誉为“社会科学的皇冠”，是人们进行经济决策的基本理论依据。在现代市场经济条件下，经济学所阐述的基本原理既是政府调控经济的基本理论依据，又是社会大众从事经济活动的潜在行为准则。

教学互动

问：什么是经济决策？

答：经济决策是指为实现一定的经济目标，通过分析、比较，从若干可行性方案中选择一个最优方案的过程。

一、为什么要学习经济学

学习经济学能获得哪些收益？能从事哪些职业？这是许多初学者十分关心的问题。

1. 学习经济学的收益

学习经济学本身不会让人变得富有，但经济学能提供一些有助于人们致富或增强幸福感的工具。

（1）学习经济学有助于学习其他相关理论。经济学是一门基础理论学科，其基本理论和分析方法是应用类经济学科和管理学科的理论基础。与经济学关系密切的专业和学科有市场营销、管理学、财务管理、财政与金融、证券分析等。可见，学习经济学能为相关专业课程的学习奠定必要的理论基础。

（2）学习经济学有助于正确认识经济现象。例如，为什么在粮食大丰收的年份，农民的收入反而减少了？为什么火车上的盒饭要比街面店铺的价钱贵？为什么一些企业处于亏损状态却还在继续经营……经济学能为你作出正确的回答。

（3）学习经济学有助于正确解读经济信息与经济政策。有关研究显示，当今社会报纸杂志 70%～80%的内容是经济类信息，如消费者物价指数、银行存贷款利率、市场行情、供求信息、各种税费政策等。学习经济学能帮助你深刻理解这些经济信息，正确判断经济政策的影响、潜力与局限性，从而使你的思维更加敏锐，更善于捕捉并抓住商机。

（4）学习经济学有助于理性地参与经济活动。在日常生活和工作中，人们要作出许多经济决策。例如，一位在校大学生需要作出消费决策、是否兼职的决策等；参加工作后，需要决定收入在消费、储蓄或投资方面的配置，进而作出是否创业的决策等；如果创业成功，又需要作出产量决策，招聘人员、购买设备和原材料的决策，以及产品定价决策等。经济学所提出的理论观点和思考方式，让人们从一个新的角度去思考如何更好地作出上述决策。

视野拓展

经济专业技术资格考试简介

经济基础知识（初级）考试大纲

经济基础知识（中级）考试大纲

（5）学习经济学可为备考经济师奠定经济学知识基础。经济师考试中的“经济基础知识”是一个综合性的考试科目，内容包括经济学基础、财政、货币与金融、统计、会计、法律六个部分。分析近几年的考试真题可知，以上六个部分在试题中分布较为均衡，分值比例相差不大，其中经济学基础部分的分值略高。

2. 与经济学密切相关的职业

从事各种职业的人，都有必要学习经济学；从事与经济学密切相关职业的人，则必须学好经济学。与经济学密切相关的职业主要有以下六类。

（1）经济顾问。当今社会，经济学家已经成为各国政府及大型投资机构的经济顾问，为相关机构的高层决策提供咨询服务。许多政府的经济部门、商业银行、投资银行都设有首席经济学家。2021 年 3 月，经济学家蔡昉和王一鸣入选我国央行货币政策委员会委员。经济学家巴曙松 2009 年就任中国银行业协会首席经济学家，经济学家姚余栋 2016 年 8 月就任大成基金首席经济学家，经济学家刘锋 2018 年 2 月就任银河证券首席经济学家。

视野拓展

首席经济学家

首席经济学家制度被一些国际组织、政府机构以及商业性公司广泛采用。这种制度不仅有利于提升本组织机构内部的决策效率，而且有利于提升本组织机构的社会形象。首席经济学家不仅把自己的研究成果提供给所聘单位使用，而且活跃于各种经济金融论坛，通过媒体把自己的经济金融观点和对市场走势的分析判断传播给社会。

据《金融时报》报道，设有首席经济学家的组织机构主要有以下五类。

第一类是国际性和区域性组织，如世界银行、国际货币基金组织、国际能源机构、世界经济论坛、欧洲央行、亚洲开发银行、经济合作与发展组织等。

第二类是国家政府部门，如苏格兰皇家银行、德国中央银行、美国农业部等。

第三类是行业协会等民间组织，如美国环保协会、美国全国房地产经纪人协会、美国汽车经销商协会、美国航空运输协会、英国工商协会、欧洲纺织协会等。

第四类是金融企业。这是设有首席经济学家最广泛、最普遍的一类组织。世界上知名的金融机构（含投资银行、商业银行、证券公司）都聘请了专门的首席经济学家。

第五类是研究咨询机构和新闻媒体，如环球透视咨询公司、伦敦世界市场研究中心、美国《财富》杂志、英国《经济学人》杂志等。

（2）政府官员及企业总裁。政府官员及企业总裁可以不是职业经济学专家，但在作出重大经济决策时，必须是经济学家所提供的经济政策及建议的明智“消费者”。

（3）企业管理人员、营销人员及投资者。

（4）财经领域的记者、作家与编辑。

（5）财经节目主持人及评论人。

（6）财经领域的科研人员及专业教师。

二、怎样学习经济学

经济学具有实用性，因而是鲜活的；经济学具有抽象性，因而是难学的。在学习经济学的过程中，若能积极尝试以下提议，相信一定会受益匪浅。

（1）提前预习。课前阅读相关章节，了解学习内容，标记疑难点，这样听课目标就会更明确。

（2）主动交流。同学之间多讨论学习中遇到的问题，多交流学习心得；主动向教师请教学习中的疑难问题，及时排疑解惑。否则，问题积累得越多，学习难度就会越大。

（3）善于思考。厘清所学内容涉及的基本概念、基本规律和基本分析方法，注重知识点的关联性与理论的实用性。本书中的“案例”“思考与讨论”等都涉及对相应理论的即时运用，可作为检测对学习内容掌握程度的模块。

（4）适时总结。及时消化和归纳所学内容，提高对所学知识的把握程度，提升学习效能。学完每章内容后，尝试总结要点，并与“本章小结”比较，找出差异。

（5）勤于练习。保质保量并按时完成指定练习，勤练基本技巧和相关技能。每章最后的“练习题”不论是否被教师指定为课后作业，都应认真练习。新知识被运用的次数越多，就会被掌握得越牢固。

（6）学以致用。本书中的“案例”“思考与讨论”“微课堂”“视野拓展”等栏目有助于将理论与现实相结合，千万不要忽视；与同学、家人、朋友讨论热点经济现象时，试着用所学的经济理论进行分析；尝试将所学的经济理论用于审视和指导自己的经济决策；可利用本书中相应的提示，查找更丰富的学习资源，以加深对所学理论及相关现实问题的思考与认识。

视野拓展

关于图示的说明

图示既是一种常用的分析手段，也是经济理论的一种表述方法。图示与文字、函数式相比，具有表述简洁、直观、深刻的特点。因此，正确阅读与绘制图示有助于更好地掌握和运用经济理论。

图示种类繁多，本书主要运用的是平面线图。平面线图适用于表述经济变量间的关系。

图示一般由标题、图式、尺标和辅助部分四个要素构成。标题是图示的名称，概括反映图示的主要内容；图式是图示所用的具体图形，是图示的主体部分，在平面线图中表现为直线、曲线或折线；尺标包含坐标轴、尺度、变量名称及计量单位等；辅助部分包括图例、数字说明及资料来源等，这一要素依需要而设。

阅读图示时，首先阅读标题，了解图示的主要内容；其次阅读横坐标与纵坐标，了解其代表的变量；最后阅读图式，观察变量间的关系形态。

绘制平面线图时，要注意以下事项：第一，了解所要研究的问题，确定自变量和因变量；第二，搜集并整理绘图所需数据；第三，建立坐标系，指定并标注横轴与纵轴所代表的变量及计量单位，需要时标注刻度，经济学中习惯以横轴代表因变量、以纵轴代表自变量；第四，于坐标系中画出各数据点，连接成线；第五，审核图示并加上标题，标题一般位于图示的正下方或正上方。

不少同学对数学心存畏惧，但我们的日常生活和工作都离不开数学。保持平和的心态，从基础的点滴学起，持之以恒，就能体验数学，尤其是图示的精妙与独到之处！

本章小结

经济学是研究经济资源配置与利用的科学。它有两个基本前提，即经济资源的稀缺性和资源配置的选择性。经济资源的稀缺性是相对人们需要的无限性而言的，资源配置的选择性可用机会成本和生产可能性曲线来说明。

在现代社会中，人们采用计划和市场两种基本经济体制来解决资源配置与资源利用问题。当今世界绝大多数国家都在使用以市场为基础，辅之以政府干预的混合经济体制。

经济学的基本理论由微观经济学和宏观经济学两个部分构成。微观经济学研究单个经济单位的经济行为及相应经济变量单项数值的决定，以解决资源配置问题，其中心理论是均衡价格理论；宏观经济学研究整个国民经济各有关总量的决定及其变化，以解决资源利用问题，其中心理论是国民收入决定理论。

经济学的分析方法有实证分析方法与规范分析方法。其中，实证分析方法的主要工具包括均衡分析法、边际分析法与经济模型分析法。

练 习 题

一、概念识记

经济学　经济资源　资源配置　经济体制　机会成本　生产可能性曲线　绝对优势
比较优势　微观经济学　宏观经济学

二、单项选择题

1. 资源的稀缺性是指（　　）。
   A. 相对于人们无穷的欲望而言，资源总是不足的
   B. 生产某种产品所需资源的绝对数量很少
   C. 世界上的资源最终会因人们生产更多的物品而消耗殆尽
   D. 以上答案都不正确
2. 在当今的经济社会中，（　　）。
   A. 因为资源是稀缺的，所以不存在资源的浪费
   B. 因为存在资源浪费，所以资源并不稀缺
   C. 既存在资源的稀缺，又存在资源的浪费
   D. 既不存在资源的稀缺，又不存在资源的浪费
3. 经济学所说的理性，是指（　　）。
   A. 人们不会作出错误的判断

B. 人们总会站在自己的角度作出最好的决策

C. 人们根据完全信息而行事

D. 人们不会为自己所作出的错误决策而后悔

4. 选择的代价，称为（　　）。

A. 沉没成本　B. 机会成本　C. 会计成本　D. 边际成本

5. 下列各项中，会导致一国生产可能性曲线向外移动的是（　　）。

A. 经济周期　B. 通货膨胀　C. 技术进步　D. 失业

6. 下列命题中，（　　）属于规范分析范畴。

A. 去年某纳税人获得个人所得税年度汇算退税 1.2 万元

B. 我国城乡居民恩格尔系数呈下降趋势

C. 2021 年 5 月，我国城镇调查失业率为 5.0%

D. 政府应该多提供保障性住房

7. 资源的稀缺性程度可用（　　）来衡量。

A. 人们的需要　B. 资源数量　C. 资源质量　D. 资源价格

8. 比较优势理论是由（　　）提出的。

A. 亚当·斯密　B. 大卫·李嘉图　C. 约瑟夫·熊彼特　D. 梅纳德·凯恩斯

9. 根据美国心理学家马斯洛的需要层次理论，人们走亲访友方面的需要属于（　　）。

A. 生理需要　B. 社交需要　C. 尊重需要　D. 自我实现需要

10. 目前，世界上绝大多数国家使用的是（　　）经济体制。

A. 计划　B. 市场　C. 单一　D. 混合

三、多项选择题

1. 下列选项中，（　　）是经济资源。

A. 雨水　B. 电　C. 阳光　D. 棉花

2. 下列选项中，（　　）不属于生存需要。

A. 看电影　B. 吃家常菜　C. 戴名表　D. 穿保暖棉衣

3. 人们的需要具有（　　）。

A. 无限性　B. 稀缺性　C. 层次性　D. 多样性

4. 在经济决策中，人们应选择（　　）的方案。

A. 收益最高　B. 收益最低　C. 机会成本最高　D. 机会成本最低

5. 市场主体的角色有（　　）。

A. 买方　B. 卖方　C. 中介　D. 监管者

6. 经济学可定义为（　　）。

A. 研究企业如何赚取利润的科学　B. 研究如何配置与利用稀缺资源的科学

C. 研究如何选择的科学　D. 研究如何消费的科学

7. 价格机制的功能有（　　）。

A. 传递信息　B. 配置资源　C. 提供生产动力　D. 调节收入分配

8. 微观经济学的假设有（　　）。

A. 市场失灵　B. 市场出清　C. 完全理性　D. 完全信息

9. 微观经济学研究的基本问题包括（　　）。

A. 生产什么及生产多少　　B. 如何生产

C. 为谁生产　　D. 稳定物价和经济增长

10. 经济学的基本分析方法有（　　）。

A. 均衡分析法　B. 边际分析法　C. 经济模型分析法　D. 因素分析法

四、判断题

1. 经济学按研究方法不同划分为微观经济学和宏观经济学。（　　）
2. 如果社会不存在资源的稀缺性，也就不会产生经济学。（　　）
3. 经济人假设意味着人们在任何场合都是自私自利的。（　　）
4. 在房地产市场中，房屋是市场主体。（　　）
5. “经济增长是好事还是坏事”的命题属于实证分析范畴。（　　）
6. 微观经济学解决资源利用问题，宏观经济学解决资源配置问题。（　　）
7. “在其他条件不变时，商品价格下降，其购买量上升”属于规范分析。（　　）
8. 以利他为目的的行为，符合完全理性假设。（　　）
9. 市场竞争一般只存在于卖者之间。（　　）
10. 宏观经济学的基本假设之一是政府有能力调节经济。（　　）

五、简答题

1. 什么是价格机制？它有哪些功能？
2. 简述微观经济学与宏观经济学的区别与联系。

六、应用题

1. 画出市场经济的运行图，并指出下列每种活动所涉及的产品和服务流向以及货币流向。

（1）学生张丽从食堂购买 1 份早餐，支付 10 元。

（2）食堂提供勤工助学岗位，学生李超利用课余时间在食堂工作 2 小时，获得收入 50 元。

（3）学生王龙花 500 元报名参加某专业技术资格考试培训班。

（4）食堂因经营需要向员工赵大荣借款，支付借款利息 2 000 元。

2. 某学生 1 小时可读 8 页经济学教材或 10 页心理学教材，他每天学习 8 小时。请画出他阅读经济学教材和心理学教材的生产可能性曲线，写出函数式，分析他多读 6 页经济学教材的机会成本。（提示：已知的数据点只有两个，本题中的生产可能性曲线为直线；可利用直线的斜率计算多读 6 页经济学教材的机会成本）

3. 试计算你读大学的会计成本与机会成本。（提示：读大学的会计成本是指在大学期间发生的用于学习的全部费用）

4. 有人说，农村人比城里人更愿意多生孩子，请作个小型调查，验证这一说法，并用经济学理论进行解释。

5. 分析自身月生活费的可能用途，进行配置，拟定多种可行性方案，选择适合自身的最佳方案，并说明理由。

6. 分析自身课余时间的可能用途，进行配置，拟定多种可行性方案，选择适合自身的最佳方案，并说明理由。

第二章　供求与价格理论

【学习目标】

掌握需求、供给、均衡价格、需求的价格弹性等基本概念；掌握供求定理及均衡价格的形成机制；掌握均衡分析法；能熟练运用供求与价格理论解释和分析现实经济问题。

案例 2.1

生猪价格变动与政府猪肉储备制度

在我国，生猪价格多年来一直存在着周期性的剧烈波动。我国生猪价格波动周期一般为 3～4 年。每一轮生猪价格暴涨，都会吸引大批资金进入养猪业，造成供过于求而导致价格暴跌；每一轮生猪价格暴跌，都会迫使养殖户缩小养殖规模或退出养猪业，造成供不应求而导致价格暴涨。

生猪价格的波动与其需求和供给有直接关系。在当今社会，猪肉已经成为一些人生活中的主要肉食品，家庭、饭店、食堂及肉食深加工等市场需求使得生猪需求表现出极大的刚性。也就是说，造成生猪价格大幅波动的主因是供给。改革开放以来，我国生猪生产多为农户散养，规模较小。散养户防控生猪疫病能力弱，抗风险能力弱，产销信息不对称，一旦出现损失则难以承担。行情好时一窝蜂补栏，导致供应量快速增加，价格下跌；行情不好时大量淘汰能繁母猪，致使生猪供应量快速下降，价格上涨。

全国生猪价格变化图

政府长期扶持政策影响生猪供给实例

政府猪肉储备制度调节生猪和猪肉市场实例

为建立生猪生产稳定发展的长效机制，国务院出台了一系列扶持政策，包括能繁母猪补贴、奖励生猪调出大县、生猪政策性保险、建立和健全生猪疫病防控体系和生猪良种繁育体系、扶持标准化规模养殖场（小区）粪污处理和沼气基础设施建设等着眼于长期的扶持政策。同时，健全生猪行业和猪肉市场监测预警机制，并进一步完善政府猪肉储备调节机制。

启发思考

（1）怎样看待生猪价格的暴涨、暴跌？

（2）生猪价格剧烈波动的根本原因是什么？

（3）政府一系列着眼于长期的扶持政策对生猪价格有何影响？

（4）政府猪肉储备制度如何影响生猪价格？

（5）人们对猪肉需求的价格弹性是怎样的？

均衡价格理论是微观经济学的中心理论，而需求和供给是决定价格的两种基本力量。本章主要介绍需求、供给、均衡价格、弹性等理论及其运用。

第一节　需求理论

人们进行经济活动是为了满足相应的需要，而研究消费者的需求是厂商经营活动的起点。

一、需求、需求表与需求曲线

需求（demand）是指消费者在某一特定的时期内，在每一价格水平下愿意而且能够购买的某种商品或劳务的数量。

“愿意”是指有购买愿望，“能够”是指有购买能力。因此，需求是购买愿望与购买能力相统一的有效需求。

需求可用需求表和需求曲线来表达。某农贸市场五花肉的需求情况如表 2.1 所示。在平面坐标系中画出表 2.1 中的各组数据点，连接各点，即得出需求曲线，如图 2.1 所示。

思考与讨论 2.1

糖尿病患者对白糖有需求吗？低收入家庭对高档住房有需求吗？请说明理由。

表 2.1　某农贸市场五花肉日需求表

组合点	价格（P，元/千克）	需求量（Q，千克）
a	33.80	255
b	29.60	280
c	27.60	310
d	26.20	355
e	25.00	400

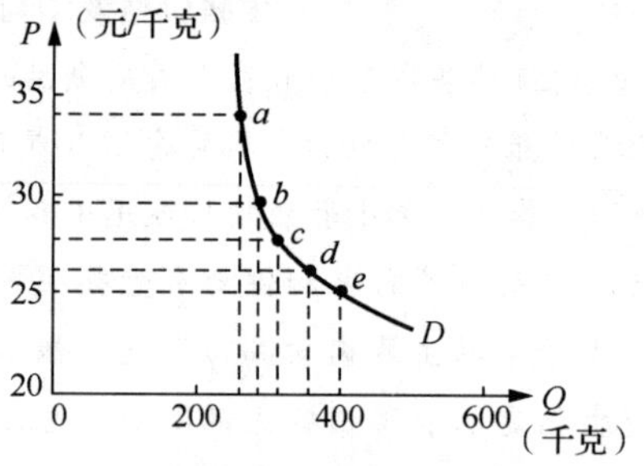

图 2.1　需求曲线

需求可分为个人需求和市场需求。个人需求是指单个消费者（家庭或个人）对某种商品的需求；市场需求是指全体消费者对某种商品的总需求。

教学互动

问：怎样由个人需求得出市场需求？

答：将同一价格水平下所有的个人需求量逐一相加，得出相应的市场需求量；每一价格水平与其对应的市场需求量组合的集合，即市场需求。

二、影响需求的因素与需求函数

需求除了可用需求表、需求曲线来表达外，还可用需求函数来表达。

1. 影响需求的因素

影响需求的因素很多，主要有以下几种。

思考与讨论 2.2

（1）我国私家车为何越来越多？

（2）我国政府为何要废除农业税？

（1）商品自身的价格。一般而言，在其他因素不变的条件下，一种商品的价格越高，其需求量越小；价格越低，其需求量越大。可见，商品的需求量与自身价格呈反向变化。

（2）消费者的收入水平及社会收入分配的平等程度。一般而言，收入水平及社会收入分配平等程度的提高会导致对商品需求的增加；反之，则对商品的需求减少，即商品的需求与收入及分配平等程度呈同向变化。

（3）消费者偏好。偏好是指消费者对某种商品的喜欢和偏爱。消费者越偏好某种商品，对这种商品的需求就越大；当偏好减弱时，对这种商品的需求就会减小。人们的偏好可能来自个人爱好，也可能来自社会习俗或宗教信仰。如主食，我国南方人爱米饭，北方人喜面食；饮料，东方人好饮茶，西方人爱喝咖啡。

（4）相关商品的价格。当一种商品本身的价格保持不变，而和它相关的其他商品的价格发生变化时，这种商品的需求会发生变化。

商品之间的相关关系有两种：其一是互补关系；其二是替代关系。

互补关系是指两种商品互相补充，配合使用，共同满足人们的某一需要。具有互补关系的两种商品互称为互补品，如手电筒与电池、家用电器与接线板、钢笔与墨水等。商品之间的互补性往往是不对称的，其互补程度因商品特征的不同而异。根据商品间互补程度的不同，互补品可分为完全互补品和非完全互补品。完全互补品是指始终以固定比例搭配使用或消耗的商品；非完全互补品也称普通互补品，是指有互补关系但不符合完全互补品情形的商品。一般而言，互补品之间，一种商品的需求与其互补品的价格呈反向变化。

替代关系是指两种商品都能独立满足人们的同一种需要。具有替代关系的两种商品互称为替代品，如空调与电扇、面粉与大米、固定电话与手机等。根据商品间可替代的程度不同，替代品可分为完全替代品和部分替代品。完全替代品是指以固定比例替代使用的商品；部分替代品是指有替代关系但不符合完全替代品情形的商品。一般而言，替代品之间，一种商品的需求与其替代品的价格呈同向变化。

思考与讨论 2.3

（1）猪肉的替代品有哪些？

（2）当猪肉涨价时，其替代品的需求会发生怎样的变化？

案例 2.2

汽油价格与小型汽车的需求

1973 年，爆发了第一次石油危机，美国原油价格上涨了 4 倍，最高达到每桶近 12 美元；1979 年，爆发了第二次石油危机，当时原油价格上涨了 2 倍，最高达到每桶 37 美元。石油是汽油的生产原料，石油危机使得汽油价格大幅上涨，美国汽车销量急剧下降，25 万名产业工人失业，福特、克莱斯勒等大型汽车公司面临生存危机，汽车业遭受重创，由此陷入萧条。

与此同时，在能源日渐紧缺的 20 世纪 70 年代，日本汽车厂商的能源危机感使他们在节能方面不断探索，小型汽车开始大行其道，出口量骤增。由此，丰田、日产等公司迅速成为世界级汽车厂商。1980 年，日本汽车总产量达到 1 104 万辆，超过美国成为世界上最大的汽车生产出口国。

既然公司和住宅之间的距离不可能缩短，人们只好放弃自己的大中型旧车，而选购较小型的更节能的汽车，这样每升汽油就可以多跑一段距离。于是小型汽车的销量持续攀升，而大中型汽车的市场竞争力明显下降。

启发思考

（1）汽油与汽车间有何关系？

（2）小型汽车与大中型汽车间有何关系？

（3）汽油价格上涨，大中型汽车需求会发生怎样的变化？小型汽车需求会发生怎样的变化？

（4）你从案例中得到的启示是什么？

（5）消费者对未来的预期。消费者对未来的预期包括对商品价格水平和自身收入水平的

视野拓展

预期影响需求
实例：抢购卫生纸

预期。消费者预期商品涨价，会增加当前购买量，现期需求增加；消费者预期商品跌价，会减少当前购买量，现期需求减少。这就是人们常说的“买涨杀跌”。消费者预期自身收入水平提高，会增加现期需求；反之，则会减少现期需求。

（6）人口数量及结构变动。商品的需求与人口数量同向变动。如大城市人口数量多，其对各种商品的需求会明显高于小城市。另外，每年新增减的人口也会使商品的需求发生相应的变化。人口结构的变动会影响需求的结构，从而影响某些商品的需求。当前我国已进入老龄化社会，随着老年人比重的增加，药品、保健品、陪护服务等的需求相应增加。

思考与讨论 2.4

改革开放以来，各类外资企业纷纷抢滩中国，这是为什么？

（7）广告规模。一般来说，商品的需求与广告规模同向变动。广告是一种促销手段，可影响人们的偏好而使需求发生变化。

（8）政府的政策。政府的政策会影响需求，如减免个人所得税、增加政府转移支付和降低利率等政策会刺激消费需求增加；限购限贷、开征房产税和提高利率等政策会使购房需求减少。

此外，需求还受一些特殊因素，如气候、自然灾害、疫病及战争等的影响。

2. 需求函数

需求函数是某种商品的需求数量与其影响因素之间的相互关系。在上述诸多影响需求的因素中，最直接、最重要的是商品自身的价格。以 P 表示商品自身的价格（price，自变量），Q_d 表示商品的需求数量（quantity of demand，因变量），在假定其他因素保持不变的条件下，需求函数可表达为

$$Q_d = f(P) \tag{2-1}$$

在图示分析中，需求函数或需求曲线常用需求的英文单词的首字母 D 标记。

三、需求定理

需求定理是指在影响需求的其他因素不变的条件下，商品的需求量与其自身价格呈反向变化。

影响需求的其他因素，是指除商品自身价格之外的各种影响因素。需求定理以“影响需求的其他因素不变”为前提条件，离开这一前提条件，需求定理就不成立。

商品的需求量与其自身价格呈反向变化是由替代效应与收入效应共同作用形成的。在其他因素不变的条件下，当一种商品的价格下降时，意味着其相对价格即机会成本降低，会吸引其替代品的购买者，从而使需求量增加，此为替代效应；在其他因素不变的条件下，当一种商品的价格下降时，意味着相同的收入能够购买更多的这种商品，从而使需求量增加，此为收入效应。

需求定理反映一般商品的需求规律，对特殊商品则例外。典型的特殊商品有炫耀性商品、吉芬商品和投机性商品。①炫耀性商品是指用来显示人们社会身份和地位的商品，如贵重首饰、高档手表、豪华型轿车等，这类商品只有在高价时才能起到炫耀的作用。②吉芬商品是指在其他因素不变的条件下，价格上升，需求量反而增加的商品。英国经济学家吉芬发现，1845 年爱尔兰发生灾荒，马铃薯的价格上升，需求量反而增加。这是因为人们的实际收入减

少，而同时又不存在比马铃薯更廉价的可供替代的必需品，尽管马铃薯价格上升其需求量仍会增加。③投机性商品有股票、债券、黄金、邮票等，其价格受人们心理预期影响大，需求呈不规则变化。

四、需求量的变动与需求的变动

经济学严格区分需求的两种变化：一种是需求量的变动，另一种是需求的变动。

需求在概念上是“一条线”，是每一价格水平与其对应的需求数量组合点的集合；而需求量则是需求曲线上的“一个点”，是某一具体价格水平所对应的需求数量。

需求量的变动是指在其他因素不变的条件下，由商品自身价格变化引起的该商品需求数量的变动。其变动结果表现为同一条需求曲线上点的移动，向左上方移动表示需求量减少，向右下方移动表示需求量增加，如图 2.2 所示。

需求的变动是指在商品自身价格不变的条件下，由其他因素变化引起的该商品需求数量的变动。其变动结果表现为整条需求曲线的平移，向左平移表示需求减少，向右平移表示需求增加，如图 2.3 所示。

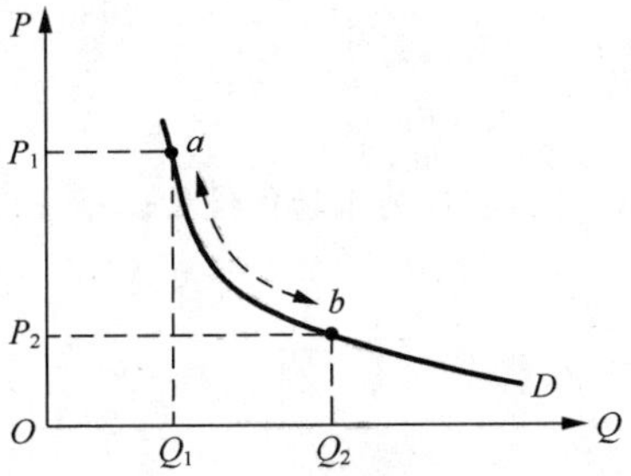

图 2.2　需求量的变动

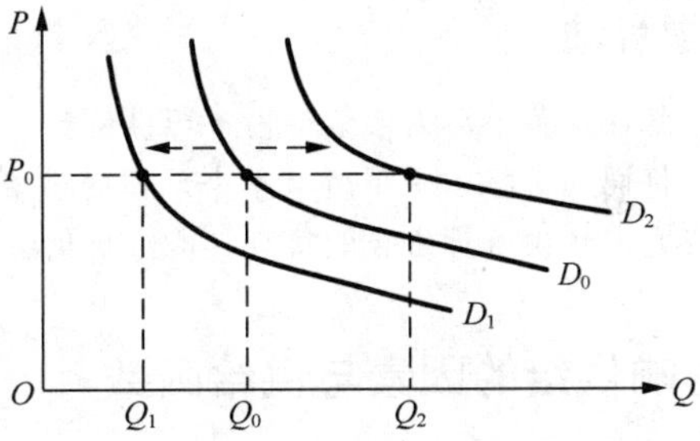

图 2.3　需求的变动

思考与讨论 2.5

（1）上游新闻·重庆晨报 2021 年 3 月 7 日消息，“三八”妇女节来临，重庆市中心城区花市生意火爆，热销鲜花以康乃馨、玫瑰为主。鲜花的需求发生了何种变化？

（2）超市的某类商品降价活动会引起此类商品的需求发生何种变化？

（3）上述两类商品的需求变化相同吗？为什么？

第二节　供给理论

供给是与需求相对应的一种市场力量，没有供给，消费者的需求就得不到实现和满足。

一、供给、供给表与供给曲线

供给（supply）是指厂商在某一特定的时期内，在每一价格水平下愿意且能够提供出售的某种商品或劳务的数量。

“愿意”是指有出售愿望，“能够”是指有生产能力。因此，供

> **思考与讨论 2.6**
>
> 厂商惜售能形成商品供给吗？成衣制造商能形成粮食供给吗？请说明理由。

给是出售愿望与生产能力相统一的有效供给。

供给可用供给表和供给曲线来表达。某农贸市场五花肉的供给情况如表 2.2 所示。在平面坐标系中画出表 2.2 中的各组数据点，连接各点，即得出供给曲线，如图 2.4 所示。

表 2.2　某农贸市场五花肉日供给表

组合点	价格（P，元/千克）	供给量（Q，千克）
a	33.80	420
b	29.60	364
c	27.60	310
d	26.20	260
e	25.00	200

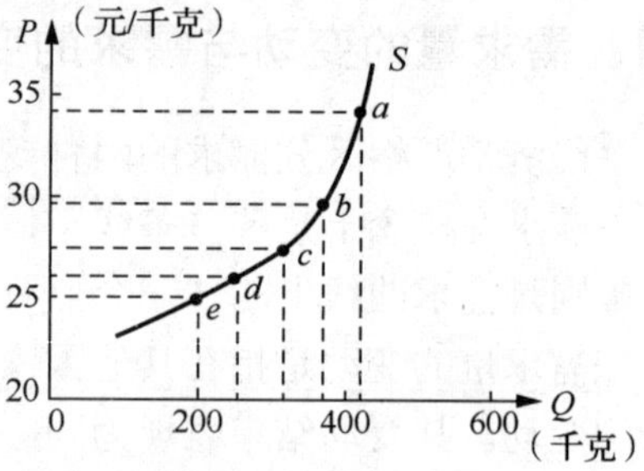

图 2.4　供给曲线

供给可分为单个厂商供给和市场供给。单个厂商供给是指单个厂商对某种商品的供给，市场供给是指生产某种商品的全体厂商对该种商品的总供给。

教学互动

问：怎样由单个厂商供给得出市场供给？

答：将同一价格水平下所有单个厂商的供给量逐一相加，得出相应的市场供给量；每一价格水平与其对应的市场供给量组合的集合，即市场供给。

二、影响供给的因素与供给函数

供给除了可用供给表、供给曲线来表达外，还可用供给函数来表达。

微课堂

供给的影响因素

1. 影响供给的因素

影响供给的因素很多，主要有以下几种。

（1）商品自身的价格。一般而言，在其他因素不变的条件下，一种商品的价格越高，其供给量越大；价格越低，其供给量越小。可见，商品的供给量与自身价格呈同向变化。

（2）生产技术。在资源既定的条件下，生产技术的提高会提高生产效率，使资源得到更充分的利用，从而降低生产成本，增加利润，使商品的供给增加。

（3）生产要素的价格。生产要素的价格上升，产品的生产成本则随之上升，在产品销售价格不变的情况下，利润减少，商品的供给减少；反之，商品的供给增加。

（4）相关商品的价格。当一种商品本身的价格保持不变，而其他相关商品的价格发生变化时，这种商品的供给也会发生变化。

一种商品的供给与其互补品的价格呈同向变化。一般而言，在其他因素不变的条件下，互补品中一种商品的价格上升，该商品的利润增加、供给增加，配套使用的另一种商品的供给会随之增加；反之，配套使用的另一种商品的供给会随之减少。如茶叶与茶具为互补品，茶叶价格上升，供给增加，配套使用的茶具的供给会随之增加；新房与新房装修为互补品，新房因价格下降而供给减少，与之匹配的新房装修的供给也会随之减少。

一种商品的供给与其替代品的价格呈反向变化。一般而言，在其他因素不变的条件下，替代品中的一种商品的价格上升，该商品的利润增加、供给增加，替代品中的另一种商品的供给减少；反之，替代品中的另一种商品的供给增加。如某计算机生产商既可生产台式机，也可生产笔记本电脑，在其他因素不变的条件下，当笔记本电脑的价格上升时，笔记本电脑的利润增加、供给增加，台式机的供给减少；2008 年国产大豆的价格从每吨 6 000 元下跌到每吨 3 000 元，在东北地区，由于大豆价格下降，农民纷纷放弃种植大豆，而选择种植收益相对较高的玉米。

知识点滴

人们可从不同角度来认识相关商品。从消费角度来看，互补品和替代品的解释详见本章第一节。从生产角度来看，互补品是指在同一生产过程中同时生产的产品，如加工松脂同时出产松香与松节油，松香与松节油即为互补品；替代品是指可以用同样的资源来生产的产品，如 2018 年 5 月，河南省中牟县新蒜收购价格从上一年的 10 元/千克下降到 1 元/千克，一些农民放弃种植大蒜，而改种收益相对较高的小麦，大蒜与小麦即为替代品。

（5）厂商对未来的预期。厂商对未来预期乐观，如预期商品的价格上涨，就会增加供给；厂商对未来预期悲观，如预期商品的价格下跌，就会减少供给。

（6）厂商的数量。一个行业中的厂商越多，供给越多；反之，供给越少。

（7）政府的政策。扶持性经济政策，如降低进入壁垒、减免税收、提供财政补贴、提供低息甚至无息贷款等，可刺激生产，增加供给；而限制性经济政策，如提高进入壁垒、增加税收、提高贷款利率等，可抑制生产，减少供给。

此外，供给还受一些特殊因素，如气候、自然灾害、疫病、战争及市场结构等的影响。

视野拓展

政府政策影响供给实例

行业协会影响供给实例

2. 供给函数

供给函数是某种商品的供给数量与其影响因素之间的相互关系。在上述诸多影响供给的因素中，最直接、最重要的因素是商品自身的价格。以 P 表示商品自身的价格（price，自变量），Q_s 表示商品的供给数量（quantity of supply，因变量），在假定其他因素保持不变的条件下，供给函数可表达为

$$Q_s = f(P) \tag{2-2}$$

在图示分析中，供给函数或供给曲线常用供给的英文单词的首字母 S 标记。

三、供给定理

供给定理是指在影响供给的其他因素不变的条件下，商品的供给量与其自身价格呈同向变化。

影响供给的其他因素是指除商品自身价格之外的各种影响因素。供给定理以“影响供给的其他因素不变”为前提条件，离开这一前提条件，供给定理就不成立。

供给定理反映一般商品的供给规律，对特殊商品则例外。典型的特殊商品有劳动、供给量固定的商品和投机性商品。①劳动的供给起初会随工资的提高而增加，当工资提高到一定程度后，劳动者会更看重休闲与娱乐，随着工资的进一步提高，劳动的供给反而会减少。②供给量固定的商品，如土地、古董、古画等，在一定的条件下，其供给量不随价格而

变动。③投机性商品有股票、债券、黄金、邮票等，其价格受人们心理预期影响大，供给呈不规则变化。

视野拓展

逆流而行的智慧

在我国，“猪周期”“蒜周期”“蛋周期”等可谓众所周知。一般而言，在其他因素不变的条件下，价格上涨，供给量增加，符合供给定理，那么何以造成严重的供过于求？主要原因有：其一，生产规模小、分散，产销信息不对称，生产者盲目跟风；其二，生产与销售出现时滞，生产需要一个过程，开始生产时行情好，到销售时行情却发生了变化；其三，随着价格上涨，需求量在减少。那么，从生产者的角度来看，是否有更好的应对之策呢？

战国时代的商人白圭的经营方法与众不同，总是逆流而行，“人弃我取，人取我与”。有一次，别的商人都在一窝蜂地抛售棉花（注：《史记·货殖列传》中记载为“帛絮”，泛指轻暖之御寒物品，“棉花”为后人演绎），拼命地大减价；白圭却大量地买进棉花，甚至花钱租地方存放棉花。卖完棉花，别的商人都抢着购进皮毛；白圭却打开仓库，把库存皮毛卖得精光。几天后，有消息说今年棉花严重歉收，商人们心急火燎地到处寻找棉花；白圭高价卖出了全部库存棉花，发了一笔大财。又过了一段时间，满街的皮毛突然卖不出去了，价格降得越来越低，那些抢购皮毛的商人血本无归。

巴菲特曾说，“在别人恐惧时我贪婪，在别人贪婪时我恐惧”，其思想与白圭有异曲同工之妙。物以稀为贵，物极必反。当生产者不了解市场行情及规律，而盲目跟随大流的时候，危险正在前方。

四、供给量的变动与供给的变动

经济学严格区分供给的两种变化：一种是供给量的变动，另一种是供给的变动。

供给在概念上是“一条线”，是每一价格水平与其对应的供给数量组合点的集合；而供给量则是供给曲线上的“一个点”，是某一具体价格水平所对应的供给数量。

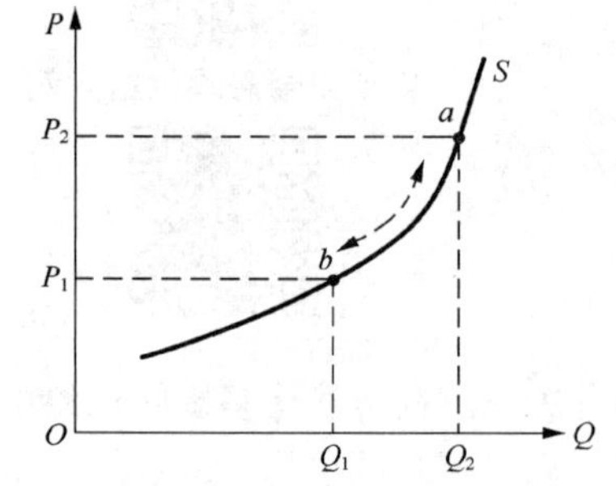

图 2.5　供给量的变动

供给量的变动是指在其他因素不变的条件下，由商品自身价格变化引起的该商品供给数量的变动。其变动结果表现为同一供给曲线上点的移动，向左下方移动表示供给量减少，向右上方移动表示供给量增加，如图 2.5 所示。

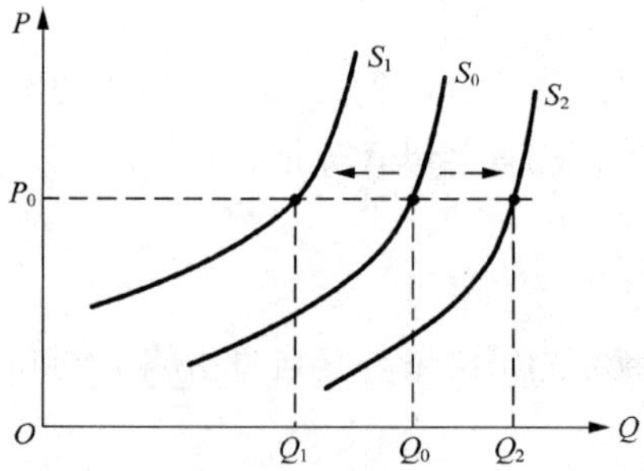

图 2.6　供给的变动

供给的变动是指在商品自身价格不变的条件下，由其他因素变化引起的该商品供给数量的变动。其变动结果表现为整条供给曲线的平移，向左平移表示供给减少，向右平移表示供给增加，如图 2.6 所示。

思考与讨论 2.7

（1）2018 年我国大蒜价格大幅下跌，引起 2019 年大蒜的供给发生了何种变化？

（2）2018 年我国苹果主产区遭受花期霜冻及后期冰雹灾害，导致苹果的供给发生了何种变化？

（3）上述两种商品的供给变化相同吗？为什么？

第三节　均衡价格理论

在市场上，需求与供给是两种相互对立的经济力量，买者希望商品价廉物美，卖者希望商品价高利大。这两种经济力量相互作用，使市场达到均衡状态。在均衡状态下，各种经济力量相互制约和相互抵消，使各方愿望得以满足，此时的价格即为均衡价格。

一、均衡价格的决定

均衡价格（equilibrium price）是指某商品的市场需求量与市场供给量相等时的价格。商品的均衡价格是商品的需求和供给两种力量共同作用的结果，由市场机制自发调节形成。其形成过程如图 2.7 所示。

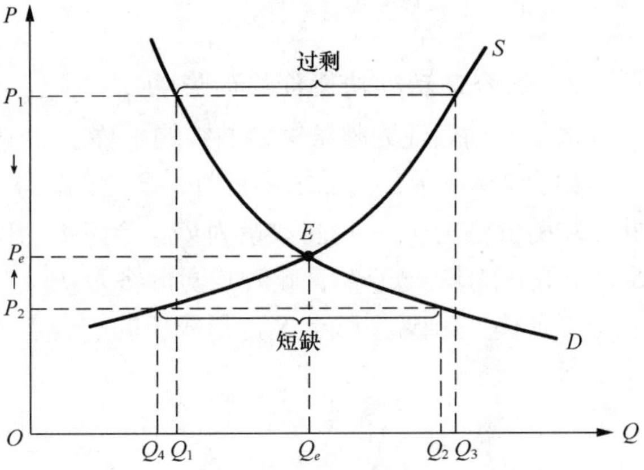

图 2.7　均衡价格的决定

在图 2.7 中，需求曲线 D 与供给曲线 S 的交点 E 为均衡点，其对应的价格 P_e 为均衡价格，对应的数量 Q_e 为均衡数量。当市场价格偏离均衡价格时，市场会处于需求量与供给量不相等的非均衡状态。非均衡状态具体分两种情形：其一，市场价格高于均衡价格，如价格水平位于 P_1，此时供给量 Q_3 大于需求量 Q_1，商品供过于求引起供给各方激烈竞争，竞相降价，供给量下降，趋于均衡状态；其二，市场价格低于均衡价格，如价格水平位于 P_2，此时供给量 Q_4 小于需求量 Q_2，商品供不应求引起需求各方激烈竞争，竞相购买，商品价格上涨、供给量上升，趋于均衡状态。一般情况下，在市场机制的作用下，供求不相等的非均衡状态会逐步消失，市场价格会自动回复到均衡价格水平。

在案例 2.1 中，我国生猪价格的暴涨、暴跌是市场机制发挥调节作用的正常表现，但过于剧烈的价格波动不利于生猪行业的稳定发展。我国生猪价格剧烈波动的根本原因就在于生猪供给不稳定，供求失衡严重。

均衡价格的决定条件可用下列函数表达：

$$\begin{cases} Q_d = f(P) \\ Q_s = f(P) \\ Q_d = Q_s \end{cases} \qquad (2\text{-}3)$$

均衡价格的形成过程还可用供求表来说明，如表 2.3 所示。

表 2.3　某农贸市场五花肉供求状态分析表

组合点	价格（P，元/千克）	需求量（Q_d，千克）	供给量（Q_s，千克）	Q_s-Q_d（千克）	市场状态	价格变动趋势
a	33.80	255	420	165	供过于求	下降
b	29.60	280	364	84		
c	27.60	310	310	0	均衡	—
d	26.20	355	260	−95	供不应求	上升
e	25.00	400	200	−200		

二、需求与供给变动对均衡价格的影响

一种商品的均衡价格是由其需求与供给共同决定的，需求与供给是不断变化的，任何一方的变动都会引起均衡价格的变动。

微课堂
均衡分析法

1. 需求变动对均衡价格的影响

需求变动表现为整条需求曲线的平移。

如图 2.8 所示，当供给不变时，既定的供给曲线 S 与初始需求曲线 D_0 相交于均衡点 E_0，此时均衡价格为 P_0，均衡数量为 Q_0。当需求增加时，需求曲线向右上方平移，由 D_0 平移至 D_2，形成新的均衡点 E_2，此时均衡价格为 P_2，均衡数量为 Q_2；当需求减少时，需求曲线向左下方平移，由 D_0 平移至 D_1，形成新的均衡点 E_1，此时均衡价格为 P_1，均衡数量为 Q_1。

结论：当供给不变时，需求变动引起均衡价格及均衡数量同向变动。

思考与讨论 2.8

2003 年“非典”疫情是怎样影响板蓝根市场的？2008 年“三聚氰胺事件”是怎样影响国产奶粉市场的？试用均衡分析法进行分析。

2. 供给变动对均衡价格的影响

供给变动表现为整条供给曲线的平移。

如图 2.9 所示，当需求不变时，既定的需求曲线 D 与初始供给曲线 S_0 相交于均衡点 E_0，此时均衡价格为 P_0，均衡数量为 Q_0。当供给增加时，供给曲线向右下方平移，由 S_0 平移至 S_2，形成新的均衡点 E_2，此时均衡价格为 P_2，均衡数量为 Q_2；当供给减少时，供给曲线向左上方平移，由 S_0 平移至 S_1，形成新的均衡点 E_1，此时均衡价格为 P_1，均衡数量为 Q_1。

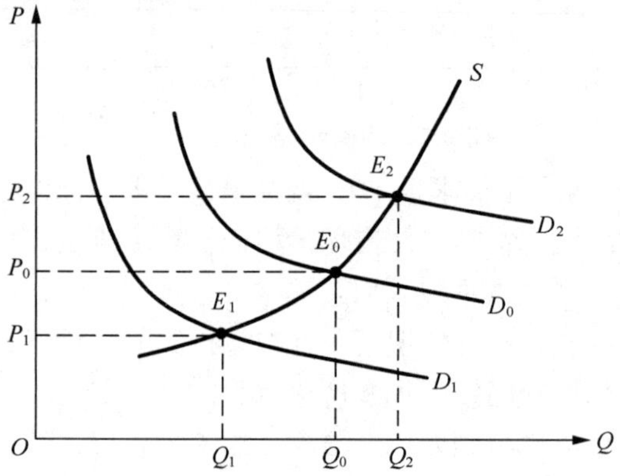

图 2.8　需求变动对均衡价格的影响

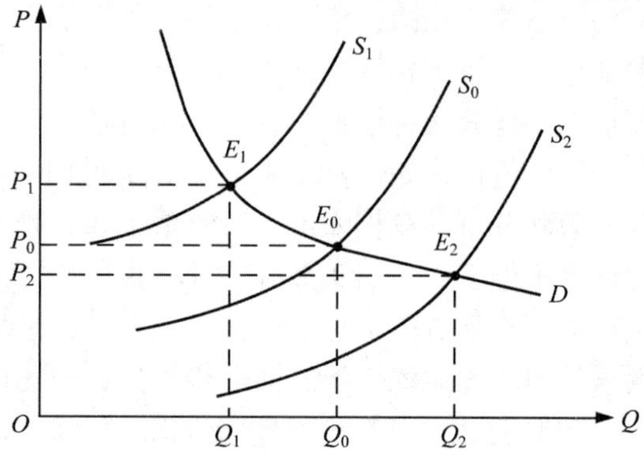

图 2.9　供给变动对均衡价格的影响

结论：当需求不变时，供给变动引起均衡价格反向变动、均衡数量同向变动。

思考与讨论 2.9

厄尔尼诺现象是秘鲁、厄瓜多尔一带的渔民用于称呼一种异常气候现象的名词。它主要指太平洋东部和中部热带海洋的海水温度异常地持续变暖，使整个世界的气候模式发生变化，造成一些地区干旱而另一些地区降雨过多。试用均衡分析法分析厄尔尼诺现象对农产品市场的影响。

> **教学互动**
>
> **问：**供求与价格有怎样的关系？
>
> **答：**供求决定价格，价格影响供求。

3. 供求同时变动对均衡价格的影响

供求同时变动分为两种情况：其一，供求同向变动，即同增或同减；其二，供求反向变动，即一增一减。

由前述两个结论可知，当供给不变时，需求变动引起均衡价格及均衡数量同向变动；当需求不变时，供给变动引起均衡价格反向变动、均衡数量同向变动。由此可得出第三个结论：当供求同向变动时，均衡数量与供求同向变动，均衡价格变动情况取决于供求变动的幅度；当供求反向变动时，均衡价格与需求同向变动，均衡数量变动情况取决于供求变动的幅度。

以上关于需求与供给变动对均衡价格的影响的三个结论，称为供求定理。

教学互动

问：怎样运用均衡分析法进行供求与价格分析？

答：供求与价格分析具体分为如下几个步骤。

（1）建立坐标系，确定初始的需求曲线与供给曲线及均衡点；

（2）确定影响因素的类型（是商品自身价格还是商品自身价格外的其他因素）；

（3）确定供求变动的类型及方向（是点的移动还是线的平移，以及向哪个方向变动）；

（4）画出均衡图，说明供求变动如何影响商品的均衡价格和均衡数量。

三、政府限价的影响

市场自发形成的均衡价格不一定合理，政府会根据具体的经济形势采取一系列经济政策，如限价、税收等政策，对市场价格进行干预。

政府限价是指政府对商品的价格水平或浮动幅度所作的限制或规定，常见的有最低限价和最高限价。

1. 最低限价

最低限价也称支持价格或保护价格，是指政府为扶持某一行业发展而规定的该行业产品的最低价格。最低限价总是高于市场自发形成的均衡价格，实行最低限价政策可保护生产者的利益。如图 2.10 所示，市场自发形成的均衡价格为 P_e，均衡数量为 Q_e，政府为支持该行业发展而规定的价格为 P_1，支持价格 P_1 高于均衡价格 P_e，此时供给量 Q_s 大于需求量 Q_d，市场上出现产品过剩的情况。

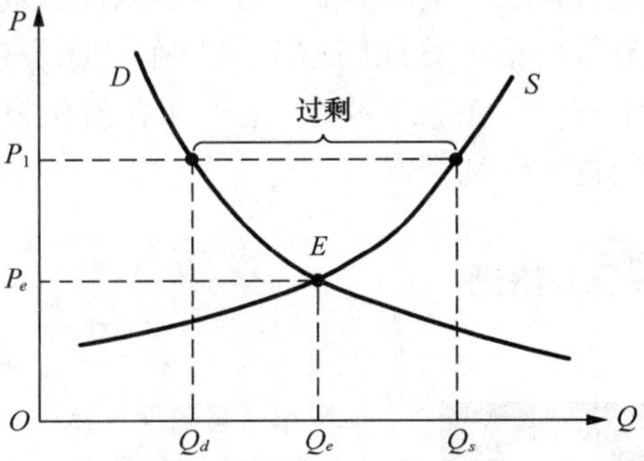

图 2.10　最低限价

微课堂
最低限价

为了维持最低限价，政府通常会收购市场上过剩的产品，用于国家储备或出口。

最低限价政策主要适用于少数重要的农产品。现阶段，我国执行最低收购价的品种有小麦和稻谷，一些地方政府为扶持当地的特色支柱产业发展，也会适时针对除小麦和稻谷之外的少数重要农产品实行最低收购价格政策。

知识点滴

在我国，为提高农民种粮的积极性，进一步促进粮食生产的发展，国家持续在粮食主产区实行最低收购价政策。2021 年生产的早籼稻（三等，下同）、中晚籼稻和粳稻的最低收购价分别为每 50 千克 122 元、128 元和 130 元，2021 年生产的小麦（三等）的最低收购价为每 50 千克 113 元。

此外，我国目前执行的最低工资标准也属于最低限价政策。

2. 最高限价

最高限价也称限制价格，是政府为限制某些商品的价格而对其规定的最高价格。政府对

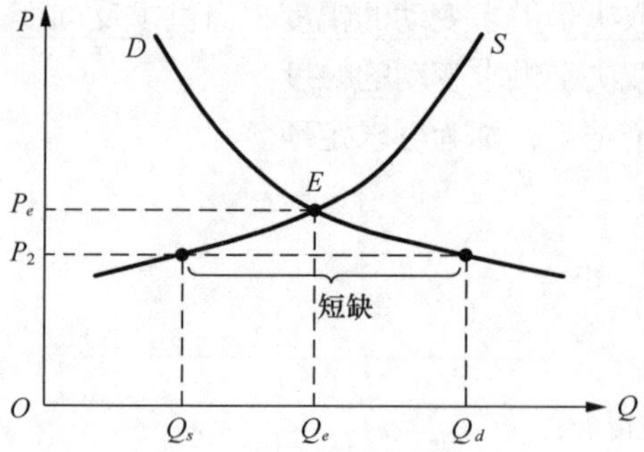

图 2.11 最高限价

垄断性很强的基本生活必需品实行最高限价政策可控制这类商品的价格上涨，抑制通货膨胀，保护消费者利益。最高限价总是低于市场自发形成的均衡价格。如图 2.11 所示，市场自发形成的均衡价格为 P_e，均衡数量为 Q_e，政府为限制价格过高而规定的价格为 P_2，限制价格 P_2 低于均衡价格 P_e，此时供给量 Q_s 小于需求量 Q_d，市场上出现商品短缺的情况。

为了维持最高限价，政府通常会采取配给制，消费者凭票证购买商品。最高限价下的供不应求易导致市场上消费者排队抢购和黑市交易盛行。

我国最高限价政策主要适用于重要公用事业、公益性服务和网络型自然垄断领域。政府定价范围以目录形式分中央和地方呈现。自 2020 年 5 月 1 日起施行的《中央定价目录》包括输配电、油气管道运输、基础交通运输服务、重大水利工程供水、重要邮政服务、特殊药品及血液等共 7 类 16 项。

地方定价目录由省级人民政府价格主管部门按照定价权限和范围制定，经本级人民政府审核同意，报国务院价格主管部门审定后公布。地方定价目录涵盖 31 个省份（不含港澳台），可在各省份发展和改革委员会的官方网站查询。

视野拓展

《中央定价目录》相关资料　　地方定价目录实例

人物谱

阿尔弗雷德·马歇尔

阿尔弗雷德·马歇尔（Alfred Marshall，1842—1924），英国经济学家，“剑桥学派”（新古典学派）创始人。

其代表作是于 1890 年出版的《经济学原理》，此著作在西方经济学界被誉为与《国富论》齐名的划时代著作。

《经济学原理》阐述了均衡价格理论，始创局部均衡分析法，提出了需求弹性、边际效用、消费者剩余等概念，构成了现代经济学的基础。

第四节　弹 性 理 论

弹性是物理学术语，指物体对外部力量的反应程度。在经济学中，弹性指当经济变量之间存在函数关系时，因变量对自变量变化的反应程度，其大小用弹性系数来表示。供求与价格理论从定性的角度揭示商品的需求或供给随其各种影响因素的变动而变动的基本规律，弹性理论在此基础上进一步从量的角度研究商品的需求量或供给量变动与其影响因素变动之间的关系。

一、需求的价格弹性

商品自身的价格是影响其需求的主因，需求的价格弹性研究商品的需求量变动与其自身价格变动之间的关系。

（一）什么是需求的价格弹性

需求的价格弹性（price elasticity of demand）也称需求弹性，表示在一定时期内一种商品的需求量对于其价格变动的反应程度，是商品的需求量变动率与价格变动率之比。以 E_d 表示需求弹性，其基本计算公式为

$$E_d=-\frac{\text{需求量变动率}}{\text{价格变动率}}=-\frac{\frac{\Delta Q}{Q}}{\frac{\Delta P}{P}}=-\frac{\Delta Q}{\Delta P}\cdot\frac{P}{Q} \tag{2-4}$$

式中，ΔP、ΔQ 分别为价格与需求量的变动量，P、Q 分别为变动前的价格与需求量。

通常情况下，因为商品的需求量与价格呈反向变化，所以 E_d 为负数。为方便比较，公式前加负号，使计算结果为正值。值越大，弹性越大，表示商品的需求量对价格变动的反应越敏感。

用式 2-4 计算某商品需求曲线上两点之间的需求弹性时，计算结果因涨价与降价方向不同，变动率的计算基数不同而产生差异。为消除因价格变动方向不同所产生的影响，价格 P 与需求量 Q 通常取变动前后的平均值，称为中点法。中点法的计算公式为

$$E_d=-\frac{\Delta Q}{\Delta P}\cdot\frac{\frac{P_1+P_2}{2}}{\frac{Q_1+Q_2}{2}}=-\frac{Q_2-Q_1}{P_2-P_1}\cdot\frac{P_1+P_2}{Q_1+Q_2} \tag{2-5}$$

式中，P_1、P_2 分别为变动前后的价格，Q_1、Q_2 分别为变动前后的需求量。当不考虑价格变动方向时，人们一般采用中点法计算弹性系数。

示例

需求弹性的计算之一

某市场上白糖的价格为 11 元/千克时，需求量为 1.25 吨；价格为 14 元/千克时，需求量为 1.22 吨。白糖的需求弹性是多少？

解：白糖的需求弹性为

$$E_d=-\frac{Q_2-Q_1}{P_2-P_1}\cdot\frac{P_1+P_2}{Q_1+Q_2}=-\frac{1.25-1.22}{11-14}\times\frac{14+11}{1.22+1.25}\approx 0.1$$

式 2-4 与式 2-5 适于计算价格变动量较大时某商品一条需求曲线上两点之间的需求弹性（称为弧弹性），当价格变动量趋于零时，式 2-4 可转化为

$$E_d=-\lim_{\Delta P\to 0}\frac{\Delta Q}{\Delta P}\cdot\frac{P}{Q}=-\frac{\mathrm{d}Q}{\mathrm{d}P}\cdot\frac{P}{Q} \tag{2-6}$$

式 2-6 适于计算需求曲线上某一点的需求弹性（称为点弹性）。

示例

需求弹性的计算之二

已知某市场上西红柿的需求曲线为 Q_d=18 900−2 750P，当价格为 5.6 元/千克时，其需求弹性是多少？

解：当价格 P 为 5.6 元/千克时，需求量 Q=18 900−2 750 × 5.6=3 500（千克）。

$$E_d=-\frac{\mathrm{d}Q}{\mathrm{d}P}\cdot\frac{P}{Q}=-(-2\ 750)\times\frac{5.6}{3\ 500}=4.4$$

教学互动

问：怎样获得商品的需求弹性？

答：采用市场调查方法获得。其一，用文案调查法，查阅相关研究资料，找到所需数据；或根据以往不同价格下的销售量历史统计数据进行计算。其二，用实地调查法，测得一定时期内商品在不同价格下的销售量，用中点法进行计算。

（二）需求弹性的分类

根据弹性系数的大小，一般把需求弹性分为表 2.4 所示的五种类型。

在现实经济生活中，需求的单位弹性、完全弹性和完全无弹性比较少见，大多数商品的需求弹性为缺乏弹性或富有弹性。

表 2.4　需求弹性的分类

类　别	E_d取值	变量变化特点	图　示	图示特点	示　例
完全无弹性	$E_d=0$	$\Delta Q=0$	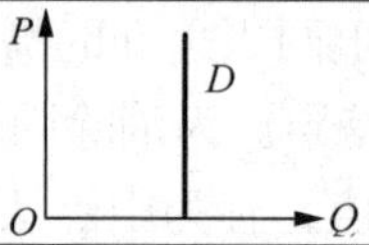	垂直	特效药、火葬服务等无替代品的必需品
缺乏弹性	$0<E_d<1$	$\frac{\Delta Q}{Q}<\frac{\Delta P}{P}$	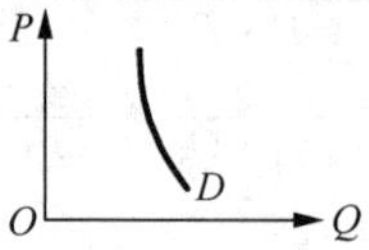	陡峭	食物、饮用水、衣服、调料等必需品
单位弹性	$E_d=1$	$\frac{\Delta Q}{Q}=\frac{\Delta P}{P}$	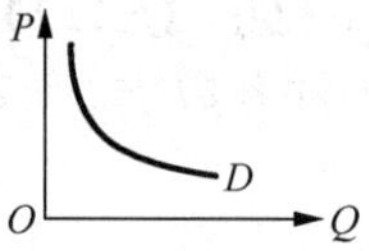	正双曲线	少数家具类产品等
富有弹性	$1<E_d<\infty$	$\frac{\Delta Q}{Q}>\frac{\Delta P}{P}$	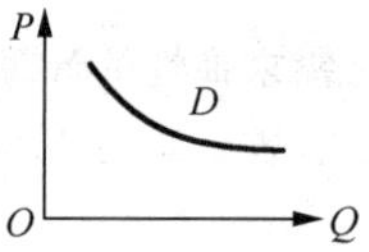	平缓	贵重首饰、私人飞机等奢侈品
完全弹性	$E_d=\infty$	$\Delta P=0$	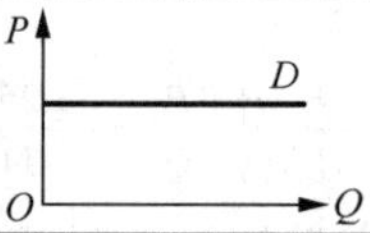	水平	货币、完全竞争市场单个厂商面临的需求曲线等

案例 2.3

春运的难题

春节是我国传统的节日，是阖家团圆的日子。自 20 世纪 80 年代以来，伴随着改革开放的进程，民工潮兴起及高校扩招使春节期间运输部门压力骤增。为应对一年一度的客运高峰，运输部门出台了专门的春节运输安排，即春运。它的时间是以春节为界，节前 15 天，节后 25 天，共计 40 天。

在我国，约 98%的民众选择乘坐火车与汽车的出行方式。而在长途运输中，铁路运输因票价低、运行平稳、安全性高而更具优越性。面对巨大的市场需求，有限的运力使得春运期间的火车票“一票难求”，“黄牛党”即“票贩子”应运而生。为缓解春运的压力，铁路部门曾推行春运期间火车票涨价的方案，结果以失败告终；2012 年，铁路部门推出了火车票实名制，整治“黄牛党”取得了一定成效，通过提速、加开车次等措施增加运力使“一票难求”的局面有所缓解，但想彻底解决则很难。

启发思考

（1）春运期间，人们对火车票的需求弹性是怎样的？

（2）为何会出现火车票黑市交易？

（3）应如何破解春运的难题？

（三）影响需求弹性的因素

影响需求弹性的因素很多，主要有以下几个方面。

第一，商品必需的程度。一般而言，生活必需品的需求弹性小，非生活必需品的需求弹性大。如粮食、饮用水等生活必需品的需求弹性小，而艺术品、歌剧票等非生活必需品的需求弹性大。

第二，商品可替代的程度。一般而言，替代品多，可替代程度大的商品，其需求弹性大；反之，替代品少，可替代程度小的商品，其需求弹性小。如饮料类商品，替代品多，其需求弹性大；而尖椒、八角等商品，替代品少，其需求弹性小。

第三，商品用途的广泛性。一般而言，通用品，用途广泛，其需求弹性大；反之，专用品，用途狭窄，其需求弹性小。用途越广泛，价格变化所引起的需求量变化就越大，因而需求弹性越大。如汽车的需求富有弹性，而汽油的需求缺乏弹性。

第四，商品的耐用程度及消费支出占消费者预算总支出的比重。一般而言，商品越耐用，其消费支出在消费者预算总支出中所占的比重越高，商品的需求弹性越大；反之，则越小。如空调、汽车等商品的需求弹性大，而毛巾、香皂、食盐等商品因不耐用且支出很小，其价格变化往往不被消费者重视，因而需求弹性小。

第五，消费者调节需求量的时间。一般而言，从短期来看，消费者来不及调整需求量，因而需求弹性小；从长期来看，消费者和厂商找到替代品的可能性更大，因而需求弹性大。

总之，一种商品需求弹性的大小是多种影响因素综合作用的结果。同一商品在不同时间不同市场上的需求弹性不尽相同，需要结合具体情况进行分析。

微课堂

需求弹性与定价策略

（四）需求弹性与厂商的总收益

商品需求弹性与厂商的总收益有着密切的关系，研究两者之间的关联规律，可为厂商进行营销决策提供理论依据。

总收益（total revenue，TR），也称总收入，是厂商出售一定数量的商品所得到的全部收入。其计算公式为

$$\mathrm{TR} = P \cdot Q \qquad (2\text{-}7)$$

式中，P 为价格，Q 为与需求量一致的销售量。

1. 富有弹性的商品

示例

富有弹性商品的价格与总收益

假设手机的需求是富有弹性的，弹性系数为 1.2，当价格为 800 元/部时，销售量为 200 部，现降价 10%，总收益会怎样变化？

解： 已知 E_d=1.2，P_1=800，Q_1=200，根据弹性系数公式 $E_d = -\dfrac{\text{需求量变动率}}{\text{价格变动率}}$，得

需求量变动率 $= -E_d \times$ 价格变动率 $= -1.2 \times (-10\%) = 12\%$

$TR_1 = P_1Q_1 = 800 \times 200 = 160\ 000$（元）

$TR_2 = P_2Q_2 = P_1(1-10\%) \cdot Q_1(1+12\%) = 800 \times 90\% \times 200 \times 112\% = 161\ 280$（元）

$\Delta TR = TR_2 - TR_1 = 161\ 280 - 160\ 000 = 1\ 280$（元）

计算结果表明，价格下降 10%，总收益增加 1 280 元。

结论：需求富有弹性的商品，其总收益与价格呈反向变动。如图 2.12 所示，商品价格由 P_1 下降至 P_2，总收益由 P_1Q_1 增加至 P_2Q_2。

知识点滴

人们常说“薄利多销”。“薄利”即降价，“多销”即增加销售量，降价就能“多销”，“多销”则能增加总收益。只有需求富有弹性的商品，才适用“薄利多销”的原则。

2. 缺乏弹性的商品

示例

缺乏弹性商品的价格与总收益

假设鸡蛋的需求是缺乏弹性的，弹性系数为 0.26，当价格为 8 元/千克时，销售量为 400 千克，现降价 10%，总收益会怎样变化？

解：已知 $E_d=0.26$，$P_1=8$，$Q_1=400$，根据弹性系数公式 $E_d = -\dfrac{需求量变动率}{价格变动率}$，得

需求量变动率 $= -E_d \times$ 价格变动率 $= -0.26 \times (-10\%) = 2.6\%$

$TR_1 = P_1Q_1 = 8 \times 400 = 3\ 200$（元）

$TR_2 = P_2Q_2 = P_1(1-10\%) \cdot Q_1(1+2.6\%) = 8 \times 90\% \times 400 \times 102.6\% = 2\ 954.88$（元）

$\Delta TR = TR_2 - TR_1 = 2\ 954.88 - 3\ 200 = -245.12$（元）

计算结果表明，价格下降 10%，总收益减少 245.12 元。

结论：需求缺乏弹性的商品，其总收益与价格呈同向变动。如图 2.13 所示，商品价格由 P_1 下降至 P_2，总收益由 P_1Q_1 减少至 P_2Q_2。

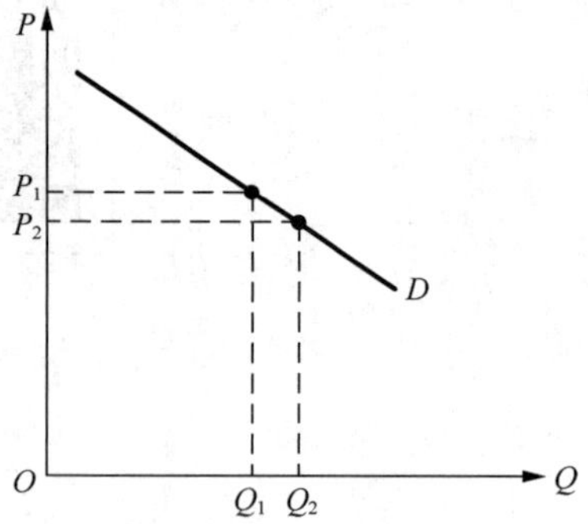

图 2.12　富有弹性商品的价格与总收益

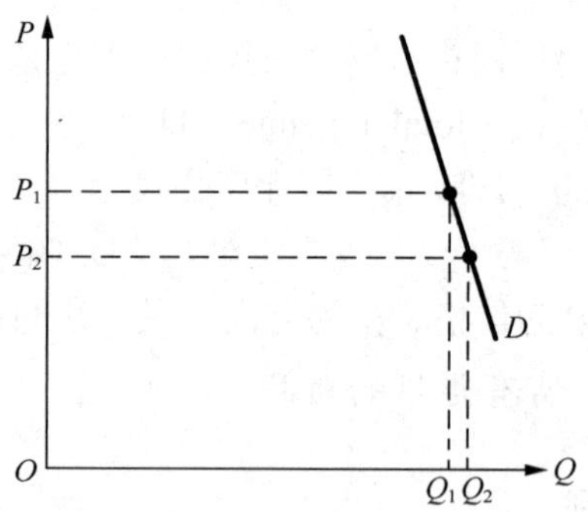

图 2.13　缺乏弹性商品的价格与总收益

知识点滴

人们常说“谷贱伤农”。“谷贱”即谷物降价，“伤农”即农民利益受损。谷物的需求缺乏弹性，降价则会减少总收益，来年农民就会减少生产，继而影响粮食安全，因此政府对主粮实行最低限价政策。

此外，需求单位弹性的商品，降价或提价对厂商的总收益没有影响；需求完全弹性的商品，厂商在既定价格下，收益可无限增加，因而不会降价，提高价格则会使总收益减少为零；需求完全无弹性的商品，降价会引起总收益按价格下降的比例减少，提价会引起总收益按价格提高的比例增加。

二、需求的收入与交叉弹性

除商品自身的价格外，消费者的收入及相关商品的价格也是影响商品需求的重要因素。需求的收入弹性研究商品的需求量变动与消费者收入变动之间的关系，需求的交叉弹性研究商品的需求量变动与相关商品价格变动之间的关系。

1. 需求的收入弹性

需求的收入弹性（income elasticity of demand）简称收入弹性，表示在一定时期内消费者的某种商品需求量对其收入变动的反应程度，是商品需求量变动率与消费者收入变动率之比。

以 E_I 表示需求的收入弹性，根据需求收入弹性的大小，可将商品划分为正常品和劣等品。

正常品是指 $E_I \geqslant 0$ 的商品。一般而言，正常品的需求量随收入的增加而增加。在正常品中，$0 \leqslant E_I \leqslant 1$ 的商品称为必需品，如食品、服装、电话等，其需求量随收入的增加而增加，但需求量增加的幅度未超过收入增加的幅度；$E_I>1$ 的商品称为奢侈品，如贵重首饰、高档汽车等，其需求量随收入的增加而增加，且需求量增加的幅度大于收入增加的幅度。

劣等品是指 $E_I<0$ 的商品。劣等品也称低档品，即消费层次很低的商品，如电子手表、地摊百货等，其需求量随收入的增加而减少。

厂商可根据需求的收入弹性细分市场，定位目标客户群，从而进行有针对性的营销；政府可利用需求的收入弹性研究各行业、各地区的收入现状，以制定合理的收入政策。

2. 需求的交叉弹性

需求的交叉弹性简称交叉弹性，表示在一定时期内一种商品的需求量对其相关商品价格变动的反应程度，是一种商品需求量变动率与其相关商品价格变动率之比。

以 E_{XY} 表示需求的交叉弹性。互补品之间，一种商品的需求量与其互补品的价格呈反向变化，所以互补品的 $E_{XY}<0$，$|E_{XY}|$越大，表明互补性越强；替代品之间，一种商品的需求量与其替代品的价格呈同向变化，所以替代品的 $E_{XY}>0$，E_{XY} 越大，表明替代性越强；独立品之间，$E_{XY}=0$，表明两者没有关系。

现实中，厂商常将需求交叉弹性较大的若干种商品集中在一起进行生产和经营，以充分利用资源，增强竞争实力，获得长期稳定的收益。如拥有多条生产线的大型企业同时生产多种相关产品，渔具专业商店汇集并出售各种品牌的渔具及配套产品。此外，厂商可利用需求的交叉弹性测定行业之间的产品交叉关系，以制定正确的竞争策略。

思考与讨论 2.10

（1）如果你打算开一家出售新鲜猪肉的小店，你认为有必要同时出售一些相关商品吗？为什么？
（2）你能想到的可以同时出售的互补品、替代品各有哪些？

三、供给的价格弹性

供给的价格弹性简称供给弹性，是指在一定时期内一种商品的供给量对其价格变动的反

应程度，是商品的供给量变动率与价格变动率之比。其基本计算公式为

$$E_s=\frac{供给量变动率}{价格变动率}=\frac{\frac{\Delta Q}{Q}}{\frac{\Delta P}{P}}=\frac{\Delta Q}{\Delta P}\cdot\frac{P}{Q} \tag{2-8}$$

式中，E_s 为供给弹性，ΔP、ΔQ 分别为价格与供给量的变动量，P、Q 分别为变动前的价格与供给量。

通常情况下，由于商品的供给量与价格呈同向变化，所以 E_s 为正值。与需求弹性一样，供给弹性可分为五种类型，如表 2.5 所示。

表 2.5　供给弹性的分类

类　　别	E_s 取值	变量变化特点	图　　示	图 示 特 点	示　　例
完全无弹性	$E_s=0$	$\Delta Q=0$	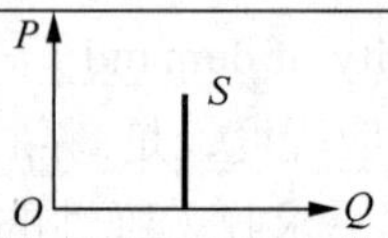	垂直	土地、古画、古董等
缺乏弹性	$0<E_s<1$	$\frac{\Delta Q}{Q}<\frac{\Delta P}{P}$	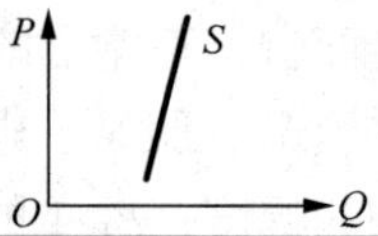	陡峭	石油、航天等资本技术密集型产品及农产品等
单位弹性	$E_s=1$	$\frac{\Delta Q}{Q}=\frac{\Delta P}{P}$	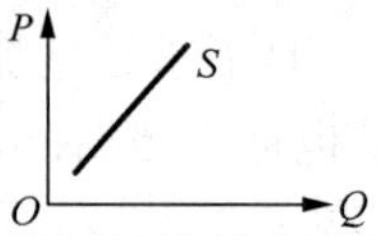	45°	少数机械类产品等
富有弹性	$1<E_s<\infty$	$\frac{\Delta Q}{Q}>\frac{\Delta P}{P}$	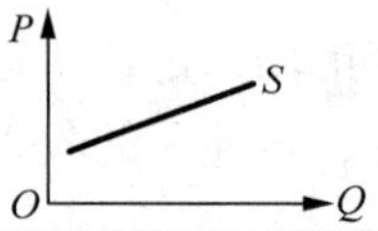	平缓	餐饮服务、服装等劳动密集型产品等
完全弹性	$E_s=\infty$	$\Delta P=0$	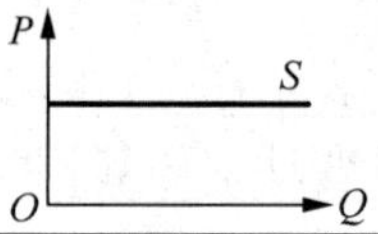	水平	劳动力严重过剩地区的劳动力供给等

在现实经济生活中，供给单位弹性、完全弹性和完全无弹性比较少见，大多数商品的供给弹性为缺乏弹性或富有弹性。供给弹性对政府研究扩大或压缩产业规模、调整产业结构有重要的参考价值。

影响供给弹性的主要因素有以下两点。

第一，供给调整的难易程度。一般而言，供给调整容易的产品，如生产周期短、技术要求低、生产规模小、资源约束程度小的产品，供给弹性大；反之，供给弹性小。

时间是影响供给调整难易程度的重要因素。一般而言，短期，供给调整的难度较大，供给弹性较小；长期，供给调整的难度较小，供给弹性较大。因此，对于同一产品而言，其供给在长期中的弹性通常大于短期。

第二，生产成本随产量变化的情况。一般而言，增加产量所导致的成本增量小，即收益增量大于成本增量，供给弹性大；反之，供给弹性小。

四、政府征税的分析

通常来说，政府税收按税收负担能否转嫁可分为直接税和间接税。

直接税是指纳税义务人同时是税收的实际负担人，纳税义务人不能或不便于把税收负担

转嫁给他人的税种，如所得税、房产税和遗产税等。其课税对象是个人或企业的所得和财产。

间接税是指纳税义务人不是税收的实际负担人，纳税义务人能够用提高价格或提高收费标准等方法把税收负担转嫁给他人的税种，如消费税、增值税和关税等。其课税对象是流通中的商品和劳务。

从表面上看，直接税的税收负担不能或不便于转嫁给他人，而间接税的税收负担能够转嫁给他人，但事实并非如此。

政府对个人开征直接税，可相对减少个人收入，抑制个人需求，需求曲线向左下方平移，供给不变，厂商收益减少（图示略）。政府对厂商开征直接税，厂商减少供给，供给曲线向左上方平移，需求不变，如图 2.14 所示。政府开征间接税，首先影响的是厂商，征税后，只有在更高的价格下，厂商才愿意生产并出售等量产品，因而供给曲线向左上方平移；由于购买者对价格中是否包括税金并不关心，而只是关心价格的高低，如果价格提高了，需求量就会减少，所以这类征税对需求曲线没有影响。在图 2.14 中，政府对厂商征收直接税或政府征收间接税后，商品的均衡价格上升了，由 P_0 上升至 P_1；均衡数量下降了，由 Q_0 下降至 Q_1。

结论：征税抑制了市场活动；买者与卖者分摊税收负担。至于买者与卖者分摊税收负担的大小，取决于商品需求与供给弹性的大小。如果某种商品的需求缺乏弹性而供给富有弹性，则税收负担主要转嫁给消费者，如图 2.14 所示；如果某种商品的需求富有弹性而供给缺乏弹性，则税收负担主要由生产者承担，如图 2.15 所示。

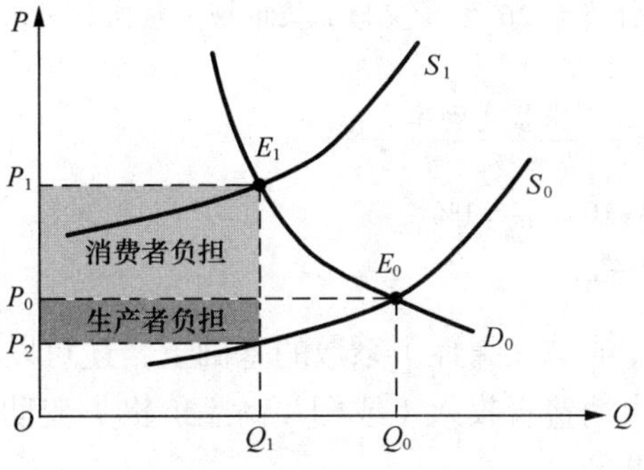

图 2.14　政府征税的影响

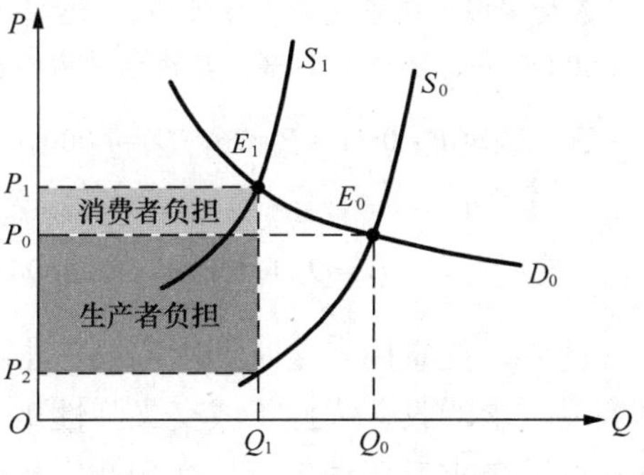

图 2.15　税收负担的分摊

思考与讨论 2.11

（1）若对居民的首套房产征收财产税，税收负担主要由谁承担？为什么？

（2）若只对居民首套以外的房产征收财产税，税收负担主要由谁承担？为什么？

（3）试画图解析税收负担的分摊。

第五节　运用供求与价格理论进行预测

理论的价值在于指导实践，运用供求与价格理论可以对商品的需求量及价格变动趋势进行预测，从而为人们进行经济决策提供依据。

一、商品需求量预测

运用商品的需求曲线或需求函数与需求弹性可预测商品需求量。

1．运用商品的需求曲线或需求函数进行预测

运用需求曲线或需求函数预测商品需求量主要分两个步骤：其一，进行市场调查，了解一定时期内商品在不同价格水平下的需求量，得出商品的需求曲线或需求函数；其二，根据需求曲线或需求函数，预测出一定价格水平下的需求量。

示例

根据需求函数预测商品需求量

已知某市场上西红柿的需求函数为 Q_d=18 900−2 750P，当价格为 5 元/千克时，其需求量是多少？

解： Q_d=18 900−2 750P=18 900−2 750×5=5 150（千克）

2．运用商品的需求弹性进行预测

运用需求弹性预测商品需求量主要分两个步骤：其一，进行调查，获得一定时期内商品的需求弹性系数；其二，根据需求弹性计算公式，计算价格变动所引起的需求量变动率，从而预测出相应的需求量。

示例

根据需求弹性预测商品需求量

假设猪肉的需求是缺乏弹性的，弹性系数为 0.51，当价格为 26 元/千克时，某市场上猪肉的需求量为 4 000 千克，现涨价 10%，其需求量为多少？

解： 已知 E_d=0.51，P_1=26，Q_1=4 000，根据公式 $E_d=-\dfrac{\text{需求量变动率}}{\text{价格变动率}}$，得

$$\text{需求量变动率}=-E_d\times\text{价格变动率}=-0.51\times10\%=-5.1\%$$

$$Q_2=Q_1(1-5.1\%)=4\,000\times94.9\%=3\,796\text{（千克）}$$

此外，在掌握一定时期内商品需求的收入弹性（或交叉弹性）系数的基础上，还可以根据商品需求的收入弹性（或交叉弹性）计算公式，由消费者收入（或相关商品价格）变动率推算商品需求量变动率，从而预测出相应的商品需求量。

二、商品价格变动趋势预测

人们常用均衡分析法对商品价格变动趋势进行预测。

在本章第三节“思考与讨论 2.8”“思考与讨论 2.9”中，板蓝根与农产品价格的变动趋势如图 2.16 和图 2.17 所示。

在图 2.16 中，在板蓝根市场上，初始的需求曲线为 D_0，供给曲线为 S_0，均衡点为 E_0，均衡价格为 P_0；2003 年，突发的“非典”疫情使得市场对板蓝根的需求在短时间内骤增，需求曲线由 D_0 向右上方平移至 D_1，而此时厂商来不及调整生产能力，供给曲线保持不变，均衡点由 E_0 移动至 E_1，均衡价格由 P_0 上升至 P_1，板蓝根价格呈上升趋势。

在图 2.17 中，在农产品市场上，初始的需求曲线为 D_0，供给曲线为 S_0，均衡点为 E_0，均衡价格为 P_0；厄尔尼诺现象导致农产品减产，供给曲线由 S_0 向左上方平移至 S_1，而需求平稳，需求曲线保持不变，均衡点由 E_0 移动至 E_1，均衡价格由 P_0 上升至 P_1，农产品价格呈上升趋势。

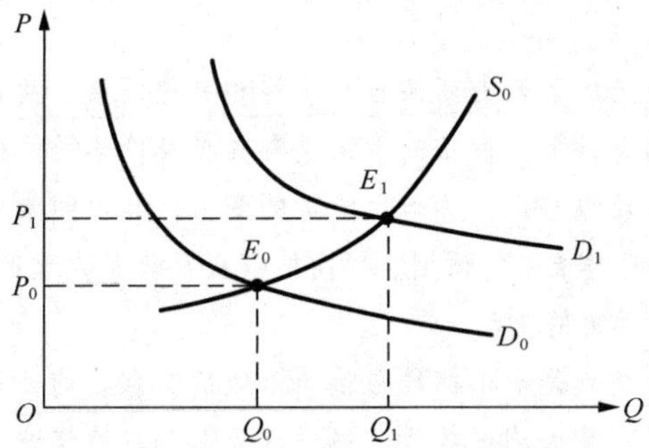

图 2.16　板蓝根价格的变动趋势

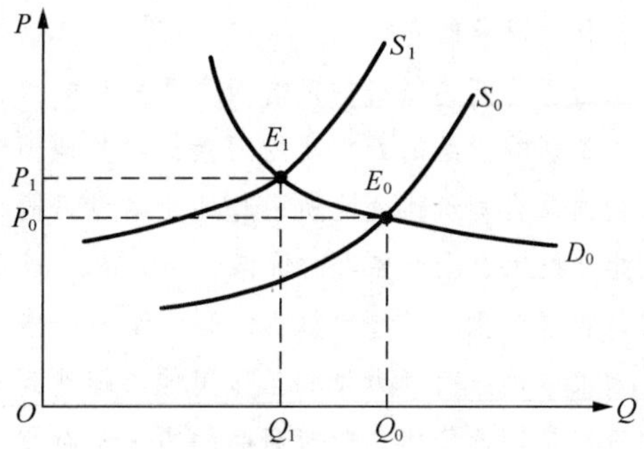

图 2.17　农产品价格的变动趋势

案例 2.1 中生猪价格的变动趋势如图 2.18 所示。在生猪市场上，初始的需求曲线为 D_0，供给曲线为 S_0，均衡点为 E_0，均衡价格为 P_0；在需求曲线 D_0 不变的情况下，饲养成本上升、猪疫病频发等因素导致供给减少，供给曲线由 S_0 平移至 S_1，均衡点由 E_0 移动至 E_1，均衡价格由 P_0 上升至 P_1；政府采取一系列着眼于长期的扶持政策使供给增加，供给曲线由 S_1 平移至 S_2，均衡点由 E_1 移动至 E_2，均衡价格由 P_1 下降至 P_2。

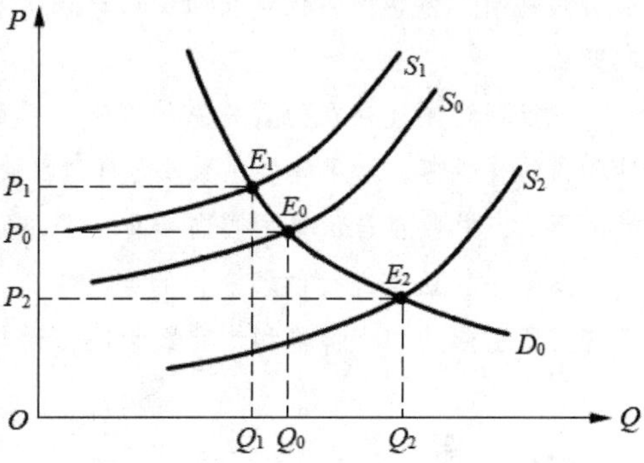

图 2.18　生猪价格的变动趋势

如图 2.18 所示，当生猪价格处于高位 P_1 时，启动政府猪肉储备投放使供给增加，供给曲线由 S_1 向 S_0 平移，均衡价格由 P_1 向 P_0 下降；当生猪价格处于低位 P_2 时，启动政府猪肉储备收储使供给减少，供给曲线由 S_2 向 S_0 平移，均衡价格由 P_2 向 P_0 上升。

视野拓展

政府储备
收储与投放实例

从整体来看，政府的扶持政策可促进养猪业的规模化发展，并增强其应对风险的能力，使生猪供给增加、价格下降。为防止价格暴跌，政府应建立猪肉储备体系，健全中央与地方相结合的猪肉储备制度。一般来说，中央储备主要用于应对突发事件和救灾；地方储备主要用于局部应急和保证节日市场的供应。猪肉储备要发挥蓄水池的作用：在市场供大于求、猪价过低时，要增加储备数量，缓解“卖猪难”的矛盾；在市场供不应求、猪价过高时，要增加投放数量，平抑价格，满足需求。

本章小结

需求理论阐述需求的影响因素及变动规律。影响需求的因素有商品自身价格和其他因素。商品自身价格是影响需求的最重要的因素，在其他因素不变的条件下，商品的需求量与其自身价格呈反向变化，由商品自身价格变化所引起的需求量沿同一条需求曲线移动，称为需求量的变动。其他因素主要包括消费者的收入水平及社会收入分配的平等程度、消费者偏好、相关商品的价格、消费者对未来的预期、人口数量及结构变动、广告规模及政府的政策等，由其他因素变化所引起的整条需求曲线平行移动，称为需求的变动。

供给理论阐述供给的影响因素及变动规律。影响供给的因素有商品自身价格和其他因素。商品自身价格是影响供给的最重要的因素，在其他因素不变的条件下，商品的供给量与其自身价格呈同向变化，由商品自身价格变化所引起的供给量沿同一条供给曲线移动，称为供给量的变动；其他因素主要包括生产技术、生产要素的价格、相关商品的价格、厂商对未来的预期、厂商的数量及政府的政策等，由其他因素变化所引起的整条供给曲线平行移动，称为供给的变动。

需求与供给两种力量相互作用使市场达到均衡，均衡点是需求曲线与供给曲线的交点。均衡状态下的价格是均衡价格，此时商品的需求量与供给量相等，称为均衡数量。当供求失衡时，价格波动。影响供求的因素发生变动，供求随之变动，均衡价格与均衡数量也随之变动。当供给不变时，需求变动引起均衡价格和均衡数量同向变动；当需求不变时，供给变动引起均衡价格反向变动、均衡数量同向变动。

弹性理论阐述存在函数关系的经济变量之间，因变量对自变量变化的反应程度，主要包括需求弹性和供给弹性等。如果弹性系数小于1，则缺乏弹性；如果弹性系数大于1，则富有弹性。需求缺乏弹性的商品，总收益与价格呈同向变化；需求富有弹性的商品，总收益与价格呈反向变化。

均衡分析法是进行供求分析的重要工具，可用于研究各影响因素对商品供求的影响，进而分析供求变动所引起的均衡价格和均衡数量的变动趋势。

练 习 题

一、概念识记

需求　供给　均衡价格　支持价格　限制价格　需求定理　供给定理　供求定理
需求价格弹性

二、单项选择题

1. 下列选项中，（　　）变化，不会使需求曲线移动。
   A. 消费者的收入水平　　B. 商品自身的价格
   C. 消费者偏好　　D. 相关商品的价格
2. 鸡肉价格上升了，假定其他条件不变，则鸭肉的需求将会（　　）。
   A. 增加　　B. 减少　　C. 不变　　D. 不能确定
3. 养猪所需饲料的价格上升了，假定其他条件不变，则生猪的（　　）。
   A. 需求减少　　B. 需求增加　　C. 供给减少　　D. 供给增加
4. 居民用电的价格上升了，假定其他条件不变，则家用电器的需求将（　　）。
   A. 减少　　B. 不变　　C. 增加　　D. 难以确定
5. 2021年5月1日，我国部分海域进入伏季休渔期，市场上海鲜的品种明显减少，海鲜价格大涨，这是（　　）。
   A. 需求量减少　　B. 需求减少　　C. 供给量减少　　D. 供给减少
6. 棉花的需求和供给同时增加，其影响结果是棉花的（　　）。
   A. 均衡价格和均衡数量同时上升
   B. 均衡数量上升，均衡价格的变化无法确定

C. 均衡价格下降，均衡数量上升

D. 均衡数量下降，均衡价格的变化无法确定

7. 下列商品的需求价格弹性最小的是（　　）。

A. 小汽车　　B. 服装　　C. 食盐　　D. 化妆品

8. 如果市场价格高于均衡价格，则存在（　　）。

A. 过度需求　　B. 过度供给　　C. 黑市交易　　D. 难以确定

9. 如果需求的交叉弹性系数为2，则表明两种商品间的关系为（　　）。

A. 替代品　　B. 互补品　　C. 独立品　　D. 难以确定

10. 奢侈品和必需品划分的主要依据是（　　）。

A. 需求价格弹性　　B. 需求收入弹性　　C. 需求交叉弹性　　D. 供给价格弹性

三、多项选择题

1. 需求曲线之所以向右下方倾斜，是因为（　　）。

A. 收入效应　　B. 替代效应　　C. 规模效应　　D. 学习效应

2. 下列选项中，（　　）的需求是富有弹性的。

A. 戏剧　　B. 大米　　C. 保健品　　D. 钻戒

3. 下列税种中，（　　）是间接税。

A. 所得税　　B. 增值税　　C. 房产税　　D. 消费税

4. 由买方完全承担税收的情形有（　　）。

A. 供给完全弹性　　B. 供给无弹性　　C. 需求完全弹性　　D. 需求无弹性

5. 消费者的收入增加了20%，由此导致其对某商品的需求量增加30%，该商品为（　　）。

A. 低档品　　B. 必需品　　C. 奢侈品　　D. 正常品

6. 某商品在需求不变的条件下，供给增加的结果是（　　）。

A. 均衡数量增加　　B. 均衡数量减少　　C. 均衡价格上升　　D. 均衡价格下降

7. 需求的构成要件有（　　）。

A. 商品用途　　B. 消费者有购买愿望

C. 消费者有购买能力　　D. 商品价格

8. 下列选项中，影响供给价格弹性的因素有（　　）。

A. 生产周期　　B. 生产技术难度　　C. 生产规模　　D. 资源约束

9. 一般情况下，政府实施最高限价可能产生的结果有（　　）。

A. 供给短缺　　B. 生产者变相涨价

C. 黑市交易　　D. 过度生产

10. 关于某商品需求的价格弹性，下列说法中正确的有（　　）。

A. 其值是固定的　　B. 其值因人而异　　C. 其值因地而异　　D. 其值因时而异

四、判断题

1. 需求是购买愿望与购买能力的统一。（　　）

2. 个人需求是市场需求的组成部分。（　　）

3. 替代品之间的关系表现了厂商之间的竞争关系。（　　）

4. 所有商品的需求量与自身价格都呈反向变化。（　　）

5. 消费者预期商品跌价会增加现期消费需求。 （　　）

6. 需求就是需求量。 （　　）

7. 原材料价格上涨会引起供给曲线向右下方平移。 （　　）

8. 均衡价格不是最高的市场价格，也不是最低的市场价格。 （　　）

9. 价格决定供求，供求影响价格。 （　　）

10. 征税抑制市场活动，买者与卖者分摊税收负担。 （　　）

五、简答题

1. 影响商品需求的主要因素有哪些？
2. 怎样区别需求的变动与需求量的变动？
3. 影响商品供给的主要因素有哪些？
4. 怎样区别供给的变动与供给量的变动？
5. 均衡价格是怎样形成的？
6. 厂商在制定价格策略时，应如何考虑商品的需求弹性？

六、应用题

1. 假设某商品的需求函数是Q_d=30 000−20P，供给函数是Q_s=5 000+5P，试回答下列问题。

（1）该商品的均衡价格是多少？

（2）当供求平衡时，该商品的销量是多少？

（3）若政府规定该商品的最高限价是400元/吨，这将对该商品的供求关系产生什么影响？影响程度有多大？

（4）绘制均衡图。

（5）计算该商品均衡点的需求弹性与供给弹性。

2. 谈谈“以旧换新”所依据的经济学理论。商家能接受被损坏的旧商品吗？为什么？

3. 限制住房价格及住房租金，能否解决住房短缺问题？

4. 实行最低工资标准对就业有何影响？

5. 搜集生活中的经济现象，运用均衡分析法分析其价格变动趋势。

6. 观察某一超市中的某种特价商品，调查其降价前后的销售量，分析其需求价格弹性。

7. 利用互联网搜集我国现阶段生猪价格数据，判断当前“猪周期”的具体阶段，并分析原因、探讨对策。

第三章　消费者行为理论

【学习目标】

了解消费政策；掌握边际效用、无差异曲线、边际替代率、恩格尔系数等基本概念；掌握消费者均衡及其条件；掌握边际效用递减规律及恩格尔定律；能够运用消费者行为理论及恩格尔定律解释和分析现实经济问题。

案例 3.1

阶梯式水价、电价与气价

综合媒体报道　我国人均水资源占有量仅相当于世界人均水资源占有量的 1/4，位列世界第 121 位，是联合国认定的水资源紧缺国家。以城市供水为例，全国约有 670 个城市，其中有 400 多个城市供水不足，110 多个城市严重缺水。自 2002 年以来，我国陆续在多个城市实行阶梯式水价。阶梯式水价是指对居民用水实行分类计量收费和超定额累进加价制度。阶梯式水价的实行，不但有效提高了人们的节水意识，而且在推动污水再生利用及推广更新节水器具等方面发挥了不可低估的作用。

继实行阶梯式水价之后，根据国家发展和改革委员会《关于居民生活用电试行阶梯电价的指导意见》，2012 年上半年，我国开始推行居民阶梯电价制度。

2014 年 3 月 20 日，国家发展和改革委员会发布《关于建立健全居民生活用气阶梯价格制度的指导意见》，对通过城市燃气管网向居民家庭供应的所有燃气推行居民用气阶梯价格制度。

启发思考

（1）阶梯式水价、电价与气价制度设计所依据的经济学理论是什么？

（2）实行阶梯式水价、电价与气价对消费者剩余有何影响？

（3）实行阶梯式水价、电价与气价对水电气资源的配置有何影响？

《关于加快建立完善城镇居民用水阶梯价格制度的指导意见》

《关于居民生活用电试行阶梯电价的指导意见》

《关于建立健全居民生活用气阶梯价格制度的指导意见》

消费者也称居民户，是指具有独立经济收入来源，能作出统一消费决策的单位。消费者可以是个人或由若干人组成的家庭，其目标是在既定收入条件下追求效用的最大化。何谓效用？效用是指消费者从消费某种商品中所获得的满足程度。效用是消费者的一种主观心理感受和评价，没有客观统一的衡量标准，效用的大小因人、因时、因地而异。如一元钱，对于穷者效用大，对于富者效用小；一桶水，在旱季或沙漠地区效用大，在雨季或湖区效用小。

关于效用的度量问题，经济学家先后提出了用基数度量和用序数度量两种观点，由此形成了关于消费者行为的两种理论，即基数效用论与序数效用论。

思考与讨论 3.1

（1）需要（或欲望）、需求、效用三者间有何关系？

（2）美国经济学家萨缪尔森认为，幸福=效用/欲望，哪个成语体现了这一思想？

第一节　基数效用论

基数效用论认为，效用和长度、重量等概念一样，可以用基数 1、2、3 等具体数字计量，并且可以加总求和。如某消费者早餐食用一根油条和一杯豆浆，吃一根油条的效用是 4 个效用单位，喝一杯豆浆的效用为 3 个效用单位，则其总效用为 7 个效用单位。基数效用论用边际效用分析方法研究消费者如何实现效用最大化。

一、效用的衡量

基数效用论用总效用与边际效用来衡量效用。

1. 总效用

总效用（total utility，TU）是指消费者在一定时间内从一定数量商品的消费中所获得的效用量的总和。假定消费者对一种商品的消费数量为 Q，则总效用函数可表达为

$$\mathrm{TU}=f(Q) \tag{3-1}$$

2. 边际效用

边际效用（marginal utility，MU）是指消费者在一定时间内增加一单位商品的消费所得到的效用的增量。若 ΔQ 为商品消费量的增量，$\Delta\mathrm{TU}$ 为总效用的增量，则边际效用函数可表达为

$$\mathrm{MU}=\frac{\Delta\mathrm{TU}}{\Delta Q} \tag{3-2}$$

3. 总效用与边际效用的关系

表 3.1 根据某消费者早餐吃小笼包时所获得的满足程度和主观评价，给出了他吃小笼包所获得的效用值。

在平面坐标系中画出表 3.1 中的各组数据点，连接各点，即得出总效用与边际效用曲线，如图 3.1 所示。

表 3.1　总效用与边际效用表

商品消费数量（Q）	总效用（TU）	边际效用（MU）	客观状态
0	0	—	饥饿状态
1	12	12	饥饿状态
2	18	6	饥饿状态减轻
3	21	3	饥饿状态进一步减轻
4	22	1	接近吃饱
5	22	0	正好吃饱
6	20	−2	过饱

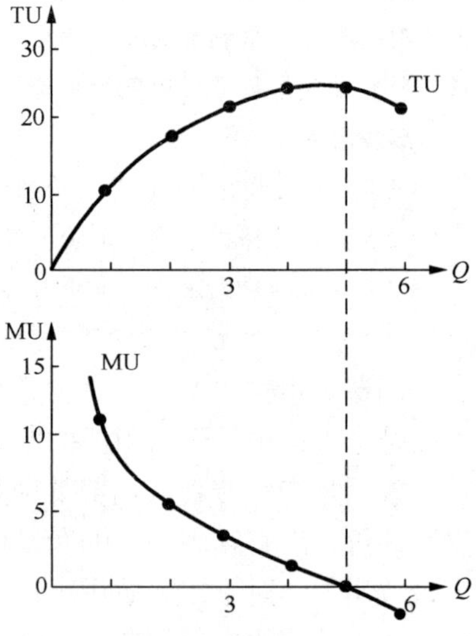

图 3.1　效用曲线

从表 3.1 和图 3.1 可以看出，随着商品消费数量的增加，总效用不断增加，继而达到最大值，之后转而下降；而边际效用则呈现出递减趋势。总效用与边际效用之间的关系是：当 MU>0 时，TU 上升；当 MU=0 时，TU 达到最大值；当 MU<0 时，TU 下降。

二、边际效用递减规律

边际效用递减规律是指在一定时间内，在其他商品消费量保持不变的条件下，随着消费者对某种商品消费量的增加，消费者从该商品连续增加的每一消费单位中所得到的效用增量即边际效用是递减的，如图 3.1 中的 MU 曲线所示。

边际效用递减规律普遍存在于一切物品的消费中。英国经济学家马歇尔把这一规律称为“人类本性的一种平凡而基本的倾向”,并把这一规律作为解释消费者行为与需求定理的基础。

教学互动

问：为何在一般情况下，需求曲线是一条向右下方倾斜的曲线？

答：随着对某种商品消费量的连续增加，消费者所获得的边际效用递减，而愿意支付的价格也递减。

边际效用递减主要基于下面两个原因。

其一，消费者的生理或心理。消费者的消费行为是对其生理和心理的刺激过程，效用就是对这种刺激过程的心理感受。当消费者开始消费某种商品时，由于好奇等心理作用，最初获得的刺激比较大，得到的满足程度高；随着对同一商品消费量的不断增加，同一刺激不断重复，所作出的反应逐渐减少，所得到的效用也相应减少。

其二，商品用途的多样性。当一种商品同时具有多种用途，且不同用途的重要性不同时，消费者总是赋予第一个单位的商品以最重要的用途，此时边际效用最大；赋予第二个单位的商品以次要的用途……由于商品用途的重要性递减，消费者获得的边际效用也相应递减。

思考与讨论 3.2

（1）你愿意连续为自己购买多件相同的外衣吗？你愿意每天吃相同的菜肴吗？请说明理由。

（2）在我国北方的很多城市，水资源极为稀缺，请列举水资源的家庭用途，并按重要性排序。

人物谱

赫尔曼·海因里希·戈森

赫尔曼·海因里希·戈森（Hermann Heinrich Gossen，1810—1858），德国经济学家，边际效用理论的主要先驱者之一。

他提出了两个定律：其一，边际效用递减规律，也称戈森第一定律；其二，边际效用均等规律，也称戈森第二定律。边际效用均等规律即在收入既定的条件下，当各类被享用物品的边际效用相等时，获得总和最大的享乐。

其代表作《人类交换规律与人类行为准则的发展》出版于 1854 年，该书提出了有关人类享乐的法则，阐述了价值、生产和价格等问题，为边际效用论奠定了理论基础。

然而，戈森的学说“生不逢时”，直到 20 年后“边际革命”的到来才开始受到青睐，并于 1889 年在德国重新出版发行。

三、消费者均衡

消费者均衡是指单个消费者将既定收入分配在各种商品的购买与消费中，实现效用最大化时的状态。消费者均衡状态下的商品购买数量为最优购买数量。

研究消费者均衡，即研究消费者实现效用最大化的条件，是消费者确定商品最优购买数量的依据。

1. 购买一种商品时的均衡条件

如果不考虑成本支付即不考虑价格，则消费者消费商品的数量由边际效用决定，当 MU=0 时，总效用达到最大值。如表 3.1 所示，当 MU=0 时，总效用达到最大值 22，该消费者消费小笼包的最佳数量为 5 个。

如果考虑成本支付，消费者会对购买商品的“收益”与“成本”进行比较。“收益”即边际效用 MU，“成本”即价格 P，以货币计量。货币同商品一样具有效用，消费者用货币购买一种商品，就是用货币的效用去交换这种商品的效用。假设一元钱的边际效用是 λ 效用单位，当 $MU>\lambda P$ 时，消费者会增加购买数量；当 $MU<\lambda P$ 时，消费者会减少购买数量；当 $MU=\lambda P$（获得的效用=付出的效用）时，消费者所购买商品数量的总效用最大，即实现了最优购买。如表 3.2 所示，当 $\lambda=1$，市场价格 $P=1$ 元时，$MU=\lambda P=1$，该消费者消费小笼包的最佳数量为 4 个，总效用为 22 个效用单位。

表 3.2 消费者均衡

商品消费数量（Q）	总效用（TU）	边际效用（MU）	市场价格（P，元）	λP	收益与成本比较	消费决策
1	12	12	1	1	$MU>\lambda P$	增加购买数量
2	18	6	1	1		
3	21	3	1	1		
4	22	1	1	1	$MU=\lambda P$	实现最优购买
5	22	0	1	1	$MU<\lambda P$	减少购买数量
6	20	−2	1	1		

注：货币的边际效用 $\lambda=1$。

结论：购买一种商品的均衡条件为 $MU=\lambda P$。此均衡条件可转化为

$$\frac{MU}{P}=\lambda \tag{3-3}$$

式 3−3 表示消费者确定一种商品最优购买量的原则是使购买商品所花费的每一元钱带来的边际效用等于货币的边际效用。

教学互动

问：什么是货币的边际效用？

答：货币的边际效用是指消费者每增加一单位货币收入所带来的效用增量。货币的边际效用呈递减规律，但在消费者行为理论分析中通常假定它是一个不变的常数，以简化分析。

知识点滴

许多消费者把性价比看成选购商品的重要指标。性价比是商品性能与价格的比值。性能是商品的使用价值，是一种客观存在。一般而言，商品的性价比高，购买时所带来的满足程度也相应大。

2. 购买多种商品时的均衡条件

假定消费者用既定收入 I 购买 n 种商品，P_1，P_2，…，P_n 分别为 n 种商品的既定价格，λ 为货币的边际效用（常数）。以 Q_1，Q_2，…，Q_n 分别表示 n 种商品的购买数量，MU_1，MU_2，…，

MU_n分别表示 n 种商品的边际效用，则消费者效用最大化的条件可表示为

$$\begin{cases} P_1Q_1 + P_2Q_2 + \cdots + P_nQ_n = I \\ \dfrac{MU_1}{P_1} = \dfrac{MU_2}{P_2} = \cdots = \dfrac{MU_n}{P_n} = \lambda \end{cases} \quad (3-4)$$

结论：在收入既定的条件下，消费者确定多种商品最优购买组合的原则是使自己所购买的各种商品的边际效用与价格之比相等，或使购买各种商品所花费的每一元钱带来的边际效用都相等，且等于货币的边际效用。

以消费者购买两种商品为例，其均衡条件可表达为

$$\begin{cases} P_1Q_1 + P_2Q_2 = I \\ \dfrac{MU_1}{P_1} = \dfrac{MU_2}{P_2} = \lambda \end{cases} \quad (3-5)$$

当 $MU_1/P_1>MU_2/P_2$ 时，同样的一元钱购买商品 1 比购买商品 2 能得到更大的边际效用，理性的消费者会增加购买商品 1，同时减少购买商品 2，由此带来商品 1 边际效用的增加量大于商品 2 边际效用的减少量，使总效用增加。由于边际效用递减规律的作用，商品 1 的边际效用会随其购买量的增加而递减，商品 2 的边际效用会随其购买量的减少而递增，当同样的一元钱购买这两种商品所得到的边际效用相等，即 $MU_1/P_1=MU_2/P_2$ 时，消费者获得最大效用。

同理，当 $MU_1/P_1<MU_2/P_2$ 时，同样的一元钱购买商品 2 比购买商品 1 能得到更大的边际效用，理性的消费者会增加购买商品 2，同时减少购买商品 1，直到同样的一元钱购买这两种商品所得到的边际效用相等，即 $MU_1/P_1=MU_2/P_2$ 时，消费者获得最大效用。

思考与讨论 3.3

（1）某消费者有稳定的收入，存款颇丰却很节俭，吃、穿、住都不如意，他处于消费者均衡状态吗？

（2）某消费者是“月光族”和“负翁”，见到喜欢的东西，常借钱去购买，他处于消费者均衡状态吗？

微课堂
消费者均衡

四、消费者剩余

消费者剩余是指消费者购买某一商品时，所愿意支付的价格高于市场价格的差额。此概念中“愿意支付的价格”是指消费者愿意支付的最高价格，称为支付意愿，用于衡量消费者对商品的评价。

单个消费者通常根据自己对商品边际效用的评价来决定愿意支付的价格，但市场价格并不是由某个消费者的支付意愿决定的，而是由市场的供求关系决定的。当市场价格低于消费者愿意支付的价格时，消费者从商品的购买与消费中不仅得到了满足，而且还得到了额外的福利，即消费者剩余。如表 3.3 中资料所示，消费者购买 4 个小笼包所愿意支付的总价格是 22 元，实际支付的总价格是 4 元，获得消费者剩余 18 元。

表 3.3 消费者剩余

商品消费数量（Q）	边际效用（MU）	愿意支付价格（元）	市场价格（元）	消费者剩余（元）
（1）	（2）	（3）	（4）	（5）=（3）-（4）
1	12	12	1	11
2	6	6	1	5
3	3	3	1	2
4	1	1	1	0
合计	22	22	4	18

注：货币的边际效用 $\lambda=1$。

消费者剩余只是消费者心理上的一种主观感觉，不同的消费者对某种商品的消费估价不同，所愿意支付的最高价格也不同。消费者愿意支付的价格水平主要取决于其偏好程度。

思考与讨论 3.4

某消费者购买一款羽绒服，愿意支付 1 200 元，商场促销价为 800 元，则消费者剩余是多少？

案例 3.2

网络购物

2007 年之后，网络购物对我国普通百姓而言已成为寻常之事。国家统计局数据显示，2020 年，全国社会消费品零售总额 391 981 亿元，比上年下降 3.9%。其中，全年实物商品网上零售额 97 590 亿元，按可比口径计算，比上年增长 14.8%，占社会消费品零售总额的比重为 24.9%，比上年提高 4 个百分点。

我国网民规模及构成

我国网购市场规模

在我国，比较有影响力的购物网站主要有天猫（淘宝）、京东商城、拼多多、苏宁易购、当当网等。一般来说，由于网络销售省去了租场费、销售返点、选位费、装修费等费用，商品价格要比实体商店低不少，且网络购物省时省力、简单高效。当然，为避免遭遇网络购物陷阱，消费者应选择信誉好的网站购物。

启发思考

（1）网店与实体店之间有何关系？

（2）网络购物给消费者带来了哪些好处？

五、边际效用理论的运用

在实际生活和工作中，边际效用理论被人们广泛、自觉或不自觉地运用着。

1. 消费者运用边际效用理论

消费者运用边际效用理论确定商品的最优购买数量，追求效用最大化。

（1）确定商品的最优购买数量。消费者根据消费者均衡原则，确定购买一种商品的最优购买数量或购买多种商品的最优购买组合，以实现效用最大化。如某消费者因某品牌彩电打折销售，一次性购买了 5 台，在 4 个卧室及客厅各放置 1 台。当商品降价销售时，不仅消费者会增多，而且每人次的购买量会增加，其原因就在于花费单位货币所带来的边际效用比商品降价前增加了。

（2）求新求异，追求效用最大化。如某位母亲为育儿每天推出不一样的食谱、人们每天变换着装等。在收入允许的条件下，人们会追求丰富多彩且有品质的生活，以免边际效用递减，从而实现效用最大化。

2. 厂商运用边际效用理论

厂商运用边际效用理论定价，选择恰当的作业方式，研发新产品，追求利润最大化。

（1）定价。根据边际效用递减规律，按消费者的购买数量定价：购买量少，单价高；购买量多，单价低。如某超市出售某品牌白酒，单瓶销售价格为 458 元，整箱（6 瓶装）总价为 2 400 元，即平均每瓶销售价格为 400 元；某品牌 T 恤衫，单件销售价格为 120 元，一次购买 2 件时，第一件按原价销售，第二件按半价销售，即平均每件销售价格为 90 元。

（2）选择恰当的作业方式。如学校在安排每天的课程教学工作时，会选择多门课程交替进行的方式，以促使学生保持较好的学习状态。

（3）研发新产品。边际效用递减规律表明，首次消费的边际效用最大，即消费的满足程度最大。新产品可以阻止边际效用递减，因边际效用高，消费者愿意支付的价格就高，也就是新产品的销售价格高，从而使厂商获得更多的利润。这就要求厂商注重对产品和服务的不断创新，推出符合消费者需要的新产品，提供多样化服务，在满足消费者需要的过程中获取最大利润。如果厂商只追求产品数量的增加，而忽视产品质量、性能、款式等方面的创新，引起边际效用递减，就会在竞争中逐步丧失市场，惨遭淘汰。

思考与讨论 3.5

2021 年 7 月，在中国一款华为 HUAWEI Mate X2 5G 手机（麒麟 9000 芯片，鹰翼折叠全面屏，超感知徕卡四摄，100 倍双目变焦，机身存储 256GB，5G 全网通）的售价为 17 799 元，而一款普通手机的售价仅几百元，这是为什么？

3. 政府运用边际效用理论

消费者运用边际效用理论追求效用最大化，厂商运用边际效用理论追求利润最大化，政府运用边际效用理论追求资源配置最优化。

在案例 3.1 中，阶梯式水价、电价与气价制度设计所依据的经济学理论就是边际效用递减规律。随着水电气用量的增多，消费者所得到的边际效用递减，愿意支付的价格也递减。而此时逐级提高水电气价格，即实行阶梯式价格，可有效减少水电气资源的过度消费。

尽管实行阶梯式水价、电价与气价会减少消费者剩余，但有利于促进水电气资源的节约，优化资源配置。

第二节　序数效用论

序数效用论认为，效用是消费者的主观心理感受，无法用具体的数字来计量，更不能加总求和，但可以用序数第一、第二……比较大小。如某消费者认为消费油条所带来的效用大于消费豆浆所带来的效用，则对于该消费者而言，油条的效用第一，豆浆的效用第二。序数效用论用“偏好”取代基数效用论的“效用单位”，用“商品组合”替代基数效用论的“商品”。序数效用论认为，消费者对各种不同商品组合的偏好程度是有差别的，这种偏好程度的差别决定了不同商品组合效用的大小。序数效用论用无差异曲线分析方法研究消费者如何实现效用最大化。

思考与讨论 3.6

到商场选购服装时，影响你购买选择的主要因素是什么？

一、无差异曲线

影响消费者购买选择的主因之一是偏好。序数效用论用无差异曲线来描述消费者对不同商品组合的偏好程度。序数效用论对偏好有三个假定。设两种商品有 A、B、C 三种组合，则消费者偏好具有：①有序性，即可以比较大小，如 $A>B>C$；②可传递性，如因为 $A>B>C$，所以 $A>C$；③不饱和性，即消费未达饱和点，数量多比少好。

1. 无差异曲线的含义及特征

无差异曲线也称等效用线，是指消费者偏好相同的各种商品不同数量的所有组合。或者说，它表示能给消费者带来同等效用水平或满足程度的各种商品不同数量组合的轨迹。

消费者的需求具有多样性，所消费的商品种类繁多，为简化分析可假定消费者只消费两种商品，以便直接用平面图研究消费者行为。

表 3.4 某消费者的无差异表

（单位：千克）

商品组合	苹果（x）	梨（y）
a	1	10
b	2	6
c	3	4
d	4	2.5

假定两种商品能相互替代，且能无限细分，则消费者可通过两种商品此消彼长的不同组合来达到同等的满足程度。表 3.4 列出了某消费者在消费苹果与梨时，能带来同等效用水平的两种水果的四种数量组合方式。在平面坐标系中画出各组合点，连接各点即得出对应的无差异曲线 U_1，如图 3.2 所示。

无差异曲线具有以下四个方面的特征。

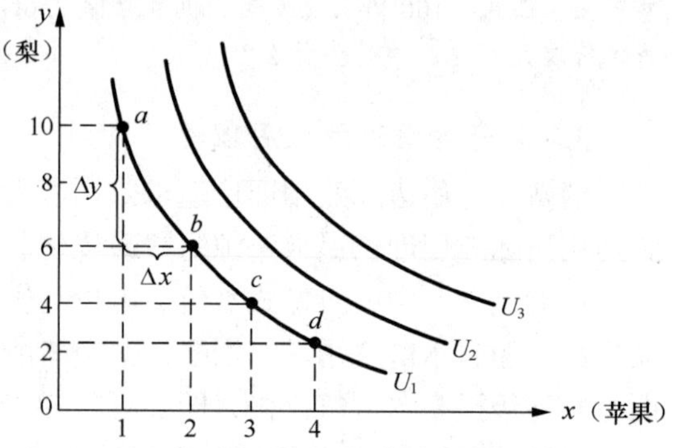

图 3.2 某消费者的无差异曲线

第一，在同一条无差异曲线上，各点所代表的数量组合不同，对消费者来说效用却是相同的。在保持效用不变的条件下，一种商品数量的增加必然会导致另一种商品数量的减少。

第二，在同一坐标平面中，可以有无数条无差异曲线。同一条无差异曲线代表相同的效用，不同的无差异曲线代表不同的效用。离原点越远的无差异曲线代表的效用越大，离原点越近的无差异曲线代表的效用越小。在图 3.2 中，U_1、U_2、U_3 分别代表三条不同的无差异曲线，其效用水平为 $U_1<U_2<U_3$。

第三，在同一坐标平面中，任何两条无差异曲线都不会相交。

第四，一般情况下，无差异曲线是一条向右下方倾斜且凸向原点的曲线。这一特征是由商品的边际替代率递减规律决定的。边际替代率是无差异曲线的斜率，无差异曲线的左上部分斜率较大且陡峭，右下部分斜率较小且平坦，两部分结合在一起，曲线即凸向原点。

2. 商品的边际替代率

商品的边际替代率（marginal rate of substitution，MRS）是指在维持效用水平不变的条件下，消费者增加一单位某种商品的消费量时所需放弃的另一种商品的消费量。商品 X 对商品 Y 的边际替代率可表达为

$$\mathrm{MRS_{XY}}=-\frac{\text{对商品Y的替代量}}{\text{商品X的增加量}}=-\frac{\Delta y}{\Delta x} \qquad (3-6)$$

式中，$\mathrm{MRS_{XY}}$ 为商品 X 对商品 Y 的边际替代率，Δx、Δy 分别为商品 X、商品 Y 的变动量。由于 Δx 与 Δy 的变动方向相反，为便于比较，在公式中添加负号，使边际替代率取正值。

当商品 X 的变动量趋于零时，商品 X 对商品 Y 的边际替代率可表达为

$$\mathrm{MRS_{XY}}=-\lim_{\Delta x\to 0}\frac{\Delta y}{\Delta x}=-\frac{\mathrm{d}y}{\mathrm{d}x} \qquad (3-7)$$

可见，无差异曲线上某一点的边际替代率就是无差异曲线在该点斜率的绝对值。

根据表 3.4 的资料可计算商品的边际替代率，如表 3.5 所示。

表 3.5　商品的边际替代率计算表

变动情况	苹果（Δx）	梨（Δy）	MRS_{XY}
$a \to b$	1	−4	4
$b \to c$	1	−2	2
$c \to d$	1	−1.5	1.5

从表 3.5 中可以看出，商品的边际替代率呈递减的变动趋势。这就是商品的边际替代率递减规律，即在维持效用水平不变的条件下，随着一种商品消费量的连续增加，消费者为得到每一单位这种商品所愿意放弃的另一种商品的消费量是递减的。

思考与讨论 3.7

（1）商品的边际替代率递减的原因是什么？

（2）为何完全替代品的边际替代率为常数，而完全互补品的边际替代率等于零？

（3）完全替代品与完全互补品的无差异曲线分别是怎样的？

二、预算线

影响消费者购买选择的主因之二是商品价格。与商品价格密切关联的是消费者的收入水平，即预算约束。预算约束可用预算线来说明。

预算线也称预算约束线、消费可能线、价格线或等支出线。预算线是指消费者在收入和商品价格既定的条件下，用全部收入所能购买到的各种商品最大可能数量组合的轨迹。为简化分析，假定消费者用既定收入购买两种商品 X 和 Y，那么预算线可表达为

$$I = P_X x + P_Y y \qquad 即 \qquad y = -\frac{P_X}{P_Y}x + \frac{I}{P_Y} \qquad (3\text{-}8)$$

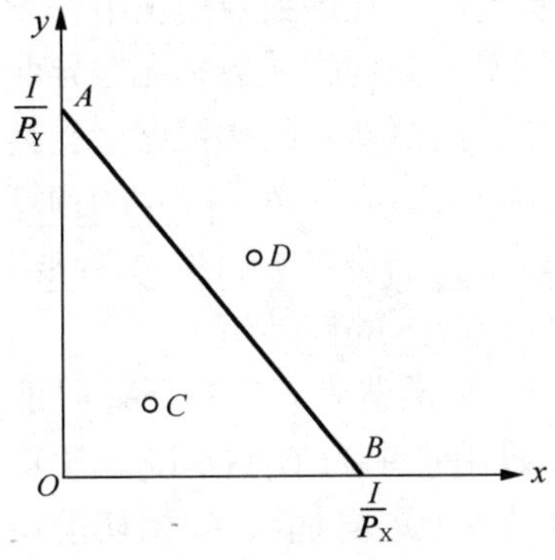

图 3.3　预算线

式中，I 为消费者既定收入，P_X、P_Y 分别为两种商品的价格，x、y 分别为两种商品的购买数量。

如图 3.3 所示，消费者将既定收入全部用于购买商品 X，购买数量为 I/P_X；消费者将既定收入全部用于购买商品 Y，购买数量为 I/P_Y。由此得出预算线 AB，它将平面坐标图划分为三个区域：预算线 AB 上的任何一点，表示消费者用全部收入所能购买到的商品组合；预算线 AB 内的区域，如 C 点，表示消费者的收入有剩余的商品购买组合；预算线 AB 外的区域，如 D 点，表示消费者不可能实现的商品购买组合。

预算线以消费者收入和商品价格既定为条件，如果消费者收入和商品价格发生变化，消费者的预算线也会相应发生变化，其具体变化情形如下。

（1）预算线平移。预算线平移具体分为以下两种情况：其一，当两种商品价格不变，消费者收入发生变化时，预算线会平移。收入增加，预算线向右平移；收入减少，预算线向左平移。其二，当消费者收入不变，两种商品的价格同比例、同方向变化时，预算线也会平移。两种商品的价格同比例下降，预算线向右平移；两种商品的价格同比例提高，预算线向左平移。预算线平移如图 3.4（a）所示。

思考与讨论 3.8

如果商品 Y 的价格下降了，而商品 X 的价格和消费者收入保持不变，预算线会发生怎样的变化？

（2）预算线旋转。当消费者收入不变，一种商品价格不变，另一种商品价格发生变化时，预算线会旋转。商品 X 价格发生

变化，预算线围绕 A 点旋转，如图 3.4（b）所示；商品 Y 价格发生变化，预算线围绕 B 点旋转，如图 3.4（c）所示。

预算线代表在消费者收入和商品价格既定的条件下，消费者各种可能的消费机会，但这条线上有无数种组合，究竟哪种组合能提供最大效用，预算线本身无法说明，需要结合无差异曲线作进一步的分析。

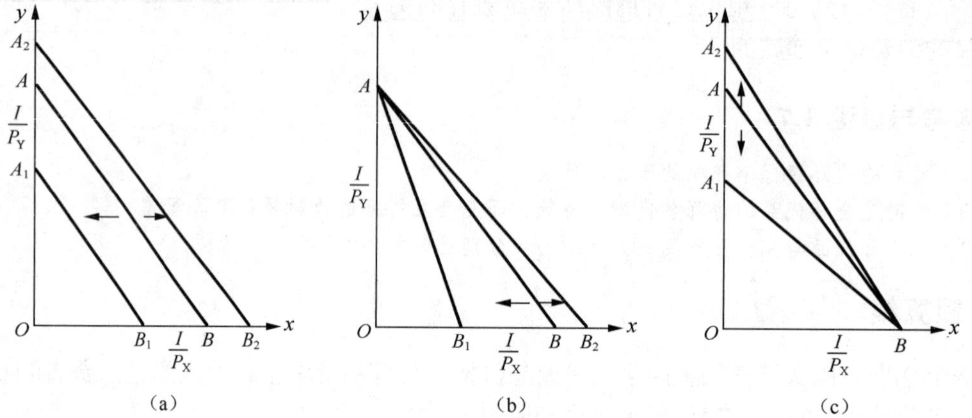

图 3.4　预算线的变动

三、消费者均衡

序数效用论将无差异曲线和预算线结合在一起来分析消费者均衡。在序数效用论中，无差异曲线代表消费者对商品组合的偏好。由于欲望的无穷性，消费者会面临无数条无差异曲线，且总愿意选择远离原点的无差异曲线，以获得更大的满足感。而消费者的购买愿望受其收入水平和商品价格的约束，由消费者收入和商品价格决定的预算线只有一条。既定的预算线与其中一条无差异曲线的相切点，是消费者均衡点。在均衡点上，消费者所购买的商品组合是其最偏好的商品组合，是效用最大的商品组合，也是耗尽既定收入的商品组合。

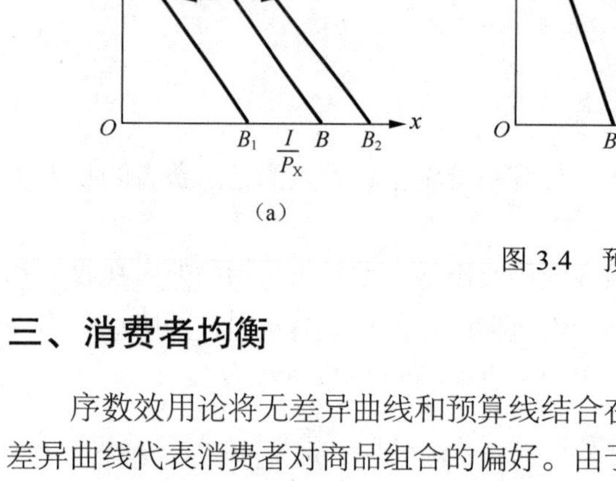

图 3.5　消费者均衡

如图 3.5 所示，某消费者有三条无差异曲线 U_1、U、U_2，效用水平为 $U_1<U<U_2$。预算线 AB 与其中的一条无差异曲线 U 相切于均衡点 E。

在预算线 AB 上，所有各点支出相等但效用水平不同，E 点的效用水平为 U，而其余各点，如 F、G 点的效用水平为 U_1，E 点的效用水平最高。

在无差异曲线 U 上，所有各点效用相等但支出不同，E 点的支出由预算线 AB 决定，而其余各点，如 C、D 点的支出由预算线 A_1B_1 决定，明显高于 E 点的支出水平，且 A_1B_1 线为目前达不到的预算线，因此 E 点的支出最少。

无差异曲线 U_2 的效用水平最高，但因消费者无相应的支付能力而不可能实现。

可见，只有在均衡点 E 上，消费者才能购买到最大效用的商品组合，即最优购买数量组合，两种商品的最优购买数量组合为（x_e，y_e）。消费者均衡条件可表达为

$$\mathrm{MRS_{XY}} = \frac{P_X}{P_Y} \quad (3-9)$$

在消费者均衡点上，预算线的斜率正好等于无差异曲线的斜率。由于预算线的斜率是两种商品的价格之比，而无差异曲线的斜率是两种商品的边际替代率，所以消费者均衡条件是在既定收入的约束下，两种商品的边际替代率等于这两种商品的价格之比。

教学互动

问： 为什么说序数效用论与基数效用论所得出的消费者均衡条件本质相同？

答： 序数效用论认为，在同一条无差异曲线上，各点的效用是相同的。如图 3.2 中 U_1 所示，当从 a 点变化到 b 点时，存在关系式 $|\Delta x \cdot \mathrm{MU_X}| = |\Delta y \cdot \mathrm{MU_Y}|$，即 $\frac{\Delta y}{\Delta x} = \frac{\mathrm{MU_X}}{\mathrm{MU_Y}}$。在均衡点上，$\frac{\Delta y}{\Delta x} = \frac{\mathrm{MU_X}}{\mathrm{MU_Y}} = \frac{P_X}{P_Y}$，即 $\frac{\mathrm{MU_X}}{P_X} = \frac{\mathrm{MU_Y}}{P_Y}$。

四、新产品设计与无差异曲线

创新是厂商的生存与发展之道，厂商研究消费者偏好并据此设计和生产新产品的行为就是“投其所好”。

案例 3.3

新型汽车的设计

款式和性能是一辆汽车最受到人们关注的特性，一辆汽车的款式设计越好、性能越佳，就越受消费者青睐。然而，重新设计款式、提高性能是要花钱的。厂商应该怎样增加汽车的特性呢？问题的答案部分取决于生产成本，部分则取决于消费者对汽车特性的偏好，消费者对汽车特性的不同偏好会影响其购买决定。

假设厂商打算花 10 万元用于汽车款式和性能的设计，由此得到预算线。在汽车价格大致确定的情况下，厂商可通过访问消费者，了解其对汽车款式和性能的偏好及对两者之间替代关系的看法；也可根据以往的汽车销售统计资料，分析消费者对汽车款式和性能的偏好。假设经过调查发现消费者偏好分为两个组别，其无差异曲线分别如图 3.6（a）、（b）所示。预算线与两组无差异曲线的切点表明：第一组偏好性能，其性能值 7 万元，款式值 3 万元；而第二组偏好款式，其性能值 3 万元，款式值 7 万元。有关汽车需求的一项研究表明，在近 20 年里，绝大多数消费者偏好的是款式而非性能。

在获悉消费者偏好的情况下，厂商就可以设计产品、制订生产和销售计划了。

启发思考

（1）试画出两个组别的消费者选择图。

（2）请制定两套可行的汽车设计方案。

在案例 3.3 中，两个组别的消费者选择如图 3.6 所示。其中，图 3.6（a）表示偏好性能的消费者选择，图 3.6（b）表示偏好款式的消费者选择。

根据消费者偏好和设计经费预算，厂商有两套可行的产品设计及生产方案。方案一，设计两款新型汽车，一款偏重款式，另一款偏重性能，并生产较多偏重款式的汽车，生产较少偏重性能的汽车，以适应两组消费者的不同选择；方案二，只设计一款新型汽车，其款式与性能介于两者之间，定位于图 3.6 所示的预算线上接近（b）图消费者均衡点的地方，以兼顾两组消费者的选择。

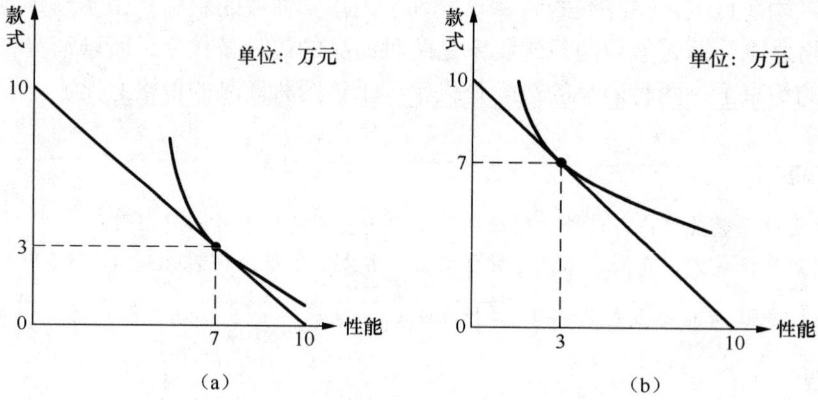

图 3.6　消费者对汽车特性的选择

第三节　消费结构与恩格尔系数

人们的需要具有多样性和层次性，而人们的生活离不开衣食住行等各种消费品。随着社会经济的不断发展，人们的生活需要日益复杂和多样化，消费结构及生活水平也在不断发生变化。

一、消费结构

消费结构是指人们所消费的不同类型消费品的比例关系。在我国，消费品被划分为食品烟酒、衣着、居住、生活用品及服务、交通和通信、教育文化和娱乐、医疗保健、其他商品和服务八大类。2020 年我国城乡居民人均消费支出与消费结构如表 3.6 所示。

表 3.6　2020 年我国城乡居民人均消费支出与消费结构统计表

项　目	城镇居民		农村居民	
	金额（元）	比重（%）	金额（元）	比重（%）
食品烟酒	7 881	29.2	4 479	32.7
衣着	1 645	6.1	713	5.2
居住	6 958	25.8	2 962	21.6
生活用品及服务	1 640	6.1	768	5.6
交通和通信	3 474	12.9	1 841	13.4
教育文化和娱乐	2 592	9.6	1 309	9.5
医疗保健	2 172	8.0	1 418	10.3
其他商品和服务	646	2.4	224	1.6
合　计	27 007	100	13 713	100

资料来源：国家统计局。

二、恩格尔系数

恩格尔系数是食物支出与总消费支出的比率。其计算公式为

$$\text{恩格尔系数}=\frac{\text{食物支出}}{\text{总消费支出}}\times 100\% \qquad (3-10)$$

食物是维持人类生存最基本的必需品。在现实生活中，一个消费者的收入即使再少，用在食物上的支出也是必不可少的。因此，一个家庭收入越少，总支出中用于购买食物的费用所占比重越大；一个国家越穷，在消费者平均支出中用于购买食物的费用所占比重越大。随着消费者收入的增加，尽管食

微课堂
消费结构与恩格尔系数

物支出会增加，但食物支出在总消费支出中所占比重会下降。这就是德国经济学家恩格尔所发现的规律，被人们称为恩格尔定律。

恩格尔系数可用来衡量一个家庭（含个人）、一个地区乃至整个国家民众生活水平的高低。一般来说，恩格尔系数越小，说明收入水平及与之相适应的消费结构的发展程度越高；恩格尔系数越大，说明收入水平及与之相适应的消费结构的发展程度越低。如表 3.6 所示，2020 年我国城镇居民恩格尔系数为 29.2%，农村居民恩格尔系数为 32.7%，表明城镇居民的生活水平高于农村居民。

联合国粮农组织所提出的根据恩格尔系数划分社会经济发展水平的标准如表 3.7 所示。

表 3.7　联合国粮农组织划分社会经济发展水平的标准

恩格尔系数（%）	≥60	50～60	40～50	30～40	<30
社会经济发展水平	贫困	温饱	小康	富裕	最富裕

人物谱

恩斯特·恩格尔

恩斯特·恩格尔（Ernst Engel，1821—1896），德国经济学家和统计学家，社会统计学派的主要人物。

1851 年，恩格尔出任萨克森邦的统计局局长，先后领导萨克森邦和普鲁士邦的统计工作前后长达 30 多年，有着丰富的统计实践经验和理论知识，善于把调查的行政目的与统计研究的科学目的巧妙结合起来。

他曾对比利时、德国、英国、法国等国家的工人家庭作了相关的家计调查和深入研究，提出了著名的恩格尔定律。

第四节　消 费 政 策

消费者行为理论是以消费者具有完全理性和完全自由为假设前提的。所谓完全理性，是指消费者对自己消费的物品有完全的了解，而且自觉地把效用最大化作为目标；所谓完全自由，是指存在消费者主权，即消费者决定自己的消费，而消费者的消费决策决定生产。但是在现实生活中，由于受个人修养、价值观、习俗及广告等因素的影响，消费者很难做到完全理性和完全自由。为保护消费者利益，引导消费行为，需要有相应的消费政策。

一、消费者权益及消费者基本权利

明确消费者权益是保护消费者利益的前提。

1. 消费者权益

消费者权益是指消费者在购买及使用商品的一系列消费活动过程中，应当享有的权利和应该得到的利益。

消费者权利是指经法律确认并由法律保护的，消费者在实现其消费目的的活动过程中的行为尺度；消费者利益是指消费者通过权利的履行而实现的消费需求的满足。权利是消费者实现利益的手段，利益是消费者运用权利的结果。

视野拓展

《中华人民共和国消费者权益保护法》

2. 消费者基本权利

于1993年10月31日颁布的《中华人民共和国消费者权益保护法》（2013年第2次修正）明确规定，我国消费者拥有如下基本权利。

（1）人身、财产安全不受损害的权利。消费者在购买、使用商品和接受服务时享有人身、财产安全不受损害的权利。消费者有权要求经营者提供的商品和服务，符合保障人身、财产安全的要求。

（2）了解商品和服务的权利。消费者享有知悉其购买、使用的商品或者接受的服务的真实情况的权利。消费者有权根据商品或者服务的不同情况，要求经营者提供商品的价格、产地、生产者、用途、性能、规格、等级、主要成分、生产日期、有效期限、检验合格证明、使用方法说明书、售后服务，或者服务的内容、规格、费用等相关情况。

（3）选择商品和服务的权利。消费者享有自主选择商品或者服务的权利。消费者有权自主选择提供商品或者服务的经营者，自主选择商品品种或者服务方式，自主决定购买或者不购买任何一种商品、接受或者不接受任何一项服务。消费者在自主选择商品或者服务时，有权进行比较、鉴别和挑选。

（4）公平交易的权利。消费者在购买商品或者接受服务时，有权获得质量保障、价格合理、计量正确等公平交易条件，有权拒绝经营者的强制交易行为。

（5）受损害后索取赔偿的权利。消费者因购买、使用商品或者接受服务受到人身、财产损害的，享有依法获得赔偿的权利。

（6）被尊重的权利。消费者在购买、使用商品和接受服务时，享有人格尊严、民族风俗习惯得到尊重的权利，享有个人信息依法得到保护的权利。

（7）监督商品和服务以及保护消费者权益工作的权利。消费者有权检举、控告侵害消费者权益的行为和国家机关及其工作人员在保护消费者权益工作中的违法失职行为，有权对保护消费者权益工作提出批评、建议。

二、保护消费者政策

在市场上，消费者往往因信息不对称及势单力薄而处于弱势地位，其利益容易受到损害。为促进市场交易的公平性，确保消费者权益，各国政府采取了一系列保护消费者的政策。

1. 确保商品质量

政府及有关组织颁布商品最低限度的质量标准，规定任何商品都必须符合相应的质量标准，并由政府相关机构对商品进行检验。同时，要求厂商向消费者公布商品的成分和可能的功效，不得隐瞒，使消费者能享用到合乎质量标准的商品。

资料查询

国家标准查询方法

国家标准查询：登录国家标准化管理委员会网站首页>办事服务>国家标准公开>强制性国家标准（或推荐性国家标准）>设置筛选条件进行查询；或登录国家标准化管理委员会网站首页>国家标准全文公开>在搜索框中输入标准号或标准名称，单击“检索”按钮进行查询。

2. 正确的消费宣传

正确的消费宣传包括商品的说明书客观、真实；商品广告宣传诚信无欺，且有适度限制，如香烟与烈性酒等不利于健康的商品不得进行广告宣传；通过新闻媒体或学校教育等多种途径向公众普及商品的选购与消费知识，指导消费者正确地进行消费。

3. 禁止不正确的消费

如禁止出售枪支和毒品、禁止未成年人进入网吧、禁止在公共场所吸烟等，限售剧毒药品、刺激性药物和抗生素等。

4. 强制某些特殊消费

一些消费对个人及整个社会十分必要，政府通过法律或行政手段强制人们进行这类消费，如义务教育、防疫和保险等。

5. 对提供某些劳务的人员素质进行限制

如从事医生、教师、司机等职业的人员必须具备相应的执业资格，以保障消费者得到合乎标准的服务。

6. 限制价格政策

政府的最高限价政策可使消费者免受垄断厂商的剥削，对保障消费者的基本生活具有积极作用。

视野拓展

12315 互联网投诉平台二期上线

7. 设立官方投诉渠道与非官方消费者协会组织

官方投诉渠道是指政府设立的用于消费者申诉举报的渠道。设立官方投诉渠道是政府监管、规范市场行为及保护消费者权益的重要举措。在我国，国家工商行政管理总局（现国家市场监督管理总局）于 1999 年 3 月 15 日在全国统一开通 12315 专用电话，受理消费者的申诉举报；2017 年 3 月 15 日，全国 12315 互联网投诉平台正式上线。官方投诉渠道的畅通，有利于维护市场经济秩序，促进经济健康发展。

非官方消费者协会组织是依法成立的对商品和服务进行社会监督的保护消费者合法权益的社会团体。其主要职能有：①向消费者提供消费信息和咨询服务；②参与有关行政部门对商品和服务的监督与检查；③就有关消费者合法权益的问题，向有关行政部门反映、查询并提出建议；④受理消费者的投诉，对投诉事项开展调查、提请鉴定、进行调解；⑤就损害消费者合法权益的行为，支持受损害的消费者提起诉讼，并通过大众传媒予以揭露、批评。

视野拓展

《中华人民共和国消费税暂行条例及实施细则》

消费税的税目与税率

三、消费外在化的干预政策

个人消费不仅仅是消费者个人的事情，它对社会也有一定的影响，这种影响称为消费外在化。个人消费有时会造成环境污染、自然资源破坏、社会风气败坏等问题，这类消费外在化有损于其他人的效用最大化，因而对其进行干预是十分必要的。如小汽车的普及导致环境污染严重及交通拥堵，一些国家对小汽车的消费进行了必要的限制；许多国家用资源保护法禁止或限制人们对某些稀缺资源的消费；通过征收消费税限制高消费等。

案例 3.4

北京市推出限制汽车消费政策

北京市是全国汽车最多的城市。中国汽车工业协会的统计数据显示，2010 年年末，全国汽车保有量为 7 801.8 万辆，其中北京市的汽车保有量为 480.9 万辆，占比约为 6%；全国千人汽车保有量为 58.2 辆，而北京市的千人汽车保有量达到 229.3 辆，几乎是全国平均水平的 4 倍，在全国 31 个省市自治区中排名第一。在北京市 480.9 万辆汽车中，私家车为 374.4 万辆，占比约为 77.85%。2001 年，北京市的私家车仅为 32.1 万辆，10 年间私家车净增 342.3 万辆。

高水平的汽车保有量及私家车占比，显示出北京市的消费水平走在全国前列。然而，在汽车保有量急剧增长的同时，北京的道路体系、停车场建设、汽车后市场的服务能力以及人们的交通意识、社会的汽车文化并未跟上，由此带来了行路难、停车难等现实问题。

为缓解拥堵压力，遏制汽车保有量的过快增长，北京市于 2011 年 1 月 1 日推出小客车摇号限购政策。该政策实施至今已逾 10 年，摇号指标持续减少：2011 年至 2013 年，每年 24 万个；2014 年至 2017 年，每年 15 万个；2018 年至今，每年 10 万个。截至 2020 年年末，北京市汽车保有量为 603.2 万辆。

除限购外，还有多项相关政策，如 2008 年 10 月之后的尾号限行、多次大幅度提高市区停车收费标准等。

1. 北京市人民政府关于应对空气重污染采取临时交通管理措施的通告
2. 《北京市机动车停车条例》颁布
3. 北京发布小客车数量调控新政

启发思考

（1）限制汽车消费政策能从根本上解决城市交通拥堵问题吗？

（2）限制汽车消费政策的代价是什么？

（3）你有哪些治理交通拥堵的良策？

本章小结

消费者行为理论研究消费者在一定预算的约束下，如何进行消费选择，实现效用最大化。

基数效用论用边际效用分析方法研究消费者如何实现效用最大化。边际效用是指消费者在一定时间内增加一单位商品的消费所得到的效用的增量，在其他商品消费量保持不变的条件下，消费者从该商品连续增加的每一消费单位中所得到的边际效用呈现递减规律。消费者均衡条件是在收入既定的条件下，使所购买的各种商品的边际效用与价格之比相等，或使花费在各种商品购买上的每一元钱所带来的边际效用都相等，且等于货币的边际效用。在消费者均衡条件下，消费者实现了最大效用。

序数效用论用无差异曲线分析方法研究消费者如何实现效用最大化。消费者均衡条件是在既定收入的约束下，两种商品的边际替代率等于这两种商品的价格之比。在无差异曲线和预算线的切点上，消费者实现了最大效用。

消费结构是指人们所消费的不同类型消费品的比例关系。恩格尔系数是食物支出与总消费支出的比率，可用来衡量生活水平的高低。恩格尔定律表明，一个家庭收入越少，总支出中用于购买食物的费用所占比重越大；一个国家越穷，在消费者平均支出中用于购买食物的费用所占比重越大。随着消费者收入的增加，尽管食物开支会增加，但食物开支在消费者总支出中所占比重会下降。

消费者行为理论以消费者具有完全理性和完全自由为假设前提。但在现实生活中，因受多种因素的影响，消费者很难做到完全理性和完全自由。个人消费对社会有一定的影响。为保护消费者利益，引导消费行为，需要有相应的消费政策。

练 习 题

一、概念识记

效用　总效用　边际效用　消费者剩余　无差异曲线　边际替代率　预算线　消费者均衡　恩格尔系数　恩格尔定律

二、单项选择题

1. 当总效用增加时，边际效用（　　）。

A. 为正值，且不断增加　　B. 为正值，且不断减少

C. 为负值，且不断增加　　D. 为负值，且不断减少

2. 当总效用达到最大值时，边际效用（　　）。

A. 为最大值　　B. 大于0　　C. 等于0　　D. 小于0

3. 消费者剩余是消费者的（　　）。

A. 支付意愿　　B. 主观感受

C. 实际所得　　D. 消费所剩余的商品

4. 无差异曲线被用于说明（　　）。

A. 消费者偏好　　B. 消费者收入　　C. 商品价格　　D. 上述答案都正确

5. 消费者的预算线反映了（　　）。

A. 消费者的需求　　B. 消费者的偏好

C. 消费者的收入约束　　D. 消费者的效用最大化状态

6. 预算线绕着它与纵坐标（代表商品Y的购买数量）的交点向外移动的原因是（　　）。

A. 商品 X 的价格下跌了　　B. 商品 X 的价格上涨了

C. 商品 Y 的价格下跌了　　D. 商品 Y 的价格上涨了

7. 在消费者均衡点上，两种商品的边际替代率等于其（　　）之比。

A. 边际效用　　B. 总效用　　C. 价格　　D. 购买数量

8. 商品X和Y的价格按相同的比例上升，而收入不变，预算线（　　）。

A. 向左平移　　B. 向右平移　　C. 不变动　　D. 不能确定

9. 给消费者带来相同满足程度的商品组合集中在同一条（　　）上。

A. 需求曲线　　B. 无差异曲线　　C. 预算线　　D. 生产可能性曲线

10. 下列选项中，（　　）不属于保护消费者政策。

A. 颁布产品质量国家标准　　B. 强制义务教育

C. 规范计量器具　　D. 实施支持价格政策

三、多项选择题

1. 同一商品，其效用大小因（　　）不同而变化。

A. 消费者　　B. 消费时间　　C. 消费地点　　D. 衡量标准

2. 边际效用递减主要是基于（　　）等原因。

A. 消费者生理　　B. 消费者心理　　C. 消费者收入　　D. 商品用途多样

3. 当花费单位货币购买商品所得边际效用等于货币的边际效用时，消费者处于（　　）。

A. 非均衡状态　　B. 效用最大化状态

C. 最优购买状态　　D. 均衡状态

4. 影响消费者购买选择的主要因素有（　　）。

A. 偏好　　B. 收入　　C. 时间　　D. 地点

5. 序数效用论关于偏好的假定是（　　）。

A. 可加总性　　B. 有序性　　C. 可传递性　　D. 不饱和性

6. 在同一条无差异曲线上，人们的（　　）相同。

A. 购买组合　　B. 收入　　C. 偏好程度　　D. 效用水平

7. 当两种商品的边际替代率等于两种商品的价格之比时，消费者（　　）。

A. 用尽既定收入　　B. 实现最优购买　　C. 实现最大效用　　D. 处于均衡状态

8. 恩格尔系数用于反映一个国家或地区的（　　）。

A. 消费结构　　B. 生活水平　　C. 贫富差距　　D. 收入水平

9.《消费者权益保护法》规定，经营者与消费者进行交易，应当遵循的原则有（　　）。

A. 自愿　　B. 平等　　C. 公平　　D. 诚实信用

10. 下列选项中，我国征收消费税的有（　　）。

A. 汽车轮胎　　B. 高档化妆品　　C. 游艇　　D. 报纸

四、判断题

1. 效用是商品的使用功能。（　　）
2. 同样一件商品对于同一个消费者来说，效用是相同的。（　　）
3. 边际效用递减规律解释了需求曲线的成因。（　　）
4. 支付意愿是指消费者购买某一商品时所愿意支付的最高价格。（　　）
5. 消费者的支付意愿与偏好程度呈正相关。（　　）
6. 基数效用论与序数效用论的本质是相同的。（　　）
7. 同一条无差异曲线的各组合点的效用是不同的。（　　）
8. 完全替代品的边际替代率等于零。（　　）
9. 富裕家庭的恩格尔系数较高。（　　）
10. 在买方市场上，消费者处于强势地位，保护消费者政策是多余的。（　　）

五、简答题

1. 什么是边际效用递减规律？为什么存在边际效用递减规律？
2. 无差异曲线有何特点？
3. 怎样理解消费者均衡？
4. 试述基数效用论和序数效用论的关系。
5. 什么是恩格尔定律？
6. 怎样理解消费者权益？

六、应用题

1. 已知某人的效用函数$U=xy$，他打算购买X和Y两种商品，当其每月收入为4 800元，$P_X=40$元，$P_Y=120$元时，试问：

（1）为获得最大效用，他应该如何选择商品X和Y的购买组合？

（2）货币的边际效用是多少？

（3）均衡状态下的总效用是多少？

2. 已知一场演唱会的门票价格为500元，一场时装表演秀的门票价格为200元。在某消费者关于这两种商品效用最大化的均衡点上，一场时装表演秀对演唱会的边际替代率是多少？

3. 恩格尔系数调研。

（1）要求。查阅历年我国城乡恩格尔系数（10年以上），用统计图表列示；比较分析城乡居民的生活水平，写一篇调查分析报告。

（2）查找资料路径提示。登录国家统计局网站首页>统计数据>统计公报>年度统计公报>在“全国年度统计公报”列表中，单击相应年份查看。

4. 消费者偏好调研。

（1）要求。以本系同学为调查对象，了解在手机价格大致确定的情况下，同学们对手机款式和性能的偏好及对二者之间替代关系的看法；整理分析调查资料，得出调查结论。

（2）调查方法提示。分小组设计提问项目及答案选项，全班讨论后确定调查问卷；用访问法获取调查资料。

第四章 生产理论

【学习目标】

理解企业的本质与适度规模；掌握生产要素、生产函数等基本概念；掌握边际产量递减规律；掌握生产者均衡及其条件；能够运用生产理论进行最优生产决策。

案例 4.1

银行的人工出纳、自动柜员机和电子银行

当因技术的进步而诞生出一种高生产率的新资本品时，若其边际产量与价格之比大于其他投入要素，如某类劳动力，且新资本品是该类劳动力的替代品而非互补品，企业将用新资本品替代该类劳动力。在银行业，自动柜员机（ATM）取代了部分人工出纳，而移动支付则正在取代人工出纳和自动柜员机。

自动柜员机只有几十年的历史，却在20世纪末迅速普及全球。自动柜员机的边际产量极高，一台机器每天可以处理几千笔交易。自动柜员机可以办理取款、存款和转账业务。尽管对银行来说，购买和安装自动柜员机很贵，但自动柜员机每天能工作24小时，便于消费者使用，且每笔交易成本大大低于人工成本，它不会怠工，也不会辞职。与人工出纳不同，自动柜员机可以放在银行，也可以放在繁华的街角、大学和超市。同一银行卡可在我国的自动柜员机上提取现金，也可在美国的自动柜员机上提取美元，在日本的自动柜员机上提取日元，在德国的自动柜员机上提取欧元。

ATM 机被取代实例

现金被取代实例

拒收人民币现金的法律责任

边际产量更高、相对价格更低的自动柜员机减少了银行业对人工出纳的需求。随着电子银行的兴起及移动支付的井喷式发展，现金交易明显减少，银行对自动柜员机的采购量急剧减少。自2017年起，国内自动柜员机新增装机量呈断崖式下降，有些区域甚至出现零增长；一些人工出纳失去了工作，但整个社会明显进步了。社会在得到更便捷银行服务的同时，还得到了被取代的劳动要素所生产的更多其他产品。

启发思考

（1）自动柜员机的边际产出有哪些？

（2）试用经济学理论解释自动柜员机替代人工出纳的现象。

（3）银行的人工出纳会被自动柜员机或移动支付完全取代吗？为什么？

在现代社会，消费者所消费的各种商品几乎都来自厂商的生产活动，如粮食由农民生产、衣服由服装厂生产、住房由房地产公司生产、出行服务由客运公司提供等。生产是厂商对各种生产要素加以组合并制作成产品的行为。生产理论以厂商追求利润最大化为前提，将厂商的生产活动抽象为生产函数，并在此基础上揭示生产活动的一般规律，研究实现生产要素最优组合的条件，是厂商作出生产决策的理论依据。

第一节　厂商概述

厂商也称生产者，是指能够作出统一生产决策的单个经济单位。例如，跨国公司是厂商，街头小贩也是厂商。作为市场主体，厂商既是产品市场的供给者，也是生产要素市场的需求者。

一、厂商的主要组织形式

思考与讨论 4.1

厂商与企业这两个概念有何区别？有何联系？

按照财产的组织形式和所承担的法律责任的不同，可将厂商的组织形式划分为个人独资企业、合伙制企业和公司制企业。

1. 个人独资企业

个人独资企业也称个人业主制企业，是指由一个自然人出资经营的厂商组织。业主享有企业全部的经营所得，同时对企业债务承担无限责任。个人独资企业利益动机明确而强烈，经营决策自由灵活，易于管理；但资金有限，规模较小，抗风险能力弱，容易破产。

2. 合伙制企业

合伙制企业是指由两个或两个以上的自然人依合同或协议联合起来共同出资经营的厂商组织。合伙人共同分享企业所得，共同承担企业债务，并对企业债务承担无限连带责任。相对于个人独资企业，合伙制企业中合伙人分工合作，使专业化得到加强，具有一定的企业规模优势；但合伙人之间仅靠契约维系关系，组织不稳定，且合伙人集体决策，难以有效协调，企业的资金和规模仍有局限性。

3. 公司制企业

公司制企业是指按公司法设立和经营的具有法人资格的厂商组织，是现代企业最重要的组织形式。企业为股东所有，股东按出资额对企业债务承担有限责任，主要利用债券和股票来筹集资金。公司制企业有效地实现了出资者所有权和管理权的分离，具有筹资范围广泛、投资风险有限、组织制度科学、组织形式相对稳定、管理团队专业等突出优点；但公司尤其是股份有限公司的设立程序相对复杂，所有权与管理权的分离会带来一系列的问题。在我国，公司制企业主要包括有限责任公司和股份有限公司。

（1）有限责任公司。有限责任公司是指由五十人以下的股东共同出资，每个股东以其所认缴的出资额对公司承担有限责任，公司以其全部资产对其债务承担责任的经济组织。其优点是公司的设立和解散程序较股份有限公司简单，内部管理机构设置灵活，不必向社会披露财务状况；缺点是不能公开发行股票，筹集资金范围和规模都较小，一般适合于中小企业。

（2）股份有限公司。股份有限公司是指全部注册资本由等额股份构成并通过向公众发行股票筹集资本，公司以其全部资产对其债务承担有限责任的法人企业。股份有限公司的设立和解散有严格的法律程序，组织机构严密，筹资规模大，必须向公众披露经营状况，一般适合于大中型企业。

教学互动

问：在我国，就个人投资而言，一人有限公司、个人独资企业和个体工商户的主要区别是什么？

答：①法律地位不同。一人有限公司是法人企业，个人独资企业是自然人企业，个体工商户只是公民参与生产经营活动的一种形式。②适用法律不同。一人有限公司按《公司法》设立，个人独资企业按《个人独资企业法》设立，个体工商户按《民法典》《个体工商户条例》设立并受其调整。③承担的责任不同。前者承担有限责任，后两者承担无限责任。④所得税管理不同。前者既缴纳企业所得税，在为股东分配利润时还要缴纳个人所得税，后两者只需缴纳个人所得税。

二、企业的本质

企业是一种营利性经济组织。作为厂商的主要组织形式，企业是商品经济发展到一定阶段的产物。企业是一种与市场并存且能以更低的交易成本替代市场的资源配置方式。任何交易都可以被看成交易双方所达成的一项契约，交易成本是围绕交易契约所产生的成本，包括寻找交易对象、了解商品价格与质量信息、信息传递、谈判签约、监督和执行契约等产生的成本。

在商品经济发展初期，商品生产一般以家庭为单位，由于市场狭小，交易成本很低。随着商品经济的发展，市场规模扩大，交易成本显著提高，生产者便把诸多生产要素和生产环节集合在一个经济单位即企业中，通过内部组织管理，大幅降低交易成本。市场和企业是两种不同的生产组织形式，前者采用协议买卖方式，后者采用内部管理方式，两种方式都存在一定的成本，前者是交易成本，后者是内部组织管理成本。企业产生的根源，就在于企业的内部组织管理成本低于市场的交易成本。

思考与讨论 4.2

企业停止扩大规模的条件是什么？为什么许多企业会把自己的部分业务外包出去？

同一笔交易，既可以通过市场的组织形式来进行，也可以通过企业的组织形式来进行。市场和企业之所以会同时存在，是因为有的交易在市场进行成本更低，而有的交易在企业内部进行成本更低。市场和企业的相互替代，说明了一个问题的两个方面：在市场体系中，专业化的经济活动由“看不见的手”调节，分散的资源由价格信号配置；在企业内部，专业化的经济活动由“看得见的手”指挥，分散的资源由行政指令配置。企业的规模并不是越大越好，其扩大有一个边界。这个边界的确定原则是：增加一笔交易时，通过企业来实现所耗费的成本与通过市场来实现所耗费的成本相等。

视野拓展

微笑曲线与贴牌生产

微笑曲线是指在产业链中，附加值更多地体现在研发和销售两端，而处于中间环节的制造附加值最低。微笑曲线代表了各环节的获利能力，整个曲线看起来像个微笑符号，如图 4.1 所示。

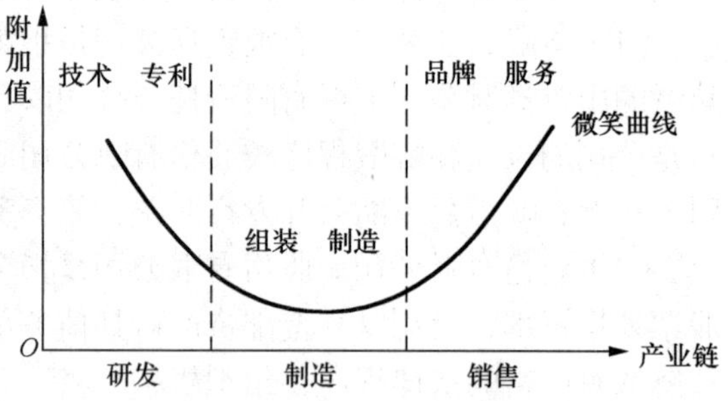

图 4.1 微笑曲线

贴牌生产的英文缩写为 OEM，我国也称之为“代工生产”“委托生产”“委托加工”“定牌制造”“生产外包”等。它是指拥有优势品牌的企业为了降低成本，缩短运距，抢占市场，委托其他企业进行加工生产，并向这些生产企业提供产品的设计参数和技术设备支持，来满足对产品质量、规格和型号等方面的要求，生产的产品贴上委托方的商标出售的一种生产经营模式。贴牌生产实现了品牌与生产的分离，是国际大公司寻找各自比较优势的现实写照。

北京工商大学教授梁小民认为，在中国的出口业务中，改革开放初期大多数企业从事的是组装和制造，这恰恰是最不赚钱的。如美国销售的芭比娃娃，在美国超市卖 9.99 美元，而中国生产企业只能分到 2 美元，其中 1 美元用于运输、保险等费用，还有 0.65 美元用于从美国进口原料，真正落到口袋中的只有 0.35 美元的加工费。当然，这样的例子很多。他认为，靠低工资、低成本来增加出口的道路在改革开放初期是可以的，但目前已走不通了。因为走这种道路的前提条件是劳动力无限供给。到了一定阶段，当劳动力不再充足、工资必须增加时，经济发展就必须转型。

三、厂商的目标

厂商的目标是追求利润最大化。从短期来看，厂商的具体目标呈现出多元化且不断变化的特点，如有的企业以销售收入最大化为目标，有的企业以市场份额最大化为目标，有的企业因更注重社会责任而把稳定与增长作为目标等。从长期来看，如果企业在经营中一直亏损，则注定不能生存，更谈不上发展。赢利丰厚的厂商更有实力积累资本，研发并采用先进技术，优先从银行借到资金，从而更具市场竞争力。利润最大化是企业生存发展的基本准则，一个不以利润最大化为目标的企业终将遭到市场的淘汰。

知识点滴

我国西汉时期的文学家、史学家、思想家司马迁在《史记·货殖列传》中写道“天下熙熙，皆为利来；天下攘攘，皆为利往”，一语道破了厂商逐利的目标。我国民间广泛流传着“无利不起早”的说法，体现了劳动人民对厂商目标的认识。

四、生产要素与生产函数

厂商的生产活动离不开生产要素，而生产要素的投入量与产品的产出量之间存在着一定的依存关系，这种依存关系可以用生产函数来表示。厂商可以提供各种具有实物形态的产品，如面包、服装、房屋、自行车、机器设备等，也可以提供各种无形的产品即劳务，如诊疗服务、法律咨询、金融服务、旅游服务等。

微课堂

企业家才能

1. 生产要素

生产要素是指生产活动中所投入的各种经济资源，通常划分为劳动（L）、资本（K）、土地（N）与企业家才能（E）四种类型。

2. 生产函数

生产函数表示一定时期内，在技术水平不变的条件下，生产中所使用的各种生产要素的投入量与所能生产产品的最大产量之间的依存关系。

思考与讨论 4.3

在学校超市的经营活动中，其各项生产要素的具体内容分别是什么？

任何生产函数都以一定时期内的技术水平既定为前提。如果技术水平发生变化，生产要素投入与产品产出之间的数量关系则会发生变化，即形成新的生产函数。生产函数的一般表达式为

$$Q = f(L,K,N,E) \tag{4-1}$$

式中，Q 为产品产量，L 为劳动投入量，K 为资本投入量，N 为土地投入量，E 为企业家才能投入量。在研究生产函数时，一般认为土地是固定不变的生产要素，而企业家才能难以估算。为简化分析，生产函数通常表达为

$$Q = f(L,K) \tag{4-2}$$

生产函数表示生产中投入与产出之间的数量依存关系，这种关系普遍存在于各种生产过

程之中。从街头小贩到跨国公司，每个厂商都有自己的生产函数。研究并估算生产函数，有助于厂商掌握生产规律，作出正确的生产决策，从而优化资源配置，实现利润最大化。

案例 4.2

两种著名的生产函数

经济学中有两种著名的生产函数，分别是里昂惕夫生产函数和柯布－道格拉斯生产函数。

里昂惕夫生产函数又称固定投入比例生产函数，是指生产某种产品每一产量水平所对应的各种生产要素投入量之间比例固定的生产函数。假定生产中只使用劳动和资本两种生产要素，则其函数式为

$$Q=\min\left(\frac{L}{u},\frac{K}{v}\right) \tag{4-3}$$

式中，Q 为某产品产量，L 和 K 分别为劳动和资本的投入量，常数 u 和 v 分别表示生产一单位产品固定所需的劳动投入量和资本投入量。该函数表示，产量 Q 取决于两个比值 L/u 和 K/v 中较小的那一个。当一种生产要素的数量不变时，另一种生产要素的数量再多也不能增加产量。其道理类似于木桶效应。

柯布－道格拉斯生产函数是美国数学家柯布和经济学家道格拉斯根据1899—1922年美国制造业历史统计资料所得出的生产函数。其函数式的一般形式为

$$Q=AL^{\alpha}K^{\beta} \tag{4-4}$$

式中，Q 为总产量，L 和 K 分别为劳动和资本的投入量，A 为规模参数（$A>0$），α、β 分别为劳动和资本的产量弹性系数，分别表示劳动和资本对总产量的贡献份额，其取值区间为（0，1）。

1899—1922年美国制造业的具体函数式为

$$Q=1.01L^{0.75}K^{0.25}$$

该函数表明，在这一时期的总产量中，劳动的贡献份额占3/4，资本的贡献份额占1/4。

启发思考

（1）请列举现实中固定投入比例生产函数的实例。

（2）案例中所述两种生产函数对你有何启示？

在生产活动中，厂商调整生产要素投入量或生产规模往往需要一定的时间。经济学以厂商调整全部生产要素投入量所需时间为限，将生产划分为短期生产和长期生产。所谓短期，是指厂商来不及调整全部生产要素投入量，至少有一种生产要素投入量是固定不变的时间周期。这表明，在短期内生产要素可分为不变要素和可变要素。厂商在短期内无法调整的是不变要素的投入量，如厂房、机器设备等；厂商在短期内可以调整的是可变要素的投入量，如劳动、原材料等。所谓长期，是指厂商可以调整全部生产要素投入量的时间周期。这表明，在长期内生产要素都是可变的。在长期内，厂商可以根据自身经营状况缩小或扩大生产规模，甚至进入或退出一个行业。

思考与讨论 4.4

一年时间对于一家小型餐饮店和一家大型钢铁厂而言，其意义相同吗？为什么？

短期和长期

与此相对应，生产函数划分为短期生产函数和长期生产函数。经济学通常以一种可变要素的生产函数来研究短期生产，以两种可变要素的生产函数来研究长期生产。

第二节　短期生产函数

短期生产函数是指在技术水平不变的条件下，当其他生产要素投入量固定不变时，一种可变生产要素的投入量与所能生产产品的最大产量之间的依存关系。

在式 4–2 中，假定资本投入量是固定的，用 $\bar{K}$ 表示，劳动投入量 L 是可变的，Q 为产品最大产量，则短期生产函数可表达为

$$Q = f(L, \bar{K}) \quad 或 \quad Q = f(L) \tag{4-5}$$

式 4–5 表明，在资本投入量不变的条件下，劳动投入量的变化引起产品产量的变化。

一、总产量、平均产量和边际产量

在生产理论中，有三个重要的产量概念，即总产量、平均产量和边际产量。

总产量（total product，TP）是指一定的生产要素投入所能生产的用实物单位衡量的产品全部数量。根据式 4–5，短期总产量函数表达为

$$\mathrm{TP}_L = f(L, \bar{K}) \quad 或 \quad \mathrm{TP}_L = f(L) \tag{4-6}$$

平均产量（average product，AP）是指平均每单位某种生产要素所能生产的产品数量。短期平均产量函数表达为

$$\mathrm{AP}_L = \frac{\mathrm{TP}_L}{L} \tag{4-7}$$

边际产量（marginal product，MP）是指每增加一单位某种生产要素的投入量所引起的产品总产量的变动量。短期边际产量函数表达为

$$\mathrm{MP}_L = \frac{\Delta \mathrm{TP}_L}{\Delta L} \quad 或 \quad \mathrm{MP}_L = \lim_{\Delta L \to 0} \frac{\Delta \mathrm{TP}_L}{\Delta L} = \frac{\mathrm{dTP}_L}{\mathrm{d}L} = \mathrm{TP}_L' \tag{4-8}$$

结论：在技术水平不变的条件下，当其他生产要素投入量固定不变时，一种可变生产要素投入量的变动会引起所生产产品的总产量、平均产量和边际产量发生相应的变动。

案例 4.3

转盘的生产

转盘是某电工机械厂制造大型连续卷管机的关键部件，用 6 台机床进行加工。

刚开始，3 名工人加工转盘，每人管理 2 台机床。由于工人们既要操作机床，又要进行必要的辅助工作（如卡零件、领取材料、借用工具、相互传递、打扫卫生等），机床的生产效率很低，日产量为 12 件，人均产量为 4 件，边际产量为 4 件。

当工人数增至 6 人时，每人管理 1 台机床。每个工人在完成机床操作的同时，还要完成相应的辅助工作，日产量增加到 48 件，人均产量为 8 件，边际产量为 12 件。

当工人数增至 7 人时，有 1 个人专做辅助工作，其他 6 人能将大部分时间用在机床上，日产量增加到 70 件，人均产量为 10 件，边际产量为 22 件。

当工人数增至 8 人时，有 2 人专做辅助工作，其他 6 人将全部精力放在机床上，充分发挥设备效率，日产量增加到 80 件，人均产量为 10 件，边际产量为 10 件。

当工人数增至 9 人时，日产量虽然增加到 81 件，但由于新增工人没多少活干，平均产量开始下降，

边际产量大幅下降。此后，随着工人数的进一步增加，工人间的互相干扰增加，废品率也相应上升。

当工人数增至 10 人时，总产量为 81 件，边际产量为 0。

当工人数增至 11 人时，由于人浮于事、职责不清、互相干扰，废品率进一步上升，总产量下降为 77 件，平均产量继续下降，边际产量为负。

当工人数增至 12 人时，总产量降至 72 件。

（何善华，2006）

启发思考

（1）制作转盘生产的劳动投入量与产品产量统计表。

（2）绘制总产量、平均产量和边际产量曲线。

（3）分析劳动要素投入量的合理区域。

（4）分析边际产量递增与递减的主要原因。

在案例 4.3 中，转盘生产的劳动投入量与产品产量统计表如表 4.1 所示。根据表 4.1 可绘制总产量、平均产量和边际产量曲线，如图 4.2 所示。

表 4.1　转盘生产的劳动投入量与产品产量统计表

机床（K，台）	工人数（L，人）	总产量（TP_L，件）	人均产量（AP_L，件）	ΔTP_L	ΔL	边际产量（MP_L，件/人）
（1）	（2）	（3）	（4）=（3）/（2）	（5）	（6）	（7）=（5）/（6）
6	0	0	0	0	0	—
6	3	12	4	12	3	4
6	6	48	8	36	3	12
6	7	70	10	22	1	22
6	8	80	10	10	1	10
6	9	81	9	1	1	1
6	10	81	8.1	0	1	0
6	11	77	7	−4	1	−4
6	12	72	6	−5	1	−5

注：不考虑原材料投入量。

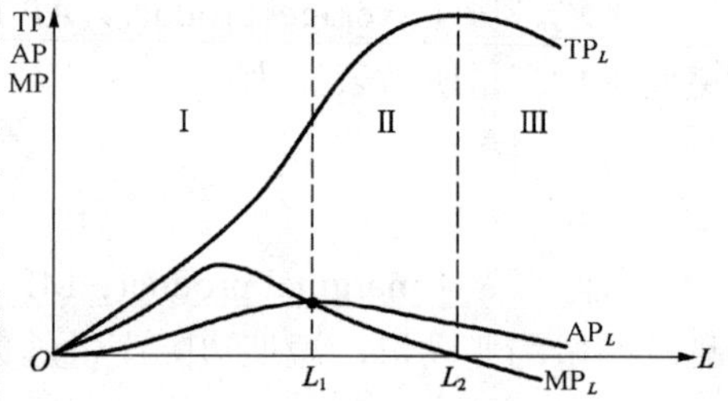

图 4.2　总产量、平均产量和边际产量

从表 4.1 和图 4.2 中可以看出，总产量、平均产量和边际产量之间存在如下关系。

第一，在资本投入量不变的情况下，随着可变要素劳动投入量的增加，产品的总产量、平均产量和边际产量都呈现出先上升到顶点后下降的规律。

第二，边际产量曲线与平均产量曲线相交于平均产量曲线的最高点。相交前，平均产量递增，边际产量大于平均产量；相交后，平均产量递减，边际产量小于平均产量；相交时，平均产量达到最大，边际产量等于平均产量。

第三，当边际产量为正值时，总产量增加；当边际产量等于 0 时，总产量最大；当边际产量为负值时，总产量减少。

二、边际产量递减规律

边际产量递减规律也称边际收益递减规律或边际报酬递减规律，是指在技术水平不变和其他生产要素投入量不变的情况下，连续增加一种可变生产要素的投入量，最初这种要素投入量的增加会使产品产量增加，但当这种要素投入量达到一定限度以后，增加该要素投入量所带来的边际产量是递减的。

边际产量递减规律是人们从生产实践中总结出来的具有普遍意义的基本生产规律。如在农业生产中，在技术水平一定的情况下，当土地等其他生产要素不变时，增加施肥量（或浇水量、作物密度、劳动力等）即存在边际产量递减规律；在工业生产中，劳动增加过多会降低生产效率；在行政事业单位中，机构过多、人员过多会造成人浮于事、降低办事效率等。理解这一规律要注意以下几点。

（1）这一规律的前提条件是技术水平不变。技术水平不变是指生产中所使用的技术没有重大变革。一般而言，短期内无论是农业还是工业，一种技术水平一旦形成，总会有一段相对稳定的保持时期，在这一时期内技术水平不会发生变化。如果技术水平发生变化，这个规律就不会存在。

（2）这一规律所指的生产要素涉及不变要素和可变要素，反映出在生产过程中不变要素与可变要素间存在着最优配合比例。

（3）在其他生产要素不变的条件下，一种可变生产要素投入量增加所引起的产品边际产量变化要经历递增、递减到变为负数的全过程。边际产量递增是因为在可变要素投入量过少时，不变要素的潜在效率未得到充分发挥；边际产量递减则是由于可变要素投入量的增加使不变要素的潜在效率得到了全部释放；边际产量为负数则说明可变要素投入过量，或不变要素不足。

思考与讨论 4.5

（1）俗话说“一个和尚担水吃，两个和尚抬水吃，三个和尚没水吃”，试用经济学理论解释这一现象。

（2）谈谈你对“人多力量大”这种观点的看法。

（3）朋友赠送给小林一盆玉树，长势旺盛，小林很喜爱，精心养护，每天浇水一次，半月后玉树几近死亡，这是为什么？

（4）边际产量递减规律适用于短期生产，是否适用于长期生产？为什么？

（5）比较边际产量递减规律与边际效用递减规律，谈谈两者的区别。

三、短期生产的三个阶段

根据短期生产的总产量、平均产量和边际产量间的关系，可将短期生产划分为三个阶段，如图 4.2 所示。

第Ⅰ阶段：可变要素投入量从零增加至 L_1，边际产量大于平均产量的阶段。总产量与平均产量一直上升，表明相对于不变要素而言，可变要素投入量不足。理性的生产者会选择增加可变要素的投入量，使不变要素得到充分利用。

第Ⅱ阶段：可变要素投入量从 L_1 增加到 L_2，边际产量介于最大平均产量与零之间的阶段。平均产量开始下降，边际产量下降至零，总产量上升到最大值。

第Ⅲ阶段：可变要素投入量大于 L_2，边际产量为负数的阶段。总产量、平均产量、边际产量同时下降，表明相对于不变要素而言，可变要素投入量过多。理性的生产者会选择减少可变要素的投入量，退回至第Ⅱ阶段。

四、短期生产的决策区间

在短期生产的三个阶段中，第Ⅱ阶段是厂商短期生产的决策区间。这一区间的起点是平均产量曲线的最高点，也是边际产量曲线与平均产量曲线的交点；这一区间的止点是总产量曲线的最高点，同时边际产量为零。根据上述特征，即可确定可变要素的合理投入区间。从表 4.1 中可以看出，案例 4.3 中劳动要素投入量的合理区间［L_1，L_2］取值为［8，10］人。

在可变要素投入量的合理区间，厂商的最佳投入量究竟在哪一点，取决于厂商的具体目标。如果厂商的目标是平均产量最大，则可变要素的最佳投入量为 L_1；如果厂商的目标是总产量最大，则可变要素的最佳投入量为 L_2；如果厂商的目标是利润最大，则需结合产品成本及价格等因素作进一步的分析。

案例 4.4

三季稻不如双季稻

种植双季稻是我国农民从生产实践中总结出来的行之有效的经验，说明在传统农业技术条件下，土地、设备、水利资源、肥料等生产要素均得到了充分利用。

江苏省邗江县 1980 年的试验结果表明，双季稻每亩总产量达 1 007 千克，而三季稻只有 755 千克。四川省把种植三季稻改为种植双季稻之后，不仅全省的粮食产量增加了，还节省了生产成本。

（梁小民，2004）

启发思考

（1）试用经济学理论解释案例中的现象。

（2）谈谈你从这个案例中得到的启示。

第三节　长期生产函数

长期生产函数是指在技术水平不变的条件下，当全部生产要素投入量可变时，多种可变生产要素的投入组合与所能生产产品的最大产量之间的依存关系。

在长期，所有生产要素的投入量都是可变的。多种可变生产要素的长期生产函数可表达为式 4-1。为简化分析，通常以两种可变生产要素的生产函数来分析长期生产。假定厂商使用劳动（L）和资本（K）两种可变生产要素来生产一种产品，则两种可变生产要素的长期生产函数可表达为式 4-2，即 $Q=f(L,K)$。

根据要素间的比例关系变化与否，长期生产函数可分为可变投入比例生产函数和固定投入比例生产函数。可变投入比例生产函数常用于分析要素投入的最优组合；固定投入比例生产函数则多用于研究厂商的规模报酬与适度规模。

一、两种生产要素投入的最优组合

在长期，劳动和资本的投入量都是可变的，并且两者之间是可以相互替代的。因此厂商在生产既定产量的某种产品时可以选择不同劳动和资本投入的组合，如可选择多投入劳动、少投入资本的组合，也可选择少投入劳动、多投入资本的组合等。生产要素的最优组合是研究厂商如何把有限的生产资源即既定成本分配于购买各种生产要素，以获得最大产量或在产量既定的情况下如何实现成本最小。消费者行为理论采用边际效用和无差异曲线分析消费者均衡，与此类似，生产理论采用边际产量和等产量曲线分析生产者均衡。鉴于两种分析方法所得结论一致，在此着重介绍等产量曲线分析法。

教学互动

问：厂商能否随心所欲地选择生产要素的投入组合？为什么？

答：不能。因为要素之间的替代是有限的，任何一种产品的生产技术都要求各要素投入有适当的比例；同时，厂商还面临着生产资源限制即成本预算约束，不能随意选择产量水平高的等产量曲线。

（一）等产量曲线

等产量曲线是指在技术水平不变的条件下，生产同等产量某种产品的两种生产要素投入量的所有不同组合的轨迹。

表 4.2 列出了某厂商在技术水平不变的条件下，生产 100 个单位某种产品，投入劳动 L 和资本 K 两种生产要素时的四种组合方式 a、b、c、d。在平面坐标系中画出各组合点，连接各点，即得出对应的等产量曲线 Q_1，如图 4.3 所示。

表 4.2　生产同等产量的要素组合

要素组合	劳动（L）	资本（K）	产量（Q_1）
a	1	6	100
b	2	3	100
c	3	2	100
d	6	1	100

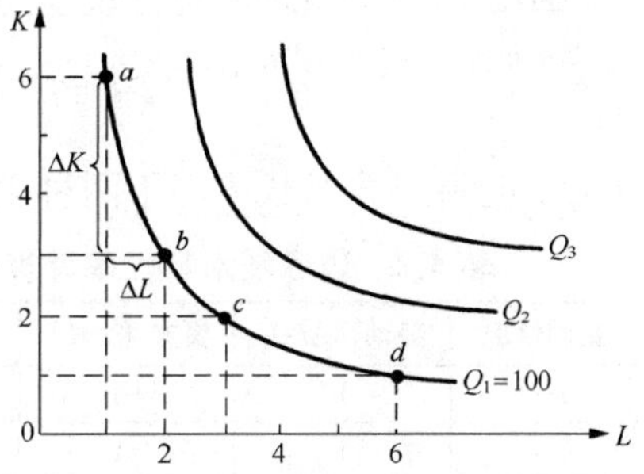

图 4.3　等产量曲线

1. 等产量曲线的特征

与无差异曲线类似，等产量曲线具有以下四个方面的特征。

第一，在同一条等产量曲线上，各点所代表的生产要素投入量组合不同，但对厂商来说产量都是相同的。在保持产量不变的条件下，一种生产要素投入量的增加必然会导致另一种生产要素投入量的减少。如果两种生产要素的投入量同时增加，在资源既定时就无法实现；如果两种生产要素的投入量同时减少，就不能保持相等的产量水平。

第二，在同一坐标平面中，可以有无数条等产量曲线。同一条等产量曲线代表相同的产量，不同的等产量曲线代表不同的产量。离原点越远的等产量曲线代表的产量越大；离原点越近的等产量曲线代表的产量越小。在图 4.3 中，Q_1、Q_2、Q_3 分别代表三条不同的等产量曲线，其产量大小排列为 $Q_1<Q_2<Q_3$。

第三，在同一坐标平面中，任何两条等产量曲线都不会相交。

第四，一般情况下，等产量曲线是一条向右下倾斜且凸向原点的曲线。这一特征是由生产要素的边际技术替代率递减规律决定的。边际技术替代率是等产量曲线的斜率，等产量曲线的左上部分斜率较大且陡峭，右下部分斜率较小且平坦，两部分结合在一起，曲线即凸向原点。

2. 边际技术替代率

边际技术替代率（marginal rate of technical substitution，MRTS）是指在维持产量水平不变的条件下，厂商增加一单位某种生产要素投入量时所减少的另一种生产要素的投入量。劳动 L 对资本 K 的边际技术替代率可表达为

$$\mathrm{MRTS}_{LK}=-\frac{\Delta K}{\Delta L} \qquad (4\text{-}9)$$

式中，MRTS_{LK} 为劳动 L 对资本 K 的边际技术替代率，ΔL、ΔK 分别为劳动和资本投入的变

动量。由于 ΔL 与 ΔK 的变动方向相反，为便于比较，在公式中添加负号，使边际技术替代率取正值。

当劳动 L 的变动量趋于零时，劳动 L 对资本 K 的边际技术替代率可表达为

$$\mathrm{MRTS}_{LK}=-\lim_{\Delta L\to 0}\frac{\Delta K}{\Delta L}=-\frac{\mathrm{d}K}{\mathrm{d}L} \tag{4-10}$$

可见，等产量曲线上某一点的边际技术替代率就是等产量曲线在该点斜率的绝对值。

对于任意一条等产量曲线而言，如图 4.3 中等产量曲线 Q_1 所示，当用劳动投入替代资本投入时，在维持产量水平不变的条件下，由增加劳动投入量所带来的总产量的增加量与由减少资本投入量所带来的总产量的减少量必定是相等的，即有 $|\Delta L\cdot \mathrm{MP}_L|=|\Delta K\cdot \mathrm{MP}_K|$。由此得出

$$\mathrm{MRTS}_{LK}=-\frac{\Delta K}{\Delta L}=\frac{\mathrm{MP}_L}{\mathrm{MP}_K} \tag{4-11}$$

可见，边际技术替代率等于两种生产要素的边际产量之比。

表 4.3　边际技术替代率计算表

变动情况	劳动（ΔL）	资本（ΔK）	MRTS_{LK}
$a\to b$	1	−3	3
$b\to c$	1	−1	1
$c\to d$	3	−1	0.3

根据表 4.2 中的资料可计算生产要素的边际技术替代率，如表 4.3 所示。

从表 4.3 中可以看出，边际技术替代率呈递减的变动趋势。这就是边际技术替代率递减规律，即在维持产量水平不变的条件下，随着一种生产要素投入量的连续增加，每一单位的这种生产要素所能替代的另一种生产要素的数量是递减的。边际技术替代率递减的主要原因在于任何一种产品的生产技术都要求各要素投入有适当的比例，这意味着各要素之间的替代是有限的。

案例 4.5

“机器换人”“无人工厂”来了

综合媒体报道　“机器换人”是指企业利用先进的自动化生产设备进行技术改造升级，以节约人工，优化工艺技术流程，提高劳动生产率和产品优质率，提升企业发展质量和水平。“无人工厂”又称黑灯工厂、自动化工厂、全自动化工厂，是指全部生产活动由电子计算机进行控制，生产第一线配有机器人而无须配备工人的工厂。“无人工厂”是“机器换人”的全面升级。

随着劳动力价格不断上涨，全球制造业竞争加剧，2012 年年底，在浙江、江苏的传统制造企业中兴起了“机器换人”，众多企业纷纷引进现代化、自动化生产设备进行技术改造升级。2014 年，“东莞一号”文件及各项扶持政策出台，“机器换人”在珠三角制造业重镇东莞轰轰烈烈地开展，并在全国掀起了一股浪潮。

自 2015 年以来，《中国制造 2025》国家战略全面实施和稳步推进，《广东省工业转型升级攻坚战三年行动计划（2015—2017 年）》明确规定，三年累计完成工业技术改造投资 9 430 亿元，并推动 1 950 家规模以上工业企业开展“机器换人”；河南省 2019 年重点建设 300 条智能化生产线、100 个智能车间和 50 个智能工厂以及 100 个左右的“机器换人”示范项目，示范应用 10 000 台以上工业机器人……

2015 年年初，宝钢股份冷轧厂建成国内首家“黑灯工厂”；2016 年 6 月，双鹿电池“黑灯工厂”正式投产；2018 年 3 月，董明珠接受记者采访时透露，格力电器在全国有八个基地，基本实现了“无人工厂”生产；2018 年 9 月 14

《中国制造 2025》摘要

企业“机器换人”实例

日，菜鸟网络与圆通速递合作的超级机器人分拨中心宣布正式启用；2018 年 12 月 20 日，惠州市银农科技股份有限公司建成国内首个农药“黑灯工厂”并正式投产……

从“机器换人”到“无人工厂”，人类原有的工作被替代了，人类的工作机会因此而减少了吗？世界经济论坛发布的《2018 未来就业报告》指出，到 2022 年，自动化技术和人工智能的发展将取代 7 500 万份工作，但同时人工智能将创造高达 1.33 亿份新工作，即净增加 5 800 万份工作。

启发思考

（1）哪些工作容易被机器取代？

（2）你从案例中得到了什么启示？

（二）等成本线

等成本线是指在成本和要素价格既定的条件下，生产者可以购买到的两种生产要素的各种最大可能数量组合的轨迹。在同一条等成本线的各点上，两种生产要素的数量组合不同，但总成本相等。

假定厂商生产某种产品只投入劳动和资本两种生产要素，则等成本线可表达为

$$C = wL + rK \quad 或 \quad K = -\frac{w}{r}L + \frac{C}{r} \qquad (4-12)$$

式中，C 为既定成本；w、r 分别为劳动和资本的价格；L、K 分别为劳动和资本的购买数量。

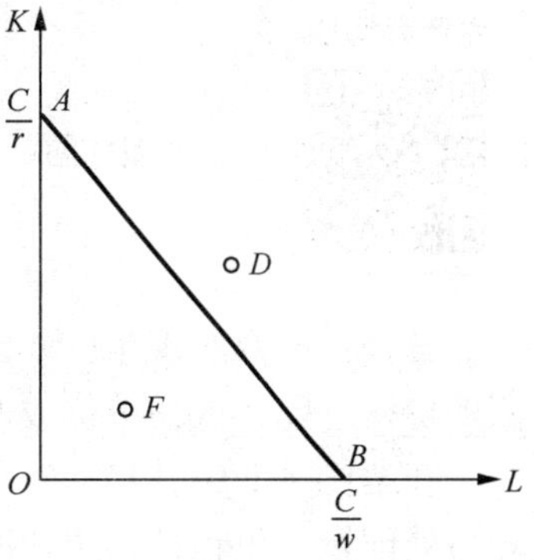

图 4.4　等成本线

如图 4.4 所示，厂商将既定成本全部用于购买劳动 L，购买数量为 C/w；厂商将既定成本全部用于购买资本 K，购买数量为 C/r。由此，得出等成本线 AB。等成本线 AB 将平面坐标图划分为三个区域：等成本线 AB 上的任何一点，表示厂商用既定成本所能购买到的劳动和资本的最大数量组合；等成本线 AB 内的区域，如 F 点，表示既定成本有剩余但不是最大数量的要素购买组合；等成本线 AB 外的区域，如 D 点，表示厂商既定成本不可能实现的要素购买组合。

思考与讨论 4.6

如果劳动 L 的价格上涨了，而资本 K 的价格和成本 C 保持不变，等成本线会发生怎样的变化？

等成本线以既定的成本和要素价格为条件，如果厂商的成本约束和要素价格发生变化，等成本线也会相应发生变化。其具体变化情形与消费者行为理论中预算线的变动类似，此处不再赘述。

等成本线代表了厂商在成本和要素价格既定的条件下，各种可能的要素购买组合，但等成本线本身无法说明哪种组合能提供最大产量，需结合等产量曲线作进一步的分析。

（三）生产者均衡

在等产量曲线与等成本线的切点上，生产者实现了均衡。生产者均衡是指生产要素的最优组合状态，是既定产量下成本最小或既定成本下产量最大的状态。如图 4.5 和图 4.6 所示，在均衡点 E 上，厂商实现了生产要素的最优组合，两种要素的最优数量组合为（L_e，K_e）。

图 4.5 表示既定产量下成本最小的生产要素组合，由于产量既定，所以只有一条等产量曲线 Q。等成本线有多条，A_1B_1 所代表的成本水平最低，但无法实现既定产量 Q；A_3B_3 所代表的成本水平高于 A_2B_2，虽然二者都可以实现既定产量 Q，但只有在等产量曲线 Q 与等成本线 A_2B_2 相切的 E 点，才能以最小成本实现既定产量。

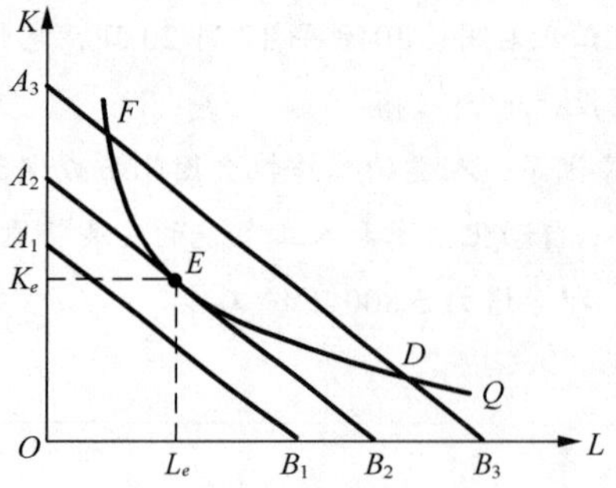

图 4.5　既定产量下成本最小的要素组合

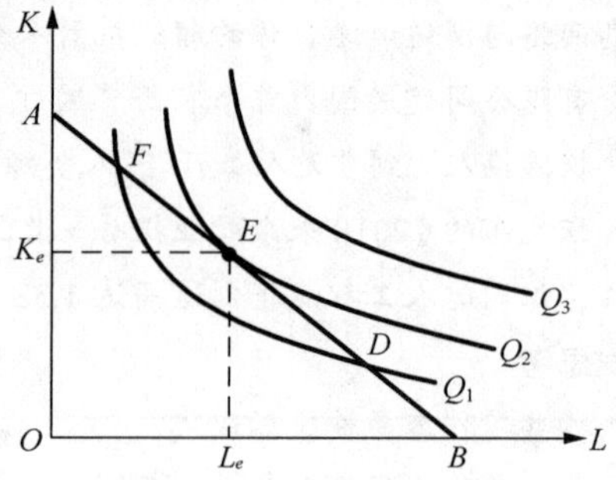

图 4.6　既定成本下产量最大的要素组合

图 4.6 表示既定成本下产量最大的生产要素组合，由于成本既定，所以只有一条等成本线 AB。等产量曲线有多条，Q_3 所代表的产量水平最高，但既定成本下无法实现；Q_1 所代表的产量水平低于 Q_2，虽然二者在既定成本下都能实现，但只有在等产量曲线 Q_2 与等成本线 AB 相切的 E 点，才能以既定成本实现最大产量。

微课堂
生产者均衡

生产者均衡条件可表达为

$$\mathrm{MRTS}_{LK}=\frac{w}{r} \tag{4-13}$$

根据式 4-11 与式 4-13 可得出

$$\frac{\mathrm{MP}_L}{\mathrm{MP}_K}=\frac{w}{r} \quad 或 \quad \frac{\mathrm{MP}_L}{w}=\frac{\mathrm{MP}_K}{r} \tag{4-14}$$

结论：厂商实现生产要素最优组合的原则是使两种要素的边际技术替代率等于这两种要素的价格之比，或使单位成本支出无论用于购买哪种生产要素所获得的边际产量都相等。

在案例 4.1 中，自动柜员机的边际产出是指投入一台自动柜员机所增加的产出，既包括业务处理量，也包括为用户所提供的便利。银行之所以会使用自动柜员机，是因为其边际产量与价格之比大于人工出纳的边际产量与价格之比。自动柜员机不会完全取代人工出纳，当自动柜员机的边际产量与价格之比小于人工出纳的边际产量与价格之比时，银行会减少使用自动柜员机而增加人工出纳，直到两者的边际产量与价格之比相等。电子银行及移动支付的使用对自动柜员机和人工出纳的替代亦同此理。在我国，受各地区经济发展不平衡、不同人群支付习惯差异及相关法律规定等因素影响，现金支付与非现金支付将长期并存。因此，银行的人工出纳会因自动柜员机和移动支付的使用而大幅减少，但很难被完全取代。

（四）生产扩展线

在技术水平和要素价格既定的条件下，厂商改变总投入会引起等成本线的平移，而改变产量会引起等产量曲线的平移，从而使两者的切点即生产者均衡点发生变动，由此而形成的生产者均衡点的运动轨迹就是生产扩展线，如图 4.7 中曲线 ON 所示。

生产扩展线上的各点表示相应情况下的最优要素组合，生产扩展线表示厂商在长期扩张或收缩生产规模时所必须遵循的路径。

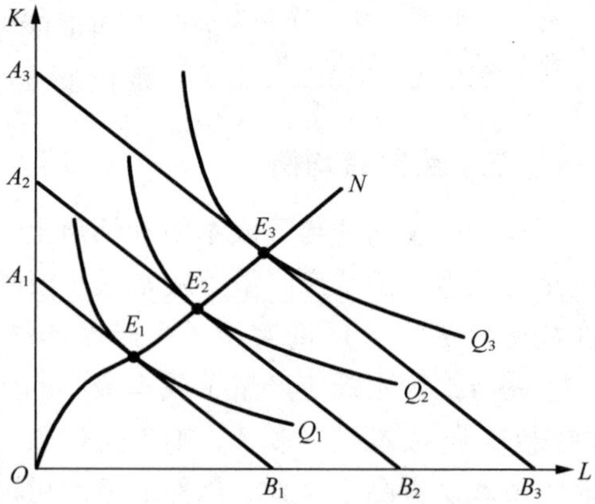

图 4.7　生产扩展线

二、规模报酬与适度规模

随着厂商生产规模的不断扩大，因扩大规模而带来的生产效率也会相应发生变化。

1. 规模报酬

规模报酬是指在技术水平和要素价格不变的条件下，厂商全部的生产要素按同一比例变化所引起的产量变化。

当一个厂商持续按同一比例增加各生产要素投入量扩大其生产规模时，产量即规模报酬变化一般会经历如下三个阶段。

第一阶段：规模报酬递增阶段。规模报酬递增是指产量增长率大于各种生产要素投入量增长率，如全部生产要素劳动和资本同时增加 100%，产品产量增长率达到 150%。规模报酬递增的主要原因是厂商生产规模扩大所带来的生产效率的提高，具体表现为生产规模扩大后，厂商能够利用更先进的设备和管理方式，使内部专业化分工更加合理，从而提高各类生产要素的作业效率。

第二阶段：规模报酬不变阶段。规模报酬不变是指产量增长率等于各种生产要素投入量增长率，如全部生产要素劳动和资本同时增加 100%，产品产量增长率为 100%。

第三阶段：规模报酬递减阶段。规模报酬递减是指产量增长率小于各种生产要素投入量增长率，如全部生产要素劳动和资本同时增加 100%，产品产量增长率仅为 80%。规模报酬递减的主要原因是厂商生产规模过大所带来的生产效率的下降，具体表现为各方面协调难度增加、管理复杂化、内部合理分工弱化、决策执行不力、生产运转不灵等。

总之，在长期生产过程中，厂商规模报酬变化的一般规律是：当厂商从最初很小的生产规模开始逐步扩大时，面临的是规模报酬递增阶段；厂商在得到由生产规模扩大所带来的产量递增的全部好处后，一般会继续扩大生产规模，将生产较长时间地保持在规模报酬不变的阶段；厂商若继续扩大生产规模，则进入规模报酬递减阶段。

案例 4.6

本土运动品牌已走出低谷

综合媒体消息　自 2012 年以来，国内各大运动品牌出现大规模的关店现象。业绩下滑、库存过高等因素使国内运动品牌不得不作出大规模关店的决定。2012 年，国内各大运动品牌关店数量高达 5 000 家；2013 年，李宁、安踏、匹克、中国动向、361 度、特步六大品牌共关闭 3 067 家门店。

业内人士认为，企业盲目扩张造成营业收入及净利润下降，本土运动品牌在吞下盲目扩张导致被动关店的恶果后，已经开始有意识地主动进行调整。

以李宁为例，三年间（2012 年年初至 2015 年年初）亏损 31 亿元，关闭门店达 2 663 家。在关闭亏损门店的同时，李宁重新定位产品，回归核心品类；主导“互联网+用户体验”变革，推进创造围绕产品、销售、渠道、运营和运动的体验价值战略；研发并推出智能跑鞋、智能足球、智能羽毛球拍、儿童智能定位鞋；扩展电商销售渠道，创新营销推广方式，大幅节省行政支出。李宁于 2015 年扭亏为盈，实现净利润 0.14 亿元；2018 年销售额破百亿，达 105.11 亿元，净利润 7.15 亿元；2021 年实现销售额 225.72 亿元，净利润 40.11 亿元。

启发思考

（1）在 2012 年至 2014 年，本案例中各大运动品牌厂商处于规模报酬的哪个阶段？

（2）厂商如何尽可能避免出现这一阶段？

2. 适度规模

从规模报酬变化的一般规律不难看出，厂商的规模既不是越小越好，也不是越大越好，即存在适度规模。在适度规模的状态下，厂商获得了扩大规模带来的生产效率提升的全部好处，又避免了继续扩大规模带来的生产效率下降所造成的损失。

对于不同行业的厂商而言，适度规模的大小是不同的，无统一标准。适度规模大的优势在于生产效率高，单位成本低，形成规模经济；适度规模小的优势则是能灵活适应市场需求的变化，正所谓“船小好掉头”。在确定适度规模时，厂商应考虑以下几个主要因素。

思考与讨论 4.7

哪些成语中蕴含着“适度规模”的思想？请列举。

（1）行业的技术特点。一般而言，投资量大、所用设备复杂先进的厂商适度规模大，如冶金、钢铁、机械、汽车制造、造船、石油化工等行业；投资量小、所用设备比较简单的厂商适度规模小，如服装、餐饮、食品、五金制造、玩具、养殖、加工服务等行业。

（2）市场条件。一般来说，生产市场需求量大且标准化程度高的产品的厂商，其适度规模大，如冶金、钢铁、石油化工等行业；生产市场需求量小且标准化程度低的产品的厂商，其适度规模小，如服装、餐饮等行业。

（3）自然资源状况。自然资源丰裕的产品，其厂商适度规模相对较大，反之则小。如采矿企业的规模受制于矿产储藏量，水电企业的规模受制于水资源的丰裕程度。

影响厂商适度规模的因素还有很多，如交通运输条件、能源供给、政府政策、各地经济发展水平、市场差异等。同一行业内的厂商，各自的适度规模也存在着差异。值得注意的是，许多行业厂商的适度规模随着技术进步有扩大的趋势。

视野拓展

中国家庭农场的适度规模

20 世纪 80 年代以来，我国农业生产普遍实行家庭联产承包责任制。家庭联产承包责任制是指农户以家庭为单位向集体组织承包土地等生产资料和生产任务的农业生产责任制形式。家庭联产承包责任制突破了“一大二公”“大锅饭”的旧体制，个人付出与收入挂钩，极大地提高了农民生产的积极性，解放了农村生产力，创造了令世人瞩目的用世界上 7%的土地养活世界上 22%的人口的奇迹（1980 年数据），对我国农民脱贫起到了重要作用，推动了农业生产的快速发展。

由于每个家庭经营的耕地面积很小，农民还在沿用传统手工劳动工具，生产效率低，抗风险能力弱。超小规模的家庭经营使中国农村经济带有浓厚的小农经济色彩，使农业生产长期滞留在半自给自足的自然经济阶段，导致农产品成本过高，缺乏市场竞争力。随着市场经济的发展，现行的家庭联产承包责任制的边际效用急剧递减。特别是中国加入世界贸易组织后，外国农产品凭借其质量优势或价格优势进入中国市场，使中国农业遭受到来自外国农产品的强烈冲击及严峻挑战。

2013 年中央一号文件首次提出“家庭农场”的概念，提出坚持依法、自愿、有偿的原则，引导农村土地承包经营权有序流转，鼓励和支持承包土地向专业大户、家庭农场、农民合作社流转，发展多种形式的适度规模经营。家庭农场是指以家庭为主要劳动力，从事农业规模化、集约化、商品化生产经营，并以农业收入为家庭主要收入来源的新型农业经营主体。据统计，截至 2018 年年底，全国纳入农业农村部门家庭农场名录的家庭农场近 60 万家。

家庭农场适度规模实例

关于家庭农场的规模，山东省第十一届政协委员农业界别首个联名提案中建议：根据山东的具体情况，家庭农场种粮规模控制在 200 亩左右为宜。以种粮食为例，有的家庭农场经营规模在500亩以上，自己管不过来，资金又紧缺，只能勉强维持；有的只有二三十亩地，面积太小连农机都不值得买，成本降不下来，难以实现规模化经营。国家应该进行有针对性的扶持，通过政策调整，引导家庭农场和种植大户向这个规模靠拢。

本章小结

生产理论以厂商追求利润最大化为前提，将生产活动抽象为生产函数，并在此基础上揭示生产活动的一般规律，是厂商生产决策的理论依据。

短期生产函数是指在技术水平不变的条件下，当其他生产要素投入量固定不变时，一种可变要素的投入量与所能生产产品的最大产量之间的依存关系。短期生产的基本规律是边际产量递减规律。根据短期生产的总产量、平均产量和边际产量函数间的关系可将短期生产划分为三个阶段，其中第Ⅱ阶段是厂商短期生产的决策区间。这一区间的起点是平均产量曲线的最高点，也是边际产量曲线与平均产量曲线的交点；这一区间的止点是总产量曲线的最高点，同时边际产量为零。

长期生产函数是指在技术水平不变的条件下，当全部生产要素投入量可变时，多种可变要素的投入组合与所能生产产品的最大产量之间的依存关系。为简化分析，通常以两种可变要素的生产函数来分析长期生产。

在等产量曲线与等成本线的切点上，生产者实现了均衡。生产者均衡是指生产要素的最优组合状态，生产要素的最优组合是既定产量下成本最小的生产要素组合或既定成本下产量最大的生产要素组合。厂商实现生产要素最优组合的原则是使两种要素的边际技术替代率等于这两种要素的价格之比，或使单位成本支出无论用于购买哪种生产要素所获得的边际产量都相等。

规模报酬是指在技术水平和要素价格不变的条件下，厂商全部的生产要素投入量按同一比例变化所引起的产量变化。在长期生产过程中，随着厂商生产规模的不断扩大，规模报酬的变化经历递增、不变和递减三个阶段，表明厂商应选择适度规模进行生产。

练 习 题

一、概念识记

厂商　企业　生产要素　生产　短期　长期　短期生产函数　长期生产函数

等产量曲线　边际技术替代率　等成本线　生产者均衡　规模报酬　适度规模

二、单项选择题

1. 经济学中，短期与长期的划分取决于（　　）。

   A. 时间长短　　B. 可否调整产量

   C. 可否调整产品价格　　D. 可否调整生产规模

2. 下列选项中，（　　）反映生产要素投入量和产出水平的关系。

   A. 无差异曲线　　B. 生产可能性曲线

   C. 等成本线　　D. 生产函数

3. 对于短期生产函数而言，当总产量为最大值时，(　　)。

A. 平均产量为最大值　　B. 平均产量等于0

C. 边际产量为最大值　　D. 边际产量等于0

4. 对于短期生产函数而言，如果厂商的目标是总产量最大化，当边际产量发生递减时，应该(　　)。

A. 增加可变生产要素投入量　　B. 减少可变生产要素投入量

C. 停止增加可变生产要素投入量　　D. 同比例增加各种生产要素投入量

5. 在一条等产量曲线的各点上，(　　)。

A. 要素的组合比例不变　　B. 要素的价格不变

C. 产量相同　　D. 产量与要素投入量呈反向变化

6. 在考虑招聘一名员工时，厂商更关心劳动的(　　)。

A. 平均产量　　B. 边际产量　　C. 总产量　　D. 平均成本

7. 等产量曲线向右平移表明(　　)。

A. 产量提高了　　B. 成本增加了

C. 要素价格降低了　　D. 要素价格按不同比例提高了

8. 若某厂商按50%的比例同时增加某产品的各种生产要素，使该产品的产量提高30%，则这种情况属于规模报酬(　　)。

A. 递增　　B. 递减　　C. 不变　　D. 不能确定

9. 如果某厂商增加1单位资本投入量能减少8单位劳动投入量，而仍能获得同样的产量，则资本替代劳动的边际技术替代率为(　　)。

A. 1/8　　B. 8　　C. 1　　D. 2

10. 生产者均衡点是(　　)。

A. 等产量曲线上的任意一点　　B. 等成本线上的任意一点

C. 等产量曲线与等成本线的交点　　D. 等产量曲线与等成本线的切点

三、多项选择题

1. 在我国，就个人投资而言，一人有限公司、个人独资企业和个体工商户的主要区别是(　　)不同。

A. 法律地位　　B. 适用法律　　C. 承担责任　　D. 税收管理

2. 下列选项中，(　　)是厂商。

A. 专职教师　　B. 在职公务员　　C. 个体工商户　　D. 有限责任公司

3. 在交易过程中，发生的(　　)是交易成本。

A. 市场调查费用　　B. 谈判费用　　C. 诉讼费用　　D. 公关费用

4. 依照《公司法》成立的企业有(　　)。

A. 个体工商户　　B. 合伙制企业　　C. 有限责任公司　　D. 股份有限公司

5. 厂商的短期目标有(　　)最大化。

A. 利润　　B. 产量　　C. 收入　　D. 市场份额

6. 短期生产决策合理区域的条件有(　　)。

A. MP=AP　　B. MP=0　　C. TP=0　　D. AP=0

7. 在生产要素劳动与资本之间，存在（　　）。
A. 替代关系　　B. 互补关系　　C. 独立关系　　D. 前述答案都正确
8. 下述行业中，厂商适度规模小的有（　　）。
A. 汽车制造　　B. 服装　　C. 餐饮　　D. 玩具
9. 企业的基本特征有（　　）。
A. 营利性　　B. 经济性　　C. 组织性　　D. 独立性
10. 影响厂商适度规模的因素有（　　）。
A. 资源约束　　B. 市场条件　　C. 政府政策　　D. 行业的技术特点

四、判断题

1. 个体户也是厂商。（　　）
2. 公司制企业是现代企业最重要的组织形式。（　　）
3. 市场调查费用属于交易成本。（　　）
4. 企业是与市场相互替代的一种资源配置方式。（　　）
5. 在一条等成本线的各点上，两种生产要素的数量组合不同，总成本不同。（　　）
6. 生产函数表明成本与产量之间的依存关系。（　　）
7. 在等产量曲线的各点上，边际技术替代率等于两种要素的边际产量之比。（　　）
8. 边际产量递减规律表明生产中不变要素与可变要素之间存在着最优配比。（　　）
9. 劳动与资本之间的相互替代是有限度的。（　　）
10. 企业规模越大越好。（　　）

五、简答题

1. 边际产量递减规律与边际效用递减规律有何区别？
2. 简述无差异曲线理论与等产量曲线理论的异同。
3. 怎样确定两种可变要素投入的最优组合？

六、应用题

1. 已知某厂商的短期生产函数为 $TP_L=56L+83.5L^2-L^3$，要求确定：
（1）劳动的平均产量函数 AP_L 与边际产量函数 MP_L。
（2）该厂商劳动投入量的合理区域。
2. 已知某企业的生产函数为 $Q=L^{1/3}K^{2/3}$，劳动的价格 $w=1$，资本的价格 $r=2$。要求计算：
（1）当产量 $Q=1\,000$ 时，企业实现最小成本时的 L、K、C。
（2）当成本 $C=3\,600$ 时，企业实现最大产量时的 L、K、Q。
3. 选择学校附近的一家厂商，搜集有关资本、劳动及产量的资料，分析其生产函数及规模报酬情况，给出评价与建议。

第五章　成本与收益理论

【学习目标】

理解规模经济与学习效应；掌握经济成本、短期成本、收益、利润等重要概念；掌握各种短期成本的变化规律及其相互关系；掌握收支相抵点与停止营业点的经济意义；掌握利润最大化原则；能初步运用成本与收益理论进行盈亏分析和经营决策。

案例 5.1

养猪的成本与收益

宁波市价格监测与成本监审局监测数据显示，2021 年 6 月，宁波市生猪平均出场价格为 16.25 元/千克，平均每头猪的收益为 2 311.56 元，饲养成本为 2 503.96 元，利润为-192.40 元，成本利润率为-7.68%。

同月，玉米批发价格为 2.99 元/千克，猪粮比价为 5.43 : 1，高于浙江省的猪粮比价 5.05 : 1。按照《完善政府猪肉储备调节机制 做好猪肉市场保供稳价工作预案》的规定，宁波市的猪粮比价处于过度下跌二级预警区域。

生猪生产成本与收益实例

启发思考

（1）什么是成本？什么是收益？什么是利润？

（2）成本、收益、利润三者之间有何关系？

（3）在我国，猪粮比价有何现实意义？

厂商的生产过程既是生产要素投入的过程，也是产品产出的过程。生产理论从物质技术角度研究投入与产出的关系及规律，成本与收益理论则从经济角度揭示投入与产出的关系及规律，是厂商进行经营决策的基本理论依据。

第一节　成本概述

成本是经济学中最重要的基本概念之一。成本（cost）是厂商为生产一定数量的某种产品所发生的各种支出，是投入生产要素所必须支付的代价。经济分析中所使用的成本概念的内涵比财务分析中所使用的成本概念的内涵更加广泛和丰富。

一、几组重要的成本概念

从不同角度对成本进行分类，有助于正确地理解成本概念。

1. 显性成本和隐性成本

经济成本是显性成本与隐性成本的总和。显性成本是指厂商在生产要素市场上购买或租用各种生产要素实际支出的费用。显性成本是经市场交易形成的实际支出，是厂商从事一项经济活动时所需要花费的货币支出，包括工资、原材料、燃料、运费、厂房及设备费用、广告费、贷款利息及税金等。这种成本在企业中是显而易见的，称为显性成本。显性成本由厂商支付并记录在会计账目上，因此也称为会计成本。

隐性成本是指厂商使用自有生产要素所应该支付而未实际支付的费用。隐性成本是未经市场交易形成的实际支出，包括未记入会计账目的自有厂房及设备的折旧费、自有土地的地租、自有资金的利息和所有者为自营企业提供劳务而应得到的薪金等。这种成本不如显性成本明显，因而被称为隐性成本。

显性成本与隐性成本的区别说明了经济学家与会计师分析经营活动的差异。经济学家关心并研究厂商如何作出生产和定价的决策，因此他们在衡量成本时会关注隐性成本；而会计师的工作是记录企业流入和流出的货币，他们只衡量显性成本，而忽略了隐性成本。

思考与讨论 5.1

（1）以企业贷款发生利息支出为例，说明经济学中显性成本与财务会计中成本的区别与联系。

（2）经济成本与显性成本、隐性成本、会计成本之间有什么关系？

2. 私人成本和社会成本

私人成本也称个别成本，是厂商为生产产品所支出的各项费用。

社会成本是指全社会为某项生产活动支付的费用，既包括厂商生产产品所支出的各项费用，也包括整个社会为此所付出的代价。

厂商的生产活动会对社会产生影响，如企业排放废水、废料和废气会污染环境，植树种草会美化环境等。私人成本通常按厂商所使用资源的市场价格来计算，如果资源的市场价格能准确体现其社会价值，那么就与社会成本相一致。但现实中，二者往往不一致。当厂商的生产活动对社会产生不利影响时，社会成本往往高于私人成本；当厂商的生产活动对社会产生有利影响时，社会成本往往低于私人成本。

3. 短期成本和长期成本

在生产理论中，按照全部生产要素投入量是否可以调整，生产过程可分为短期生产和长期生产，由此产生了短期成本和长期成本。

在短期，厂商不能调整全部生产要素的投入量，因此短期成本可分为固定成本和可变成本；在长期，厂商可以调整全部生产要素的投入量，一切成本都是可变的，不存在固定成本。

知识点滴

2001 年诺贝尔经济学奖得主斯蒂格利茨说，普通人常常不计算“机会成本”，而经济学家则往往忽略“沉没成本”，这是一种睿智。他在《经济学》一书中说，如果一项开支已经付出并且不管作出何种选择都不能收回，这类支出称为沉没成本，一个理性的人往往会忽略它。假设现在你已经花 70 元买了电影票，看了半小时后，认为这电影糟透了。你应该离开电影院吗？在作出这一决策时，你应该忽略这 70 元。因为这 70 元是沉没成本，不管是去还是留，这钱都已经花了。

二、成本函数

成本函数表示在一定的时间内，在技术水平和要素价格不变的条件下，某种产品的成本与其产量之间的依存关系。以 C 表示成本，Q 表示产量，成本函数一般表达为

$$C = f(Q) \tag{5-1}$$

与生产函数类似，成本函数可分为短期成本函数和长期成本函数。

第二节　短期成本函数

短期成本函数研究短期生产过程中产品成本与产量之间的依存关系，揭示短期成本的变动规律，是厂商进行经营决策的重要依据。

一、短期成本的分类

短期成本可分为短期总成本、短期平均成本和短期边际成本。

1. 短期总成本

短期总成本（short-run total cost，STC）是指厂商在短期内生产一定量产品所付出的成本总额。由于短期中存在固定成本和可变成本，因此短期总成本（STC）等于固定成本（FC）与可变成本（VC）的总和，表示为

短期总成本=固定成本+可变成本

即

$$\mathrm{STC} = \mathrm{FC} + \mathrm{VC} \tag{5-2}$$

固定成本（fixed cost，FC）是指不随产量而变动的成本，如厂房和设备的折旧、管理人员的工资、契约性租金、贷款利息、财产税等。固定成本对应于不变要素的费用，与产量大小无关，是一个常数。

> **思考与讨论 5.2**
>
> （1）谈谈咖啡厅的固定成本与可变成本的主要明细项目。
>
> （2）谈谈校园超市的固定成本与可变成本的主要明细项目。

可变成本（variable cost，VC）是指随产量而变动的成本，如原料、燃料的支出和工人的工资等。可变成本对应于可变要素的费用，与产量呈同向变化。

2. 短期平均成本

短期平均成本（short-run average cost，SAC）是指短期内平均每一单位产品所消耗的成本。短期平均成本函数表达为

$$短期平均成本 = \frac{短期总成本}{产量}$$

即

$$\mathrm{SAC} = \frac{\mathrm{STC}}{Q} \tag{5-3}$$

由于短期中存在固定成本和可变成本，因此短期平均成本等于平均固定成本与平均可变成本的总和。

平均固定成本（average fixed cost，AFC）是平均每单位产品所消耗的固定成本，即 AFC=FC/Q；平均可变成本（average variable cost，AVC）是平均每单位产品所消耗的可变成本，即 AVC=VC/Q。因此短期平均成本函数也可表达为

短期平均成本=平均固定成本+平均可变成本

即

$$SAC = \frac{STC}{Q} = \frac{FC}{Q} + \frac{VC}{Q} = AFC + AVC \qquad (5\text{-}4)$$

3. 短期边际成本

短期边际成本（short-run marginal cost，SMC）是指短期内每增加一单位产品所引起的总成本的增量。短期边际成本函数表达为

$$SMC = \frac{\Delta STC}{\Delta Q} = \frac{\Delta VC}{\Delta Q} \qquad (5\text{-}5)$$

或

$$SMC = \frac{dSTC}{dQ} = \frac{dVC}{dQ} = STC' = VC'$$

教学互动

问：短期平均成本与短期边际成本有什么不同？

答：短期平均成本考虑全部产品，而短期边际成本只考虑最后一单位产品；短期平均成本中包含固定成本，而短期边际成本不考虑固定成本。

二、各种短期成本的变动规律及其相互关系

表 5.1 为某厂商的短期成本变动统计表。它表明了该厂商在某种生产要素投入量固定不变的条件下，可变要素投入量增加所引起的产量及可变成本、总成本的增加，进而引起不同产量下各种成本发生变动的情况。

表 5.1　某厂商的短期成本变动统计表

产量（Q）	固定成本（FC）	可变成本（VC）	总成本（STC=FC+VC）	边际成本（SMC=ΔVC/ΔQ）	平均固定成本（AFC=FC/Q）	平均可变成本（AVC=VC/Q）	平均成本（SAC=STC/Q）
0	200	0	200	—	—	—	—
1	200	41	241	41	200	41	241
2	200	68	268	27	100	34	134
3	200	87	287	19	66.7	29	95.7
4	200	104	304	17	50	26	76
5	200	125	325	21	40	25	65
6	200	150	350	25	33.3	25	58.3
7	200	185	385	35	28.6	26.4	55
8	200	240	440	55	25	30	55
9	200	320	520	80	22.2	35.6	57.8

根据表 5.1 可绘制图 5.1 和图 5.2，得出该厂商的各种短期成本曲线。图 5.1 和图 5.2 中 Q 表示产量，C 表示成本。从图 5.1 和图 5.2 中可以看出，各种短期成本的变动规律及其相互关系。

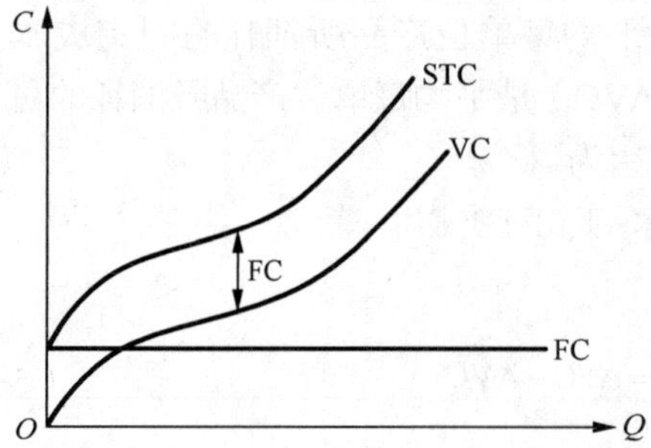

图 5.1　短期总成本、固定成本与可变成本

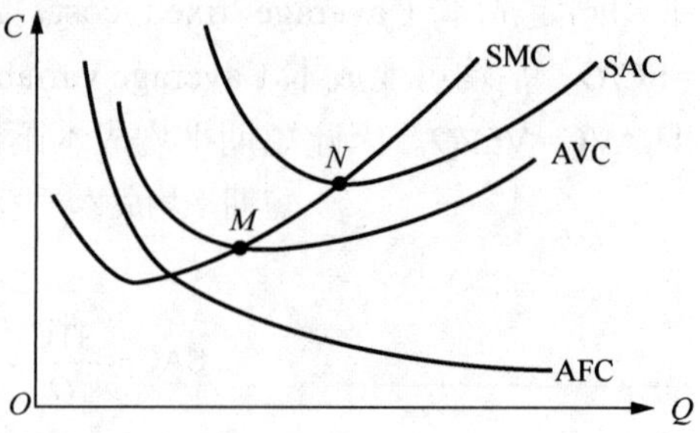

图 5.2　各种平均成本与短期边际成本

1. 短期总成本与固定成本、可变成本

从表 5.1 与图 5.1 中可以看出，固定成本曲线 FC 是一条水平线，表明固定成本是一个既定的数量（本例为 200），不随产量的增减而改变，即使产量为零，固定成本仍然存在。

可变成本曲线 VC 从原点出发，表示产量为零时没有可变成本。该曲线向右上方倾斜，表示可变成本随着产量的增加而逐渐增加。其变动规律是在生产初期产量较小时，由于不变要素的效率未能得到充分发挥，可变成本增长率大于产量增长率；其后，随着产量增加到一定规模，曲线变得较为平坦，可变成本增加缓慢，说明不变要素与可变要素的配合效率得到了充分发挥，可变成本增长率小于产量增长率；最后，随着产量的继续增加，边际产量递减，可变成本增长率大于产量增长率。

短期总成本是固定成本与可变成本的总和，随着产量的增加而逐渐增加。短期总成本曲线 STC 的形状与可变成本曲线 VC 一样，两者间距为 FC。短期总成本曲线 STC 在纵轴上的截距就是 FC，如图 5.1 所示。

2. 各种平均成本的变动规律

平均固定成本、平均可变成本及短期平均成本的变动规律如下。

（1）平均固定成本（AFC）。平均固定成本随产量的增加而递减。因为固定成本在短期内保持不变，所以随着产品产量的增加，平均固定成本的变化呈递减趋势，其变动规律是起初减少的幅度很大，之后减少的幅度越来越小，如图 5.2 所示。

（2）平均可变成本（AVC）。受边际产量递减规律的作用，平均可变成本随产量增加呈 U 形变动。在连续追加可变要素后，边际产量首先会大幅度递增，从而平均产量增加，平均可变成本减少；当产量达到较高水平时，由于机器设备的生产效率已得到充分发挥，再增加可变要素，边际产量递减，从而平均产量降低，平均可变成本增加，如图 5.2 所示。

（3）短期平均成本（SAC）。短期平均成本随产量增加呈 U 形变动。短期平均成本的变动规律是由平均固定成本与平均可变成本的变动特点决定的。

当产量从零开始增加时，平均固定成本与平均可变成本都趋于下降，所以短期平均成本也趋于下降；当产量继续增加时，虽然平均固定成本仍在下降，但由于可变要素的使用量越来越大，平均可变成本在短期平均成本中的占比越来越大，到达最低点后将趋于上升，最终抵消下降的平均固定成本而使短期平均成本上升。

3. 短期边际成本与短期平均成本、平均可变成本

短期边际成本与短期平均成本、平均可变成本之间的关系在经济分析和生产决策中具有重要意义。

（1）短期边际成本（SMC）。短期边际成本随产量增加呈 U 形变动。受边际产量递减规律的作用，短期边际成本在开始时随着产量的增加而减少，当产量增加到一定水平时，则随着产量的增加而增加，如图 5.2 所示。

（2）短期边际成本曲线 SMC 与短期平均成本曲线 SAC 相交于短期平均成本曲线 SAC 的最低点 *N*。当 SMC<SAC 时，SAC 呈下降趋势；当 SMC>SAC 时，SAC 呈上升趋势，如图 5.2 所示。

（3）短期边际成本曲线 SMC 与平均可变成本曲线 AVC 相交于平均可变成本曲线 AVC 的最低点 *M*。当 SMC<AVC 时，AVC 呈下降趋势；当 SMC>AVC 时，AVC 呈上升趋势，如图 5.2 所示。

在经济学分析中，短期边际成本曲线 SMC 与短期平均成本曲线 SAC 相交于短期平均成本曲线 SAC 的最低点 *N*，*N* 点为完全竞争厂商的收支相抵点。收支相抵点也称盈亏平衡点。在收支相抵点上，厂商的生产成本与收益相等，经济利润为零。

案例 5.2

猪粮比价

为缓解生猪价格周期性波动，促进生猪生产平稳健康发展，保障居民猪肉消费需要，经国务院批准，2009 年 1 月，国家发展和改革委员会会同有关部门发布《防止生猪价格过度下跌调控预案（暂行）》；并于 2012 年 5 月和 2015 年 10 月两次进行修订，形成《缓解生猪市场价格周期性波动调控预案》；为适应生猪市场变化，2021 年 6 月，出台《完善政府猪肉储备调节机制 做好猪肉市场保供稳价工作预案》。这些预案都将猪粮比价作为判断生猪生产和市场情况的基本指标。

猪粮比价是指生猪出场价格与玉米批发价格的比值。其中，生猪出场价格、玉米批发价格是指国家发展和改革委员会监测统计的全国平均生猪出场价格和全国主要批发市场二等玉米平均批发价格。

当猪粮比价低于 6：1 时，由国家发展和改革委员会发布过度下跌三级预警；当猪粮比价连续 3 周处于 5：1～6：1 时，发布过度下跌二级预警，视具体情况启动临时储备收储；当猪粮比价低于 5：1 时，发布一级过度下跌预警，启动临时储备收储。

当猪粮比价处于 9：1～10：1 时，由国家发展和改革委员会发布过度上涨三级预警；当猪粮比价连续 2 周处于 10：1～12：1 时，发布过度上涨二级预警，启动储备投放；当猪粮比价高于 12：1 时，发布过度上涨一级预警，加大储备投放力度。

需要说明的是，新版预案根据近年来养殖成本收益变化情况，将生猪养殖盈亏平衡点对应的猪粮比价调整为 7：1，当猪粮比价处于 7：1～9：1 时，为市场自发调整区间，不进行预警。

《完善政府猪肉储备调节机制 做好猪肉市场保供稳价工作预案》

启发思考

（1）猪粮比价的本质是什么？

（2）当猪粮比价为 7：1 时，厂商的利润大约是多少？

短期边际成本曲线 SMC 与平均可变成本曲线 AVC 相交于平均可变成本曲线 AVC 的最低点 *M*，*M* 点为完全竞争厂商的停止营业点。停止营业点也称关闭点。在停止营业点上，产品价格只能弥补平均可变成本，即 *P*=AVC，这时损失的是不生产也要支付的固定成本。如果产品价格低于这一点对应的平均可变成本，则不能弥补可变成本，厂商必须停止生产。

案例 5.3

亏本的买卖还要做吗?

在现实中，人们经常会看到一些厂商没有利润甚至亏损，但依然在维持经营。如一些保龄球馆在淡季推出的优惠套餐——打保龄球的价格甚至低于成本。这是为什么呢?

从经济学角度来看，在短期，保龄球馆经营成本包括固定成本和可变成本。保龄球馆的场地租金、设备折旧费、管理人员的工资是短期内无法改变的固定成本；保龄球馆营业会支出一些可变成本，如电费、服务员的工资等。如果不营业，可变成本就不存在；如果营业量增加，可变成本也增加。保龄球馆在决定是否持续营业时，考虑的主要是可变成本。当打保龄球的价格高于平均可变成本时，保龄球馆仍会继续营业，因为它除了能收回可变成本外，还能收回一部分固定成本；如果不营业，它损失的将是全部固定成本。

有些行业，如旅游、餐饮等，经营的固定成本高而可变成本低，只要服务价格仍然高于平均可变成本，继续营业就会比不营业有利，至少可弥补部分固定成本，以实现损失最小化。

启发思考

（1）从短期来看，厂商亏本经营的底线是什么?

（2）从长期来看，厂商还要做亏本的买卖吗?

第三节　长期成本函数

在长期，厂商能根据所要达到的产量来调整其全部生产要素的投入量即生产规模，因而所有成本都是可变的。长期成本函数研究长期生产过程中成本与产品产量之间的依存关系，揭示长期成本的一般变动规律，是厂商进行经营决策的重要理论依据。

一、长期成本的分类

长期成本可分为长期总成本、长期平均成本和长期边际成本。

1. 长期总成本

长期总成本（long-run total cost，LTC）是指厂商在长期内生产一定量产品所付出的成本总额，它是厂商长期中在每一产量水平上通过选择最优生产规模所能达到的最低总成本。在长期，厂商能够根据所要达到的产量来调整其全部生产要素的投入量，如扩大生产规模建立更大的工厂或缩减生产规模成为一个小工厂，甚至选择进入或退出一个行业，因此一切成本都是可变的，即没有固定成本。长期总成本函数表达为

$$\mathrm{LTC}=f(Q) \tag{5-6}$$

教学互动

问：生产扩展线与长期总成本曲线有何关系?

答：生产扩展线上的各点都表示在每一既定的产量水平下，厂商所选择的最优生产要素组合。计算生产扩展线上各点的成本，得到相应产量下的最低总成本，即长期总成本，从而得出长期总成本曲线。

如图 5.3 所示，以 Q 表示产量，C 表示成本，长期总成本曲线 LTC 是一条从原点出发、向右上方倾斜的曲线，表示长期总成本随产量同向变动。当产量为零时，长期总成本为零；当产量为 O～Q' 时，成本增长率大于产量增长率，长期总成本曲线较为陡峭；当产量为 Q'～Q'' 时，成本增长率小于产量增长率，长期总成本曲线较为平坦；当产量大于 Q''时，成本增长率大于产量增长率，长期总成本曲线较为陡峭。

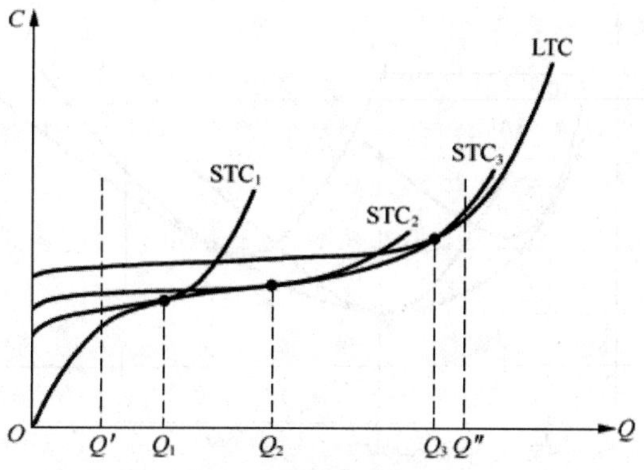

图 5.3　长期总成本曲线

长期总成本曲线与短期总成本曲线的关系如图 5.3 所示。长期总成本曲线是各个短期总成本曲线的包络线，即长期总成本曲线从短期总成本曲线的下方包络众多短期总成本曲线。长期总成本曲线从原点开始，表示长期总成本是完全随产量而变化的。每一条短期总成本曲线都不是从原点开始的，表示一旦从短期的角度来看待成本，总会存在一些固定成本，这一部分成本不随产量而变化。短期总成本曲线在纵坐标上的截距越大，代表企业的规模越大，因为比较大的经营规模总是以较高的固定成本为保证的。

> **思考与讨论 5.3**
>
> 在图 5.3 中，产量 Q_1、Q_2、Q_3 所对应的最优规模分别是什么？请说明理由。

在图 5.3 中，短期总成本曲线 STC_1、STC_2、STC_3 分别代表三种不同的生产规模，且 $STC_1<STC_2<STC_3$。在长期，厂商可以在任何一个产量水平上找到相应的最优生产规模，把总成本降到最低。

结论：在连续变化的每一个产量水平上，都存在着长期总成本曲线与一条短期总成本曲线的切点；这条短期总成本曲线所代表的生产规模就是生产该产量产品的最优生产规模，该切点所对应的总成本就是生产该产量产品的最低总成本。

2. 长期平均成本

长期平均成本（long-run average cost，LAC）是指厂商在长期内平均每一单位产品所消耗的成本，它是厂商长期中在每一产量水平上通过选择最优生产规模所能达到的最低平均成本。长期平均成本函数表达为

$$LAC=\frac{LTC}{Q} \tag{5-7}$$

如图 5.4 所示，以 Q 表示产量，C 表示成本，长期平均成本曲线 LAC 呈先下降至最低点而后上升的 U 形变化规律。这种形状和短期平均成本曲线相似，但成因并不相同。短期平均成本曲线呈 U 形是因为边际报酬递减规律的作用，而长期平均成本曲线呈 U 形则是由于长期生产中的规模经济和规模不经济。在生产扩张的开始阶段，厂商扩大生产规模而使经济效益得到提高，即规模经济。显然，规模经济对应于长期平均成本曲线的下降阶段，表示随着产量的增加单位成本不断下降。当生产扩张到一定的规模以后，厂商继续扩大生产规模，就会使经济效益下降，即规模不经济。规模不经济对应于长期平均成本曲线的上升阶段，表示随着产量的增加单位成本不断上升。

长期平均成本曲线与短期平均成本曲线的关系如图 5.4 所示。长期平均成本曲线是无数条短期平均成本曲线的包络线。

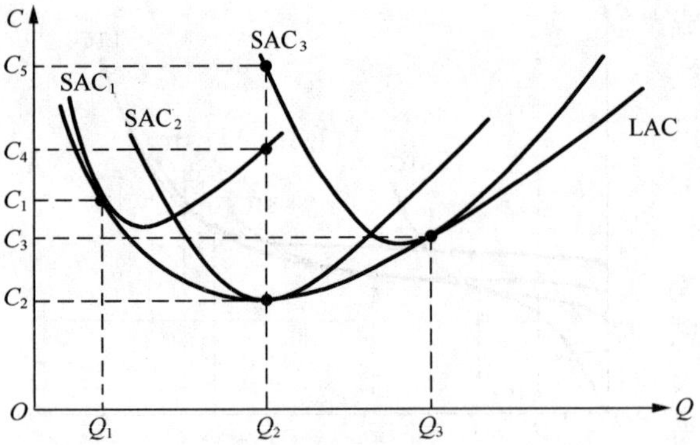

图 5.4 长期平均成本曲线

在图 5.4 中，短期平均成本曲线 SAC_1、SAC_2、SAC_3 分别代表三种不同的生产规模。厂商根据产量大小来决定生产规模，以使平均成本达到最低。当产量为 Q_2 时，选择 SAC_2 这一生产规模，此时平均成本 C_2 最低。因为若选择 SAC_1 这一生产规模，平均成本为 C_4，C_4 大于 C_2；若选择 SAC_3 这一规模，平均成本为 C_5，C_5 大于 C_2。同理，当产量为 Q_1 时，选择 SAC_1 这一生产规模，此时平均成本 C_1 最低；当产量为 Q_3 时，选择 SAC_3 这一生产规模，此时平均成本 C_3 最低。

结论：在连续变化的每一个产量水平上，都存在着长期平均成本曲线和一条短期平均成本曲线的切点；这条短期平均成本曲线所代表的生产规模就是生产该产量产品的最优生产规模，该切点所对应的平均成本就是生产该产量产品的最低平均成本。

视野拓展

汽车公司的短期总成本与长期总成本

对于厂商来说，短期总成本可分为固定成本和可变成本，而长期总成本则都是可变的。当汽车需求发生变化时，汽车公司在几个月的时间里，不能调整其汽车工厂的数量与规模，这部分不能被改变投入量的要素形成固定成本；只能改变劳动、原材料等可变要素的投入量，如延长或缩短现有工人的劳动时间、在现有工厂中多雇用工人或裁员、增加或减少生产汽车所需原材料的购进量等，这部分成本就是可变成本。而在几年的时间里，汽车公司根据市场需求的变化，既可改变劳动、原材料等可变要素的投入，也可调整其生产规模，建立新工厂或关闭旧工厂。因此，其成本在长期是可变的。

当某汽车公司把汽车日产量从 1 000 辆增加到 1 200 辆时，短期内只能采用延长现有工人的劳动时间或在现有工厂中多雇用工人的方法。由于边际产量递减，每辆汽车的平均成本从 8 万元增加到 9.6 万元。而在长期，该汽车公司通过选择最优生产规模，可使平均成本保持在 8 万元，甚至低于 8 万元。

3. 长期边际成本

长期边际成本（long-run marginal cost，LMC）是指厂商在长期内每增加一单位产品所引起的总成本的增量。长期边际成本函数表达为

$$\text{LMC}=\frac{\Delta \text{LTC}}{\Delta Q}$$

或

$$\text{LMC}=\frac{\text{dLTC}}{\text{d}Q}=\text{LTC}' \qquad (5\text{-}8)$$

如图 5.5 所示，以 Q 代表产量，C 代表成本，长期边际成本曲线 LMC 呈 U 形变化规律。长期边际成本曲线 LMC 与长期平均成本曲线 LAC 相交于长期平均成本曲线 LAC 的最低点 E。当 LMC<LAC 时，LAC 呈下降趋势；当 LMC>LAC 时，LAC 呈上升趋势；当 LMC=LAC 时，LAC 为最小值。

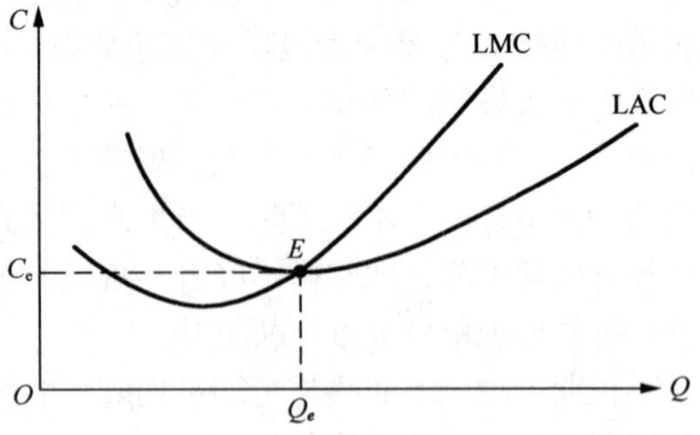

图 5.5 长期边际成本与长期平均成本

二、规模经济与学习效应

规模经济是长期成本理论中的重要内容，它与学习效应密切相关。

（一）规模经济

规模经济是指随着生产规模的扩大，长期平均成本呈下降趋势。长期平均成本曲线上的最低点就是厂商生产的最佳规模。规模经济可划分为内部规模经济和外部规模经济。

教学互动

问：对于单个厂商而言，规模报酬与规模经济有何关系？

答：①两者所属理论范畴不同。规模报酬属于长期生产理论，研究生产要素投入与产量之间的物质技术关系；规模经济属于长期成本理论，研究产量与成本之间的经济关系。②两者所要求的条件不同。规模报酬要求技术水平和要素价格不变，要素同比例变化；规模经济的要求不如规模报酬严苛。③规模报酬可视为规模经济的特例。规模报酬递增必然产生规模经济，但规模经济并不必然处于规模报酬递增阶段。

1. 内部规模经济

内部规模经济是指厂商自身生产规模扩大所引起的平均生产成本降低的现象。内部规模经济产生的主要原因有：①生产规模的扩大使专业分工更细，从而提高生产及管理效率；②随着产量的增加，工人熟练程度提高，劳动效率也随之提高，学习效应则变得明显；③大厂商更具研发实力，从而可采用更先进的设备与技术生产新产品；④大厂商在大宗产品的运输、销售及原材料的采购方面可获得各种优惠条件，在价格谈判上占据强势地位。

规模经济是有限度的，厂商在达到最佳规模之后，继续扩大生产规模，长期平均成本就会呈上升趋势，即出现规模不经济现象。

视野拓展

格兰仕的成功

格兰仕1992年开始涉足家电业，1993年试产微波炉1万台。经过多年的发展，格兰仕从名不见经传的乡镇代工小厂成长为拥有自主品牌、核心技术的微波炉行业全球巨头。自2000年以来，格兰仕在不断巩固和加强微波炉制造优势的同时，向空调、冰箱及洗碗机等厨房电器产业拓展。2018年，格兰仕产品已延伸到整个白色家电领域，家电产品年销量超过5 000万台，微波炉、空调、冰箱、烤箱、洗衣机、干衣机、洗碗机等产品出口到全球近200个国家和地区，此时格兰仕已从专业微波炉供应商升级为领先的综合性白色家电供应商。

格兰仕新闻

格兰仕的低价竞争策略是对规模经济理论的成功运用。以微波炉为例，微波炉生产的最小经济规模为100万台，1996年格兰仕就达到了这一规模，随后其规模每上一个台阶，生产成本就下降一个台阶，这就为企业的产品降价提供了条件。其具体做法是：当生产规模达到100万台时，将出厂价定为80万台规模时的成本价；当生产规模达到400万台时，将出厂价调为200万台规模时的成本价；当生产规模达到1 000万台时，将出厂价调为500万台规模时的成本价……

成本低，价格即低。从1993年到2003年，其微波炉价格由每台3 000多元降至每台300元左右，降幅达90%，被业界喻为“价格屠夫”。这种以成本下降为基础的降价，使成本在均衡价格以上的企业遭到淘汰，行业集中度不断提高，整个行业成本不断下降。

格兰仕规模经济的实现，离不开自主研发和掌握核心技术。格兰仕投入巨资，实现了从零部件到磁控管、变压器、电脑板等核心元器件的自主研发和制造，并实现了100%核心自我配套；从塑料、钢材等基础原材料的供应链到注塑、冲压、钣金、模具等自主配套产业链，都按行业“数一数二”的要求开发。全产业链的集聚，不仅保证和提升了产品品质，更大大降低了生产成本，如一个微波炉继电器，市场采购成本为6元，而格兰仕自制只需要0.57元。

格兰仕的创始人梁庆德认为，价值和价格是一个问题的两个方面，格兰仕一直打的是价值战，让商品性能越来越好，价格越来越低。

2. 外部规模经济

外部规模经济指整个行业规模扩大所引起的行业内单个厂商收益增加的现象。外部规模经济主要来源于行业内企业数量的增加所引起的产业规模的扩大，使整个行业内各厂商的生产成本降低，从而获得相应的收益。外部规模经济属于空间聚集经济，侧重于产业整体规模和产业链的形成。如硅谷这样的高科技区域，其研发、生产、销售各环节上下游体系分明，信息与交易成本的降低形成了规模经济效应。

视野拓展

外部规模经济实例一：好莱坞影视的外部规模经济

当规模经济存在于行业内部而不是单个厂商内部时，就被称为外部规模经济。发生外部规模经济时，整个行业在一个或几个地点集中生产就会降低该行业的成本，而行业中单个厂商的规模仍可能很小。

美国加利福尼亚州的好莱坞以其影视产业闻名于世，是国际影视产业集群最悠久、最成功的典范。

虽然影视产品最终由制片厂和电视网提供，但实际上是由独立制片人、演员及演员的代理人、法律公司和特技效果专家等诸多方面共同努力的结果。影视剧结尾通常会列出参与制作人员的名单，使每个看过这些名单的人都能明白影视制作对劳动力市场共享的需求。每部影视剧的制作都需要一支巨大但临时性的工作队伍，它不仅包括摄像师、化妆师，还包括音乐家、特技演员和一些其他职员，如领班和包工头等。好莱坞聚集了大量的娱乐公司和各种专业化人才。

影视产业聚集在好莱坞，形成外部规模经济。其一，提供了一个足够大的市场使各种各样的专业化供应商得以生存。制片商可以专门做自己擅长的事情而把其他业务外包给别人去做，从而促进专业化队伍的形成，提高产品质量，降低制作成本。其二，为拥有高度专业化技术的工人创造了一个完善的劳动力市场。当娱乐产品的需求增加时，娱乐公司可以很容易地雇用到所需要的专门人才，从而降低交易成本，并增加其利用商业机会的可能性。其三，当一种行业集中分布在一个相当小的地区时，公司员工会自然地混杂在一起并自由地谈论技术话题，知识的扩散将变得非常有效。好莱坞的特技效果好和技术水平高就证明了这一点。

外部规模经济实例二

（二）学习效应

所谓学习效应，是指当一个人或一个组织重复地完成某一项产品生产时，完成单位产品所需的时间会随着产品生产数量的增加而逐渐减少，从而导致长期平均成本下降。

学习效应可用学习曲线来表达。学习曲线又称经验曲线或进步函数，是表示单位产品生产时间与所生产产品数量之间关系的曲线。随着累计生产量的增加，长期平均成本呈下降趋势。

知识点滴

学习曲线最早产生于飞机制造业。美国康奈尔大学的商特博士发现，在飞机的制造过程中，随着累计产量每增加一倍，装配飞机所用时间大约降至原有水平的 80%。如第二架飞机的装配时间是第一架飞机的 80%，第三架飞机的装配时间是第二架飞机的 80%，即第一架飞机的 64%，以此类推。因此，其学习曲线是一条 80%曲线，“80%”称为学习率。

学习率因产品、生产方法、环境及个人素质等因素的差异而不同。一般来说，简单任务的学习率为 95%，中等复杂任务的学习率为 80%～90%，高等复杂任务的学习率为 70%～80%。以下是一些常见工作大致的学习率：设备维修为 76%，钢铁生产为 79%，心脏移植为 79%，集成电路板组装为 72%，汽车组装为 86%，计算器生产为 74%，焊接为 88%。

如图 5.6 所示，学习曲线包含两个阶段：其一是学习阶段，该阶段单位产品的生产时间随产品数量的增加而逐渐减少；其二是标准阶段，该阶段单位产品的生产时间基本稳定，学习效应可以忽略不计，可用标准时间进行生产。学习曲线的特点是在开始阶段下降速度很快，以后逐渐变得平缓。

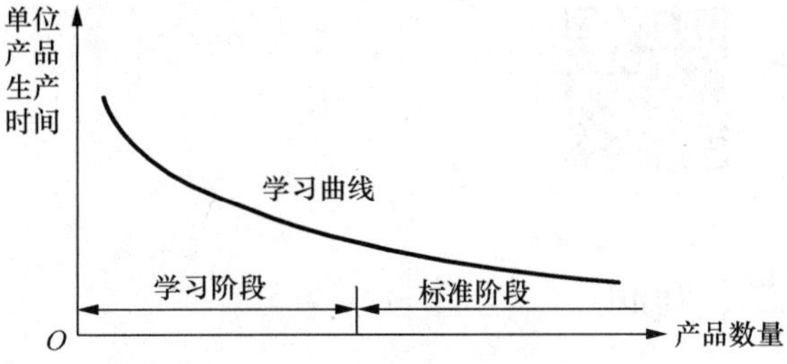

图 5.6　学习曲线

除飞机制造业外，在汽车、石油化工、半导体、合成橡胶、人造纤维织物等行业也都发现了类似的学习效应。尽管不同产品的工时成本下降速率不同，但每当累计产量增加一倍时，产品工时成本按同样的百分比有规律递减的现象却是相似的。

学习曲线的意义和应用主要体现在以下方面。

（1）为生产计划工作提供分析工具。学习曲线可用于估计未来的劳动力需求量和生产能力，估计成本和编制预算，制订计划并安排作业进度。

（2）防止竞争对手进入自己的市场。如在电子元器件行业，开发一种集成电路的成本比较昂贵，因此产品最初的价格往往会很高，但随着产品累计产量的增加，成本会迅速下降，从而使价格也降下来。这对于先开发产品、先进入市场的企业十分有利；而后来者一开始就必须以低价格在市场上出售产品，但一开始成本很高，这种因学习阶段的价格低于成本而带来的损失，只能由其自己来承担。

总之，学习曲线在厂商作出雇员数量、生产能力、成本和定价等许多方面的战略决策时扮演着重要的角色。

思考与讨论 5.4

为何许多企业在招聘员工时，优先选用或只录用有经验的工作者？可以用哪个成语来说明学习效应？

第四节　收益与利润

厂商生产的目的是追求利润最大化，而收益与利润是衡量厂商经营成果的主要指标。

一、收益

收益是厂商销售产品所得到的货币收入，分为总收益、平均收益和边际收益。

总收益（total revenue，TR）是厂商销售一定量产品所得到的全部收入。以 P 为价格，Q 为销售量，总收益函数表达为

$$TR = P \cdot Q \tag{5-9}$$

平均收益（average revenue，AR）是厂商销售每一单位产品平均所得到的收入。平均收益函数表达为

$$AR = \frac{TR}{Q} \tag{5-10}$$

微课堂
经济成本与利润

边际收益（marginal revenue，MR）是厂商每增加销售一单位产品所获得的总收益增量。以 ΔQ 为销售量增量，ΔTR 为总收益增量，边际收益函数表达为

$$MR = \frac{\Delta TR}{\Delta Q}$$

或

$$MR = \frac{dTR}{dQ} = TR' \tag{5-11}$$

二、利润

经济学中的利润一般指经济利润，也称超额利润。

1. 经济利润、会计利润与正常利润

经济利润是总收益与总成本之间的差额。其函数式表达为

$$\pi(Q) = TR(Q) - TC(Q) \tag{5-12}$$

式中，π 为利润，TR 为总收益，TC 为总成本。三者都是产量（或销售量）Q 的函数。

经济成本由显性成本和隐性成本构成，其中显性成本又称会计成本，由此即形成经济利润、会计利润与正常利润的区分。会计利润是总收益与会计成本之间的差额；正常利润则属于隐性成本，是厂商投入自有生产要素应得的报酬，也是厂商继续留在原行业从事生产经营的最低报酬，如果得不到正常利润，厂商将退出原行业而另觅他业。

教学互动

问：经济利润与会计利润有何关系？

答：经济利润=总收益-显性成本-隐性成本；会计利润=总收益-显性成本；经济利润≤会计利润。

示例

经济利润与会计利润的计算

赵先生拥有一个店面，如果租出去，一年有 6 万元的租金收入；他拥有 32 万元的存款，一年期定期存款利率为 1.5%，即一年至少可以获得利息收入 0.48 万元；如果他给别人打工，一年有 12 万元的纯收入。赵先生利用自己的店面和资金开了一家饭店，全年总收入为 64 万元，会计成本为 32 万元（假设全部存款用于生产经营）。

问：赵先生全年的会计利润和经济利润分别是多少？

答：　会计利润=总收益−会计成本=64−32=32（万元）

　　　经济利润=总收益−显性成本−隐性成本=64−32−6−0.48−12=13.52（万元）

2. 利润最大化原则

经济利润是总收益与总成本之间的差额。根据$\pi(Q)=\mathrm{TR}(Q)-\mathrm{TC}(Q)$，利润最大化的条件是$\pi'(Q)=\mathrm{TR}'(Q)-\mathrm{TC}'(Q)=0$，由于$\mathrm{TR}'(Q)=\mathrm{MR}$，$\mathrm{TC}'(Q)=\mathrm{MC}$，因此利润最大化的条件为

$$\mathrm{MR=MC}$$

结论：利润最大化原则是使边际收益等于边际成本，即 MR=MC。

当 MR>MC 时，增加一单位产量所带来的边际收益大于边际成本，理性的厂商会继续扩大生产，在扩大生产的过程中，边际收益逐渐减少，边际成本逐渐增加，直到二者相等，厂商停止扩大生产；当 MR<MC 时，厂商增加一单位产量所带来的边际收益小于边际成本，厂商生产越多亏损就越多，理性的厂商会选择缩减产量，在缩减产量的过程中，边际收益会随着产量的减少而增加，边际成本则随之减少，直到二者相等，厂商停止缩减产量；当 MR=MC 时，厂商便实现了利润最大化。

图 5.7 给出了产品价格既定时，厂商实现利润最大化的条件。当价格为P_0时，厂商的边际收益等于价格P_0。在Q_0以左，如Q_A处，MR>MC，厂商应该扩大生产以增加利润；在Q_0以右，如Q_B处，MR<MC，厂商应该缩减产量以增加利润；当产量等于Q_0时，MR=MC，厂商实现了利润最大化。

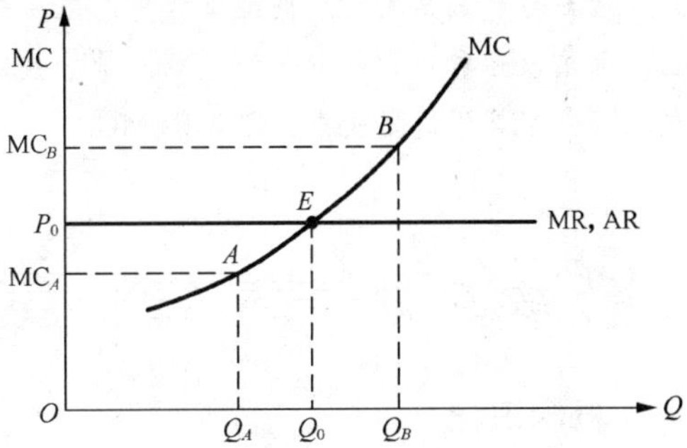

图 5.7　价格不变时利润最大化原则

视野拓展

大型商场平时为什么不延长营业时间？

节假日期间，许多大型商场都会延长营业时间，那么平时为什么不延长呢？下面用边际分析理论来解释这个问题。

从理论上来说，延长营业时间 1 小时，就要支付 1 小时所耗费的成本，这种成本包括直接的物耗，如水、电等，也包括因延时而需支付的售货员加班费，这种情况下增加的成本就是边际成本。假如延长 1 小时增加的成本是 1 万元，如果在延长的 1 小时内商场因卖出商品而增加的收益大于 1 万元，理性的厂商会延长营业时间，因为延长 1 小时的收益大于成本；反之，如果在延长 1 小时内增加的成本是 1 万元，增加的收益不足 1 万元，在不考虑其他因素的情况下就会取消延时经营的决定，因为延长 1 小时的成本大于收益。节假日期间，人们有更多的时间去旅游购物，使商场的收益增加；而平时人们工作紧张，家务繁忙，没有更多时间和精力去购物，即使延时服务也不会有更多的人光顾，增加的销售额不足以抵偿延时所增加的成本。这就是大型商场在节假日期间延长营业时间而在平时不延长营业时间的经济学道理。

无论边际收益大于边际成本还是小于边际成本，厂商都要对营业时间进行调整，这表明在这两种情况下都没有实现利润的最大化。只有在边际收益等于边际成本时，厂商才不需要调整营业时间，这表明厂商已赚到能赚的利润，即实现了利润的最大化。

本章小结

成本与收益理论从经济角度揭示投入与产出的关系及规律，是厂商进行经营决策的基本理论依据。

成本是厂商为生产一定数量的某种产品所发生的各种支出，是投入生产要素所必须支付的代价，包括显性成本和隐性成本。显性成本是指厂商在生产要素市场上购买或租用各种生产要素实际支出的费用；隐性成本是指厂商使用自有生产要素所应该支付而未实际支付的费用。

成本函数表示在一定的时间内，在技术水平和要素价格不变的条件下，某种产品的成本与其产量之间的依存关系。成本理论揭示了成本与产量之间、各种成本之间的关系及变化规律。成本函数可分为短期成本函数和长期成本函数，有总成本、平均成本和边际成本之分。短期成本分为固定成本和可变成本，可变成本随产量而变化；长期成本随产量而变化。长期平均成本曲线的下降阶段，表示随着产量的增加，单位成本不断下降，称为规模经济；长期平均成本曲线的上升阶段，表示随着产量的增加，单位成本不断上升，称为规模不经济。

收益与利润是衡量厂商经营成果的主要指标。收益是厂商销售产品所得到的货币收入，分为总收益、平均收益和边际收益。经济利润是总收益与总成本之间的差额。厂商利润最大化的原则是使产品的边际收益等于边际成本，即 MR=MC。

练 习 题

一、概念识记

总成本　平均成本　边际成本　固定成本　可变成本　显性成本　隐性成本　规模经济　学习效应　总收益　平均收益　边际收益　经济利润　会计利润

二、单项选择题

1. 下列项目中，(　　) 是可变成本。

A. 管理人员的工资　　B. 生产工人的工资

C. 机器设备的折旧　　D. 房屋的租金

2. 已知产量为9单位时，总成本为95元，产量增加到10单位时，平均成本为10元，由此可知边际成本为 (　　) 元。

A. 5　　B. 10　　C. 15　　D. 20

3. 随着产量的增加，固定成本FC (　　)。

A. 增加　　B. 不变　　C. 减少　　D. 先增后减

4. 随着产量的增加，平均固定成本AFC (　　)。

A. 先降后升　　B. 先升后降　　C. 一直下降　　D. 一直上升

5. 随着产量的增加，平均可变成本AVC (　　)。

A. 先降后升　　B. 先升后降　　C. 按固定比率上升　　D. 按固定比率下降

6. 与短期总成本曲线STC变动规律一致的曲线是 (　　)。

A. 固定成本曲线 FC　　B. 可变成本曲线 VC

C. 短期平均成本曲线 SAC　　D. 短期边际成本曲线 SMC

7. 短期边际成本曲线SMC与短期平均成本曲线SAC的交点为完全竞争厂商的 (　　)。

A. 收支相抵点　　B. 停止营业点

C. 利润最大点　　D. 以上答案都不正确

8. 使用自有资金也应计算利息，这种利息被视为（　　）。

A. 显性成本　B. 隐性成本　C. 会计成本　D. 经济利润

9. 以下关于规模经济的说法，正确的是（　　）。

A. 规模经济研究生产要素投入量与产量的关系

B. 规模经济属于长期生产理论

C. 规模经济是规模报酬的特例

D. 规模经济研究产量与成本的关系

10. 利润最大化原则是（　　）。

A. MC=AC　B. MR=MC　C. AR=MR　D. MR=AC

三、多项选择题

1. 从经济角度研究投入与产出关系及规律的理论有（　　）。

A. 消费理论　B. 生产理论　C. 成本理论　D. 收益理论

2. 厂商在市场上购买或租用生产要素的实际支出称为（　　）。

A. 沉没成本　B. 显性成本　C. 隐性成本　D. 会计成本

3. 下列选项中，可计入显性成本的有（　　）。

A. 设备购置费　B. 场地租金　C. 借款利息　D. 增值税

4. 下列选项中，随产量的变化而变化的成本有（　　）。

A. 总成本　B. 固定成本　C. 可变成本　D. 边际成本

5. 当产量为零时，（　　）等于零。

A. 短期总成本　B. 可变成本　C. 固定成本　D. 长期总成本

6. 下列选项中，呈U形变化规律的成本曲线有（　　）。

A. SAC　B. AFC　C. AVC　D. SMC

7. 内部规模经济主要产生于（　　）。

A. 专业分工　B. 学习效应　C. 技术研发　D. 谈判优势

8. 表示单位产品生产时间与所生产产品数量之间关系的是（　　）。

A. 学习曲线　B. 经验曲线　C. 进步函数　D. 成本函数

9. 学习曲线在（　　）等方面发挥着重要作用。

A. 估算成本　B. 产品定价　C. 设计生产能力　D. 设计雇员数量

10. 在厂商的盈亏平衡点上，存在（　　）。

A. TR=TC　B. AR=SAC　C. *P*=AR　D. MR=MC

四、判断题

1. 固定成本是指厂商增加产量时所要增加的费用。（　　）

2. 随着产量的增加，SAC 曲线与 AVC 曲线越来越接近，但绝不会相交。（　　）

3. 厂商增加一单位产量时所增加的总成本是平均成本。（　　）

4. 短期边际成本曲线与平均可变成本曲线的相交点为完全竞争厂商的关闭点。（　　）

5. 长期总成本是厂商在每一产量水平上选择最优生产规模所能达到的最低总成本。（　　）

6. 长期平均成本曲线是无数条短期平均成本曲线的包络线。（　　）

7. 在长期中只有可变成本，没有固定成本。（ ）

8. 规模经济现象只存在于企业内部。（ ）

9. 学习任务越复杂，学习率越高。（ ）

10. 经济利润等于会计利润减去隐性成本。（ ）

五、简答题

1. 已知某厂商的短期成本函数是STC=50 000+80Q−Q^2，写出FC、VC、AC、AFC、AVC、SMC的函数式。

2. 简述收支相抵点与停止营业点的经济意义。

六、应用题

1. 你在一间位于闹市区的门市开设了一家小快餐店。一家三口辛辛苦苦一个月，算算账税后净赚了人民币1万元。你感到很高兴，似乎勤劳致富的道路就在眼前。可有人却说你这是吃力不讨好，做的是亏本生意。请问你同意他的说法吗？为什么？

2. 某地粉刷一所房屋的市场价格是1.02万元。某公司用在梯子、刷子等工具上的固定成本为0.48万元，该公司粉刷房屋的可变成本如表5.2所示。

表 5.2 某公司粉刷房屋的可变成本

粉刷房屋数量 Q（所）	1	2	3	4	5	6	7	8	9	10
可变成本 VC（万元）	2.0	2.6	3.2	3.6	4.2	5.0	6.0	7.2	8.7	10.4

要求：

（1）列表计算总成本、总收益及经济利润。

（2）画出总成本曲线与总收益曲线。

（3）确定该公司可获得利润的产量区间。

3. 据凤凰网2019年2月12日消息，当地时间2月11日，意大利撒丁岛奥里斯塔诺市发生倾倒牛奶事件，奶农们宁可倒掉也不愿意贱卖牛奶。

要求：

（1）试用经济学理论解释奶农们的这一行为。

（2）列举现实中类似的实例。

第六章　市场结构理论

【学习目标】

了解市场结构的划分依据；理解四种市场结构类型的基本特征；理解不同市场结构类型厂商的均衡条件；掌握不同市场结构类型厂商的主要竞争策略；能区分市场结构类型，策划不同市场结构类型厂商的竞争策略。

案例 6.1

2021年第二季度中国智能手机的市场结构

调研机构 IDC 数据显示，2021 年第二季度中国智能手机市场大部分份额被五家主流手机厂商所瓜分。这五家厂商所占份额分别为 vivo23.8%、OPPO21.1%、小米 17.2%、苹果 10.9%和荣耀 8.9%，合计达 81.9%。

2021 年第二季度中国智能手机出货量为 7 810 万部，同比下降 11.0%。其中 1 000 万部以上出货量厂商由 5 家减至 vivo、OPPO 和小米 3 家。华为由于非自身原因七年来首次跌出中国市场前五，而位居前四的品牌却逆势增长，成为赢家。2021 年第二季度，小米出货量同比增长 47.0%，vivo 同比增长 23.6%，OPPO 同比增长 17.3%，苹果同比增长 17.0%；而荣耀同比下滑 46.0%，其他品牌共计下滑 51.9%，市场呈现新的格局。

启发思考

（1）2021 年第二季度中国智能手机市场结构属于何种类型？

（2）大型手机企业有哪些竞争优势？

市场结构不同，厂商所处的市场地位和市场环境就不同，为实现利润最大化目标所采用的竞争策略也不同。市场结构理论分析厂商在不同的市场结构下如何确定产量和价格以实现利润最大化，是厂商进行生产与营销决策的理论基础。

第一节　市场结构概述

市场结构是指市场的垄断与竞争程度。根据市场的垄断与竞争程度，可将市场结构分为不同的类型。

一、划分市场结构的依据

在划分市场结构时，通常以市场集中度、产品差别化和市场壁垒三个方面的标准为依据。

知识点滴

琼·罗宾逊在《不完全竞争经济学》一书中从市场集中度、产品差别化、市场壁垒、价格决策形式、信息完备度五个方面对市场结构进行了划分。这五种决定市场结构类型的因素之间是相互影响、相互制约的，一个因素发生变化会导致其他因素随之变化，从而使整个市场结构发生变化。通常认为，市场集中度和产品差别化是决定市场结构类型最基本的因素，而市场壁垒可以被看作市场集中的延伸，价格决策形式是市场集中与产品差别化的必然结果。

1. 市场集中度

市场集中度（market concentration rate）是指在某一行业中，大厂商对市场的控制程度。行业是指生产或提供同一产品或类似产品的所有厂商的集合。市场集中度通常用行业内规模排名前几位大厂商的市场占有率之和来表示，一般选取前四位或前八位厂商作为计量依据。其计算公式为

$$\mathrm{CR}_n = \sum_{i=1}^{n} S_i \tag{6-1}$$

式中，CR_n为市场集中度，S_i为行业内规模排名前 i 位厂商的市场占有率，n 为纳入计算的厂商数目。单个厂商的市场占有率是单个厂商销售额（或销售量）占整个市场或行业销售额（或销售量）的比重。

在一个行业中，厂商规模越大，厂商数目越少，市场集中度越高，大厂商对市场的控制程度越高，市场的垄断程度就越高；反之，厂商规模越小，厂商数目越多，市场集中度越低，大厂商对市场的控制程度越低，市场的竞争程度就越高。一般认为，当市场集中度 $\mathrm{CR}_4<30\%$或 $\mathrm{CR}_8<40\%$时，该行业为竞争型；当市场集中度 $\mathrm{CR}_4\geqslant 30\%$或 $\mathrm{CR}_8\geqslant 40\%$时，该行业为寡占型。

在案例 6.1 中，排名前四位企业的市场集中度为 73%（注：CR_4=23.8%+21.1%+17.2%+10.9% =73%），大于 30%，表明 2021 年第二季度中国智能手机市场结构属于寡占型。

人物谱

琼·罗宾逊

琼·罗宾逊（Joan Robinson，1903—1983），英国著名经济学家，新剑桥学派的代表人物，垄断竞争论的创始人，20 世纪世界级经济学家中唯一的女性，因发表《不完全竞争经济学》一书而闻名。此书的出版正式宣告了“斯密传统”的彻底结束。

20 世纪 30 年代初，她和卡恩等人组成“凯恩斯学术圈”，对促进凯恩斯经济思想的形成起到了相当重要的作用。

名言：“学习经济学的主要目的就是不受经济学家的欺骗。”

2. 产品差别化

产品差别化（又称产品差异化）是指厂商在其提供给顾客的产品上，通过各种方法造成足以引发顾客偏好的特殊性，使顾客能够把它同其他竞争性厂商提供的同类产品有效地区别开来，从而使自己在市场竞争中占据有利地位。

产品差别化是一种有效的非价格竞争手段。它的意义在于通过让顾客感知本企业所提供产品的独特性来影响其购买行为，提高顾客的忠诚度，使顾客甚至不惜为此支付更高的价格。产品差别化的途径主要有赋予不同的品牌、质量和功能，设计与众不同的产品外观和包装，

提供特殊的服务，创造不同的营销渠道，设计新颖独特的产品广告和促销活动等。通过产品差别化，厂商可以寻找到属于自己的稳定的目标市场，并降低自身产品被其他竞争性产品替代的可能性。原有厂商的产品差别化对于试图进入该市场的新厂商而言，无疑在一定程度上构成了障碍。产品差别化程度越高，市场的竞争程度就越低，市场的垄断程度也就越高。试图进入市场的新厂商必须通过自身产品差别化的行为，寻找新的目标市场或目标顾客，或者争取使原有厂商的顾客转变偏好，而选择自己的产品。要做到这一点，新厂商需要付出更大的努力。

视野拓展

企业产品差别化应用实例

3. 市场壁垒

市场壁垒是指厂商进入或退出某个行业所遇到的障碍或干扰。一般来说，市场进出障碍越少，竞争程度越高；反之则越低。市场壁垒可以分为市场进入壁垒和市场退出壁垒。进入壁垒是指和潜在的进入者相比，市场中原有厂商所具有的优势。正是这些优势，使原有厂商可以维持高于竞争对手的价格并阻止新厂商的进入。市场进入壁垒主要有规模经济、产品差别化、绝对成本优势、政策法律制度等。

（1）规模经济。由于新厂商难以立即达到生产成本最低的适度规模，而缺乏规模效益的厂商竞争力较弱，因此较难进入市场。

（2）产品差别化。产品差别化使不同厂商产品之间的替代性降低，从而提高市场的垄断程度。原有厂商通过长期的产品差别化行为已经建立起一定的产品知名度和美誉度，新厂商只能采用低价或促销的手段寻找新顾客或争取原有厂商的老顾客，这无疑增加了新厂商的产品成本。

（3）绝对成本优势。行业内原有厂商会比新厂商更具有成本优势，如稳定的原材料供应渠道、生产技术的专利权、高水平的管理人员和技术工人、完善的销售服务体系以及较低的借贷成本等。这些优势是新厂商所不具备的，不仅提高了原有厂商的竞争力，还阻碍了新厂商的进入。

（4）政策法律制度。与政府相关的某些政策性因素也能成为阻碍新厂商进入的原因，如生产经营许可证、信贷政策、差别税率、专利制度等。

退出壁垒是指厂商在退出某个市场时所遇到的障碍。如果一个行业的退出壁垒很高，厂商进入市场的动机就会削弱。退出壁垒主要包括资产专用性、违约成本和信誉损失等。

思考与讨论 6.1

铁路行业的进入和退出壁垒高吗？养猪行业的进入和退出壁垒高吗？请说明理由。

（1）资产专用性。如果厂商的资产专用性很强，难以有其他生产用途，厂商退出时很难收回前期的投资，那么退出的障碍也就很大。

（2）违约成本和信誉损失。厂商在退出某个市场时，如有未能履行的合同，必须承担相应的违约成本。同时，退出的厂商会被认为竞争力不足，从而遭受信誉损失。这些因素都会阻碍厂商退出原有行业。

二、市场结构的类型及特征

根据市场集中度、产品差别化、市场壁垒等方面的标准，可以把市场结构分为完全竞争市场、垄断竞争市场、寡头垄断市场、完全垄断市场四种类型。完全竞争市场和完全垄断市场是两个极端，垄断竞争市场和寡头垄断市场是介于这两个极端之间的状态，也是竞争与垄断不同程度的结合。各类市场的主要特征如表 6.1 所示。

表 6.1 各类市场的主要特征

项 目	完全竞争市场	垄断竞争市场	寡头垄断市场	完全垄断市场
厂商数量	很多	很多	几个	一个
产品差别	无差别	有差别	有差别或无差别	唯一产品，无替代品
价格控制能力	无，接受者	小，影响者	大，寻求者	很大，制定者
进入和退出壁垒	无	无	高	很高
市场信息	完全信息	不完全信息	不完全信息	不完全信息
广告使用情况	无	普遍使用	普遍使用	很少使用
常见实例	农产品、股票等	服装、食品等轻工业品	钢铁、汽车、电信等	公用事业、烟草专卖等

第二节 完全竞争市场

完全竞争市场又称纯粹竞争市场，是指竞争充分且不受任何阻碍和干扰的一种市场结构。完全竞争市场中既不存在任何垄断现象，也无政府干预，是一种极端的市场类型。

一、完全竞争市场的特征

完全竞争市场的特征主要表现在以下几个方面。

（1）买者和卖者众多。市场拥有众多的买者和卖者，每个卖者提供的产品数量与每个买者购进的产品数量所占市场总量的比重都很小。产品价格由产品的市场供给和市场需求共同决定，每个买者和卖者都是价格的接受者，而不是价格的决定者。

（2）产品同质。市场内的厂商生产的几乎都是同质的无差异产品，因而具有完全的可替代性。如果其中一个厂商提高产品价格，所有的消费者都会转而购买其他厂商的产品。

（3）不存在任何市场壁垒。完全竞争市场不存在任何进入和退出壁垒，新厂商进入市场或原有厂商退出市场是完全自由的。如果某个行业存在较高的预期利润率，就会有许多厂商试图进入；而如果某个行业的利润率下降到低于正常水平，厂商也可以自由退出。

> **思考与讨论 6.2**
>
> 在完全竞争市场上，厂商愿意为经营的产品做广告吗？请说明理由。

（4）完全信息。完全竞争市场上的所有买者和卖者都掌握与交易有关的一切信息，且都可以及时获得完整的市场供求信息以作出经济决策。

完全竞争市场是一种理论上的理想市场，在现实经济活动中并不存在。一般认为，农产品市场如小麦、水稻、玉米等市场接近于完全竞争市场。

二、完全竞争厂商的需求曲线和收益曲线

把握完全竞争厂商的需求曲线和收益曲线是对完全竞争厂商进行均衡分析的前提。

1. 完全竞争厂商的需求曲线

厂商的需求曲线是指市场上消费者对某个厂商产品的需求曲线。

在完全竞争市场上，就整个行业而言，产品的需求曲线 D 是一条向右下方倾斜的曲线，供给曲线 S 是一条向右上方倾斜的曲线，两者共同决定整个行业产品的均衡价格 P_0，如图 6.1（a）所示。而对单个厂商来说，由于完全竞争市场上厂商众多，且每个厂商无法左右市场价格，

只能接受市场价格 P_0，即这一价格是既定的，因此，厂商的需求曲线 d 是一条由既定市场价格出发的水平线，如图 6.1（b）所示。

教学互动

问：在完全竞争市场上，单个厂商只能被动接受的既定市场价格是固定不变的吗？

答：不是。单个厂商只能被动接受的既定市场价格是完全竞争市场的均衡价格。当一些影响因素如消费者偏好、消费者收入、生产技术、政府相关政策等变化时，产品的需求曲线和供给曲线会发生移动，形成新的均衡价格。此时，厂商的需求曲线是一条从新的均衡价格出发的水平线。

2. 完全竞争厂商的收益曲线

在完全竞争市场上，厂商的总收益曲线是从原点出发的、斜率为产品价格的一条直线，如图 6.1（c）所示；厂商按既定价格出售产品，单位产品售价 P 就是产品的平均收益 AR，如图 6.1（b）所示；个别厂商销售量的变动，并不影响市场价格，厂商每增加一单位产品的销售，所增加的收益不变，边际收益 MR 等于产品单价 P。由此可见，AR=MR=P，边际收益曲线 MR、平均收益曲线 AR 与需求曲线 d 三线重合，如图 6.1（b）所示。

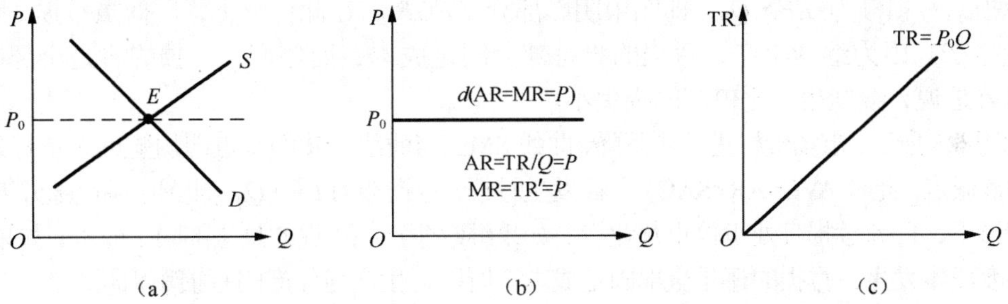

图 6.1　完全竞争市场：行业供求曲线、单个厂商的需求曲线和收益曲线

三、完全竞争厂商的短期均衡分析

厂商的短期均衡是指厂商在部分生产要素不能变动的条件下，实现利润最大化时的状态。在完全竞争市场上，市场价格由整个行业的供求关系自发决定，单个厂商没有定价权，不存在最优价格的决策问题，只存在最优产量的决策问题。厂商在短期生产中，不能根据市场需求调整生产中的厂房、机器设备等不变要素的投入量，只能调整可变要素的投入量，通过改变可变要素的投入量来调整产量，通过调整产量来使 MR=MC，以实现利润最大化。

从整个行业来看，市场供求状况有供不应求、供求平衡、供过于求三种状况。相应地，完全竞争厂商的短期均衡分析可归纳为如下三种情形。

1. 获得超额利润的情形

当一种商品供不应求时，价格会上涨，厂商的均衡状况如图 6.2 所示。在图 6.2 中，市场价格为 P_0，平均收益曲线 AR、边际收益曲线 MR 与需求曲线 d 重合，即 AR=MR=P_0。SMC 为短期边际成本曲线，SAC 为短期平均成本曲线。在曲线 SMC 与曲线 MR 的交点即均衡点 E 上，AR>SAC，厂商获得最大利润，最大利润额为 $EF \cdot Q_0$，即图中阴影部分 $EFGP_0$。

2. 经济利润为零的情形

当一种商品供求平衡时，厂商的均衡状况如图 6.3 所示。在图 6.3 中，曲线 SMC 与曲线

MR 的交点即均衡点 E 正好是曲线 SAC 的最低点，此时 AR=SAC，厂商收支相抵，经济利润为零，只能获得正常利润。

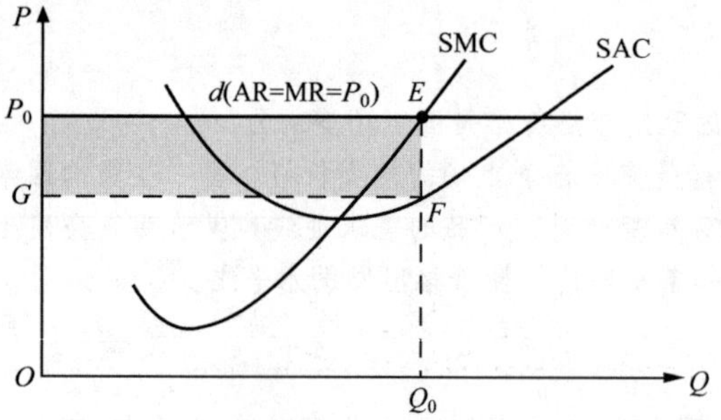

图 6.2　完全竞争厂商短期均衡赢利情形

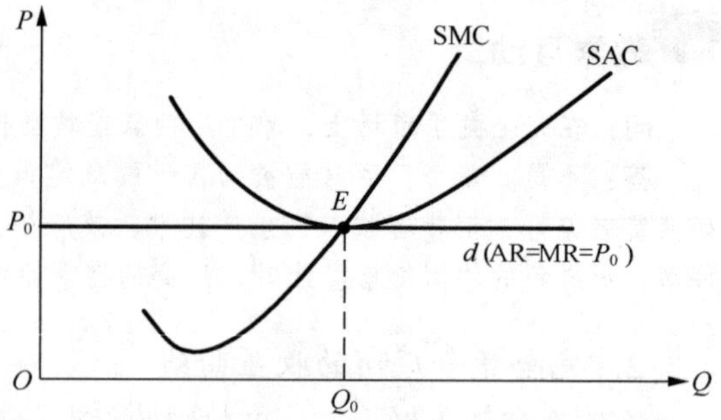

图 6.3　完全竞争厂商短期均衡收支相抵情形

3. 亏损的情形

当一种商品供过于求时，价格会下跌，厂商的均衡状况如图 6.4 所示。在图 6.4 中，AVC 为平均可变成本曲线，在曲线 SMC 与曲线 MR 的交点即均衡点 E 上，AVC<AR<SAC，厂商发生亏损，亏损额为 $EF \cdot Q_0$，即图中阴影部分 $EFGP_0$。在此情形下，厂商虽亏损，但会选择继续生产。因为继续生产，亏损的将是部分固定成本；而停产，亏损的将是全部固定成本。也就是说，继续生产比停产的损失小。

如图 6.5 所示，市场价格进一步下降，曲线 SMC 与曲线 MR 的交点即均衡点 E 正好是 AVC 曲线的最低点，此时 AVC=AR<SAC，厂商发生亏损，亏损额为 $EF \cdot Q_0$，即图中阴影部分 $EFGP_0$。在此情形下，厂商亏损且处于停止营业点。如果继续生产，亏损的是全部固定成本；如果停产，即无可变成本发生，亏损的还是全部固定成本。所以，生产与停产的亏损额相同。

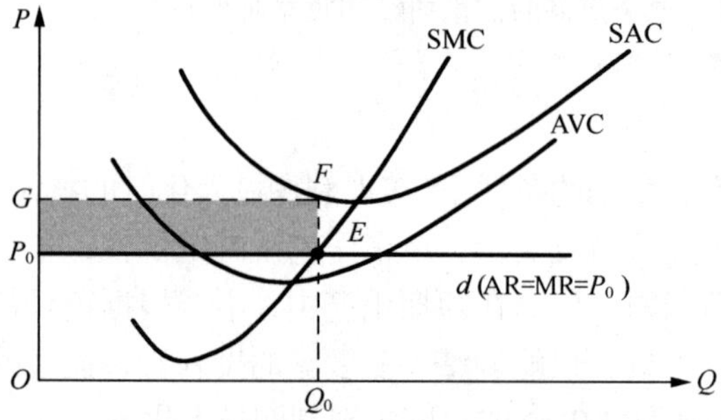

图 6.4　完全竞争厂商短期均衡亏损情形之一

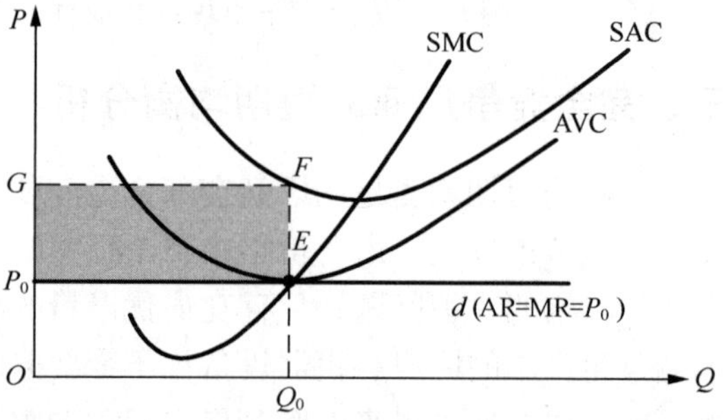

图 6.5　完全竞争厂商短期均衡亏损情形之二

如果市场价格继续下降，并低于曲线 AVC 最低点时，厂商必须停止生产。因为继续生产，不仅无法收回固定成本，而且不能全额弥补可变成本，即生产越多，亏损就越多。

结论：完全竞争厂商的短期均衡条件是边际收益等于短期边际成本，即 MR=SMC，均衡条件下的产量就是单个厂商的最优产量。在均衡点上，厂商可能赢利，如果赢利则是最大利润；厂商也可能亏损，如果亏损则是最小亏损。

教学互动

问：从短期来看，完全竞争厂商停止营业的界点是什么？

答：是 P=AVC。在 $P \geqslant$AVC 的情况下，继续生产；在 P<AVC 的情况下，停止生产。

四、完全竞争厂商的长期均衡分析

在长期，厂商可以调整全部生产要素，既可根据市场价格扩大或缩小生产规模，也可根据盈亏与竞争情况自由进入或退出某个行业。这样，整个行业供给的变动就会影响市场价格，从而影响各个厂商的均衡。

如图 6.6 所示，d_2 为市场价格较高时单个厂商的需求曲线。此时存在超额利润，厂商扩大生产，其他行业的厂商涌入该行业，从而使整个行业的供给增加，导致市场价格下降，需求曲线 d_2 向下移动。当市场价格下降至 P_e 时，单个厂商经济利润为零，新厂商停止进入。d_1 为市场价格较低时单个厂商的需求曲线。此时存在亏损，厂商减产或退出，使整个行业的供给减少，导致市场价格上升，需求曲线 d_1 向上移动。当市场价格上升至 P_e 时，单个厂商经济利润为零，原有厂商停止退出。这两种情况调整的结果是使需求曲线移动至 d_e，最终实现长期均衡。

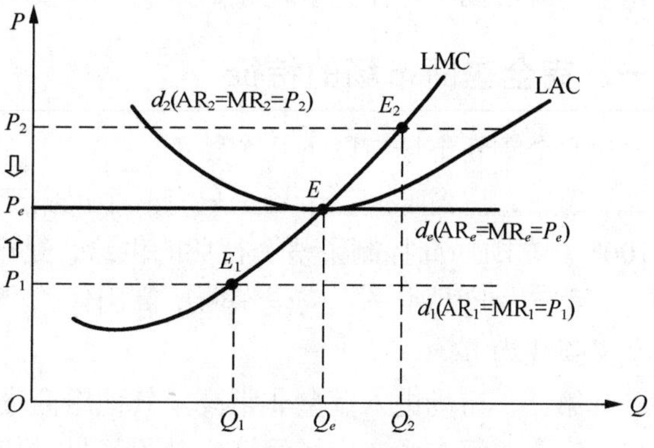

图 6.6　完全竞争厂商的长期均衡

在图 6.6 中，E 点是完全竞争厂商的长期均衡点，它是边际收益曲线 MR_e 和长期边际成本曲线 LMC 的交点，处于长期平均成本曲线 LAC 的最低点。在长期均衡点上，总收益=总成本=P_eQ_e，经济利润为零。

结论：完全竞争厂商的长期均衡条件是 MR=LMC=LAC=AR=P，长期均衡点 E 是厂商进入或退出一个行业的决策点。在长期均衡点上，厂商的经济利润为零，只能得到正常利润；平均成本最低，产品价格低，社会福利大；供求相等，资源配置最优。

教学互动

问：从长期来看，完全竞争厂商进入或退出一个行业的界点是什么？

答：是 P=LAC。当 P>LAC 时，进入新行业；当 P<LAC 时，退出原行业。

五、完全竞争市场评价

完全竞争市场被经济学家视为最理想的市场结构，是研究市场结构理论的基础。

在完全竞争市场上，市场价格充分发挥着“看不见的手”的作用，自发配置资源以调节整个经济的运行。

完全竞争市场的优越性主要表现在以下两个方面：第一，全面排除了垄断和限制，生产要素自由流动。生产效率低、成本高的厂商会在竞争中被迫退出市场；生产效率高、成本低的厂商则得以生存。在竞争中实现的长期均衡使平均成本处于最低点，因而生产要素的效率得到最有效发挥，资源得到最优配置。第二，完全竞争使产品价格趋向于生产成本，增加了消费者剩余。

完全竞争市场的缺陷主要表现在以下三个方面：第一，单个厂商规模很小，只能获得正常利润，致使研发能力及发展能力受限；第二，产品无差别，不能更好地满足消费者多样化的需求；第三，信息完全，不利于保护技术创新。

第三节　完全垄断市场

完全垄断市场又称独占市场，是指一家厂商完全控制某种产品生产与销售的市场结构。完全垄断市场不存在竞争现象，是另一种极端的市场结构类型。

一、完全垄断市场的特征

完全垄断市场有以下几个特征。

第一，厂商唯一。市场上只有一个提供产品的厂商，因而厂商就是行业，市场集中度为100%。垄断厂商控制了整个行业的供给，是产品价格的制定者。

第二，产品唯一。完全垄断厂商出售的产品无任何相近的替代产品，所以其产品需求的交叉弹性为零。

第三，市场进入壁垒非常高。其他厂商进入该行业极为困难或不可能。

完全垄断市场在市场经济中并不多见，与之类似的有自来水、电力、燃气等市场。

视野拓展

垄断形成的主要原因

垄断的成因主要有三个：其一，对资源的独家控制。生产所需的关键资源如某种物质资源、技术资源或信息资源等由单个厂商所拥有，其他厂商无法生产这种产品。其二，规模经济形成自然垄断，使单个厂商能以低于多个生产者的成本生产产品，如固定成本很高的供水行业等。其三，政府管制。政府主要通过特许经营、许可证制度或专利制度给予单个厂商排他性地生产某种产品的权利。现实中的垄断多因政府管制而产生。

《基础设施和公用事业特许经营管理办法》

在我国，政府特许经营的法律依据来自《行政许可法》第十二条第二项，“有限自然资源开发利用、公共资源配置以及直接关系公共利益的特定行业的市场准入等，需要赋予特定权利的事项”，可以设定行政许可。《行政许可法》颁布后，建设部于2004年制定了《市政公用事业特许经营管理办法》，其中将政府特许经营的范围规定为“城市供水、供气、供热、公共交通、污水处理、垃圾处理等行业”。2015年4月25日，国家发展和改革委员会、财政部、住房和城乡建设部、交通运输部、水利部、中国人民银行六部委联合发布《基础设施和公用事业特许经营管理办法》，其调整范围是中国境内的能源、交通运输、水利、环境保护、市政工程等基础设施和公用事业领域的特许经营活动。

教学互动

问：什么是自然垄断？

答：自然垄断是指独家生产的总成本低于多家分别生产的成本之和的现象。自然垄断存在于自来水、电力、燃气、热力供应，以及电信、铁路、航空等行业中。

二、完全垄断厂商的需求曲线和收益曲线

完全垄断厂商的需求曲线和收益曲线有别于完全竞争厂商。

1. 完全垄断厂商的需求曲线

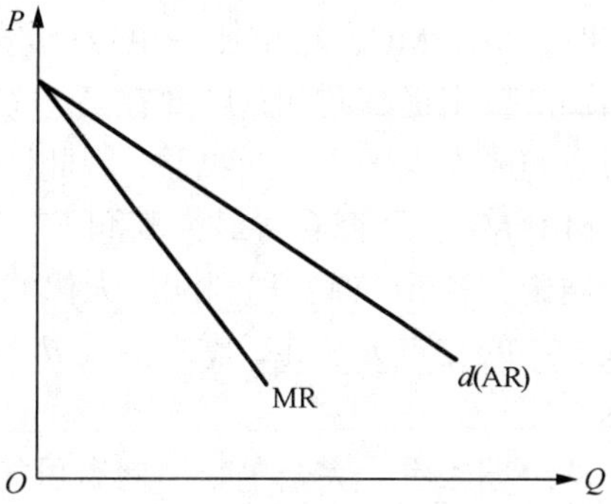

图 6.7　完全垄断厂商的需求曲线和收益曲线

在完全垄断市场上，只有唯一的一家厂商，而它就是整个行业。因此，整个行业的需求曲线也就是这家厂商的需求曲线。如图 6.7 所示，垄断厂商的需求曲线 d 是一条向右下方倾斜的曲线，表明垄断厂商提高产品价格，消费者就会减少购买这种产品，或垄断厂商减少产品产量，产品价格就会上升。

对于垄断厂商而言，只要有可能，它就愿意收取高价，并在这种高价时卖出大量产品。但需求曲线限制了这种情况的发生，并具体描述了垄断厂商所能得到的价格和产量组合。由此可见，垄断厂商只能沿着需求曲线来调整产量和价格，以实现利润最大化。

2. 完全垄断厂商的平均收益曲线与边际收益曲线

在完全垄断市场上，平均收益仍然等于价格，平均收益曲线 AR 仍然与需求曲线 d 重合。但当销售量增加时，产品价格会下降，边际收益会减少，由于边际收益比价格下降得更快，边际收益曲线 MR 不再与需求曲线 d 重合，而是位于需求曲线 d 下方，即边际收益小于平均收益，而且随着产量的增加，边际收益曲线 MR 与需求曲线 d 的距离越来越大，如表 6.2 和图 6.7 所示。

表 6.2　某垄断厂商的收益

销售量（Q）	0	1	2	3	4	5	6	7	8	9
价格（P）	110	101	92	83	74	65	56	47	38	29
总收益（TR）	0	101	184	249	296	325	336	329	304	261
平均收益（AR）	—	101	92	83	74	65	56	47	38	29
边际收益（MR）	—	101	83	65	47	29	11	−7	−25	−43

结论：垄断厂商的边际收益总是小于其产品价格。当垄断厂商增加产品的销售量时，会对总收益产生两种效应：其一，产量效应，即销售量增加，总收益有可能增加；其二，价格效应，即销售量增加时，价格下降，总收益有可能减少。

三、完全垄断厂商的利润最大化分析

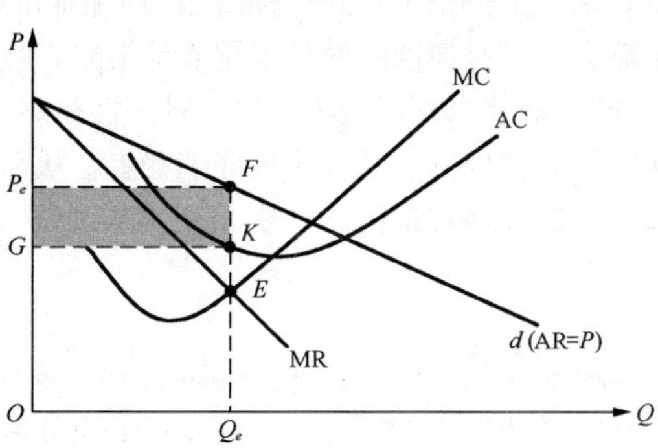

图 6.8　垄断厂商的利润最大化

在完全垄断市场上，厂商仍然根据边际收益与边际成本相等即 MR=MC 的原则来决定产量。如图 6.8 所示，MR 为边际收益曲线，AR 为平均收益曲线，d 为需求曲线，且与曲线 AR 重合，MC 为边际成本曲线，AC 为平均成本曲线，在曲线 MR 与曲线 MC 的交点即均衡点 E 上，AR>AC，厂商获得最大利润，最大利润额为 $FK \cdot Q_e$，即图中阴影部分 $FKGP_e$。

在图 6.8 中，厂商在低于 Q_e 的产量水平上生产时，MR>MC，每增加一单位产量的边际收益大于增加的成本，利润增加，因此厂商通过增加产量来提高利润；厂商在高于 Q_e 的产量水平上生产时，MR<MC，每减少一单位产量所节省的成本大于失去的收益，因此厂商通过减少产量来提高利润；当厂商将产量调整为 Q_e 时，MR=MC，厂商获得最大利润。

结论：垄断厂商实现利润最大化的产量 Q_e 是最优产量，由边际收益曲线 MR 与边际成本曲线 MC 的交点 *E* 决定，需求曲线 *d* 上的最优产量 Q_e 所对应的价格 P_e 是最优价格，如图 6.8 所示。

从短期来看，完全垄断厂商有可能赢利，如图 6.8 所示；也有可能盈亏平衡，如图 6.9 所示；甚至还有可能亏损，如图 6.10 所示。其停止营业的决策原理类似于完全竞争厂商的情形，此处不再赘述。从长期来看，完全垄断厂商通过调整生产规模，在高产低价与低产高价中进行选择，获得并保持最大经济利润，其长期均衡条件为 MR=LMC=SMC。

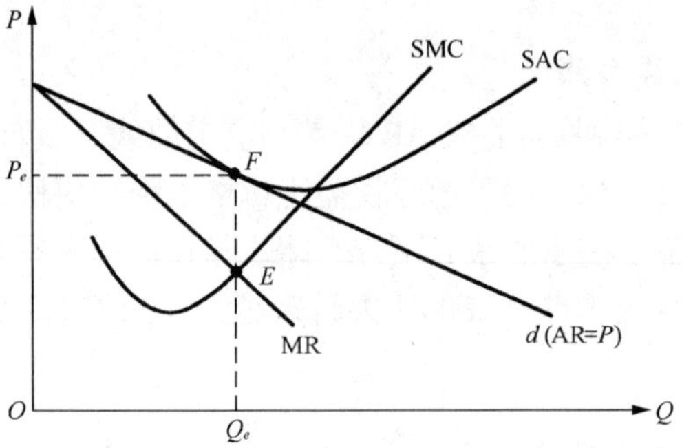

图 6.9　完全垄断厂商利润为零的情形

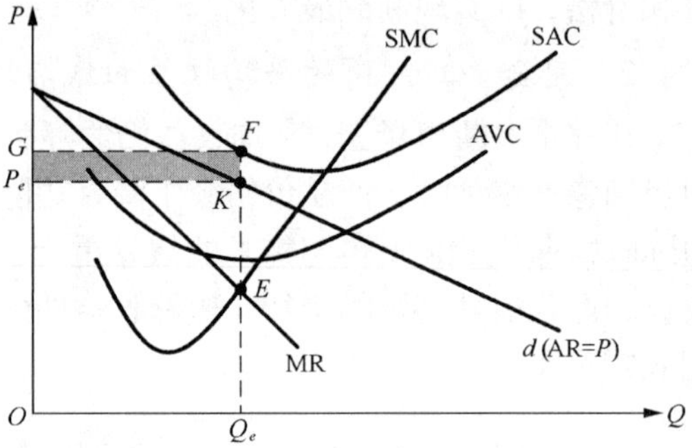

图 6.10　完全垄断厂商亏损的情形

教学互动

问：完全竞争厂商与完全垄断厂商利润最大化分析的主要异同点是什么？

答：相同点为利润最大化原则相同，都遵从 MR=MC。

不同点为产品价格与边际成本的关系不同。在完全竞争市场上，*P*=MC（因为在均衡点上，*P*=MR=MC）；在完全垄断市场上，*P*>MC（因为在均衡点上，*P*=AR，AR>MR，MR=MC）。

四、垄断厂商的定价策略

在完全垄断市场上，垄断厂商凭借其市场势力及在交易中的优势地位而成为价格的制定者。垄断厂商的定价策略分为单一定价和歧视定价。单一定价是指对同一种商品制定相同的价格，其定价原则是对缺乏弹性的商品采用高价策略，对富有弹性的商品采用低价策略。歧视定价是指以不同价格出售相同产品。价格歧视是垄断厂商追求利润最大化的一种理性策略。由于不同消费者对同一种商品的出价有高有低，垄断厂商便根据支付意愿划分消费者，从而获得比单一定价更多的利润。因此，垄断厂商更偏向于选择歧视定价。

思考与讨论 6.3

观赏一部最新的影片，在大学里只需 10 元，但在电影院通常要花 30～50 元；预订南方航空中午时段的机票，人们很容易以 900 元左右的价格买到从广州到济南的经济舱机票，但只能以 1 040 元左右的价格买到从济南到广州的经济舱机票，乘的是同一航空公司的飞机，甚至同一架飞机、同一个机组，里程也一样。怎样解释此类现象？

（一）实行价格歧视的条件

一般认为，实行价格歧视需要具备三个条件。一是厂商必须拥有一定的“市场垄断力量”，即作为“价格制定者”；二是不同市场能有效分离，防止购买者之间转卖行为的发生，否则，当垄断者对同一种商品收取两种不同的价格时，以低价购买商品的消费者就有可能转卖商品，这样价格歧视就难以实现；三是不同市场上的需求弹性不同，垄断者可以对需求弹性小的市场实行高价格，以获得垄断利润。

微课堂

歧视定价

（二）价格歧视的类型

根据价格差别的程度，可将价格歧视分为以下三种类型。

1. 一级价格歧视

一级价格歧视又称完全价格歧视，是指垄断厂商在出售其产品时，每一单位产品都按消费者愿意支付的最高价格销售。在一级价格歧视下，垄断厂商完全了解每位顾客的支付意愿，因而收取的价格正好等于该顾客的支付意愿，消费者剩余全部转化为垄断厂商的超额利润。

拍卖是类似于一级价格歧视的一个例子。拍卖适用于单一物品有多方竞购的场合，由竞购者中出价最高者购得，中标者的消费者剩余接近或等于零。

实行一级价格歧视，以垄断厂商完全了解每位顾客的支付意愿为前提条件。在传统经济时代，由于客户信息的不完全以及获取信息的巨额成本，一级价格歧视很难得到运用；而在互联网经济时代，凭借大数据和算法，互联网企业很容易实现一级价格歧视。

教学互动

问：在交易中，厂商怎样获知顾客的支付意愿？

答：厂商不标明价格或报出高价，在与买方讨价还价的过程中了解其支付意愿并按这一价格成交。如我国存在着一些农贸市场和专业市场，其商品通常不标明价格，即使标价也是“明码不实价”，卖主的报价通常很高，目的就是试探顾客的购买与支付意愿，于是顾客就在一轮又一轮的还价中逐渐将自己的支付意愿暴露给了卖主，最后顾客的消费者剩余也在不知不觉中转变为卖主的超额利润。因此，不少地方政府要求这类市场的卖主对商品明码标价且“明码实价”，以保护消费者的合法利益。

2. 二级价格歧视

二级价格歧视是指垄断厂商在出售其产品时，按购买数量分段定价销售。在二级价格歧视下，消费者购买数量越少，价格越高；购买数量越多，价格越低。许多企业对购买量大的顾客提供低价，如某企业出售某品牌保温杯，购买量为1～49个，单价68元；购买量为50～99个，单价66元；购买量≥100个，单价64元。

3. 三级价格歧视

三级价格歧视是指垄断厂商针对不同的市场，按不同的价格销售同一种产品。在三级价格歧视下，垄断厂商把消费者划分为不同的群体。如按不同地区把消费者分为北方人与南方人、城里人与农村人等，按消费时段把消费者分为淡季购买者与旺季购买者、低谷时段使用者与高峰时段使用者等。此外，还可按消费者的年龄、偏好及收入等细分市场。只要市场可以被区分并有不同的需求弹性，厂商就可以采用歧视定价以获得更多的利润。

三级价格歧视在现实中很常见，如旅游景点的内外宾门票价格不同，航班上商务旅客与普通旅客的机票价格不同，电信公司对晚间电话收费更低等。

案例 6.2

三级价格歧视的应用

实行三级价格歧视的关键是区分对一种产品具有不同需求弹性的市场，并向低需求弹性者索要高价格。

在汽车租赁市场，日租赁费比周租赁费高。因为汽车出租公司认为，单日出租市场与按周出租市场相比有更多的商务旅行者和那些需求更强烈或需求更缺乏弹性的人。

在一些航线上，工作日时载客率较高，旅客对航空服务的需求弹性相对较小，机票价格更高；周六日载客率较低，旅客对航空服务的需求弹性相对较大，机票价格有所折扣。

在服装店，刚上市的新款服装价格更高，因为购进高价新款服装的消费者为了追赶时尚对服装的需求缺乏弹性；而对于同样的服装，有些人则选择在减价促销时购买，因为他们对服装的需求弹性更大，所以花的钱会少得多。

另外，许多商家在报纸和杂志上向居民提供折扣券，买者为了下次购买时得到优惠而剪下折扣券。商家为什么不直接降低产品价格呢？因为商家清楚，并不是所有的顾客都愿意花时间剪下折扣券。那些繁忙且富有者可能不会在意价格的高低，因而忽视折扣券；而那些穷困者则更有可能剪下折扣券，因为他们的支付意愿较低。

可见，通过实行价格歧视，厂商将商品销售给更多有购买意愿的消费者，最大限度地获取了利润。

启发思考

（1）厂商实行三级价格歧视的关键是什么？

（2）价格歧视给消费者带来的影响有哪些？

结论：价格歧视是垄断厂商追求利润最大化的一种理性策略，不论何种类型的价格歧视都表现为垄断厂商把单一价格下的消费者剩余转化为自身的超额利润。垄断厂商实行价格歧视时根据支付意愿划分消费者，在使自身获得更多利润的同时，也满足了更多消费者的需求。

五、完全垄断市场评价

许多经济学家认为完全垄断市场有利有弊，且弊大于利。

完全垄断市场的优越性主要表现为：其一，形成规模经济，降低产品成本，特别适合投资大、投资周期长且利润率低，但与经济发展及人民生活密切相关的公用事业，这类公用事业由政府完全垄断会增加社会福利；其二，垄断厂商因利润丰厚，更具研发新技术、新产品的实力和动力，从而促使技术进步，推动社会发展。

完全垄断市场的缺陷主要表现为：其一，垄断厂商实行价格歧视，减少消费者剩余，造成社会福利损失，加剧官员腐败、社会收入分配不公平及贫富两极分化；其二，垄断扼杀竞争，垄断厂商凭借优势地位采用减少产量、提高产品价格的方法比提高生产效率的方法更容易获利，因而造成社会生产效率损失。

第四节　垄断竞争市场

垄断竞争市场是一种介于完全竞争市场和完全垄断市场之间，既有竞争又有垄断且以竞争为主的市场结构。它是一种比较接近现实经济状况的市场结构类型。

一、垄断竞争市场的特征

垄断竞争市场的特征主要表现在以下几个方面。

（1）厂商数目众多。行业内厂商数量很多，且争夺相同的消费者群体。

（2）产品有差别。在垄断竞争市场上，不同厂商提供的同类产品是有差别的。这是垄断竞争市场与完全竞争市场的主要区别。产品有差别是指同类产品在牌号、商标、质量、功能、外观、包装、售后服务和声誉等方面存在差异。由于不同厂商提供的是同类产品，产品之间具有不同程度的替代性，厂商之间因产品的替代性而产生竞争；由于同类产品之间存在差异，厂商能够吸引一些特定的消费者，从而产生一定的垄断力量，因而享有一定的定价自主权。每个厂商都是自己产品的唯一生产者，其垄断势力的大小取决于产品差异的大小。由于不同厂商的差别产品之间仍具有较强的替代性，所以这种垄断非常有限。

（3）不存在市场进入和退出壁垒。厂商可以自由地进入或退出一个市场，因此市场上厂商数量的调整要到经济利润为零时才会停止。这是垄断竞争市场和寡头垄断市场的主要区别。

思考与讨论 6.4

德芙巧克力与普通巧克力之间的差异，出租车与公交车之间的差异属于同类产品的差别吗？为什么？

垄断竞争市场在现实经济中极为常见，如街边各色餐馆、面包屋、水果店、服装店、书刊店等都处于垄断竞争市场。

教学互动

问：怎样判断市场结构的类型？

答：市场上如果只有一家厂商，市场类型为完全垄断市场；如果只有几家厂商，市场类型为寡头垄断市场；如果有很多厂商，且厂商出售有差别的产品，市场类型为垄断竞争市场；如果有很多厂商，且厂商出售相同的产品，市场类型就是完全竞争市场。

二、垄断竞争厂商的均衡条件

垄断竞争市场是一种既有垄断又有竞争的市场结构。其均衡分析兼具完全垄断市场与完全竞争市场的特点，但又区别于完全垄断市场与完全竞争市场。

1. 垄断竞争厂商的短期均衡

在垄断竞争市场上，由于产品有所差别，每个厂商都享有一部分消费者的偏爱和信任。垄断竞争厂商是自己产品的垄断者，如果提高价格，不会失掉所有消费者，因而每个厂商不是价格的接受者，其需求曲线向右下方倾斜。从短期来看，垄断竞争厂商的均衡分析类似于完全垄断市场，其均衡条件是 MR=SMC。在垄断竞争厂商的短期均衡点上，厂商有可能获得超额利润，也有可能收支相抵或亏损，这取决于厂商在均衡产量下的平均成本与产品价格（或平均收益）的关系。其选择产量与价格的方式与完全垄断厂商一致。

2. 垄断竞争厂商的长期均衡

在垄断竞争市场上，由于产品的替代性，厂商之间为争夺更大利润而相互竞争。从长期来看，当厂商有利润时，新厂商有进入市场的激励，其进入减少了原有厂商面临的需求，

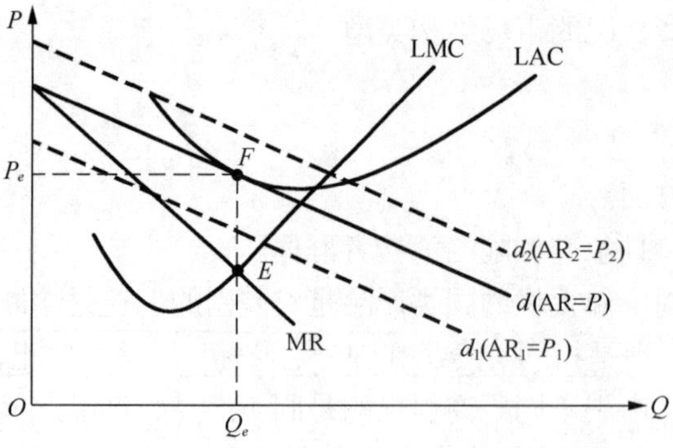

图 6.11　垄断竞争厂商的长期均衡

需求曲线 d 向左下方平移，厂商利润下降；当厂商亏损时，原有厂商有退出市场的激励，这种退出扩大了留守厂商面临的需求，需求曲线 d 向右上方平移，厂商利润增加。这种调整最终使垄断竞争厂商利润为零，即需求曲线 d（或平均收益曲线 AR）与平均成本曲线 LAC 相切，如图 6.11 所示。因此垄断竞争厂商的长期均衡条件是 MR=LMC，P=AR=LAC。

三、垄断竞争厂商的竞争策略

在垄断竞争市场上，厂商可以采用价格竞争策略和非价格竞争策略。由于厂商众多，产品间有一定的替代性，厂商对价格的控制力较小，价格竞争利益不大；同时，产品间具有差异性，差异越大，由此形成的垄断势力就越强，从而促使垄断竞争厂商更注重突出产品差别化的非价格竞争。

非价格竞争是指通过改变产品质量、功能、外观、包装、售后服务及广告宣传等手段参与市场竞争的形式。非价格竞争的实质是打造产品特色，其主要手段包括产品变异和广告。

微课堂
价格竞争　非价格竞争

1. 产品变异

产品变异是指改变产品的原有特征，以形成产品差别。这种变异包括以下两个方面：其一是产品本身的改变，包括如原料、设计、技术性能、做工、式样、型号、颜色等实质性改变，以及如包装、品牌、商标等非实质性改变；其二是销售条件的改变，既然本身完全相同的产品会由于销售条件不同而被消费者视为不同的产品，那么厂商完全可以通过改变销售条件来扩大这种差异，如送货上门、定期维修、24 小时服务等，进而强化消费者的认同感。

2. 广告

广告是为了满足某种特定的需要，通过一定形式的媒体，公开而广泛地向公众传递信息的宣传手段。在现代社会，广告随处可见。广告是一种重要的推销活动，是非价格竞争的另一种重要手段。

广告这种推销形式产生的直接原因在于产品之间存在差别。垄断竞争厂商希望有不同偏好的消费者了解自己产品的特色并购买这些产品，而广告就是沟通双方的一种方式。厂商通过广告增加消费者对其产品的认同与需求，使消费者在每一价格水平下都能购买更多的产品，或者通过强化消费者的认同感而使其愿意支付更高的价格；消费者则借助广告对众多难以识别的产品作出比较理性的选择。从消费者效用增加的角度以及由此引致的生产者利润增加的角度来看，在垄断竞争市场上，广告是不可缺少的，尤其是信息性广告。对于广大消费者来说，广告是了解市场，增强购买过程理性化的重要工具。当厂商销售有差别的产品并收取高于边际成本的价格时，每个厂商都愿意通过做广告的方式来吸引更多消费者购买自己的特定产品。

不同行业之间，广告量的差别很大。生产有较大差别的消费品如保健品、化妆品、零食、饮料类的企业，通常广告力度大；生产较小差别的工业品如矿山机械、农用机械类的企业，一般广告力度小；而生产同质产品如石油、煤炭、小麦、棉花类的企业，一般无广告。

厂商做广告必须支付费用。如果因广告而增加的收益大于为此而投入的成本，则厂商会选择广告宣传。确定最优广告支出的原则是：因广告所增加的边际收益等于其边际成本。

思考与讨论 6.5

（1）生产玉米或火箭发动机的厂商是否会花钱请艺人作为产品代言人？请回答并说明理由。

（2）生产德芙巧克力的厂商为何要做广告？

案例 6.3

“春晚”的广告威力

“春晚”是中央电视台春节联欢晚会的简称。自 1983 年首次举办至今，央视“春晚”这一国人除夕之夜的文化盛宴，已经融入春节民俗，成长为一个独特的文化品牌。

统计数据显示，从 2001 年到 2019 年，央视“春晚”的全国并机总收视率基本维持在 30%以上，2019 年“春晚”直播期间，通过电视、网络、社交媒体等多终端多渠道同时播放，海内外收视的观众总规模达 11.73 亿人。得益于高收视率、官方权威性和稀缺性，央视“春晚”成为众多品牌争相追逐的营销战场。

古井贡酒连续五年在央视“春晚”以“特约播出”的广告形式与观众照面，时长 5 秒的广告促使古井贡酒净利润由 2016 年的 8.30 亿元上升至 2020 年的 18.55 亿元，五年间净利润增幅达 123.49%，印证了“春晚”广告投放的高收益。

2015 年腾讯以 5 300 万元的价格成为央视“春晚”新媒体独家合作平台，通过微信的“摇一摇”功能向所有观众发红包。在这一玩法的刺激下，短短两天时间，微信就绑定了 2 亿张个人银行卡，做出了支付宝 8 年才完成的业绩，一跃成为与支付宝比肩的支付巨头。

从 2003 年至 2019 年（2012 年除外），美的集团长达 16 年冠名央视“春晚”零点报时 10 秒广告，广告费用平均每秒数百万元，其净利润从 2003 年的 1.68 亿元上升到 2020 年的 272.23 亿元。能持续在央视“春晚”做广告，这本身就是企业综合实力的一种证明。蒙牛乳业联合创始人孙先红表示，在央视“春晚”做广告按投入和产出比来说是最合算的，是塑造品牌、树立企业形象的好机会。

启发思考

（1）在厂商竞争中，广告会起到哪些作用？

（2）为何众多厂商热衷于在央视“春晚”做广告？

四、垄断竞争市场评价

在现实中，垄断竞争市场是一种普遍存在的市场结构。许多经济学家认为垄断竞争市场有利有弊，且利大于弊。

垄断竞争市场的优越性主要表现为：其一，产品有差别，可满足消费者的不同偏好和多样化需求。其二，有利于促进创新。在垄断竞争市场上，由于厂商众多，产品具有可替代性且竞争激烈，各厂商只有通过不断创新，实现产品变异，并使之独具特色，才能在竞争中保持优势。

垄断竞争市场的缺陷主要表现为：在垄断竞争厂商的长期均衡点上，长期平均成本未达到最低点，因此垄断竞争市场资源利用率低于完全竞争市场，存在着一定的资源浪费。

第五节　寡头垄断市场

寡头垄断市场是指少数几家厂商控制了某一行业产品供给的市场结构。寡头垄断市场介于完全竞争市场和完全垄断市场之间，是一种既有垄断又有竞争且以垄断为主的市场结构。它是现实经济中常见的一种市场结构类型，在现代经济中居于重要地位。

一、寡头垄断市场的特征

寡头垄断市场的特征主要表现在以下几个方面。

（1）厂商数目很少。寡头垄断市场上通常只有几家厂商，每家厂商的市场份额很高，对产量和价格均有较大的控制力。

（2）厂商之间相互依存。由于寡头垄断市场只有几家厂商，每家厂商都占据着举足轻重的地位，在进行产量或价格决策时既要考虑其他厂商的决策，也要考虑自我决策对其他厂商的影响，因此，厂商之间是一种既相互竞争又相互合作的关系。

（3）市场进入和退出壁垒高。行业内的少数几家大厂商在资金、技术、生产和销售规模、产品知名度、销售渠道等方面占有绝对优势，因此新厂商很难进入并与之抗衡。由于寡头垄断厂商的生产规模很大，资本投入量也很大，所以原有厂商退出市场的壁垒也很高。

> **思考与讨论 6.6**
>
> 生活中，你接触的寡头垄断企业有哪些？试列举其竞争与合作的事例。

寡头垄断市场是一种常见的市场结构类型，我国的钢铁、汽车、石油化工、电信、计算机、彩电、空调等行业都属于寡头垄断市场。

在案例 6.1 中，大型手机企业的竞争优势主要表现为品牌、规模经济、渠道、售后服务及研发能力等。这些优势不断巩固和强化其龙头地位，形成垄断势力。

二、寡头垄断市场形成的原因

寡头垄断市场形成的原因主要有规模经济和政府管制。

一些行业的生产具有明显的规模经济，如钢铁、汽车、石油、飞机制造、通信等。这些行业初始投资时需要兴建大量的设施，会花费巨额资金，固定费用极高，只有在产量达到一定规模后平均成本才会下降，从而有利可获。由于行业中的每个厂商产量都很大，因此只需要几家厂商即可满足市场需求。另外，建厂时所需的巨额投资，也使其他厂商很难进入这一行业。原有厂商会凭借自身的竞争优势阻止新厂商进入而形成垄断，如微软对个人电脑操作系统软件领域的垄断。

政府管制是寡头垄断市场形成的另一主要原因。政府通过立法给予厂商排他性地生产某种产品的权利，或给予某些寡头扶持性政策。

视野拓展

BAT垄断中国互联网

BAT 是中国互联网行业中百度公司（Baidu）、阿里巴巴集团（Alibaba）、腾讯公司（Tencent）三大巨头的合称，它们分别规划了自己的互联网布局。除了搜索引擎、电子商务和即时通信三大核心领域的绝对垄断，BAT 的业务更是扩展到媒体、游戏、社交、门户、文化娱乐、技术服务以及基于地理位置服务等多个领域，且每个巨头旗下都有数家小公司与其有着紧密的联系。

BAT 对社会的贡献

从 2011 年至 2015 年，三家巨头共投资了 30 家已上市公司和几百家未上市公司。中国互联网未上市的估值前 30 名的创业公司中，80%背后都有 BAT 的身影。2014 年，百度动用了 20 亿～30 亿美元，收购或投资了 15 家公司；阿里巴巴动用了 60 亿～70 亿美元，投资或收购了 36 家公司；腾讯动用了 70 亿～80 亿美元，投资或收购了 44 家公司。在 BAT 的主导下，携程与去哪儿网实现了“合并”，阿里巴巴收购了优酷土豆、UC 浏览器和高德地图……中国互联网在发展了二十年之后进入崭新的阶段，尽管各细分领域也在不断涌现出新的创业军团，但深受先行者的资本影响和能力控制。

三、寡头垄断厂商的竞争策略

在寡头垄断市场上，厂商之间相互依存。每个厂商总是首先推测其他厂商的产量，然后根据利润最大化原则来决定自己的产量。每个厂商既不是价格和产量的决定者，也不是价格和产量的被动接受者，而是价格和产量的寻求者。面对其他厂商，寡头的选择是竞争或合作。

1. 博弈论

博弈论是研究行为者之间策略相互依存和相互作用的一种决策理论。博弈论被广泛应用于政治、军事、外交、经济等研究领域，其应用是微观经济学理论的重要发展。下面通过经典案例“囚徒困境”来说明博弈论的基本思想。

A、B 两人因合伙偷一辆汽车而被捕。警方怀疑他们还抢劫过银行，于是将他们分别关押，同时告诉每一个人：如果他们两个人都坦白抢劫银行的事，各判刑 5 年；如果一方坦白另一方不坦白，坦白者将作为证人被判刑 1 年，不坦白者将作为罪犯被判刑 10 年；如果都不坦白，两个人会因偷车而各被判刑 2 年。他们各自可以选择的行为有两种：坦白或不坦白。他们彼此之间无法勾结，不能合作，各自的选择结果取决于对方的选择。他们两个人共有四种可能的决策，也有四种可能的结果，如表 6.3 所示。

表 6.3 “囚徒困境”中的纳什均衡分析

（单位：年）

囚徒 A	囚徒 B	
	坦白	不坦白
坦白	−5，−5	−1，−10
不坦白	−10，−1	−2，−2

注：表中数字为刑期，组合顺序为（A，B）。

在这个例子中，A、B 两个囚徒博弈的最终结果是双方都选择坦白。因为 B 坦白时，A 坦白被判刑 5 年，不坦白被判刑 10 年，此时 A 的占优策略是坦白；B 不坦白时，A 坦白被判刑 1 年，不坦白被判刑 2 年，此时 A 的占优策略依然是坦白。所以，无论 B 选择坦白还是不坦白，A 的占优策略都是坦白。同理，B 的占优策略也是坦白。

“囚徒困境”反映了个人理性与集体理性的矛盾。如果两个人都不坦白将各被判刑 2 年，结果显然好于都坦白各被判刑 5 年。但这个结果难以出现，因为它不符合个人理性的要求。即使两个囚徒在被捕前建立起攻守同盟而拒不坦白，这个同盟也会在被审讯时瓦解，因为事到临头，每个人都会从自身的角度出发，作出最利己的选择，即坦白。可见，当个人理性和集体理性发生矛盾时，个人理性将导致集体的非理性，而这种集体的非理性对社会可能是有益的。在“囚徒困境”这一案例中，囚徒小集体的非理性（都坦白）对全社会来说就是最优的（维护了社会的安定与正义）。

“囚徒困境”同时说明了为什么即使在合作对双方都有利时，保持合作也是困难的。

教学互动

问：什么是占优策略与占优策略均衡？什么是纳什均衡？

答：占优策略是指无论其他参与者选择什么策略，对一个参与者而言都为最优的策略。由博弈中所有参与者的占优策略组合所构成的均衡就是占优策略均衡。纳什均衡是指相互作用的经济主体在假定所有其他主体所选策略为既定的情况下选择自己最优策略的状态。如表 6.3 中的（坦白，坦白）策略组合、表 6.4 中的（高产量，高产量）策略组合既是占优策略均衡，也是纳什均衡。

寡头垄断厂商在力图达到垄断结果时的博弈，类似两个处于"囚徒困境"中囚徒的博弈。

在表 6.4 中，A、B 两个寡头博弈的最终结果是双方都选择高产量。因为 B 选择高产量时，A 选择高产量获利 200 万元，选择低产量获利 100 万元，此时 A 的占优策略是高产量；B 选择低产量时，A 选择高产量获利 500 万元，选择低产量获利 400 万元，此时 A 的占优策略依然是高产量。所以，无论 B 选择高产量还是低产量，A 的占优策略都是高产量。同理，B 的占优策略也是高产量。

表 6.4　寡头博弈中的纳什均衡分析

（单位：万元）

寡头 A	寡头 B	
	高产量	低产量
高产量	200，200	500，100
低产量	100，500	400，400

注：表中数字为利润，组合顺序为（A，B）。

很显然，合作会使寡头的状况更好。但由于追求私利，每一个寡头都愿意扩大生产并占有更大的市场份额，结果总产量增加了，价格却下降了，以致寡头垄断厂商最终不能实现利润最大化。

2. 卡特尔

卡特尔是生产同类产品的厂商就产品的市场价格、产量分配和市场份额达成公开协议而联合行事的一种组织。最为典型的卡特尔是石油输出国组织。在寡头垄断行业，寡头垄断厂商往往通过正式的或非正式的协议组成卡特尔，通过控制产量来提高价格，从而获得更大的利润，这是形成卡特尔最强有力的内在动力。

知识点滴

卡特尔为法语 cartel 的音译，原意为协定或同盟。卡特尔于 1857 年产生于德国，第一次世界大战后在英国、法国、奥地利等西方国家迅速发展，并盛行一时。第二次世界大战后，卡特尔在日本也得到了迅速发展。

卡特尔的类型主要有价格卡特尔、数量卡特尔、销售条件卡特尔、技术卡特尔等。价格卡特尔是最常见和最基本的卡特尔形式，指在不景气时维持高价，在排挤对手时维持低价；数量卡特尔通过对产销量进行控制，减少市场供给，以提高价格；销售条件卡特尔对销售条件如回扣、支付条件、售后服务等在协定中进行统一规定；技术卡特尔的典型形式是专利联营，即成员企业相互提供专利、相互自由使用专利，但不允许非成员企业使用这些专利。

卡特尔虽然形成了操纵市场、分享利润的协议，但是这一协议并没有法律约束力，各卡特尔成员为了各自的利益往往会违背协议，使协议执行起来非常困难。因此，卡特尔具有天然的不稳定性，难以长期存在。其原因主要有以下两方面：第一，潜在进入者的威胁。卡特尔把价格维持在较高水平，就会吸引新厂商进入这个市场，而新厂商进入后可以通过降价扩大市场份额，此时卡特尔很难继续维持原来的高价。第二，卡特尔成员具有欺骗动机，即卡特尔成员会遭遇"囚徒困境"。假定其他厂商的产量和价格不变，某一卡特尔成员偷偷增加产量将会获得额外的巨大好处。如果每个卡特尔成员都偷偷增加产量，市场总供给显然会大量增加，市场价格必然会下降，卡特尔限产提价的策略也将面临失败。如果卡特尔不能有效解决这个问题，最终会导致自身解体。研究表明，世界上卡特尔的平均存续时间仅为 6.6 年，最短的为 2 年。

视野拓展

石油输出国组织

1960 年，生产世界上大部分石油的国家形成了一个卡特尔，称为石油输出国组织（organization of the petroleum exporting countries，OPEC）。石油输出国组织控制了世界石油约 3/4 的储量。该组织旨在控制国际石油价格，保证各成员国在任何情况下都能获得稳定的石油收入。

1972—1981 年，石油输出国组织通过限产成功地维持了成员国间的合作和高价格。石油价格从每桶 3 美元上升至 35 美元。可是，由于相互之间的利益难以协调，违背协议的行为经常发生，例如总会有一个或更多的成员国超出配额进行生产。1982—1985 年，油价每年稳步下跌 10%左右。1986 年，石油价格下跌至每桶 13 美元。1990—1999 年，石油价格基本上稳定在每桶 20 美元左右。2008 年，国际石油价格曾突破每桶 140 美元，但之后曾跌破每桶 40 美元；2012 年 4 月回升到每桶 102 美元，2016 年 1 月跌破每桶 30 美元；2018 年 10 月回升到每桶 85 美元，2020 年 3 月又跌破每桶 30 美元。应该说，石油输出国组织成员国之间达成的限产协议尽管会生效，但起决定作用的还是国际石油市场的供求关系。

3. 价格领袖制

价格领袖制是指一个行业的产品价格通常由某一寡头率先制定，其余寡头紧追其后确定各自的价格。领先定价者称为价格领袖，它是自然形成的，一般分如下三种情况。

（1）支配型价格领袖。此类价格领袖是指行业中市场份额最大、最有实力的寡头。

（2）效率型价格领袖。此类价格领袖是指行业中成本最低、效率最高的寡头。

（3）晴雨表型价格领袖。此类价格领袖在行业中规模不一定最大，效率也不一定最高，但能准确且及时地掌握市场信息，正确判断整个产业的需求及成本变化。此类寡头垄断厂商价格的变动实际上是率先传递了市场信息，因此其价格在该行业中具有晴雨表的作用，其他厂商会参照该厂商的价格而变动自己的价格。

此外，成本加成法也是寡头垄断厂商常用的定价方法。所谓成本加成法，是在核定平均成本的基础上，加上一个固定百分率的利润额来确定价格，利润率则参考全行业平均利润率来确定。这种定价方法可以避免寡头之间的价格竞争所导致的利益受损，有利于实现最大利润。

四、寡头垄断市场评价

寡头垄断市场在经济中是十分重要的，对经济的发展具有推动作用。

寡头垄断市场具有三个明显的优点：第一，可以实现规模经济，从而降低成本，提高经济效益。第二，有利于促进科学技术进步。各个寡头为了在竞争中取胜，就要提高生产效率，创造新产品，这成为寡头垄断厂商进行技术创新的动力。寡头垄断厂商具有强大的财力，可以投入巨额资金来进行科学研究。例如，著名的贝尔实验室，对电子、物理等科学技术的发展作出了许多突破性贡献，而这一实验室的强大后盾正是经济力量雄厚的美国电话电报公司。第三，寡头垄断厂商实力雄厚，抗风险能力强。

寡头垄断市场的主要缺点是各寡头往往会相互勾结，抬高价格，损害消费者利益和社会经济福利。

本章小结

市场结构是指市场的垄断与竞争程度。根据市场集中度、产品差别化、市场壁垒等方面的标准，市场结构可分为完全竞争市场、垄断竞争市场、寡头垄断市场和完全垄断市场四种类型。

在完全竞争市场上，厂商和消费者都是价格的接受者。厂商面临的需求曲线是一条水平线，厂商在短期内通过调整产量使边际收益等于边际成本来实现利润最大化。在短期均衡点上，厂商可能赢利，如果赢利则是最大利润；厂商也可能亏损，如果亏损则是最小亏损。厂商在长期既可根据市场价格扩大或缩小生产规模，也可根据盈亏情况自由进入或退出某个行业。在长期均衡点上，厂商的经济利润为零，平均成本最低，供求相等，资源配置最优。

在非完全竞争市场上，厂商不同程度地影响市场价格。厂商面临的需求曲线向右下方倾斜，厂商通过调整价格和产量来实现利润最大化。在垄断竞争市场上，由于厂商对价格的控制力较小，价格竞争利益不大，垄断竞争厂商更注重运用非价格竞争策略；在寡头垄断市场上，厂商之间相互依存，或竞争，或合作，其主要定价策略为价格领袖制，合作形式为卡特尔；在完全垄断市场上，厂商唯一，产品唯一，厂商是产品价格的制定者，为获得最大利润往往采取歧视定价策略。

练 习 题

一、概念识记

市场结构　市场集中度　产品差别化　市场壁垒　完全竞争市场　完全垄断市场
价格歧视　垄断竞争市场　非价格竞争　寡头垄断市场　卡特尔

二、单项选择题

1. 下列选项中，(　　)最接近完全竞争市场。
A. 汽车行业　B. 玉米种植行业　C. 糖果行业　D. 服装行业
2. 在完全竞争市场上，厂商短期均衡的条件是(　　)。
A. P=AR　B. P=MC　C. P=MR　D. P=AC
3. 为使利润最大化，完全竞争厂商将以(　　)来销售其产品。
A. 低于市场的价格　B. 高于市场的价格
C. 市场价格　D. 略低于竞争对手的价格
4. 完全垄断厂商面临的需求曲线是(　　)的。
A. 向右下倾斜　B. 向右上倾斜　C. 垂直　D. 水平
5. 完全垄断厂商处于长期均衡状态时，存在(　　)。
A. 最小亏损　B. 利润为零　C. 最小利润　D. 最大利润
6. 一般情况下，如果产品价格低于(　　)，厂商就会选择停止营业。
A. 平均成本　B. 平均可变成本　C. 边际成本　D. 平均固定成本

7. 下列选项中，(　　) 不是垄断竞争市场的特点。

A. 厂商众多　B. 产品同质　C. 价格竞争　D. 广告促销

8. 寡头垄断厂商是价格的 (　　)。

A. 接受者　B. 影响者　C. 寻求者　D. 制定者

9. 完全垄断厂商的产品是 (　　)。

A. 相近的　B. 有差异的　C. 可替代的　D. 唯一的

10. 随着价格歧视程度的加深，消费者剩余 (　　)。

A. 减少　B. 不变　C. 增加　D. 不能确定

三、多项选择题

1. 下列选项中，(　　) 为完全竞争市场的特征。

A. 厂商众多　B. 产品异质　C. 无进退壁垒　D. 完全信息

2. 下列选项中，(　　) 为厂商的市场退出壁垒。

A. 资产专用性　B. 违约成本　C. 信誉损失　D. 产品差别

3. 完全竞争厂商在短期均衡状态下，可能存在 (　　)。

A. 最大利润　B. 最小利润　C. 利润为零　D. 最小亏损

4. 当完全竞争厂商处于长期均衡状态时，存在 (　　)。

A. 经济利润为零　B. 市场供求平衡　C. 平均成本最低　D. 资源配置最优

5. 垄断竞争厂商实现最大利润的途径有 (　　)。

A. 价格竞争　B. 品质竞争　C. 服务竞争　D. 广告竞争

6. 下列选项中，(　　) 为垄断竞争市场。

A. 电信行业　B. 餐饮行业　C. 糖果行业　D. 服装行业

7. 在停止营业点上，厂商持续经营时，(　　)。

A. 亏损 FC　B. 亏损 VC　C. 收回 FC　D. 收回 VC

8. 垄断的主要成因有 (　　)。

A. 资源控制　B. 规模经济　C. 政府管制　D. 专利法

9. 寡头垄断厂商的主要优势表现为 (　　)。

A. 规模经济　B. 技术创新　C. 管理先进　D. 抗风险能力强

10. 在完全垄断厂商的均衡点上，存在 (　　)。

A. MR=MC　B. P>MC　C. P=AR　D. AR>MR

四、判断题

1. 在完全竞争市场上，当厂商实现长期均衡时，可获得超额利润。(　　)
2. 在完全竞争市场上，广告是有效的竞争手段。(　　)
3. 产品有差别就不会有完全竞争。(　　)
4. 垄断竞争市场从总体上看是利大于弊的。(　　)
5. 寡头垄断市场的形成与产品是否有差别并没有什么关系。(　　)
6. 由于寡头之间可以相互勾结，所以他们之间并不存在竞争。(　　)
7. 卡特尔具有天然的不稳定性，难以长期存在。(　　)
8. 电视台黄金时段的广告价格远高于其他时段，这是一级价格歧视。(　　)

9. 市场结构是指市场的垄断与竞争程度。 (　　)

10. 在完全垄断市场上，厂商所售的商品没有任何相近的替代品。 (　　)

五、简答题

1. 什么是价格歧视？垄断厂商实行价格歧视的条件是什么？

2. 什么是非价格竞争？非价格竞争主要有哪些手段？

六、应用题

1. 某个垄断厂商对B产品采用歧视定价，请指出下列情况各属于何种价格歧视策略。

（1）购买100件以内的每件售价为50元，购买100～199件的每件售价为48元，购买200～299件的每件售价为46元，购买300件及以上的每件售价为40元。

（2）B产品在甲地每件售价为47元，在乙地每件售价为55元，在丙地每件售价为50元。

（3）甲顾客购买B产品的价格为60元，乙顾客购买价为55元，丙顾客购买价为50元。

2. 完全竞争市场中某厂商的成本函数为$STC=3Q^3-42Q^2+400Q+6\,000$，假设产品价格为988元/吨。

要求：

（1）计算利润最大时的产量及利润。

（2）该厂商在什么情况下才会停止生产？

3. 调查分析校园内各种服务的市场结构及商家的竞争策略。

第七章　收入分配理论

【学习目标】

理解洛伦兹曲线与基尼系数；理解效率与公平的思想；理解收入分配平等化政策；认识生产要素市场及要素收入形式；掌握工资、利息、地租、利润等基本概念；掌握要素价格决定理论；能运用收入分配理论分析现实经济中的要素价格问题，以及社会中收入差距的原因和对策。

案例 7.1

近年来我国居民收入分配的变化情况

改革开放 40 多年来，我国居民收入持续增长。2011—2020 年，全国居民人均可支配收入年均实际增长 7.2%，十年累计实际增长 100.8%，2020 年全国居民人均可支配收入为 32 189 元，比 2010 年增加了一倍。在居民可支配收入中，工资性收入为 17 917 元，约占 55.7%，较上年名义增长 4.3%，为我国居民收入的第一大来源；经营净收入、财产净收入、转移净收入依次为 5 307 元、2 791 元、6 173 元，分别较上年名义增长 1.1%、6.6%、8.7%。转移净收入增长较快，主要是因为各地全面落实中央关于改善民生和打赢脱贫攻坚战的要求，进一步加大惠民扶贫政策力度，推进城乡居民基本医疗保险制度整合，带动全国居民转移净收入保持较快增长；财产净收入增长较快，表明我国居民收入来源的多样化程度进一步增强。

2020 年我国城镇居民人均可支配收入 43 834 元，比上年名义增长 3.5%；农村居民人均可支配收入 17 131 元，比上年名义增长 6.9%。农村居民人均可支配收入名义增速高于城镇居民 3.4 个百分点。城乡居民收入比由上年的 2.64 下降至 2.56，城乡居民收入相对差距继续缩小。

启发思考

（1）现阶段我国居民的收入分配方式有何特点？

（2）我国居民的收入分配结构呈现怎样的特点？

（3）谈谈你对我国扶贫政策的看法。

《中国农村扶贫开发纲要（2011—2020 年）》

收入分配平等化实例

收入分配理论研究生产成果如何在社会成员之间进行分配，解决“为谁生产”的问题。市场经济条件下的收入分配包括三次分配：初次分配、再分配和第三次分配。初次分配是指各种生产要素因参加生产活动而获得报酬，是由市场按照效率原则进行的分配；再分配是由政府在初次分配的基础上按照兼顾效率侧重公平原则，通过财政收支进行的分配；第三次分配是在道德以及制度力量的推动下，个人和企业自愿捐赠财富而进行的分配，其以慈善捐赠为主要内容，是对前两次分配的必要补充。

在初次分配中，由于生产要素的价格就是生产要素所得报酬或收入，因此要素收入分配理论可归结为生产要素的价格决定问题，是均衡价格理论在收入分配问题上的应用。

第一节　生产要素市场

生产要素是指在生产活动中所投入的各种经济资源，包括劳动、资本、土地与企业家才能。生产要素市场是指以各种生产要素为交易对象的市场。

一、生产要素的需求

生产要素的需求是指厂商在一定时期内，在每一价格水平下愿意而且能够购买的生产要素数量。一般而言，生产要素的需求曲线是一条向右下方倾斜的曲线，如图 7.1（b）中的曲线 *D* 所示。在图 7.1（b）中，*W* 表示面包制作工人的工资，*L* 表示面包制作工人的数量。

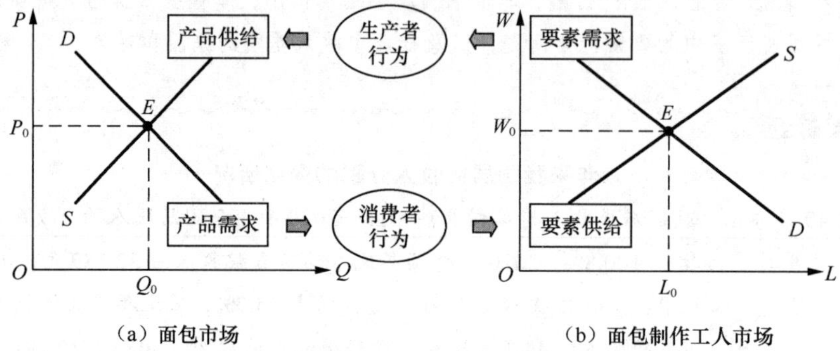

图 7.1　产品市场与生产要素市场的关系

厂商对生产要素的需求源于消费者对产品的需求，是一种派生需求或间接需求，也称引致需求。如消费者对面包这种产品的需求，引起面包店对面包制作工人这种生产要素的需求。如图 7.1 所示，在面包市场上，需求来自消费者，供给来自生产者即厂商；而在劳动要素市场上，需求来自生产者即厂商，供给来自消费者。也就是说，产品市场和生产要素市场中主体的角色发生了转换。

生产要素的需求同时也是一种联合需求或互补性需求。如生产面包除需要面包制作工人之外，同时还需要厂房、烤箱、面粉等生产要素，只有结合使用多种生产要素才能生产出面包。

影响生产要素需求的因素主要有以下四个方面：①市场对产品的需求及产品价格。一般来说，市场对某种产品的需求越大，该种产品的价格越高，厂商对相应生产要素的需求就越大。②生产技术状况。资本密集型技术对资本的需求大，而劳动密集型技术对劳动的需求大。③要素价格。当一种生产要素的价格过高时，厂商一般会以价格低的生产要素替代价格高的生产要素，从而减少对高价格生产要素的需求，增加对低价格生产要素的需求。④市场结构。一般而言，同一价格水平下，完全竞争市场上生产要素的需求量大于不完全竞争市场。

教学互动

问：在利润最大化条件下，厂商使用生产要素的原则是什么？

答：原则是使用生产要素所支出的边际成本等于使用生产要素所带来的边际收益，即 MRP（边际收益产品）=MFC（边际要素成本）。当 MRP>MFC 时，厂商会增加生产要素的使用量；当 MRP<MFC 时，厂商会减少生产要素的使用量。

二、生产要素的供给

生产要素的供给来自生产要素的所有者，生产要素的所有者可以是消费者，也可以是厂商，甚至可以是政府。一般来说，生产要素的供给曲线是一条向右上方倾斜的曲线，如图 7.1（b）中的曲线 S 所示。但不同的生产要素性质不同，其供给规律也不同。

三、生产要素的收入形式

厂商销售产品所取得的销售收入，按照参加生产的各生产要素所发挥的功能或贡献分配给生产要素所有者，形成要素收入。生产要素及其收入形式如表 7.1 所示。

表 7.1　生产要素及其收入形式

生产要素	收入形式	阶级或阶层
劳动	工资	劳动者
资本（实物与货币）	利息	资本家
土地	地租	土地所有者
企业家才能	利润	企业家

值得注意的是，政府也参与了收入的初次分配。政府因提供国防、立法、基础设施等公共物品，参与经济活动，在厂商取得的销售收入中，获得间接税收入。

第二节　要素收入的决定

要素收入即生产要素的租赁价格或使用价格，是由生产要素的需求与供给共同决定的。

思考与讨论 7.1

为什么在职业体育中少数体育明星能赚得极高的收入？这种现象合理吗？

一、工资的决定

工资（wage）是劳动的价格，是劳动者在单位时间内提供劳务所得的报酬。劳动者提供了劳动，就获得了作为收入的工资。从不同的角度，可以把工资分为不同的种类。从计算方式上，可以分为按劳动时间计算的计时工资与按劳动成果计算的计件工资；从支付手段上，可以分为以货币支付的货币工资与以实物支付的实物工资；从购买力上，可以分为用货币单位衡量的名义工资与用实际购买力衡量的实际工资。名义工资即货币工资，是指劳动者出卖劳动所得到的货币数量；实际工资是指劳动者用货币工资实际购买到的各类生活资料和服务的数量，是扣除个税和通货膨胀影响后的货币工资。工资理论分析货币工资的决定与变动，认为工资是由劳动的供求关系决定的，并受劳动市场结构及政府政策等多种因素的影响。

知识点滴

亚当·斯密认为工资是财产所有者与劳动分离时非财产所有者的劳动报酬；马克思认为工资是资本主义社会劳动力价值的表现形态；克拉克提出工资取决于劳动的边际生产力；马歇尔提出工资水平由劳动的供求关系决定。

1. 劳动的需求曲线

劳动的需求曲线是一条向右下方倾斜的曲线，表明劳动的需求量与工资呈反向变化，如图 7.2 中的曲线 D 所示。在图 7.2 中，L 表示劳动数量，W 表示工资水平。劳动的需求曲线向右下方倾斜是由劳动的边际生产力递减规律决定的，劳动的边际生产力是指在其他条件不

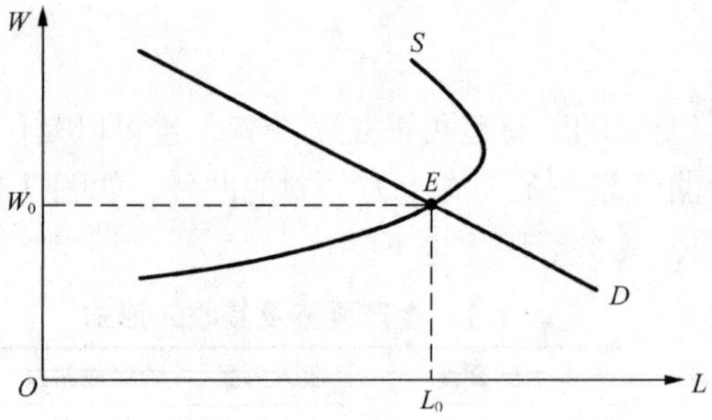

图 7.2　工资的决定

变的情况下，增加一单位劳动所增加的产量。

2. 劳动的供给曲线

劳动的供给曲线是一条先向右上方倾斜之后向左上方反转的曲线，如图 7.2 中的曲线 S 所示。劳动的供给主要取决于劳动的成本，包括实际成本和心理成本。实际成本是指维持劳动者及其家庭必需的生活资料费用与培养教育费用；心理成本是指因劳动而放弃享受闲暇的代价。此外，劳动的供给还受其他因素，如劳动人口总量及其构成，劳动者拥有财富的状态、偏好及社会习俗等影响。

劳动者的时间分为劳动时间和闲暇时间，劳动者需要在两者的组合方案中进行选择。当收入水平较低时，随着工资的提高，劳动者会选择较长的劳动时间，劳动供给量随工资的提高而增加，劳动的供给曲线向右上方倾斜；当收入水平达到一定程度后，随着工资的提高，劳动者更愿选择闲暇，劳动供给量反而减少，劳动的供给曲线向后弯曲。

向后弯曲的劳动供给曲线只适用于高度发达的富裕国家。在低收入人群占多数的国家，劳动的供给曲线一般是一条向右上方倾斜的曲线。

3. 完全竞争市场上工资的决定

完全竞争市场上的工资水平是由所有的劳动供给者和需求者共同决定的。如图 7.2 所示，劳动的需求曲线 D 与劳动的供给曲线 S 相交于 E 点，决定了均衡工资水平为 W_0、均衡劳动数量为 L_0。

案例 7.2

“春节保姆”价格翻倍

据 2019 年 1 月 21 日新京报快讯（记者　陈琳）随着 2019 年春节的临近，在京家政服务员陆续返乡，一些家政平台的注册服务员返乡比例甚至超过九成。

各家政平台纷纷上调了服务价格，小时工的价格由每小时 40 元涨到 50 元。有家政平台专门推出了“春节保姆”，“7 天保姆”价格为 4 699 元，“14 天保姆”价格为 9 299 元，“21 天保姆”价格为 13 799 元。目前，北京住家保姆月平均工资为 4 000～5 000 元。以此计算，“春节保姆”的价格已经翻了不止一倍。

启发思考

（1）现阶段我国家政服务市场结构为何种类型？

（2）“春节保姆”价格为何翻倍？

4. 不完全竞争市场上工资的决定

不完全竞争市场是指劳动市场上存在着不同程度的垄断。这种垄断存在两种情况：一种是厂商对劳动需求的垄断，另一种是劳动者组成工会对劳动供给的垄断。

厂商对劳动需求的垄断主要有以下三种情形：①雇主之间串通或勾结，把工资压低到劳动的边际生产力之下。②行

教学互动

问：什么是工会？

答：工会是与雇主谈判工资和工作条件的工人协会。

业准入制度。厂商在招聘某些技术工种的从业人员时，只录用取得相应职业资格证书者。③就业歧视性选择。常见的歧视性用人选择有学历歧视、种族歧视、性别歧视、年龄歧视、地域歧视等。

微课堂

美国工会

在西方发达国家，工会对工资的决定起着十分重要的作用，主要表现在以下三个方面：①增加劳动的需求。工会鼓动政府实行积极的经济政策，增加国内需求；敦促政府实行贸易保护政策以增加出口、限制进口，从而增加国内外对产品的需求；组织抵制厂商采用先进机器设备替代劳动。在劳动供给不变的条件下，此举可提高工资、扩大就业，如图 7.3 所示。②减少劳动的供给。工会通过限制非工会会员受雇，迫使政府通过制定强制退休、禁用童工、限制移民、缩短工作时间的法律等方式减少劳动的供给。在劳动需求不变的条件下，此举可提高工资，但会减少就业，如图 7.4 所示。③实行最低工资法。当劳动供给大于需求时，工会迫使政府通过立法规定最低工资，可使工资维持在一定的水平上。最低工资是政府对劳动这种生产要素实行的一种支持价格，此举必然导致失业增加，如图 7.5 所示。

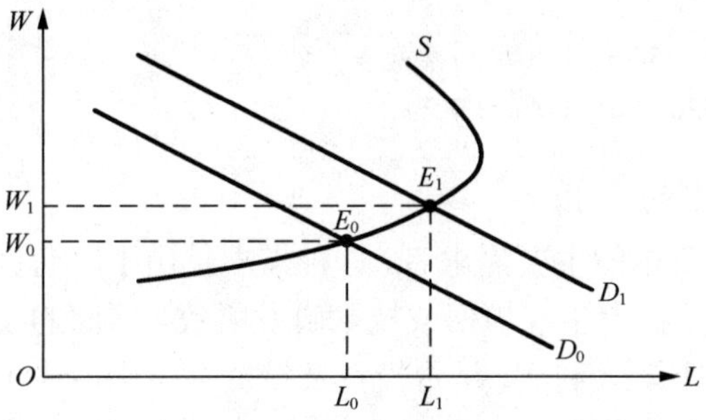

图 7.3　增加劳动的需求提高工资

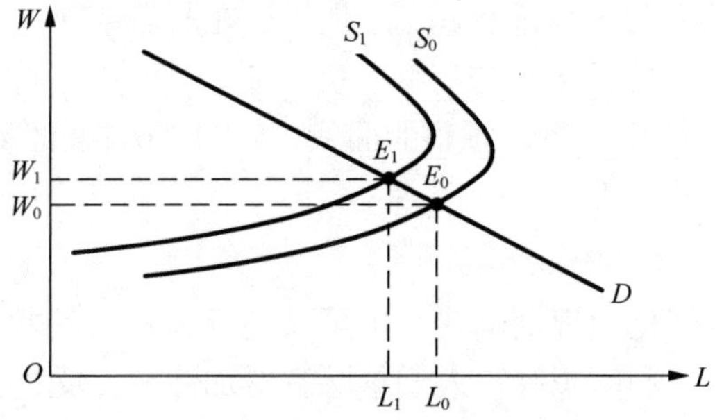

图 7.4　减少劳动的供给提高工资

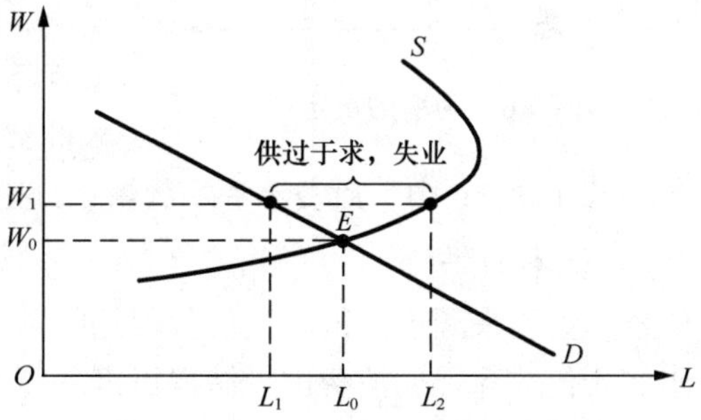

图 7.5　实行最低工资法提高工资

视野拓展

上海：7月1日起月最低工资标准涨至2 590元

综合媒体报道　上海市自 2021 年 7 月 1 日起，劳动者月最低工资标准从 2 480 元调整为 2 590 元，增加 110 元。下列项目不作为月最低工资的组成部分，单位应按规定另行支付：①延长法定工作时间的工资；②中班、夜班、高温、低温、井下、有毒有害等特殊工作环境、条件下的津贴；③个人依法缴纳的社会保险费和住房公积金；④伙食补贴（饭贴）、上下班交通费补贴、住房补贴。月最低工资标准适用于全日制就业劳动者。

小时最低工资标准从 22 元调整为 23 元。小时最低工资不包括个人和单位依法缴纳的社会保险费，相关社会保险费由单位按规定另行支付。小时最低工资标准适用于非全日制就业劳动者。

这是上海自 1993 年建立最低工资制度以来，第 27 次提高最低工资标准。有关方面解释，上海月最低工资标准不含劳动者个人依法缴纳的社会保险费和住房公积金，用人单位应按规定另行支付。如果加上个人最低缴纳的社会保险费和住房公积金，按同口径比较，上海市月最低工资标准为全国最高。

二、利率的决定

资本所有者出让资本使用权所得到的收入称为利息。资本的使用价格称为利息率，简称利率（interest rate），是一定时间内利息与资本价值的比率。资本是由经济体系本身生产出来并被用作投入要素以生产未来的其他商品和劳务的物品，既包括实物形态的设备、建筑物和原材料等，也包括货币资本。利率是由资本的需求与供给共同决定的。

示例

利率的计算

张先生在某银行的一年定期存款2万元到期，获利350元，其年利率是多少？

解： 年利率=年利息÷资本价值×100% =350÷20 000×100%=1.75%

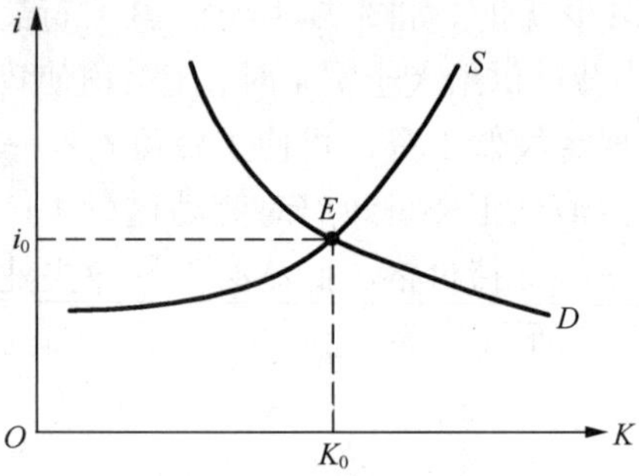

图 7.6 利率的决定

1. 资本的需求

厂商是资本的主要需求者，这种需求是由于厂商进行新的投资、扩大生产规模或技术研发所致。厂商的投资目的是追求最大利润，是否投资及投资多少则取决于投资项目的利润率与利率之间的差距。利润率高于利率的幅度越大，利润空间越大，厂商的投资意愿就越高；反之，厂商的投资意愿就越低。所以，在利润率既定的条件下，资本的需求量与利率呈反向变动，即资本的需求曲线是一条向右下方倾斜的曲线，如图7.6中的曲线 *D* 所示。在图7.6中，*K* 表示资本数量，*i* 表示利率。

2. 资本的供给

资本主要来源于储蓄。人们获得的收入可以转化为现期消费，也可以进行储蓄以备未来支出。人们放弃现期消费进行储蓄可以获得利息。利率越高，人们越愿意增加储蓄；反之，人们就会减少储蓄。可见，储蓄与利率呈同向变化。所以，资本的供给曲线是一条向右上方倾斜的曲线，如图7.6中的曲线 *S* 所示。

3. 均衡利率

如图7.6所示，当资本的需求曲线 *D* 与供给曲线 *S* 相交于 *E* 点时，资本市场即达到了供求的均衡，均衡利率为 i_0，均衡资本数量为 K_0。

当市场利率高于 i_0 时，资本需求量小于供给量，资本供给过剩，金融机构通过降低利率增加贷款；当市场利率低于 i_0 时，资本的供给量小于需求量，资本供给不足，金融机构通过提高利率来吸引存款。因此，利率最终将在 i_0 水平上达到均衡。

在现代社会，利率具有引导储蓄、投资，调节通货膨胀与通货紧缩的功能，是调节经济的重要手段。

视野拓展

商业银行上浮存款利率

2019年春节前后，许多商业银行为保住已有存量资金、吸引新的流动资金存入，纷纷在央行基准利率的基础上提高了利率水平，并向存款客户赠送购物券、积分卡、食用油、手机等礼品。

融 360 大数据监测数据显示，2019 年 1 月银行定期存款利率最高的银行是汉口银行和泉州银行。汉口银行短期存款利率最高，三个月、六个月和一年定期存款利率分别为 1.65%、1.95%和 2.25%；泉州银行二年及以上定期存款利率最高，二年、三年和五年定期存款利率分别为 3.15%、4.13%和 4.50%，均较央行基准利率上浮 50%。

中国利率
市场化改革

在融 360 大数据监测的 615 家银行分支行网点中，有 568 家银行网点的一年定期存款利率较央行基准利率上浮 30%以上；有 331 家银行网点的三个月定期存款利率较央行基准利率上浮 30%以上。

随着我国利率管制的全面放开，商业银行之间的价格竞争日趋激烈，一些地方性银行规模小、信用相对较低，为了揽存，往往会开出比四大行要高很多的利率。商业银行的利率上浮水平一般为 20%～40%，而一些城市商业银行的利率上浮水平可能高达 50%。

三、地租的决定

土地泛指生产中使用的自然资源，具有数量有限、位置不变、不能再生、需求难以替代等特点。地租即土地的租赁价格，是指单位时间租用一定量的土地要素所支付的价格。

地租是由土地的需求和供给共同决定的。土地的需求取决于土地的边际生产力，在其他生产要素投入不变的条件下，随着土地使用量的增加，土地的边际生产力是递减的，因此土地的需求曲线是一条向右下方倾斜的曲线，如图 7.7 中的曲线 D 所示。在图 7.7 中，N 表示土地数量，R 表示地租。土地的供给数量有限，因此土地的供给曲线被认为是一条垂线，如图 7.7 中的垂线 S 所示。在图 7.7 中，土地的需求曲线 D 与供给曲线 S 相交于 E 点，决定了均衡地租为 R_0。

随着经济的发展，人们对土地的需求不断增加。由于土地的供给是固定的，因此地租水平呈上升趋势。如图 7.8 所示，土地的供给不变，当土地的需求由 D_0 上升到 D_1 时，地租由 R_0 上升到 R_1。

任何一块土地都可以有多种用途，如用于农业生产、工业生产或商业经营等。在市场经济下，土地的最终使用权将归于出价最高的使用者。作为一种稀缺资源，随着经济和社会的发展，土地的使用方式也在不断变化。人口增长、城市化进程加快以及现代农业的不断发展，使得土地的利用日趋集约与高效。

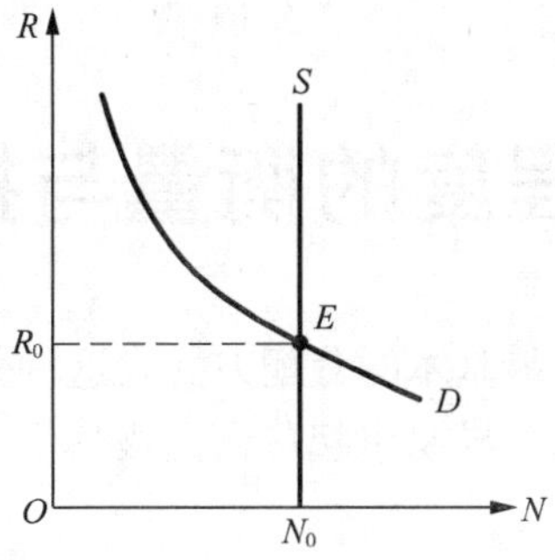

图 7.7　地租的决定

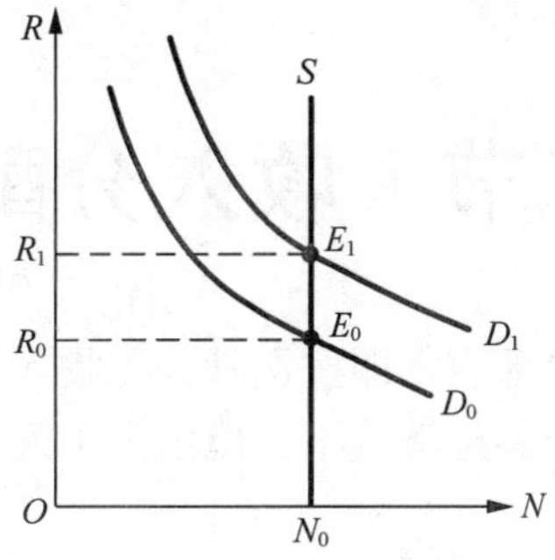

图 7.8　地租的变化

四、利润理论

在经济学中，利润有正常利润与经济利润之分。

1. 正常利润

正常利润是企业家才能的价格，是这一生产要素所得到的收入。正常利润是经济成本的构成部分，其水平取决于企业家才能的供求关系。

一般认为，企业家才能是一种专门对稀缺资源的配置作出判断性决策的能力。早在 18 世纪，法国经济学家理查德·坎蒂隆就对企业家有过分析，认为企业家是将各种生产要素结合起来推行生产的人。这些人有投资眼光，有胆量，有组织能力和创新能力。企业家在高度不确定的环境中作出决策并承担风险，属于极其稀缺的人力资源，因此所获得的正常利润远远高于普通劳动者的工资。从长期来看，正常利润必然存在，因为如果企业家得不到正常利润，就会退出生产过程，生产也将无法进行下去。

2. 经济利润

经济利润又称纯粹利润或超额利润，是指超过正常利润的那部分利润，即总收益与总成本的差额。从长期来看，完全竞争市场不会产生经济利润，只有在不完全竞争的条件下才会产生经济利润。经济利润主要有以下三个来源。

第一，创新。创新是指企业家对生产要素实行新的组合，通过引入一种新产品、采用一种新的生产方法、开辟一个新市场、获得一种原料的新来源或采用一种新的企业组织形式等方式进行创新，从而产生超额利润。创新是社会进步的动力，超额利润是社会对创新者的奖励，通过创新获得的超额利润具有合理性。

第二，承担风险。风险是从事某项事业遭遇失败的可能性。由于未来具有不确定性，如供求关系发生难以预料的变动，自然灾害、政治动乱及其他偶然事件的发生等，人们对未来的预测有可能发生错误，因此风险的存在是普遍的。当然并不是所有的风险都可以用保险的方法加以弥补，因此进行具有风险的生产就应该以超额利润的形式得到补偿。这种超额利润也具有合理性。

微课堂
经济利润的来源

第三，垄断。因垄断而产生的超额利润，又称垄断利润。垄断者借助某种垄断势力，通过削减产量或抬高价格的方式获得超额利润。这种超额利润降低了社会生产效率，损害了消费者利益，政府应予以干预。

利润具有鼓励人们勇于承担风险和大胆创新的功能，是推动社会进步的动力；利润也能引导厂商投资，并努力降低成本、有效利用资源、优化资源配置。

第三节　收入分配平等程度的衡量与控制

按要素分配收入即按贡献分配收入，是当今社会最基本的分配方式。这种分配方式在一定程度上能提高经济效率，但由于个人能力及机遇的差异易引起贫富两极分化，需要政府进行适度干预。

一、收入分配平等程度的衡量

衡量收入分配平等程度的工具主要有洛伦兹曲线、基尼系数和五等份收入分组全距系数。

1. 洛伦兹曲线

表 7.2　某国收入分配数据　　（单位：%）

组别	人口百分比	人口累计百分比	收入百分比	收入累计百分比
1	20	20	4.6	4.6
2	20	40	8.6	13.2
3	20	60	10.5	23.7
4	20	80	26.1	49.8
5	20	100	50.2	100

洛伦兹曲线是用来衡量社会收入分配或财产分配平等程度的曲线，因由美国统计学家 M.O. 洛伦兹提出而得名。以表 7.2 为例，将所有调查户按人均收入水平由低到高排序，并等分为五个组别，各组别人口都占总人口的 20%；计算各组别收入占总收入的百分比；分别累计人口百分比与收入百分比；将各组别对应的累计百分比在平面坐标内描点、连线即得出洛伦兹曲线，如图 7.9 中的曲线 *OGF* 所示。

在图 7.9 中，对角线 *OF* 为收入均等线，即收入分配绝对平等线，故 *OF* 线上任何一点都表示社会收入分配是绝对平等的。折线 *OHF* 为绝对不平等线，表明社会的全部收入为一户所占有，其余家庭的收入为零。实际收入分配线洛伦兹曲线 *OGF* 介于两种极端曲线之间，洛伦兹曲线 *OGF* 的弯曲程度越小，与收入均等线 *OF* 越近，说明社会收入分配越平等；洛伦兹曲线 *OGF* 的弯曲程度越大，与收入均等线 *OF* 越远，说明社会的收入分配越不平等。

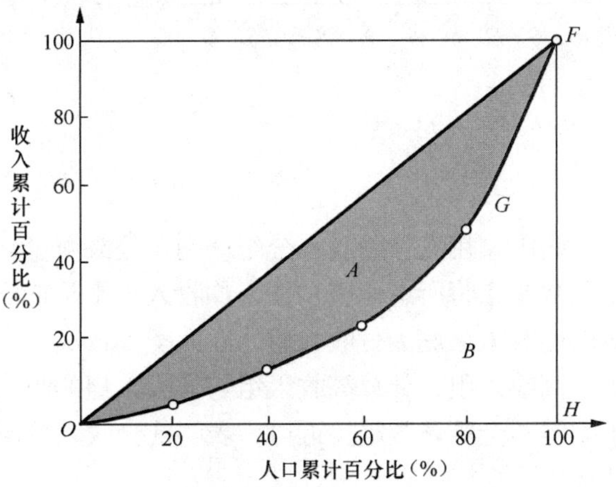

图 7.9　洛伦兹曲线

2. 基尼系数

一般认为，基尼系数是意大利统计学家基尼根据洛伦兹曲线提出的判断收入分配平等程度的指标。如图 7.9 所示，以 *A* 表示洛伦兹曲线与收入均等线之间的面积，即图中阴影部分的面积，以 *B* 表示洛伦兹曲线与绝对不平等线之间的面积，则基尼系数表示为

$$\text{基尼系数} = \frac{A}{A+B} \qquad (7\text{-}1)$$

基尼系数的取值范围为[0，1]。当 $A=0$ 时，基尼系数等于 0，洛伦兹曲线与收入均等线重合，表明社会收入分配绝对平等；当 $B=0$ 时，基尼系数等于 1，洛伦兹曲线与收入分配绝对不平等线重合，表明社会收入分配绝对不平等。基尼系数越接近 0，表明社会收入分配越平等；基尼系数越接近 1，表明社会收入分配越不平等。

国际上普遍采用基尼系数来衡量社会收入分配平等程度，其评价标准如表 7.3 所示。

通常而言，与面积较小或人口较少的国家相比，地广人多和自然环境差异较大的国家，其基尼系数会大一些；经济处于起飞阶段或工业化前期的国家，其基尼系数会大一些；而发达经济体特别是实行高福利政策的国家，其基尼系数会小一些。

进入 21 世纪，发达国家的基尼系数一般介于 0.24～0.36，美国偏高，约为 0.4。我国改革开放前的基尼系数为 0.16，改革开放以来，基尼系数明显上升，2009 年之后进入下降通道，如图 7.10 所示。

表 7.3　基尼系数国际标准

基尼系数	<0.2	0.2～0.3	0.3～0.4	0.4～0.5	≥0.5
收入分配平等程度	绝对平等	比较平等	基本合理	差距较大	差距悬殊

注：0.4 为警戒线。

资料查询

我国居民人均可支配收入基尼系数查询方法

方法 1：登录国家统计局网站首页>统计数据>统计出版物>中国统计年鉴>年份>在综合部分“国民经济和社会发展比例和效益指标”的“人民生活”项目下查看。

方法 2：找到相应年份的《中国住户调查统计年鉴》书籍，在“住户调查其他数据”部分查看。

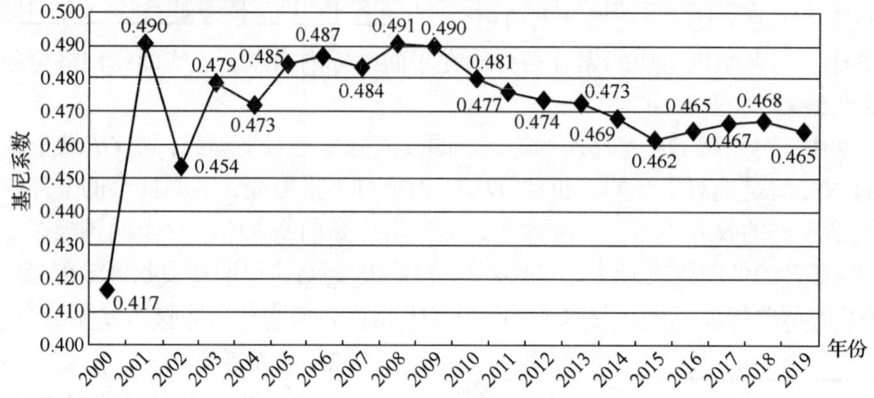

资料来源：《中国统计年鉴》。

图 7.10　中国 2000—2019 年的基尼系数

3．五等份收入分组全距系数

鉴于洛伦兹曲线与基尼系数的计算难度，一些国家用五等份收入分组全距系数来衡量社会收入分配的平等程度。五等份收入分组全距系数是指将所有调查户按人均收入水平从低到高顺序排列，平均分为五个等份，处于最低 20%的收入家庭为低收入组，以此类推依次为中间偏下收入组、中间收入组、中间偏上收入组、高收入组，计算高收入组与低收入组的收入比值。全距系数越大，表明社会收入分配越不平等；全距系数越接近 1，表明社会收入分配越平等；全距系数等于 1，表明社会收入分配绝对平等。

国家统计局数据显示，2020 年，按全国居民五等份收入分组，低收入组人均可支配收入 7 869 元，中间偏下收入组人均可支配收入 16 443 元，中间收入组人均可支配收入 26 249 元，中间偏上收入组人均可支配收入 41 172 元，高收入组人均可支配收入 80 294 元。五等份收入分组全距系数为 10.20 倍，较 2019 年的 10.35 倍降低 15 个百分点。

二、收入分配不平等的原因

一般认为，收入分配不平等的原因主要有以下几个方面。

1．社会的经济发展状况

收入分配不平等与社会的经济发展状况相关。美国经济学家库兹涅茨的研究表明，在经济发展初期，收入分配不平等状况随着经济发展而加剧，当经济发展到一定程度时，收入分配逐渐平等。

在发达国家，第二次世界大战前，收入分配不平等状况较为严重；第二次世界大战后，随着经济的发展，收入分配趋于平等，验证了库兹涅茨规律。20 世纪 80 年代后，发达国家尽管经济发展较快，但收入分配不平等在加剧，表明收入分配不平等的原因具有复杂性。

经济发展在行业之间、地区之间、城乡之间的不平衡，也是造成收入分配不平等的重要原因。在我国，不同行业之间、地区之间、城乡之间的收入分配差距还十分明显，是当下和未来要解决的重要问题之一。

视野拓展

我国不同行业的收入水平

在我国，就劳动收入而言，不同行业之间存在明显差距，如表 7.4 所示。

表 7.4　2020 年我国部分行业城镇非私营单位就业人员年平均工资　　（单位：元）

全国	信息传输、软件和信息技术服务业	金融业	制造业	批发和零售业	住宿和餐饮业	卫生和社会工作	农、林、牧、渔业
97 379	177 544	133 390	82 783	96 521	48 833	115 449	48 540

资料来源：国家统计局。

2020 年，信息传输、软件和信息技术服务业城镇非私营单位就业人员年平均工资水平居于首位，金融业位居第 3。与前两者遥遥领先不同，制造业收入低于全国平均水平且始终处于低位，增长较慢，表明目前生产效率提高与收入增长之间存在着矛盾，分配机制存在着扭曲。农、林、牧、渔业城镇非私营单位就业人员年平均工资一直处于最低水平。

2. 社会制度

收入分配不平等与社会制度相关。按要素分配收入的制度会引起收入分配不平等，如要素所有权分布不均必然造成收入分配不平等。在不少国家，一些垄断行业的收入远远超过社会平均水平。此外，一些国家存在的户籍制度、受教育权利的不平等、对妇女及有色人种的歧视制度等也会引起收入分配不平等；在一些发达国家，工会制度也是引起收入分配不平等的重要原因，如工会会员受工会保护获得较高工资，非工会会员因无力与雇主抗争而工资较低；等等。

3. 个体差异

收入分配不平等与个体差异相关。每个人的家庭背景、能力、勤奋程度和机遇不同，收入也会存在差异。

总之，收入的差别是个体因素与多种社会因素综合作用的结果。

三、收入分配平等化政策

现代社会存在着三种收入分配标准：贡献标准、需要标准和平等标准。贡献标准是指按生产要素的贡献分配国民收入，这种分配能保证经济效率，但往往因个体差异而引起贫富两极分化；需要标准是指按社会成员对生活必需品的需要分配国民收入，这种分配能保障人们的基本生活需要，但必须以生产力高度发达为基础；平等标准是指以公平为原则分配国民收入，这种分配能保障收入分配的平等化，但不利于经济效率的提高。

三种分配标准各有利弊，贡献标准有利于提高经济效率但易造成收入分配的不平等，需要标准和平等标准有利于收入分配平等，但有损经济效率，故而在现实中三者常结合使用，并遵从效率优先、兼顾公平的原则。效率优先，即以贡献标准为收入分配的基本标准；而兼顾公平，则要借助政府的相关政策来实现。

视野拓展

《中华人民共和国个人所得税法》

《个人所得税专项附加扣除暂行办法》

1．税收政策

税收是政府为满足社会公共需要，凭借公共权力，按照法律所规定的标准和程序，参与国民收入分配，强制取得财政收入的一种特定分配方式。税收对调节个人收入，避免贫富悬殊，实现社会收入平等分配以及正确处理各种分配关系都具有重要作用。税收对个人收入分配的调节主要体现在以下三个方面。

第一，征收个人所得税，直接调节收入分配。一方面通过累进税率调节高收入阶层的收入，另一方面通过合理的费用扣除给予低收入阶层以税收优惠。

第二，征收消费税，间接调节收入分配。通过税收选择性地调节高收入阶层的高消费，从而影响社会收入分配。

第三，征收财产税，调节收入差距。通过对财产的保有及转移征税使富有财产者多纳税、无产者不纳税，从而缩小收入分配差距。

2．社会保障政策

社会保障是指政府和其他社会主体依法通过国民收入再分配和第三次分配，对社会成员特别是有特殊生活困难群体的基本生活权利给予保障的社会安全制度。社会保障的作用在于保障全社会成员的基本生存与生活需要，特别是保障公民在年老、患病、伤残、失业、生育、死亡、遭遇灾害、面临生活困难时的特殊需要。

一般而言，社会保障由社会保险、社会救济、社会福利、优抚安置等组成。

社会保险是指由政府依法建立的，使劳动者在年老、患病、伤残、生育和失业时，能够从社会获得经济补偿和物质帮助，以保障基本生活的制度。社会保险具有强制性、社会性和福利性，是社会保障的核心内容。社会保险的保障对象是全体劳动者，其资金主要来源于用人单位和劳动者个人的缴费及政府资助。依法享受社会保险是劳动者的基本权利。

社会救济是指政府和其他社会主体对陷入生存困境的群体和个人给予接济和扶助的一种生活保障制度。社会救济的对象是生活在贫困线以下的收入者或遭受自然灾害的生活困难者，其资金主要来源于政府财政支出和社会捐赠。

知识点滴

贫困线是指政府部门根据当地社会经济发展水平确定的维持人们基本生存所必需消费的物品和服务的最低费用。世界银行 2015 年 10 月 4 日宣布，按照购买力平价计算，将国际贫困线标准从此前的每人每天生活支出 1.25 美元上调至 1.9 美元。

微课堂

收入分配平等化政策："造血式"社会救济

广义的社会福利，是指政府为改善和提高全体社会成员的物质生活和精神生活所提供的福利津贴、福利设施和社会服务的总称；狭义的社会福利，是指政府向老人、儿童、残疾人等社会中需要给予特殊关心的人群提供的必要生活保障。

优抚安置是指政府对从事特殊工作的人员及其家属予以优待、抚恤、安置的一项社会保障制度。在我国，优抚安置的对象主要是军烈属、复员退伍军人、残疾军人及其家属。

社会保障在再分配领域扮演着主要角色：一方面，通过社会福利事业改善低收入群体的生活，给受保障者带来增加收入的实惠；另一方面，吸引着雇主缴费、社会捐献等社会资源，对财富的再分配作用异常突出。

教学互动

问：我国实行的“五险一金”指的是什么？

答：“五险”是指五种保险，包括养老保险、医疗保险、失业保险、工伤保险和生育保险（生育保险在 2019 年年底之前已和医疗保险合并实施，故也称“四险一金”）；“一金”是指住房公积金。其中养老保险、医疗保险和失业保险由企业和个人共同缴纳保费，工伤保险和生育保险完全由企业承担，个人不需要缴纳保费。“五险”是法定的，而“一金”不是法定的。

在案例 7.1 中，现阶段我国居民收入分配的特点是以要素分配为主，按需分配和平均分配为辅。以要素分配为主，如个人的工资按劳动要素分配，个人所得的利息、股息和红利按资本要素分配，房租按土地要素分配；以按需分配和平均分配为辅，如居民最低生活保障属于按需分配，节日福利在各单位内部多采用平均分配。在我国居民的收入分配结构中，工资性收入仍是我国居民收入的第一大来源，经营性收入和转移性收入是我国居民收入增长的重要支柱，财产性收入虽然所占比例不高，但是其增长速度较快，成为我国居民收入的重要补充。

经过 40 多年的改革开放，一部分地区、一部分人先富起来的目标已经实现，在今后相当长的一段时间内，缩小贫富差距、实现共同富裕是我国收入分配政策坚持的方向。

视野拓展

收入分配改革进行时

综合媒体报道　自 2013 年《关于深化收入分配制度改革的若干意见》出台之后，收入分配改革难题呈各个击破的态势。2015 年以来，我国收入分配改革步伐明显提速：机关事业单位和城镇职工养老金正式并轨；央企高管开始限薪，72 家央企负责人率先启用了新的薪酬制度；2015 年年初，四川、广东等地出台了“地方版”收入分配改革实施意见，均提出健全工资决定和正常增长机制，建立最低工资标准正常调整机制；2016 年 12 月 2 日，国务院发布《“十三五”脱贫攻坚规划》，这是我国扶贫开发方面的首个五年规划，对于消灭贫困具有标志性的意义；2018 年 10 月 1 日，个人所得税减除费用提高至每月 5 000 元，《个人所得税专项附加扣除暂行办法》自 2019 年 1 月 1 日起实施；2021 年 6 月 10 日，《中共中央国务院关于支持浙江高质量发展建设共同富裕示范区的意见》正式发布；从 2005 年到 2021 年，退休人员养老金实现 17 次连续上调……

这些改革措施更多着眼于“控高”“提低”“扩中”，谋求缩小收入差距。随着收入分配改革的全方位深入，收入分配差距将加速缩小，“橄榄型”的收入分配格局可期。

共同富裕实例

第四节　关于效率与公平的思想

在现代社会，效率与公平之间是相辅相成的辩证关系。一方面，效率是实现公平的物质基础。分配最终要取决于生产，取决于能够分配的产品。没有效率的提高，就不可能生产出大量可供分配的产品，公平也就失去了基础。另一方面，公平又是效率的前提。规则公平是促进效率提高的强大动力；而结果公平则有助于社会稳定和谐，为提高效率创造良好的社会环境。如何平衡效率与公平之间的关系，考验着各国政府的执政能力，是经济学研究的重要内容。

一、帕累托效率

帕累托效率也称帕累托最优，简称效率，是指资源配置处于任何改变都不可能使至少一个人受益而其他人的利益不受损害的状态。如果对某种资源配置状态进行调整，使得至少有一个人的境况得到改善，而其他人的境况至少不变坏，则这种调整被称为帕累托改进。因此，帕累托最优状态也就是不存在帕累托改进的资源配置状态，帕累托改进是达到帕累托最优状态的路径和方法。

帕累托最优状态是判断资源配置是否具有效率的一种标准。符合帕累托最优状态则具有效率；不符合帕累托最优状态则缺乏效率。

思考与讨论 7.2

一辆 45 座的长途汽车上，有 40 位乘客，请问其资源配置处于何种状态？请说明理由。

帕累托最优状态的条件如下：第一，任何两种商品的边际替代率对所有消费者而言都相等；第二，任何两种生产要素的边际技术替代率对所有生产者而言都相等；第三，任何两种商品的边际替代率都等于它们的边际转换率，所谓边际转换率即生产可能性曲线的斜率。当这三个条件同时得到满足时，整个经济便达到帕累托最优状态。完全竞争市场供求均衡时，满足帕累托最优状态的三个条件，达到帕累托最优状态，资源配置是有效率的。

视野拓展

双轨制与帕累托改进

我国在改革开放进程中曾推行的双轨制是运用帕累托改进的典型实例。双轨制就是不触动原来的计划经济，愿意享受计划经济好处的人继续享受，但同时在计划经济之外开辟了一个自由市场，愿意的人可以在其中交易。这就是一个帕累托改进，因为所有人中没有受损的，只有受益的，同时社会生产力也因为有了自由市场而冲破了不合理的约束并得到了解放，且全社会的财富增加了。

双轨制始于集市贸易，之后在各行各业里都得到推行。例如在城市交通领域，除了政府办的公共交通，私人也能办小公交，和大公交竞争；在医疗系统，除了原有的低收费系统，还开辟了专家挂号，其收费高一些；学校也有了私立的；连股票市场也有双轨制，原有的股票是非流通股，新股票是流通股，可以自由买卖；所谓的新人新办法、老人老办法也是双轨制。这些措施大大缓解了改革开放中可能出现的矛盾，而且所有人的利益都没有受损。

双轨制面临的一个问题是如何并轨。就集市贸易来讲，现在已经完成了并轨，其实就是市场经济替代了计划经济，集市以外的大部分商品也都是市场经济替代了计划经济；但股票市场的并轨至今还没有完全解决，对私立学校也有许多争议。总体来看，双轨制是非常有效的改革办法。它大大地改进了资源配置，减少了对社会资源的浪费。改革开放以来，我国的财富大幅度增加，在很大程度上就得益于双轨制。

人物谱

维尔弗雷多·帕累托

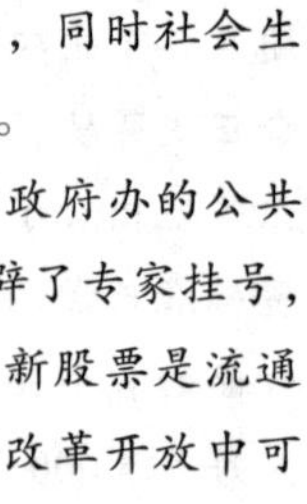

维尔弗雷多·帕累托（Vilfredo Pareto，1848—1923），意大利经济学家、社会学家。

他所提出的帕累托最优，为评价一个经济制度和政治方针提供了重要标准，成为具有广泛意义的指导思想。他还提出了 80/20 法则，即在任何大系统中，约 80%的结果都是由该系统中约 20%的变量产生的，人们称之为帕累托法则。帕累托法则被从最初的经济学领域推广到社会生活的各个领域，且深为人们认同。

二、关于公平的思想

除了效率之外，人们往往还关心公平。公平是指社会成员平等地享有经济成果。如果把经济成果比喻为蛋糕，则效率问题涉及的是尽可能做大蛋糕且以最低的成本做蛋糕，公平问题涉及的是如何把整个蛋糕切成小块并在社会成员中进行分配。效率影响经济发展，而公平则关乎社会稳定。现代社会关于公平的思想主要有规则公平论和结果公平论。

1. 规则公平论

规则公平论根据分配规则来判断是否公平，认为如果规则是公平的，就实现了公平。持这种观点的代表人物是美国哲学家罗伯特·诺齐克。他在 1974 年出版的代表作《无政府、国家与乌托邦》一书中指出，公平必须建立在规则公平的基础上。公平应遵循两个规则：第一，国家必须确立并实施保护私人财产的法律；第二，私人财产只能通过自愿交换从一个人转移到另一个人。私有产权制度保证了每个人合法拥有自己的财产，人们通过自愿交易来实现财产的转移。只要这些规则是公平的，那么遵循这些规则，无论分配结果怎样，分配就都是公平的。

2. 结果公平论

结果公平论根据分配结果来判断是否公平，认为如果结果是公平的，就实现了公平。持这种观点的主要代表人物是美国哲学家约翰·罗尔斯。他在 1971 年出版的《正义论》一书中指出，在考虑收入转移的所有成本之后，公平的分配是使最穷的人状况尽可能变好的分配。19 世纪，以杰里米·边沁和约翰·斯图亚特·穆勒等为代表的思想家提出了只有平等才能提高效率的思想，被称为功利主义。功利主义认为，为了实现大多数人的最大幸福，收入必须从富人手中转移到穷人手中，直到完全平等，没有富人和穷人之分。结果公平论并不主张完全平等的分配，因为完全平等的分配会引起效率损失，从而使所有人的福利减少。结果公平论主张关注最穷的人的状况，通过收入再分配来增加他们的收入。

知识点滴

我国春秋末期著名的思想家、教育家、政治家孔子说：“有国有家者，不患寡而患不均，不患贫而患不安。盖均无贫，和无寡，安无倾。”朱熹对此句的解释是“均，谓各得其分；安，谓上下相安”。

各得其分，上下相安既包含规则公平，也包含结果公平。社会的稳定需要相对平均，如果贫富差距过于悬殊，上下不相安，“均贫富”成为历代农民起义的口号也就不足为奇；如果仅强调绝对平均，不能各得其分，社会进步也就无从谈起。

本章小结

收入分配理论研究生产成果如何在社会成员之间分配的问题。厂商销售产品所取得的收入，按照参加生产的各要素所发挥的功能或贡献分配给要素所有者，形成要素收入。在初次分配中，由于生产要素的价格就是生产要素所得报酬或收入，因此要素收入分配理论可归结为生产要素的价格决定问题。

工资是劳动这种生产要素的价格，是劳动者提供劳务所得的报酬。工资是由劳动的供求关系决定的。

利息是资本所有者出让资本使用权所得到的收入。利率是一定时间内利息与资本价值的比率，是资本的使用价格。利率是由资本的供求关系决定的。

地租是土地这种生产要素的价格，由土地的需求与供给决定。

一般把利润分为正常利润与超额利润。正常利润是企业家才能这种生产要素的价格。超额利润主要来源于创新、承担风险与垄断。

衡量社会收入分配平等程度的工具主要有洛伦兹曲线、基尼系数和五等份收入分组全距系数，各国政府主要通过税收政策和社会保障政策缩小收入分配差距。

帕累托效率是指资源配置处于任何改变都不可能使至少一个人受益而同时其他人的利益不受损害的状态。如果对某种资源配置状态进行调整，使得至少有一个人的境况得到改善，而其他人的境况至少不变坏，则这种调整被称为帕累托改进。

公平是指社会成员平等地享有经济成果。关于公平的思想主要有两类：其一是规则公平论，其二是结果公平论。规则公平论根据分配规则来判断是否公平，认为如果规则是公平的，就实现了公平；结果公平论根据分配结果来判断是否公平，认为如果结果是公平的，就实现了公平。效率与公平之间是相辅相成的辩证关系。

练习题

一、概念识记

工资　利息　利率　地租　正常利润　超额利润　创新　洛伦兹曲线　基尼系数
帕累托效率　帕累托改进　公平　规则公平论　结果公平论

二、单项选择题

1. 在劳动要素市场上，厂商是劳动要素的（　　）。
   A. 需求者　B. 供给者　C. 替代者　D. 协作者
2. 如果政府大力提倡用先进的机器来替代劳动，这将导致劳动的（　　）平移。
   A. 需求曲线向左　B. 需求曲线向右　C. 供给曲线向左　D. 供给曲线向右
3. 利率是（　　）。
   A. 厂商的预期利润率　B. 资本品的购买价格
   C. 资本的使用价格　D. 以上说法均不对
4. 随着社会经济的发展，地租的变化趋势是（　　）。
   A. 上升　B. 下降　C. 不变　D. 难以确定
5. 正常利润是（　　）的一个组成部分。
   A. 经济利润　B. 可变成本　C. 隐性成本　D. 显性成本
6. 洛伦兹曲线用于衡量社会（　　）的程度。
   A. 贫困　B. 保障　C. 收入分配不平等　D. 收入透明
7. 如果收入是完全平均分配的，则洛伦兹曲线与（　　）。
   A. 横轴重合　B. 45°对角线重合
   C. 纵轴重合　D. 难以确定
8. 如果收入是完全平均分配的，那么基尼系数等于（　　）。
   A. 1　B. 0.8　C. 0.5　D. 0

9. 国际上，一般以基尼系数（　　）为收入差距大的警戒线。

A. 0.2　　B. 0.4　　C. 0.6　　D. 0.8

10. 在现代社会，各种生产要素应按其在生产过程中的（　　）参与分配。

A. 贡献　　B. 性质　　C. 重要程度　　D. 规模

三、多项选择题

1. 厂商对生产要素的需求是一种（　　）。

A. 派生需求　　B. 间接需求　　C. 引致需求　　D. 联合需求

2. 生产要素的供给者有可能是（　　）。

A. 消费者　　B. 家庭　　C. 厂商　　D. 政府

3. 影响生产要素需求的因素主要有（　　）。

A. 产品需求及价格　　B. 生产技术状况　　C. 要素价格　　D. 市场结构

4. 下列选项中，计时工资有（　　）。

A. 小时工资　　B. 日工资　　C. 月工资　　D. 年薪

5. 下列选项中，（　　）可减少劳动的供给。

A. 限制进口　　B. 缩短工作时间　　C. 限制移民　　D. 禁用童工

6. 货币资本的使用价格称为（　　）。

A. 利息率　　B. 利率　　C. 利息　　D. 租金

7. 经济利润的来源主要有（　　）。

A. 创新　　B. 承担风险　　C. 垄断　　D. 机遇

8. 人们用（　　）衡量社会收入分配不平等的程度。

A. 洛伦兹曲线　　B. 基尼系数

C. 恩格尔系数　　D. 五等份收入分组全距系数

9. 收入分配不平等的主要原因有（　　）。

A. 经济发展状况　　B. 收入分配制度　　C. 个体能力差异　　D. 个体勤奋程度

10. 2007年，日本、德国、韩国、美国的基尼系数依次为0.249、0.283、0.316、0.408，收入分配比较平等的国家有（　　）。

A. 日本　　B. 德国　　C. 韩国　　D. 美国

四、判断题

1. 在生产要素市场上，需求来自个人，供给来自厂商。（　　）

2. 生产要素市场的需求是一种直接需求。（　　）

3. 厂商确定生产要素使用数量遵从 MRP=MFC 的原则。（　　）

4. 土地的供给和其他商品一样，价格越高，供给越多。（　　）

5. 一般而言，在利润率既定的条件下，资本需求量与利率呈反向变动。（　　）

6. 实际的基尼系数总是大于 0 而小于 1。（　　）

7. 基尼系数越大，表明收入分配越平等。（　　）

8. 工会是在雇员与厂商之间的仲裁机构。（　　）

9. 在现代社会，效率与公平之间是相辅相成的辩证关系。（　　）

10. 现代社会收入分配所遵从的原则是效率优先，兼顾公平。（　　）

五、简答题

1. 初次分配、再分配、第三次分配有何关系？
2. 简述利率的作用。
3. 简述收入分配不平等的主要原因及收入分配平等化的主要政策。
4. 简述现代社会关于公平的主要思想。

六、应用题

1. 试利用课余时间找一份兼职，分析工资的决定和变动。
2. 了解你所在地区的最低工资标准，谈谈实行最低工资标准的利弊。
3. 工资价位调研。

（1）要求：了解你所就读专业相关工种在全国不同地区的工资价位，写一篇调查分析报告。

（2）查找资料路径提示：可参考中国就业网、智联招聘等相关网站的信息。

4. 收入分配不平等程度调研。

（1）要求：利用五等份收入分组全距系数，分析我国居民收入分配不平等程度及变化情况，写一篇调查分析报告。

（2）查找资料路径提示：登录国家统计局网站首页>统计数据>统计公报>年度统计公报>在“全国年度统计公报”列表中，单击年份链接查看。

第八章 市场失灵与政府干预

【学习目标】

了解市场失灵及其产生原因和主要表现形式；理解政府干预市场失灵所采取的各种微观经济政策；能初步运用所学理论分析现实经济中的市场失灵现象并提出应对措施。

案例 8.1

伦敦雾霾事件

英国是第一次工业革命的发源地，而其首都伦敦素有雾都之称。在从 1952 年 12 月 5 日到 12 月 8 日的 4 天里，伦敦寂静无风，笼罩在浓雾之中，由于冬季使用燃煤采暖，市区内还分布有许多以煤为主要能源的火力发电站，煤炭燃烧产生的二氧化碳、一氧化碳、二氧化硫等气体及粉尘弥漫在空气中，使超过 10 万人感染呼吸道疾病，4 000 多人死亡。此后的 2 个月内，有近 8 000 人相继死于呼吸系统疾病。这就是 20 世纪影响严重的环境公害事件，英国历史上著名的“毒雾事件”。

1956 年，英国政府颁布了世界上第一部现代意义的《清洁空气法案》，大规模改造城市居民的传统炉灶，逐步实现居民生活天然气化，减少煤炭用量，冬季采取集中供暖；发电厂和重工业作为排烟大户，被强制搬迁到郊区。1974 年，英国政府出台了《空气污染控制法案》，规定工业燃料里的含硫上限等硬性标准。在这些刚性政策面前，烧煤产生的烟尘和二氧化硫排放减少，空气质量明显好转。到 1975 年，伦敦的“雾日”已经减少到每年只有 15 天，到 1980 年降至 5 天。从 1993 年 1 月开始，英国强制所有在国境内出售的新车都必须加装催化器以减少氮氧化物的排放。1995 年，英国通过了《环境法》，保护环境已成为社会共识。

当前，伴随着工业化进程，全球多地雾霾频现。发展经济，当以伦敦雾霾事件为鉴。

启发思考

（1）空气属于何种类型的资源？

（2）燃煤采暖产生了何种外部性？如何应对这种外部性？

实践表明，市场是配置资源的一种有效方式，但市场机制不是万能的，并不能解决所有的经济问题。正如案例 8.1 中所述的环境污染问题，需要政府给予适当的干预，以维持市场的正常运行。

第一节 市场失灵与政府干预概述

经济学理论认为，现代经济是一种混合经济，政府和市场之间不是替代关系，而是互补关系。市场失灵之处，正是政府干预用武之地。

一、什么是市场失灵

市场失灵是指市场机制不能有效配置资源的情形。

市场失灵的原因有很多，主要表现为以下几个方面。

（1）市场作用的局限性。在具备所有理想条件和市场机制能够充分发挥作用的情况下，市场对某些经济活动仍然无能为力，如市场机制不能有效解决公共物品及外部性等问题。市场作用范围的有限性决定了市场失灵的存在。

（2）市场竞争的不完全性。微观经济学理论认为，在完全竞争的市场条件下，市场调节机制使资源配置终将达到最优状态。而现实经济中的市场有偏差，一般为垄断竞争市场和寡头垄断市场，属于不完全竞争市场。尤其是完全垄断市场，其垄断性及信息非对称性破坏了市场机制充分作用的必要前提，因而出现市场失灵。

（3）市场功能的不完善性。市场还不够发达，在运行中可能出现功能障碍而导致市场失灵。市场不发达主要表现为经济发展水平低，社会化、商品化、货币化不发达。市场需要经历一个从不发达阶段过渡到发达阶段的发展过程，市场不发达必然会使市场功能受限，从而出现市场失灵。市场在运行中出现功能障碍会破坏经济秩序，如企业间相互勾结形成垄断、企业用不正当手段牟取暴利等，从而导致市场失灵。

思考与讨论 8.1

市场机制在搭乘公交车这一经济活动中可以发挥作用吗？

市场失灵主要表现为垄断、外部性、公共物品、信息不对称、贫富两极分化、经济危机等。

视野拓展

公地的悲剧

公共资源是指那些没有明确所有者，人人都可以免费使用的资源，如海洋、湖泊、草场等。公共资源由于产权不清，通常会受到过度利用。1968 年，美国生态学家加勒特·哈丁（Garrett Hardin）在《科学》杂志上发表的著名文章《公地的悲剧》就说明了这一问题。文章写道，公共牧场无偿向牧民开放，由于每个牧民都想多养，牛羊数量无节制地增加，而牧场的承载能力是有限的，最终，公共牧场因过度放牧而沦为不毛之地。

之所以会造成这样的结果，是因为作为理性人，每个牧民都追求最大收益。他们会考虑：多添一头动物，对自己有什么效益？多添一头动物会使其所有者多获得一份收益，因为出售牛羊的收益全归其所有者。而多添一头动物造成的过度放牧损害结果则由使用公共牧场的全体牧民承担，这头动物的所有者只承担过度放牧损害结果中很小的一部分。多添一头动物的私人成本低于社会成本，导致牧民只有一个理性选择，即多养一头，再多养一头……悲剧因此而起，市场机制这只“看不见的手”便失灵了。

可以把土地分给各个家庭，每个家庭把自己的一块草地用栅栏圈起来。这样，每个家庭就会承担牛羊吃草的全部成本，从而可以避免过度放牧的行为。现实中，许多公共资源，如清洁的空气和水、石油矿藏、海洋中的鱼类、许多野生动植物等都面临着与公地悲剧一样的问题，即私人决策者会过度使用公共资源。如果无法界定公共资源的产权，则必须通过政府干预（如采用政府管制、征收资源使用费等办法）来减少对它的使用。

二、什么是政府干预

政府干预是指政府为实现一定的经济目标，通过采取适当的措施和手段对市场失灵进行治理的行为。

政府干预经济的政策有两类：一类是宏观经济政策，其以宏观经济学理论为依据，着眼于对经济总量的调控，详见本书第十章；另一类是微观经济政策，其以微观经济学理论为依据，着眼于对市场主体和客体作出各种直接或间接的具有法律或行政效力的限制、约束与规范，本章只涉及微观经济政策。

视野拓展

政府治理市场失灵实例

微观经济政策的目标主要有以下三个。

（1）维持正常的市场秩序。正常的市场秩序是经济正常运行的基本前提。政府运用其各种强制性权力，建立并维持使市场机制能有效发挥作用的经济环境。这主要表现在两个方面：一方面，政府通过制定各种法律和法规，如企业法、贸易法、反垄断法、劳动法、食品和药品法、环境保护法、缺陷汽车产品召回管理条例、快递暂行条例等来直接约束和规范经济主体的经济行为；另一方面，政府作为执法者，维护和强制执行经济活动的规则，对违法者予以惩处，依法维护市场有序公平交易，创造诚信和有安全保障的经济环境。

（2）促进资源有效配置。促进整个社会资源得到有效配置是微观经济政策的重要目标之一。政府通过促进竞争、解决外部性问题、提供公共产品、规范企业信息公示和个人征信等方式来治理市场失灵，提高资源配置效率，实现人尽其才、财尽其效、物尽其用。

（3）促进社会公平。市场机制在促进经济效率提高的同时，往往会产生不平等的收入分配状况，导致贫富差距悬殊，从而带来严重的社会和经济问题。经济学理论认为，发展经济应兼顾资源配置效率和社会公平。政府通过税收政策和转移支付等方式进行收入再分配，促进社会公平。

值得注意的是，市场经济需要政府干预，但政府干预并不是万能的，同样也存在着“政府失灵”的问题。政府要慎重使用职权，要根据充分的信息作决策，同时要充分尊重市场的自我调节机制。

第二节　垄断与反垄断

垄断是指对市场的直接控制和操纵。市场机制本身孕育着垄断。在市场经济条件下，自由竞争不可避免地导致垄断，而且垄断程度会越来越高。市场机制本身不能保证竞争的完全性，因此，反垄断必须借助政府干预。

一、垄断的危害

垄断会阻碍竞争，造成一系列的社会损失。

1．浪费资源

垄断厂商与完全竞争厂商一样，遵从边际收益等于边际成本的原则并追求自身利益最大化。但不同的是，在完全竞争市场上，价格等于边际收益；而在垄断市场上，价格大于边际收益。因此，垄断厂商最终会选择在价格大于边际成本的产量水平上组织生产。完全竞争厂商是市场价格的被动接受者，必须努力降低成本，提高生产效率；而垄断厂商凭借其优势地位可以在既定的成本水平上加入垄断利润形成垄断价格，采用控制产量、提高产品价格的方法比采用提高生产效率的方法更容易获利，因而有损社会生产效率。

垄断厂商通过控制产量、提高产品价格的方法获得高额利润，生产能力及生产效率均未达到最高水平，造成资源浪费；垄断高价会扰乱市场信号，误导资源配置而形成浪费。

视野拓展

《中华人民共和国反垄断法》

反垄断法：禁止垄断协议实例

反垄断法：禁止经营者集中实例

2. 减少消费者剩余

垄断市场的价格比完全竞争市场的价格高，而产量却比完全竞争市场低。垄断厂商操纵价格，实行价格歧视，使消费者支付了较高的价格，因而减少了消费者剩余，造成社会福利损失。

3. 加剧社会不公

垄断扼杀竞争，剥夺消费者剩余，加剧社会收入分配不平等及贫富两极分化。此外，垄断厂商为获得垄断利润、保持垄断地位而从事非生产性的寻利活动即寻租，如向政府游说或贿赂立法者以采取合法手段规避政府管制，贿赂官员为本企业争取项目、特许权或其他稀缺资源等。这些寻租行为往往使政府的决策或运作受利益集团或个人的摆布，成为官员腐败、社会不公和社会动乱之源。

二、反垄断措施

政府采取的反垄断措施主要有立法和政府管制。

1. 立法——反垄断法

反垄断法又称反托拉斯法，是政府反对垄断行为的法律手段。自1890年世界上最早的反垄断法——美国的《谢尔曼法》问世以来，很多国家都根据自己的国情相继制定了反垄断法，我国于2008年8月1日起正式实施反垄断法。尽管各国的反垄断法及其具体执法体制不尽相同，但其基本内容和法律框架具有高度的一致性。

反垄断法主要由以下三个方面的基本内容构成：①禁止垄断协议。垄断协议是指两个或两个以上的市场主体达成的排除或限制竞争的协议、决定或者其他协同行为。②禁止具有市场支配地位的市场主体滥用市场支配地位。市场支配地位是指经营者在相关市场内具有能够控制商品价格、数量或者其他交易条件，或者能够阻碍、影响其他经营者进入相关市场能力的市场地位。③控制企业合并。企业合并具有或者可能具有排除、限制竞争效果的，反垄断法应作出禁止的规定；企业合并对竞争产生的有利影响明显大于不利影响，或者符合社会公共利益的，反垄断法可作出不予禁止的规定。

微课堂

反垄断法：滥用市场支配地位

在借鉴国际经验和充分考虑我国实际情况的基础上，我国反垄断法确立了垄断协议豁免制度、市场支配地位推定制度、经营者集中申报制度、经营者承诺制度等，并对行政性垄断中滥用行政权力排除、限制竞争行为，作出了禁止性规定。

教学互动

问：什么是行政性垄断？

答：行政性垄断是指政府行政机关和法律、法规授权的具有管理公共事务职能的组织凭借行政权力实施的排除、限制竞争行为。

2. 政府管制

政府管制是指政府为达到一定的目的，凭借其法定的行政权力直接对市场主体的经济活动进行某种限制和约束的行为。政府管制是行政性垄断产生的基础。政府行政机关和法律、法规授权的具有管理公共事务职能的组织滥用行政权力实施的排除、限制竞争行为可由反垄断法规制。

在我国，政府对重要公用事业、公益性服务和网络型自然垄断行业的管制主要包括价格管制和准入管制。价格管制具体可参见《中央定价目录》和各省份地方定价目录（详见第二章第三节）；准入管制主要表现为政府通过特许经营、许可证制度等排除、限制竞争。

案例 8.2

公交票价与成本倒挂

据澎湃新闻（上海）2018 年 3 月 9 日消息　全国两会期间，全国人大代表喻春梅提交了《关于适度提高公交票价，促进城市公交优先的建议》（以下简称《建议》）。

《建议》指出，中国公交因投入不足，入不敷出，舒适性、服务品质一直处于低位，公交企业长期处于亏损，很难找到负债率在 80%以下的企业。公交票价与成本倒挂，财政补贴越来越大。以武汉市为例，现在公共汽车票价大部分为刷卡 1.6 元/人次，考虑到换乘优惠等因素，人次营业收入仅为 1.05 元，而人次成本为 2.73 元，即公交企业每承运 1 人，政府仅对运营成本就需补贴 1.68 元。

《建议》还指出，公交属于关系国计民生、具有公益性的行业，其票价标准的制定属于地方政府定价范畴。公交票价的制定应该按照“居民可承受、财政可负担、企业可持续”的方式制定。2014 年年底北京市地铁价格由 2 元通票改为 3 元起步，阶梯递增票价后，并未出现客流量下滑。我国香港地区采用了物价指数动态调整公交票价的办法；新加坡依据公交企业成本进行定价；英国从 1980 年起就取消了公共交通政府定价，公交企业（伦敦市有 10 余家公交企业）可采用较灵活的定价方式，公交票价与成本、物价水平联动。通常英国政府为公交企业负担 20%左右的成本，这一比例在我国为 45%～70%。

启发思考

（1）北京市地铁价格由 2 元通票改为 3 元起步，阶梯递增票价后，为何没出现客流量下滑？

（2）公交票价过低有何利弊？

第三节　外　部　性

事物之间存在着相互联系和相互影响。如一列蒸汽式火车经过田野，机车喷出的火花飞溅到庄稼上，给农民带来了损失，但铁路公司并不用向农民赔偿；一列电气式火车经过田野，飞驰的列车吓走了吃庄稼的飞鸟，农民因此而受益，当然铁路公司也不能向农民收取驱鸟费。这便是市场失灵情形的外部性。

一、什么是外部性

外部性又称外在性、外部效应、外部影响和毗邻影响，是指人们的经济活动对他人造成的非市场化影响。所谓非市场化影响是指影响结果无法通过市场价格反映出来，受损害者不能得到补偿，而受益者也不用付出成本。

从经济活动的结果来看，外部性分为正外部性和负外部性。

（1）正外部性。正外部性也称外部经济，是指人们的经济活动给他人带来的利益，而提供利益者未得到补偿，受益者未支付成本。如养蜂人通过养蜂生产蜂蜜追求自己的利益，附近农民种植的果树因蜜蜂传授花粉而节省了人工授粉的成本，并增加了产量；林场周边的居民，因林场植树、空气质量得到改善而增加了福利。

（2）负外部性。负外部性也称外部不经济，是指人们的经济活动给他人带来的损失，而施加损害者未付出成本，受损害者未得到补偿。如造纸厂向河流排放大量废水污染河流，造成鱼类品质下降及大量死亡，提高了渔民的养殖成本；大排档的油烟和喧闹，危害了周边居民的身体健康。在案例 8.1 中，空气属于公共资源，燃煤采暖所产生的烟雾污染了空气，损害了人们的身体健康，影响了交通安全，产生了负外部性。

视野拓展

汽车防盗锁

为了防止自己停在街上的汽车被盗，有的人用防盗锁锁住汽车。安装了防盗锁的汽车会显示蓝色或者红色的警示灯，这就是在很明确地告诉想要偷车的人：不要偷我的车，我的车有防盗锁。当然几乎所有的偷车贼都知道防盗锁的作用，于是为了成功偷到车辆，偷车贼往往会去偷没有安装防盗锁的车。这样，安装了防盗锁的车主就对没有安装防盗锁的车主产生了负外部性。

（史蒂芬·列维特，2007）

从经济活动的主体来看，外部性可分为生产外部性和消费外部性。

（1）生产外部性。生产外部性是指厂商的生产活动对他人所造成的非市场化影响。如上文所述养蜂人、林场的生产活动产生正的生产外部性，而造纸厂、大排档的生产活动产生负的生产外部性。

（2）消费外部性。消费外部性是指消费者的消费活动对他人所造成的非市场化影响。如一个人接种乙肝疫苗，在预防自己患乙肝的同时，也降低了他人感染乙肝的概率，产生正的消费外部性；一个人在公共场所吸烟会危害其他人的身体健康，产生负的消费外部性。

思考与讨论 8.2

新冠肺炎疫情期间，人们接种新冠疫苗、戴口罩、勤洗手、保持一米间距等遵守防疫规定的行为产生何种外部性？

二、外部性的治理

外部性导致资源配置失当，造成经济效率损失。当存在正外部性时，经济主体未获得自身经济活动的全部收益，私人收益小于社会收益，因而私人活动的水平常常要低于社会所要求的最优水平，出现供给不足；当存在负外部性时，经济主体未承担自身经济活动的全部成本，私人成本小于社会成本，因而私人活动的水平常常要高于社会所要求的最优水平，出现供给过度。

治理外部性的基本原则是，使经济主体的私人收益等于社会收益或私人成本等于社会成本。政府治理外部性的主要措施有政府管制、补贴和征税、合并企业与界定产权等。

1. 政府管制

政府往往依法采取行政手段控制负外部性。如严格限制高污染工厂选址及污染排放量，对违规者作出限期治理、罚款、停产整顿甚至关闭的处理；在机场、车站等公共场所实施禁烟令；禁止农民焚烧秸秆等。

视野拓展

治理外部性：政府管制实例

1.治理污染　2.控烟　3.秸秆禁烧

2. 补贴和征税

对产生正外部性的经济主体，政府给予财政补贴，补贴额度相当于社会收益与私人收益之差，使其私人收益与社会收益一致，以鼓励此类行为；对造成负外部性的经济主体，政府对其征税，征税额度相当于社会成本与私人成本之差，使其私人成本与社会成本一致，以制约此类行为。如在生产活动造成污染的情况下，政府对污染者征税，税额为对受污染者的损失补偿及治理污染所需要的费用。这样，企业在进行生产决策时就会把污染的成本纳入考虑范围。总之，只要政府采取措施使得私人成本与社会成本相等或私人收益与社会收益相等，就可使资源配置达到最优状态。

视野拓展

森林生态效益补偿基金

1.《中央财政森林生态效益补偿基金管理办法》

2. 浙江省关于提高森林生态效益补偿资金标准的通知

1　2

《中华人民共和国森林法》第七条规定：国家建立森林生态效益补偿制度，加大公益林保护支持力度，完善重点生态功能区转移支付政策，指导受益地区和森林生态保护地区人民政府通过协商等方式进行生态效益补偿。

培育森林能显著改善生态环境，对人类的生产、生活条件和环境条件产生有益影响和有利效果，即产生正外部性。森林生态效益补偿基金正是政府对此行为经济主体给予的财政补贴，其资金来源于中央财政和省级财政。

3. 合并企业

合并企业是指将施加和接受外部影响的经济单位重组为一个经济单位。当一个企业的生产影响到另外一个企业时，如果这种影响是正外部性，则施加影响的企业生产水平低于社会最优水平；如果这种影响是负外部性，则施加影响的企业生产水平高于社会最优水平。当这两个企业合并为一个企业时，外部影响消失，即被“内部化”，其产量等于社会最优产量。在企业合并后不产生负外部性的情况下，政府可以出台相应的规章制度允许和鼓励其合并。当然这种合并是有局限性的，适用于外部影响是小范围的情况。此外，合并后企业规模变大，业务内容复杂化，组织管理成本相应提高，故只有在因合并所带来的收益高于因合并而增加的组织管理成本时，人们才会选择这种方式。

4. 界定产权

产权是由法律界定和维护的人们对财产的权利。产权不明确是导致外部性的根本原因。科斯认为，政府只需界定并保护产权就可以了，并非一定要用干预的方法来试图消除私人收益与社会收益或私人成本与社会成本之间的差异。只要产权是明确的，并可以自由交易或协商，且交易成本为零，那么无论初始产权怎样界定，市场机制都能使资源实现合理配置。这就是著名的科斯定理。

人物谱

罗纳德·哈里·科斯

罗纳德·哈里·科斯（Ronald H. Coase，1910—2013），英裔美国经济学家，新制度经济学的鼻祖，产权理论的创始人。

其产权理论主要研究产权界定及交易成本对议定契约的影响，科斯定理被写进许多国家大学的经济学教科书里。其主要代表作有《企业的性质》《社会成本问题》《经济学中的灯塔问题》等。

他于1991年因发现并解释了财产权和商业经营管理成本如何影响经济这一重要问题而获诺贝尔经济学奖。

视野拓展

科斯定理释义

假设有一个工厂，其烟囱冒出的烟尘使附近5户居民洗晒的衣物受到污染，每户损失75元，总计损失375元。又假设在市场经济条件下，如果不存在政府干预，就只有两种治理办法：第一，在烟囱上安装除尘器，费用为150元；第二，每户居民装一台烘干机，费用为50元，总费用为250元。显然，第一种办法费用更低，属于最有效率的解决方案。

不论财产所有权的分配界定给哪一方，即不论给予工厂烟囱冒烟的权利，还是给予居民衣物不受污染的权利，只要工厂与居民协商时，其协商费用为零，则市场机制自发调节总会使经济达到最有效率的结果，即采用安装除尘器的办法。

当给予工厂烟囱冒烟的权利时，居民们会联合起来共同为工厂义务安装除尘器（花150元，而不是250元，并免受375元的损失）；当给予居民衣物不受污染的权利时，工厂会自动为自己的烟囱安装除尘器，而不必花250元给每户居民买一台烘干机，更不必赔偿他们375元的损失。

——转引自高鸿业《私有制、科斯定理和产权明晰化》，原文见波林斯基《法律学和经济学引论》，利特尔和勃朗出版社，波士顿，1983年版

排污权交易制度

排污权是指排污单位在环境保护监督管理部门分配的额度内，并在确保该权利的行使不损害其他公众环境权益的前提下，依法享有的向环境排放污染物的权利。排污权交易制度是指在污染物排放总量控制指标确定的条件下，利用市场机制，建立合法的污染物排放权利即排污权，并允许这种权利像商品那样被买入和卖出，以此来控制污染物的排放，从而达到减少排放量、保护环境的目的。

排污权交易制度的确立使污染物排放在某一范围内具有合法权利，且能够自由交易。在污染源治理存在成本差异的情况下，治理成本较低的企业可以采取措施以减少污染物的排放，将剩余的排污权出售给那些污染治理成本较高的企业。市场交易使排污权从治理成本低的污染者流向治理成本高的污染者，迫使污染者为追求赢利而降低治理成本，设法减少污染物的排放。排污权交易制度将政府"有形之手"和市场"无形之手"紧密结合起来，成为治理环境污染的有效手段。

1. 《排污许可管理条例》
2. 排污权交易实例
3. 碳排放权交易实例

1　2　3

排污权交易制度起源于美国，欧美发达国家已形成完善的排污权交易市场，如欧洲气候交易所、欧洲能源交易所、芝加哥气候交易所等。2011年，我国开始在7个省市开展了碳排放权交易试点工作；自2013年6月开

始，试点碳市场陆续上线交易；2017 年 12 月 19 日，以发电行业为突破口，全国碳排放权交易体系正式启动。

第四节　公 共 物 品

社会经济中的产品可分为私人物品与公共物品。私人物品是指在市场上自由流通的普通商品和劳务，如日常生活中的各种个人用品等。私人物品具有竞争性和排他性两个特点。所谓竞争性是指如果某人已经消费了某商品，则其他人就不能再消费该商品；所谓排他性是指只有对某商品付费的人才能消费该商品，不付费就不能消费，从而把不能够或不愿意支付相应价格的人排除在对该物品的消费之外。竞争性和排他性是市场机制正常运行的必要条件，公共物品因具有非竞争性或非排他性而导致市场失灵。

一、什么是公共物品

公共物品是指在消费和使用上不具有竞争性和排他性的物品，如国防、警察、司法、道路、环境保护、公共教育、气象预报等。

（一）公共物品的特点

公共物品具有非竞争性和非排他性两个特点。

1. 非竞争性

非竞争性是指某人对某一物品的消费并不影响其他人对该物品的消费。如国防，一个居民享受国防服务并不影响其他居民同时享受国防服务。

当公共物品向人们提供服务时，在不拥挤的条件下，多一人享用不会增加生产成本，少一人享用也不会节省生产成本，即其边际成本为零。这就意味着如果按边际成本定价，公共物品的价格为零。私人提供公共物品无利可图，因而公共物品只能由政府提供。

2. 非排他性

非排他性是指任何个人不论是否支付价格，都能享受某物品。付费者不能把不能够或不愿意支付相应价格的人排除在对该物品的消费之外。如国防服务，一国所有民众都能平等享受该国的国防服务，而不能把未付费者排除在外。如果把公民所承担的赋税算作国防服务的价格，实际上就意味着有些人支付了高价，有些人支付了低价甚至不支付价格，因为各人的税赋是有差别的。但不管是否纳税、纳税多少，每个人都可以享受平等的国防服务。

公共物品的非排他性意味着公共物品一旦被生产出来，每一个消费者不必支付任何费用就可获得消费权利。私人因收益不能弥补生产成本，往往不会提供公共物品。

视野拓展

基础理论知识是公共物品

在评价有关知识创造的适当政策时，需要区分一般性知识与特殊的技术知识。基础理论知识是一般性知识，是公共物品，没有排他性，可供任何人免费使用。如数学家证明了一个新定理，该定理便成为人类知识宝库的一部分，数学家不能为定理申请专利。而特殊的技术知识，如一种高效电池的发明则可以申请专利，专利制度使特殊的技术知识具有排他性，发明者因此得到了收益。

以美国为例，政府努力通过各种方式提供一般性知识这种公共物品，如国家保健研究所和国家自然科学基金补贴医学、数学、物理学、化学等基础研究。的确，包括防弹衣、尿不湿、CT、B超等许多私人物品来自登月研究。当然，决定政府支持这些研究的合适水平比较困难，因为收益很难衡量。

公共物品的非竞争性和非排他性使得任何购买公共物品的人都不可能因付费购买而独占该物品所带来的全部效用或益处，由此决定了人们不用付费购买仍可以进行消费，导致市场失灵。这种不用付费购买就可以消费的现象，称为“搭便车”，或免费乘车。

思考与讨论 8.3

你在现实生活中遇到过哪些“搭便车”现象？请列举。

（二）公共物品的分类

根据非竞争性和非排他性的程度，可将公共物品划分为纯公共物品和准公共物品。

纯公共物品是指同时具有非竞争性和非排他性的物品。其主要特点是具有广泛的外部性、无拥挤性和选择性，通过纳税间接购买与被动消费，用金钱买不到，只能由政府提供等，如政府经济政策、国防、外交、法律、警察、太空探索等。

准公共物品是介于私人物品和纯公共物品之间的物品，包括自然垄断物品和共有物品。自然垄断物品是指具有非竞争性和排他性的物品。自然垄断物品通过收费实现排他性使用，如高速铁路、高速公路、通信、供电、有线电视广播系统等。共有物品是指具有非排他性和竞争性的物品。共有物品无法通过收费的方式禁止他人使用，因为收费的成本过于高昂，但免费导致的过度使用会使资源趋于枯竭，从而增加社会成本，如公共牧场、地下水资源、森林、灌溉渠道、免费公路和桥梁等。准公共物品具有一定的外部性和拥挤性，部分准公共物品由政府和私人提供，可以用金钱买到。

在现实中，纯公共物品并不多见，准公共物品则大量存在，并且两者在一定条件下可以相互转化。如电视节目具有非竞争性和非排他性，是纯公共物品；但是通过有线频道可以做到排他性使用，从而转化为可收费的准公共物品。

二、公共物品的供给

由于公共物品具有非排他性和非竞争性的特点，因此无法通过竞争性市场来确定其适当的供给量。通常情况下，公共物品只能由政府提供。

1. 公共物品的公共选择

在发达国家，政府往往通过投票的方式来确定公共物品的供给量。就像在市场上人们通过支付价格来表示自己对某种私人物品的偏好一样，人们通过选票来表示自己对某种公共物品的偏好。这种根据人们的投票结果作出决策的行为，称为公共选择。选民通过投票对某一公共物品进行选择时，首先要确立投票的规则。现代公共选择理论所提出的主要投票规则有以下几种。

（1）一致同意规则。一致同意规则是指一项集体行动方案只有在全体投票人都赞成的情况下才能通过的规则。在此规则下，每个投票人都对集体行动方案具有否决权。按此规则通过的方案不会使任何一个人的福利受损失，也不会使社会福利受损失，并能满足全体投票人的偏好，因此是最优的方案。但是，这一规则具有两个缺点：第一，决策成本过高。提案要获得全体投票人的一致同意，必然要消耗大量的人力、财力和时间。第二，结果不够准确。

为使方案得到一致通过，一些投票人有可能遭到威胁恫吓，被迫投赞成票，不能真实表达偏好与愿望。

（2）多数规则。多数规则是指一项集体行动方案只需经过半数以上投票人赞成就能通过的规则。多数规则分为简单多数规则和比例多数规则。简单多数规则规定，赞成票过半数，提案就算通过。例如，美国国会、州和地方的立法经常采用这种简单多数规则。比例多数规则要求赞成票占应投票一个相当大的比例，如必须占 2/3 以上才算有效。例如，美国弹劾和罢免总统、修改宪法等一般采用这种规则。多数规则的缺点是：第一，忽略少数派的利益，从而把由多数派赞成通过的协议强加给少数派；第二，可能出现“收买选票”现象，使投票结果被利益集团所操纵；第三，最终的集体选择结果可能不是唯一的。

视野拓展

公共选择：多数规则实例

（3）加权规则。一项集体行动方案对不同的参加者有不同的重要性，可以按重要性的不同给参加者分配选举的票数。相对重要的参加者拥有的票数较多；反之，则较少。加权规则是指按实际得到的赞成票数（而非人数）的多少来决定集体行动方案，得到赞成票数最多的方案即获得通过的规则。

（4）否决规则。否决规则是指让每个参加对集体行动方案投票的成员提出自己认可的行动方案，汇总之后让每个成员从中否决自己所反对的那些方案，最后剩下的未被否决的方案即为集体选择结果。如果剩下的方案不止一个，则可用前述其他投票规则进行最终抉择。

2. 公共物品的提供方式

公共物品由政府提供并不等于全部的公共物品都由政府直接生产。一些公共物品可以由政府直接生产提供；一些公共物品则可引入竞争机制，让私人部门参与生产，此为政府间接生产。

纯公共物品和自然垄断性很强的准公共物品通常采取政府直接生产的方式来提供，如造币厂和中央银行由中央政府直接经营，电力、煤气、自来水、铁路等在一些国家也由中央政府直接经营，地方政府直接经营的公共物品主要有司法、消防、医院、自然资源保护、图书馆等。不同的国家政府在提供公共物品时差异很大，美国偏重于由私人企业间接提供公共物品，欧洲国家则偏重于由政府直接提供公共物品。

政府的各个部门都是某些特殊服务的垄断供给者，由于缺乏竞争，其效率一般都比较低下。引入竞争机制，让私人部门参与公共物品的生产，无疑是提高政府部门效率的主要途径。政府间接生产公共物品主要有以下五种方式。

（1）签订合同。政府与私人企业签订公共物品的生产合同是发达国家普遍采用的方式，适用于具有规模经济效益的自然垄断性行业，如各类基础设施和公共服务行业。政府通常采取公开招标的方式选择私人企业，并借助投标者的竞争把价格控制在合理水平。在许多国家，政府允许私人投资建设基础设施并给予其若干年特许经营权，期满后，基础设施由政府收回。

（2）授权经营。授权经营是指政府将公共物品的经营权授予私人企业。这种方式使私人企业获得了一定的垄断地位，适用于外部性显著的公共物品，如自来水、电话、电力、电视广播、报刊、航海灯塔等。

（3）经济资助。经济资助是指政府给予民营公共物品补贴、优惠贷款、无偿赠予、减免税收等。这种方式适用于赢利性不高或只有在未来才能赢利且风险大的公共物品，如高精尖技术的基础研究、应用技术的超前研究、教育、博物馆等。

（4）政府参股。政府参股分为政府控股和政府入股。政府控股主要针对那些具有举足轻重地位的项目，政府入股主要是指政府向私人企业提供资本和分散私人投资风险。这种方式适用于初始投入大的基础设施项目，如发电站、机场、港口、高速公路、桥梁等。

（5）法律保护。政府运用法律手段鼓励并保护私人企业参与公共物品的生产。只要遵守宪法和有关法律，发达国家的许多公共领域均允许私人企业进入，如医院、教育、慈善事业等。

第五节　信息不对称

市场交易双方对交易产品具有充分的信息即完全信息是完全竞争市场的一个重要假定，然而在现实经济活动中，人们对信息的掌握是不完全的，而这种不完全又往往表现为信息不对称。

一、信息不对称与市场失灵

信息不对称是指参与经济活动的当事人一方比另一方掌握更多的相关信息。掌握信息充分的当事人往往处于比较有利的地位，而信息缺乏的当事人则往往处于不利的地位。

信息不对称是现实经济活动中常见的现象。俗话说，“从南京到北京，买的不如卖的精”。在市场上，卖方总是比买方掌握着更多关于商品的信息，因而往往处于比较有利的地位。

视野拓展

卖辣椒

卖辣椒的人总是会不断遇到买主提问：“你这辣椒辣吗？”——回答“辣”，也许买主是个怕辣的，立马走人；回答“不辣”，也许买主是个喜吃辣的，生意还是不成。对此当然有解决办法，那就是把辣椒分成两堆，供吃辣的与不吃辣的各选所需。这是书上说的。

有一天我没事，就站在一个卖辣椒妇女的三轮车旁，看她是怎样解决这个难题的。趁着眼前没有买主，我自作聪明地对她说：“你把辣椒分成两堆吧。”没想到卖辣椒的妇女对我笑了笑，轻声说：“用不着！”

正说着就来了一个买主，问的果然是那句老话：“辣椒辣吗？”卖辣椒的妇女很肯定地告诉他：“颜色深的辣，颜色浅的不辣！”买主信以为真，挑好后满意地走了。也不知那天是怎么回事，大部分人都要买不辣的，不一会儿，颜色浅的辣椒就所剩无几了。我于是又说：“把剩下的辣椒分成两堆吧，不然就不好卖了！”然而，她仍是笑着摇摇头，说：“用不着！”又一个买主来了，问的还是那句话。卖辣椒的妇女看了一眼自己的辣椒，答道：“长的辣，短的不辣！”买主依照她说的挑起来。这一轮的结果是，长辣椒很快告罄。

看着剩下的都是深颜色的短辣椒，我没有再说话，心里想：这回看你还有什么说法。没想到，当又一个买主问时，卖辣椒的妇女信心十足地回答：“硬皮的辣，软皮的不辣！”我暗暗佩服，可不是吗，被太阳晒了半天，确实有很多辣椒因失水变得软绵绵了。

这个妇女卖完辣椒，临走时对我说：“你说的那个办法买辣椒的人都知道，而我的办法只有我自己知道！”

（佚名）

认识能力的局限性和差异性使人们不可能掌握全部信息，而充分占有信息的一方为了自身利益往往有隐藏信息的倾向，且获得信息需要成本，这些因素都会引起信息不对称。

信息不对称会导致市场失灵，而常见的市场失灵情形有逆向选择和道德风险。

1. 逆向选择

逆向选择是指在买卖双方信息不对称的情况下，劣质品将优质品驱逐出市场，进而导致市场交易产品平均质量下降的现象。

美国著名经济学家乔治·阿克洛夫深入研究旧车交易，提出了逆向选择。

在二手车交易市场上，买主和卖主所掌握的有关旧车质量的信息是极不对称的。因为卖主知道自己所要出售旧车的真实质量，而买主一般难以判断旧车的真实质量，所以只能通过仔细观察外观、听卖主的介绍和进行简单的现场测试来了解旧车的质量信息，但这些信息是极其有限的。在这种情况下，买主就只愿意根据旧车的平均质量水平来支付价格，导致那些质量上乘的旧车因价格被低估而退出市场。质量越差的旧车价格才会越低，价格越低的旧车才越容易吸引买主的目光，越容易达成交易。这样，劣质品就会卖得越来越好、越来越有规模，而优质品会被驱逐出市场。这样的选择方式违背了正常的优胜劣汰的市场竞争原则，因此被阿克洛夫称为逆向选择。

逆向选择不仅存在于旧车市场，还普遍存在于产品市场、劳动市场和资本市场。

在产品市场中，也存在着逆向选择。比如，当产品价格降低时，消费者由于信息不完全，认为便宜无好货，担心受骗买到劣质产品而不会作出增加购买的选择；当产品价格升高时，生产者由于信息不完全，担心误判而不会增加供给。

微课堂

产品市场中的逆向选择

思考与讨论 8.4

（1）为什么现实生活中存在假冒伪劣产品并且屡禁不止？

（2）假货的危害有哪些？

在劳动市场中，雇员比雇主掌握更多的劳动力质量信息。当招聘新雇员时，雇主并不完全了解新雇员的工作效率，会给所有新雇员相同水平的工资。如果工资水平偏低，那些工作效率高的应聘者会减少，这样整个职工队伍中低效率雇员占比上升，平均工作效率下降，雇主由此承担高效率雇员流失的风险和多支付高于低效率雇员能力的人力成本；如果工资水平偏高，那些工作效率高的应聘者会增加，这样整个职工队伍中低效率雇员占比下降，平均工作效率上升，雇主由此承担过高的人力成本，由于工作效率提高，为压缩人力成本，雇主有可能减少用工人数，从而加剧失业。

教学互动

问：为什么用人单位通常要与新入职的劳动者在劳动合同中约定试用期？

答：试用期是指用人单位对新入职的劳动者进行深入考察的时间期限。约定试用期是用人单位与劳动者之间消除信息不对称的有效手段。试用期结束，用人单位对劳动者是否合格有了明确的考核结果，而劳动者对用人单位是否合意也有了清晰的判断，这是一种双向选择的过程。

在资本市场中，以医疗保险为例，投保人比保险公司掌握更多的投保者私人信息。不同投保人的风险水平不同：一些人可能有与生俱来的低风险，如他们生活规律、饮食结构合理或家族平均寿命较长；另一些人可能有与生俱来的高风险，如他们容易生病或者有家族病史。

由于保险公司无法完全掌握潜在投保人的私人信息并事先鉴别其风险水平，因此只能根据总人口的平均发病率或死亡率对所有投保人制定统一的保险费用。这种做法引起低风险的投保人因不愿承担高额保险费用而退出保险市场，结果只剩下高风险的投保人，导致保险公司有可能出现亏损甚至面临破产。

2. 道德风险

如果说逆向选择是成交前信息不对称所产生的问题，那么道德风险则是成交后信息不对称导致不能有效监控所产生的问题。

道德风险是指当签约一方不完全承担风险后果时所采取的自身效用最大化的自私行为，这种行为有可能损害另一方当事人的利益。

以汽车失窃险为例。在没有购买汽车失窃险的情况下，车主通常会采取多种防范措施来防止汽车失窃，如给汽车加防盗锁、安装警报器、停放在配有保安的停车场等，因此汽车失窃的概率较小。在购买了汽车失窃险的情况下，由于汽车失窃后由保险公司负责赔偿，车主就有可能不再采取防范措施，从而导致汽车失窃的概率增大。

委托代理关系涉及代理人道德风险。委托代理关系是以契约规定的一个或多个行为主体指定雇用另一些行为主体为其提供服务，并根据其提供服务的数量和质量支付相应的报酬。雇主称为委托人，受雇者称为代理人。现实经济活动中存在大量的委托代理关系，由于委托人不能确切了解代理人的行为，代理人有可能为了追求他们自己的目标而以牺牲委托人的利益为代价，这就是委托代理问题。

企业内部就存在委托代理问题，企业所有者是委托人，企业雇员包括经理和工人都是代理人。委托人利润最大化的目标并非是代理人的目标。如经理可能追求企业规模的扩大和自身收入的提高，工人可能追求工资收入的最大化，或者在一定的收入水平下追求闲暇的最大化。

如果经理和工人的努力程度可以进行观察和监督，那么企业所有者可以采取一些措施制裁经理或工人的不努力行为。但实际上不管是经理还是工人，其努力程度都难以观察，而且监督成本很高。企业所有者不可能时刻监督经理和工人的行为，也不可能知道他们是否百分之百地努力工作，只有经理和工人知道自己工作的努力程度。也就是说，企业所有者与经理、工人所拥有的信息是不对称的。由于企业所有者、经理、工人的目标不同，并且所掌握的信息不对称，因此会产生委托代理问题，使生产偏离利润最大化这一目标，导致社会资源得不到有效配置，从而出现市场失灵的现象。

教学互动

问：如果你是一位企业主，需要雇用一批工人，有哪些办法可以在一定程度上应对道德风险？

答：（1）提高工资。向工人支付高于劳动市场平均水平的工资，吸引高素质工人；由于高工资工作机会稀缺，难以寻找和替代，工人会更加珍惜工作机会，努力工作。

（2）加强监督。如在工作场所安装监控设施等。

（3）延期支付部分报酬。如平时发放基础工资，年终根据考核情况发放绩效工资和年终奖等。

二、信息不对称的应对思路

信息不对称直接影响人们作出正确的决策，导致市场失灵。政府在应对信息不对称问题方面的措施主要表现为提高市场透明度，使消费者和生产者均能够得到充分和正确的市场信息，从而作出正确的选择。

视野拓展

《企业信息公示暂行条例》

（1）加强管理。建立、健全有关信息披露方面的法规，如药品成分、主治功能与不良反应信息披露，服装布料成分披露，上市公司财务报告披露等；加强产品和服务质量的标准化建设，颁布相关质量标准；加强相关法规的执法和宣传工作；培育公正、规范的中介机构；倡导诚信和社会责任感等。

（2）加强信息基础建设。加强信息基础建设和网络建设，打造以数据共享为目的的集成数据环境，如建立个人征信系统、提供并及时更新合法企业的基本信息、及时公布违规企业及其产品等。目前中国人民银行征信中心已开通互联网个人信用信息服务平台、动产融资统一登记平台、中征应收账款融资服务平台，提供以企业和个人信用报告为核心的征信产品体系，有效降低了信息不对称导致的金融风险问题，提高了社会公众融资的便利性，创造了更多的融资机会，促进了信贷市场的发展。国家市场监督管理总局已开通“国家企业信用信息公示系统”，提供全国企业、农民专业合作社、个体工商户等市场主体信用信息的填报、公示和查询服务。

资料查询

企业基本信息查询方法

查询步骤：登录国家企业信用信息公示系统首页>在查询框中输入企业名称、统一社会信息代码或注册号>单击“查询”>查看各项公示信息。

另行推荐：登录国家市场监督管理总局网站首页，单击“国家企业信用信息公示系统”链接，进入该系统。

此外，市场机制本身也能在一定程度上解决一部分信息不对称问题。如市场主体自身加强市场调查、设计合理的契约和激励机制、打造品牌、公开生产过程、履行售后服务承诺等，也能在一定程度上减少信息不对称所导致的危害。

视野拓展

透明车间

2003 年前后，许多汽车修理厂还不允许车主入内参观检测和维修过程。随着车主在这方面的投诉越来越多及汽车市场竞争加剧，车商们意识到问题的重要性，于是透明车间应运而生。透明车间很好地满足了车主“我想看见和了解我的车维修全过程”的需求。如今，在汽车服务行业，透明车间大行其道。

以奥迪服务透明车间系统为例，服务顾问能通过计算机实时查看到车辆的维修状态信息以及工位使用情况，从而大大提高了处理用户需求的效率。在整个维修过程中，客户可以通过休息区的电子看板了解自己车辆的维修状态，还可以通过遥控器直接查看车间工位的视频，关注车辆的维修进程。维修完成时，电子看板还将弹出提示取车的字幕以及语音提示，实现维修的透明化。

透明车间在餐饮业也很流行，被人们称为阳光厨房。根据餐饮单位业态的不同，餐馆分别采取玻璃幕墙或视频直播的方式，让消费者实时直观地看到切配间、烹饪间、凉菜间、餐具清洗间等重点区域硬件条件和现场操作，从而使消费者吃得安全、吃得放心。

本章小结

市场失灵是指市场机制不能有效配置资源的情形。市场失灵主要表现为垄断、外部性、公共物品、信息不对称等。

政府干预是指政府为实现一定的经济目标，通过采取适当的措施和手段对市场失灵进行治理的行为。微观经济政策以维持正常的市场秩序、促进资源有效配置和社会公平为目标。

垄断是指对市场的直接控制和操纵。垄断会降低资源配置效率，对整个社会造成损失。政府主要通过立法和政府管制对垄断加以限制。

外部性是指人们的经济活动对他人造成的非市场化影响。政府治理外部性的主要措施有政府管制、补贴和征税、合并企业与界定产权等。

公共物品是指在消费和使用上不具有竞争性和排他性的物品。公共物品可分为纯公共物品和准公共物品。通常情况下，公共物品由政府直接生产或间接生产来提供。在发达国家，政府往往通过投票的方式来确定公共物品的供给量。其主要投票规则有一致同意规则、多数规则、加权规则和否决规则。

信息不对称是指参与经济活动的当事人一方比另一方掌握更多的相关信息。信息不对称会导致逆向选择和道德风险等市场失灵的情形。政府主要采取提高市场透明度等措施解决信息不对称问题。

练 习 题

一、概念识记

市场失灵　政府干预　外部性　科斯定理　公共物品　公共选择　信息不对称
逆向选择　道德风险

二、单项选择题

1. 市场机制不能有效配置资源的情形称为（　　）。
   A. 垄断　B. 市场失灵　C. 政府失灵　D. 政府干预
2. 某学生在课堂上接听手机，产生（　　）。
   A. 正的消费外部性　B. 负的消费外部性
   C. 正的生产外部性　D. 负的生产外部性
3. 某商品负的生产外部性会导致该商品（　　）。
   A. 供应过剩　B. 供应不足　C. 需求过剩　D. 需求不足
4. 科斯认为，导致外部性的根本原因是（　　）。
   A. 垄断　B. 道德风险　C. 产权不清　D. 交易费用过高
5. 某工厂因污染环境导致社会成本大于私人成本，政府对其征税的额度宜为（　　）。
   A. 私人成本　B. 社会成本
   C. 污染治理费用　D. 社会成本与私人成本的差额

6. 理性的个人在消费公共物品时倾向于由他人付费而自己坐享其成，这种现象称为（　　）。

A. 消费拥挤　　B. 逆向选择　　C. 搭便车　　D. 生产者付费

7. 当某物品的消费者增加时，不影响其他消费者同时正常消费，这是公共物品的（　　）。

A. 竞争性　　B. 非竞争性　　C. 排他性　　D. 非排他性

8. 公共物品供给的资金提供者是（　　）。

A. 私人企业　　B. 居民家庭　　C. 政府　　D. 慈善机构

9. 下列物品中，（　　）是公共物品。

A. 食品　　B. 小轿车　　C. 义务教育　　D. 护肤品

10. 如果卖方知道更多关于商品的信息，这种情况属于（　　）问题。

A. 正外部性　　B. 负外部性　　C. 信息不对称　　D. 垄断

三、多项选择题

1. 下列选项中，（　　）属于市场失灵情形。

A. 竭泽而渔　　B. 假公济私　　C. 环境污染　　D. 草场退化

2. 人们的经济活动对他人造成的非市场化影响称为（　　）。

A. 外部性　　B. 外部影响　　C. 外部效应　　D. 毗邻影响

3. 治理外部性的主要措施有（　　）。

A. 政府管制　　B. 补贴和征税　　C. 合并企业　　D. 界定产权

4. 科斯定理强调市场化解决外部问题的有效条件有（　　）。

A. 明确产权　　B. 自由交易或协商

C. 交易费用为零　　D. 交易费用较高

5. 治理外部性的基本原则是使经济主体的（　　）。

A. 私人收益等于社会成本　　B. 私人成本等于社会收益

C. 私人收益等于社会收益　　D. 私人成本等于社会成本

6. 私人物品具有（　　）特点。

A. 竞争性　　B. 非竞争性　　C. 排他性　　D. 非排他性

7. 共有物品具有（　　）特点。

A. 竞争性　　B. 非竞争性　　C. 排他性　　D. 非排他性

8. 现代公共选择理论所提出的主要投票规则有（　　）。

A. 一致同意规则　　B. 多数规则　　C. 加权规则　　D. 否决规则

9. 下列选项中，（　　）为政府间接生产公共物品的方式。

A. 签订合同　　B. 授权经营　　C. 经济资助　　D. 政府参股

10. 下列选项中，治理信息不对称问题的措施有（　　）。

A. 信息公开　　B. 倡导诚信　　C. 加强监督　　D. 深入调研

四、判断题

1. 政府与市场之间是替代关系。（　　）

2. 市场失灵现象的存在说明了政府干预的必要性。（　　）

3. 政府对市场失灵的干预政策包括微观经济政策和宏观经济政策。 ( )
4. 垄断对社会造成的损害只在于企业获得了超额利润。 ( )
5. 立法和政府管制是政府反垄断的主要措施。 ( )
6. 治理外部性的基本原则是使经济主体的私人收益等于社会成本。 ( )
7. 有负外部性的商品都应禁止生产。 ( )
8. 竞争性和排他性是市场机制正常运行的必要条件。 ( )
9. 公共物品具有外部性。 ( )
10. 人们常常因信息不对称而作出错误的选择。 ( )

五、简答题

1. 什么是市场失灵？引起市场失灵的原因有哪些？
2. 什么是垄断？政府对垄断的干预措施主要有哪些？
3. 简述外部性问题的治理对策。

六、应用题

1. 列举你在生活中遇到的外部性问题实例，谈谈解决办法。
2. 谈谈你在购物时对信息不对称的体会。
3. 在我国，高速公路是公共物品还是私人物品？谈谈收取高速公路车辆通行费的利弊。

第九章　国民收入的衡量与决定理论

【学习目标】

理解国民经济的部门构成及经济循环模型；掌握国内生产总值的含义与构成；能初步运用国民收入决定理论的基本原理分析现实经济问题。

案例 9.1

2020年中国国内生产总值

《中华人民共和国2020年国民经济和社会发展统计公报》显示，初步核算，全年国内生产总值101.6万亿元，比上年增长2.3%，经济总量首次突破100万亿元，迈上百万亿元的新台阶。其中：第一产业增加值7.8万亿元，增长3.0%；第二产业增加值38.4万亿元，增长2.6%；第三产业增加值55.4万亿元，增长2.1%。在国内生产总值中，第一产业增加值占7.7%，第二产业增加值占37.8%，第三产业增加值占54.5%。人均国内生产总值72 447元，比上年增长2.0%。国民总收入100.9万亿元，比上年增长1.9%。

国际货币基金组织数据显示，2020年中国国内生产总值全球排名第2位，人均国内生产总值全球排名第64位。

启发思考

（1）什么是国内生产总值？

（2）国内生产总值有何意义？

（3）从收入与支出的不同角度，分析国内生产总值分别由哪些部分构成。

微观经济学研究单个经济单位，宏观经济学研究整个经济。整个经济是单个经济单位的集合，一国经济的整体状况深刻影响着每个经济单位。正如人们常用收入来衡量单个家庭的贫富程度、用利润来衡量单个企业的经济实力一样，一个国家的整体经济状况也需要借助一系列宏观经济指标进行描述。其中，国内生产总值是最基本的宏观经济总量指标。

第一节　国内生产总值

著名的美国经济学家保罗·萨缪尔森曾赞誉国内生产总值是20世纪最伟大的发明之一。国内生产总值能够反映一国经济的整体水平，是衡量一国经济发展和生活富裕程度的重要指标。它既是政府制定经济政策及考察经济政策效果的重要依据，也是单个经济单位分析经济形势、判断商业周期、进行经济决策的重要参考依据。

一、什么是国内生产总值

国内生产总值（gross domestic product，GDP）是指一个国家或地区一定时期在其领土范围内生产的所有最终产品和劳务的市场价值总和。

从概念中可以看出，国内生产总值具有如下特点：①国内生产总值的表现形态是市场价值，是以货币为计量单位、以市场价格计算的交换价值，不包括自产自用的部分。②国内生产总值包括在市场上合法出售的一切物品和劳务，不包括非法部分。③国内生产总值只计算最终产品，不包括中间产品，以避免重复计算。最终产品是指当期生产的被用于最终消费、积累或出口等最终用途的产品；中间产品是指在一个生产过程中生产出来后又在另一个生产过程中被完全消耗或形态被改变的产品，即被其他生产单位作为中间投入的产品。当然，两者的划分是相对的。以棉花为例，被棉纺厂纺纱消耗的棉花是中间产品，而居民作为消费者使用的棉花、各生产单位用于增加原材料储备的棉花及用于出口的棉花则为最终产品。④国内生产总值既包括食品、服装、家用电器等有形的产品，也包括艺术表演、家政服务、医疗诊断、法律咨询等无形的产品。⑤国内生产总值是一定时期的生产成果，不包括在过去生产而在本期出售的产品。国内生产总值的计算常以一年或一季度为时间单位。⑥国内生产总值的计算遵从国土原则，即计算在本国领土上的生产成果，而不论生产者是谁，如外国人暂时在中国工作或开办企业，其生产价值计入中国国内生产总值。

思考与讨论 9.1

两辆汽车相撞，一辆需要大修，另一辆因全毁而需要重买，保险公司则需要理赔。正当三方都很沮丧的时候，一个经济学家对他们说：感谢你们又为汽车修理业、汽车制造业、汽车保险业创造了几十万元的国内生产总值。他说的对吗？

国内生产总值也有一定的局限性：国内生产总值不能全面衡量经济成果，未经市场交易的产品和劳务未计入国内生产总值；国内生产总值不能反映经济活动的负作用，忽略了自然资源的稀缺性、污染导致的环境质量下降以及随之而来的对人类健康和财富的影响。

从20世纪70年代开始，联合国和世界银行等国际组织在绿色国内生产总值的研究和推广方面做了大量工作。2004年，国家统计局、国家环保总局正式联合开展了中国环境与经济核算绿色国内生产总值研究工作。绿色国内生产总值反映了经济增长过程中的资源环境成本，是衡量社会经济可持续发展的重要指标，能比国内生产总值更全面地衡量经济发展水平。

教学互动

问：什么是绿色国内生产总值？

答：绿色国内生产总值是指扣除了自然资源和环境损失之后新创造的国民财富总量。其计算公式为

$$\text{绿色 GDP=GDP−（环境资源成本+环境资源保护服务费用）} \tag{9-1}$$

视野拓展

其他宏观经济总量指标

❖ 国民总收入（GNI）。国民总收入原称国民生产总值（GNP），是指一个国家或地区所有常住单位在一定时期内所获得的初次分配收入总额，等于国内生产总值加上来自国外的初次分配收入净额。

国民总收入的计算遵从国民原则，即计算本国公民创造的收入，而不论其身处何国。如一个法国公民暂时在中国工作，他的产出计入中国国内生产总值，而不计入中国国民总收入；同时，不计入法国国内生产总值，而计入法国国民总收入。

❖ 国民净收入（NNI）。国民净收入是国民总收入扣除固定资产折旧之后的余额。

❖ 国民收入（NI）。国民收入是国民净收入扣除间接税净额后的余额。间接税净额是间接税与政府补贴的差额。

❖ 个人收入（PI）。个人收入是指一个国家所有个人一年内的收入总和，是国民收入扣除企业所得税、公司未分配利润及社会保险缴费，再加上政府对个人转移支付的余额。

❖ 个人可支配收入（DPI）。个人可支配收入是指一个国家所有个人一年内实际得到的可用于个人开支和储蓄的收入总和，是个人收入扣除个人所得税之后的余额。

GDP、GNI、NNI、NI、PI、DPI 等宏观指标在细节上各有不同，但它们说明整体经济状况的结论具有一致性。

二、国内生产总值的构成

从不同的角度来看，国内生产总值的构成各不相同。

（一）经济的收入与支出

从单个经济单位来看，每一次交易都涉及买者和卖者，在买者支出货币的同时，卖者获得相应的货币收入；从整个经济来看，国内生产总值既衡量经济中所有人的总收入，同时也衡量所有人用于购买产品和劳务的总支出。由于买与卖是一笔交易的两个方面，因此对于整个经济而言，总收入恒等于总支出。如你学习钢琴，每小时支付学费 100 元，在这种情况下，钢琴教师是劳务的卖者，而你是劳务的买者。你学习 1 小时钢琴支付了 100 元，同时钢琴教师获得了 100 元的收入。这种交易对经济的收入和支出作出了相同的贡献，无论是用总收入来衡量还是用总支出来衡量，国内生产总值都增加了 100 元。

如图 9.1 所示，假设市场上只有家庭和厂商两个部门，家庭支付其全部收入购买所有的产品。当家庭购买产品时，其支出通过产品市场流向厂商；厂商用销售产品所获得的收入支付工人工资、土地租金和企业所有者利润，其收入通过生产要素市场流向家庭。

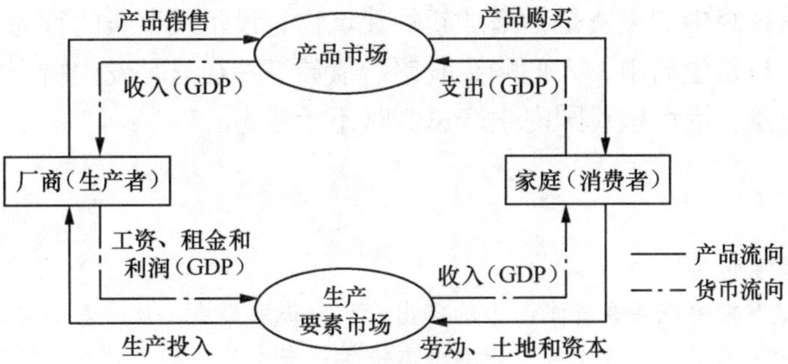

图 9.1　经济循环流量简图

当然，现实经济远比图 9.1 所示情况复杂。如家庭并未支出其全部收入，其收入除用于购买产品外，还用于支付政府税收和储蓄；家庭并未购买全部产品，还有一些被厂商与政府购买或出口到外国，如图 9.2 所示。但在现实经济循环中，整个经济的总收入仍然等于总支出。

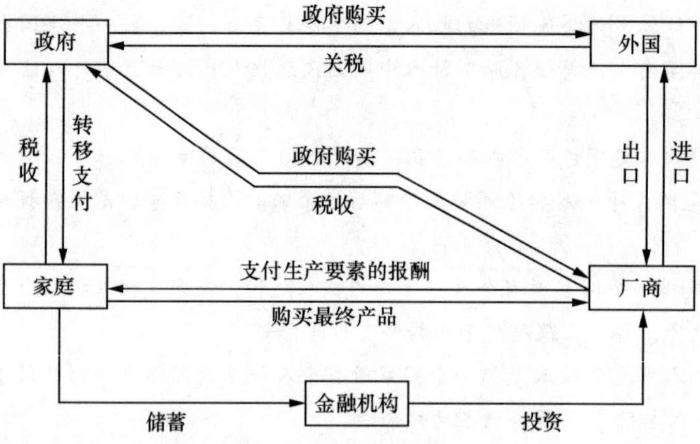

图 9.2　四部门经济循环流量图

思考与讨论 9.2

党的十九届五中全会明确提出"加快构建以国内大循环为主体、国内国际双循环相互促进的新发展格局"。问题：

（1）国内循环基于哪种经济？

（2）国际循环基于哪种经济？

（二）国内生产总值构成解析

国内生产总值衡量整个经济循环中的货币流量。如果从支出的角度来计算国内生产总值，它由消费、投资、政府购买和净出口构成，其计算公式为

国内生产总值=消费+投资+政府购买+（出口额-进口额）

即

$$GDP = C + I + G + (X - M) \tag{9-2}$$

式中，C 为消费，I 为投资，G 为政府购买，X 为出口额，M 为进口额。

1. 消费

消费（consumption）是指居民或个人用于购买除新住房之外的商品和劳务的支出。消费包括耐用品和非耐用品、住房租金、教育支出及其他劳务支出。耐用品包括汽车与家电等商品，非耐用品包括食品与服装等商品。

2. 投资

投资（investment）是指用于未来生产更多商品和劳务的物品购买支出。投资包括固定资产投资和存货投资，前者指厂房、机械设备、住房的增加，后者指企业存货的变化。按照国际惯例，家庭购买新住房的支出应列入投资。

国内生产总值核算中的投资是指增加新的建筑物、设备及存货的行为，不同于日常生活中所说的投资。在日常生活中，人们购买股票、债券等往往只是发生财产权的转移，并不能增加社会的资本总量，因而核算国内生产总值时不予考虑。

教学互动

问：投资与资本有何关系？

答：投资是一定时期内花费在资本品上的支出，称为资本形成，意味着一定时期内社会实际资本的增加，表明一定时期内增加到资本存量中的资本流量；资本是指某一时点上经济体系内企业所持有的以机器、厂房、设备以及其他存货为形式的生产要素的存量。

3. 政府购买

政府购买（government purchase）是指各级政府用于购买商品和劳务的支出。政府购买包括政府消费性支出和政府投资性支出两个部分。政府消费性支出是指各级政府购买开展日常行

政事务活动所需商品和劳务的支出，包括行政管理支出、国防支出和科教文卫支出等；政府投资性支出是指各级政府用于各项公共投资的支出，侧重于私人不愿意或没有能力投资的基础性项目和公益性项目，如城市供水、公共交通、环保工程、灌溉设施和防洪排涝工程等。

教学互动

问： 基础产业有何特点？

答： 基础产业是整个社会生产和消费的“共同条件”，具有外部性、公用性、不可分割性和非独占性；处于国民经济产业链的“上游”，有较强的外溢效应；大都属于资本密集型行业，投资额巨大，建设周期长。

政府转移支付不计入政府购买。所谓转移支付，是不以购买商品或劳务而进行的支付。政府转移支付是指政府在社会福利、保险、贫困救济和补助等方面的支出，包括养老金、失业救济金、退伍军人补助金、农产品价格补贴、公债利息、对国有企业的财政补贴、政府间财政资金的转移等支出。转移支付改变了收入分配，具有无偿性，是收入再分配的一种形式。

4. 净出口

净出口（net export）是商品和劳务的出口额与进口额之间的差额。国内生产总值衡量一国经济的生产总量，在开放经济的情况下，出口的商品和劳务由本国生产但不由本国人购买，不包括在消费、投资与政府购买三个部分中，因此必须加上；而在消费、投资与政府购买三个部分中，当国内的家庭、企业或政府购买了外国的商品和劳务时，这些进口的商品和劳务不由本国生产，因此必须减去。

表 9.1 从支出角度说明了 2020 年中国国内生产总值的构成。这一年我国的国内生产总值为 1 025 917 亿元，其中居民消费占比 37.74%，投资（含政府投资）占比 43.12%，政府购买（政府消费）占比 16.55%，净出口占比 2.59%。

表 9.1　2020 年中国国内生产总值构成统计

项　　目	总量（亿元）	比重（%）
居民消费	387 176	37.74
投资（含政府投资）	442 401	43.12
政府购买（政府消费）	169 810	16.55
净出口	26 530	2.59
合　　计	1 025 917	100

注： 本表按当年价格计算。

资料来源：《中国统计年鉴》。

视野拓展

三驾马车

从支出角度来看，国内生产总值是投资、消费、净出口这三大需求之和，其中，投资包括企业投资和政府投资，消费包括居民消费和政府消费。一些经济学家把投资、消费、净出口比喻为拉动经济增长的“三驾马车”，并用贡献率和拉动增长率两个指标来衡量三大需求对国内生产总值增长的作用。

贡献率是三大需求增量与支出法国内生产总值增量的比率，表明总体中某部分的增长量相对总体增长量的作用大小；拉动增长率是国内生产总值增长速度与三大需求贡献率的乘积，表明总体中某部分的增长量与总体基期值的对比关系，说明某部分的增长量将总体的增长率拉动增长或减少几个百分点。

《中国统计年鉴》数据显示，2020 年，投资对国内生产总值增长的贡献率为 94.1%，拉动国内生产总值增长 2.2 个百分点；消费对国内生产总值增长的贡献率为 −22.0%，拉动国内生产总值增长 −0.5 个百分点；净出口对国内生产总值增长的贡献率为 28.0%，拉动国内生产总值增长 0.7 个百分点。

如果从收入的角度来计算国内生产总值，它由工资、利息、租金、利润、间接税净额和

折旧构成，其计算公式为

$$国内生产总值=工资+利息+租金+利润+间接税净额+折旧 \quad (9-3)$$

该式表明，在经济活动中，各要素所有者获得税前要素收入，劳动者得到工资，资本所有者得到利息，土地所有者得到租金，企业所有者得到利润。此外，政府提供国防、立法、基础设施等公共物品，参与经济活动获得间接税净额（间接税减去转移支付）；固定资产在生产过程中的损耗得以补偿。

由于要素所有者获得的税前要素收入有纳税、消费和储蓄三种用途，因此从收入角度来计算国内生产总值的公式还可表达为

$$国内生产总值=消费 C+储蓄 S+政府税收净额 T \quad (9-4)$$

视野拓展

国内生产总值核算中的恒等关系

❖ 在整个经济中，国内生产总值同时衡量一国经济的总支出和总收入。

$$总支出\equiv总收入 \quad (9-5)$$

❖ 在只有家庭和厂商的两部门经济中，总支出=消费 C+投资 I，总收入=消费 C+储蓄 S。根据式 9-5，可得出：

$$投资\equiv储蓄$$

即

$$I\equiv S \quad (9-6)$$

❖ 在存在家庭、厂商和政府的三部门经济中，总支出=消费 C+投资 I+政府购买 G，总收入=消费 C+储蓄 S+政府税收净额 T。根据式 9-5，可得出：

$$I+G\equiv S+T$$

或

$$I\equiv S+(T-G) \quad (9-7)$$

式中，T 为政府税收净额，$(T-G)$ 为政府储蓄。式 9-7 表示投资恒等于私人储蓄与政府储蓄的总和。

❖ 在开放的四部门经济中，总支出=$C+I+G+(X-M)$，总收入=$C+S+T$。根据式 9-5，可得出：

$$I+G+X\equiv S+T+M$$

或

$$I\equiv S+(T-G)+(M-X) \quad (9-8)$$

式中，S 为本国居民储蓄，$(T-G)$ 为政府储蓄，$(M-X)$ 为外国对本国的储蓄。式 9-8 表示开放经济中投资与储蓄的恒等关系。

结论：对整个经济而言，储蓄恒等于投资；但对单个经济单位而言，不一定如此。

三、名义国内生产总值与实际国内生产总值

国内生产总值以货币计量，受所生产产品和劳务的产量与价格两个因素的影响。按计算时所采用的价格不同，国内生产总值分为名义国内生产总值与实际国内生产总值。

1. 什么是名义国内生产总值与实际国内生产总值

名义国内生产总值是指按现期价格计算的国内生产总值；实际国内生产总值是指按不变价格计算的国内生产总值。所谓不变价格，是指计算各个时期产品或劳务价值所采用的相同的基年价格水平。名义国内生产总值既反映了产量的变动，又反映了价格的变动；而实际国内生产总值只反映了产量的变动，因消除了各时期价格变动的影响而能更客观地反映整体经济的发展状况。

视野拓展

古典二分法

早期经济学家把宏观经济表现区分为名义层面和实际层面两个部分，把经济变量区分为名义变量和实际变量两种类型，这一方法称为古典二分法。

名义变量是按货币单位衡量的变量，包括价格水平（消费者物价指数或国内生产总值缩减指数）、通货膨胀率、名义国内生产总值、名义工资和名义利率等。名义变量反映研究对象的货币价值及生活成本如何变化。

实际变量是按实物单位衡量的变量，包括实际国内生产总值、就业量和失业量、实际工资、消费、储蓄、投资和实际利率等。实际变量反映研究对象的经济福利实际发生怎样的变化。

种植小麦的农民所获得的收入是名义变量，因为它是按货币单位“元”来衡量的；而小麦的总产量是实际变量，因为它是按实物单位“吨”来衡量的。同理，名义国内生产总值是名义变量，因为它衡量经济中商品和劳务的货币价值；而实际国内生产总值是实际变量，因为它衡量经济中商品和劳务的总产量。由于各种商品和劳务的性质不同，所计量的实物单位不同，因此需要借助不变价格这种工具来汇总计算实际国内生产总值。尽管实际国内生产总值最终也用货币单位计量，但以不变价格计算的实际国内生产总值只反映产量的变动，因而属于实际变量。

经济中的大多数价格都是用货币来表示的，因此它们是名义变量。如 2021 年 9 月 17 日，山东德州陵城地区国标一等小麦的收购价格为 2 604 元/吨，30 粉出厂价为 3 120 元/吨。而相对价格，如两者间的比价 1.20（注：3 120/2 604），即 1 吨小麦粉的价格相当于 1.20 吨小麦的价格，则是实际变量。

古典二分法认为，名义变量受经济中货币制度发展的影响，与货币供给变动有关，而实际变量则与此无关。认为货币供给变动不影响实际变量的观点，称为货币中性。大多数经济学家认为，货币供给变动在短期会影响实际变量，而在长期则对实际变量影响甚微，可忽略。

2. 国内生产总值缩减指数

国内生产总值缩减指数又称国内生产总值平减指数或国内生产总值折算指数，属于一种物价指数，是名义国内生产总值与实际国内生产总值的比率，见式 9-9。这一指数衡量相对于基年价格的现期物价水平，可反映整个经济的平均物价水平及通货膨胀情况。国内生产总值缩减指数的增长率即通货膨胀率。

$$\text{GDP缩减指数}=\frac{\text{名义GDP}}{\text{实际GDP}}\times 100\% \quad (9\text{-}9)$$

四、国内生产总值与人均国内生产总值

国内生产总值是数量指标，反映一国的经济总量或市场规模；人均国内生产总值是质量指标，说明一国的经济实力和富裕程度，其计算公式为

$$\text{人均GDP}=\frac{\text{某年GDP}}{\text{当年平均人口数}} \quad (9\text{-}10)$$

式中，当年平均人口数是当年年初与年末人口数的平均值，或为年中即当年 7 月 1 日零时的人口数。

在案例 9.1 中，2020 年我国国内生产总值达到 101.6 万亿元，全球排名第 2 位；而人均国内生产总值为 72 447 元，全球排名第 64 位。由此不难看出，国内生产总值是人均国内生产总值的计算基础，而人均国内生产总值比国内生产总值更能说明问题的本质。

一般情况下，人均国内生产总值与人均国民总收入两个指标数值比较接近，大致相当。

表 9.2　世界银行划分经济发展水平标准

人均国民总收入分组（美元/年）	经济发展水平
<1 045	低收入国家
1 045～4 125	中等偏下收入国家
4 126～12 735	中等偏上收入国家
≥12 736	高收入国家

世界银行按人均国民总收入对世界各国经济发展水平进行分组，通常把世界各国分成四组，即低收入国家、中等偏下收入国家、中等偏上收入国家和高收入国家，如表 9.2 所示。以上标准不是固定不变的，而是随着经济的发展不断调整的。

根据这个标准，20 世纪 80 年代中期前，中国一直属于低收入国家；其后，开始步入中等偏下收入国家之列；目前，中国处于中等偏上收入国家行列。

资料查询

国内生产总值与人均国内生产总值

查询步骤：登录国家统计局网站首页>统计数据>统计出版物>中国统计年鉴>单击年份链接，在“国民经济核算”项目下查看。

另行推荐：登录国家统计局网站首页>统计数据>统计公报>年度统计公报>单击年份链接，在公报的第一部分内容中查看。

案例 9.2

地下经济

地下经济是一种未向政府申报登记，脱离政府法律法规约束，且不向政府纳税的经济活动。它涉及生产、流通、分配、消费等各个环节，是当前世界范围内的一种普遍现象，被国际社会公认为“经济黑洞”。

既然是“地下”状态，就在政府的统计之外，因此没有人知道其从业人数有多少、产值有多少。经济学家估计地下经济规模的方法之一是观察一个经济体总收入与总支出的差别，如果两者基本相当，则不存在地下经济；如果总支出远超总收入，两者的差异可能就是地下经济的规模。经济学家还会观察现金需求，因为地下经济尤其是犯罪经济产生的交易大多以现金为支付手段。一个经济体中有大量的现金需求，可能暗示着存在庞大的地下经济。另一种方法是研究用电量，如果用电量很高，但国内生产总值相对较低，说明地下经济规模较大。研究表明，在发达国家，地下经济通常占国内生产总值的 10%～20%；在发展中国家，地下经济通常占国内生产总值的 30%以上。国际劳工组织的研究数据表明，在发展中国家，地下经济从业人数占非农劳动力总量的 1/2～3/4。

部分“地下经济”如无证经营的作坊、流动摊贩、摩的、黑的等的存在，有其现实合理性。对需求方而言，“地下经济”所提供的产品或服务价格低廉，方便快捷，特别受广大中低收入阶层的青睐；对供给方而言，则是其谋生的手段。一些城市从保护民生的角度出发，采取降低门槛、扶持规范等办法，将“地下经济”转化为“地上经济”，以减少引发社会矛盾的隐患。

启发思考

（1）你所知道的地下经济有哪些？

（2）你怎样看待地下经济？

第二节　国民收入决定理论

宏观经济学把国民收入作为宏观经济最基本的总量，以国民收入的决定为中心来研究资源利用问题，分析整个国民经济的运行。凯恩斯从总需求入手研究国民收入如何决定，建立了以需求为中心的国民收入决定理论。作为宏观经济学的中心理论，国民收入决定理论提供了分析失业、通货膨胀、经济周期和经济增长所需的基本工具，是分析各种宏观经济问题的理论基础，也是政府调控经济的理论依据。

一、简单国民收入决定模型

国民收入水平是由总需求（aggregate demand，AD）和总供给（aggregate supply，AS）共同决定的，总需求与总供给相等时的国民收入称为均衡国民收入。凯恩斯认为，在短期内由于技术水平、自然和经济资源等的供给不会发生变化，因而国民收入水平由总需求决定。凯恩斯主义的全部理论涉及产品市场、货币市场、劳动市场和国际市场，简单国民收入决定理论是指只涉及产品市场的国民收入决定理论。本节所涉及的简单国民收入决定模型仅说明在最简单的经济体系中均衡国民收入的决定。

1. 简单国民收入决定模型的假设条件

简单国民收入决定模型有以下基本假设条件：第一，经济中只存在家庭和厂商两个部门；第二，潜在国民收入不变；第三，资源未充分利用，即不考虑总供给对国民收入的制约；第四，利率、工资和价格水平既定；第五，投资水平既定，即在总需求中只考虑消费对国民收入的影响。

教学互动

问： 什么是潜在国民收入？它与均衡国民收入有何关系？

答： 潜在国民收入是指经济中既定资源充分利用时所达到的国民收入水平，通常表示为充分就业时的国民收入。均衡国民收入是总需求与总供给相等时的国民收入，此时资源并不一定实现了充分利用，所以均衡国民收入不一定等于潜在国民收入。

2. 消费函数

消费和收入之间的依存关系称为消费函数。在其他条件不变的情况下，消费与收入呈同向变化。随着收入的增加，消费增加的速度越来越慢。如果以 C 代表消费，Y 代表可支配收入，则消费函数表达为

$$C=f(Y) \tag{9-11}$$

为简化分析，通常假定消费与收入之间存在着线性关系（见图 9.3），则消费函数可进一步表达为

$$C=a+bY \tag{9-12}$$

式中，a 为自发消费，由收入之外的其他因素如生存需要、偏好、社会习俗等决定，不随收入变化而变动；bY 为引致消费，随收入变化而变动，系数 b 表示收入变动一个单位所引起的消费变动量，在数学中称为斜率，在经济学中称为边际消费倾向。

由于消费与收入呈同向变化，若以 C 为纵轴，Y 为横轴，显然线性消费函数是一条以 a 为截距，向右上方倾斜的直线，如图 9.3 所示。

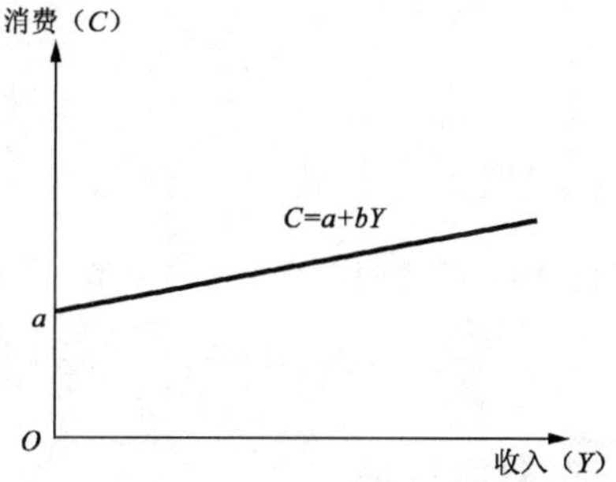

图 9.3　线性消费函数

消费与收入之间的关系可以用平均消费倾向和边际消费倾向来说明。

平均消费倾向（average propensity to consume，APC）是消费在收入中所占的比例。平均消费倾向表达为

$$\text{APC} = C / Y \tag{9-13}$$

边际消费倾向（marginal propensity to consume，MPC）是消费增量在收入增量中所占的比例。如果以 ΔC 代表消费增量，以 ΔY 代表收入增量，则边际消费倾向表达为

$$\text{MPC} = \Delta C / \Delta Y \tag{9-14}$$

随着收入的增加，边际消费倾向呈递减趋势，这一规律称为边际消费倾向递减规律。

3．储蓄函数

储蓄（saving）是收入中未被消费的部分。储蓄函数是储蓄与收入之间的依存关系。在其他条件不变的情况下，储蓄与收入呈同向变化。随着收入的增加，储蓄增加的速度越来越快。若以 S 代表储蓄，则储蓄函数表达为

$$S = f(Y) \tag{9-15}$$

储蓄与收入之间的关系可以用平均储蓄倾向和边际储蓄倾向来说明。

平均储蓄倾向（average propensity to save，APS）是指储蓄在收入中所占的比例。平均储蓄倾向表达为

$$\text{APS} = S / Y \tag{9-16}$$

边际储蓄倾向（marginal propensity to save，MPS）是指储蓄增量在收入增量中所占的比例。如果以 ΔS 代表储蓄增量，则边际储蓄倾向表达为

$$\text{MPS} = \Delta S / \Delta Y \tag{9-17}$$

随着收入的增加，边际储蓄倾向呈递增趋势。

不难看出，消费函数与储蓄函数间存在如下关系：第一，全部收入可分解为消费与储蓄，即 $C + S = Y$；第二，平均消费倾向与平均储蓄倾向之和等于 1，即 $\text{APC} + \text{APS} = 1$；第三，边际消费倾向与边际储蓄倾向之和等于 1，即 $\text{MPC} + \text{MPS} = 1$。在收入既定的条件下，消费与储蓄呈反向变动。

4．简单国民收入决定模型

均衡国民收入水平是由总需求与总供给共同决定的。假设在短期内总供给不变，则均衡国民收入水平就是由总需求决定的，如图 9.4 所示。

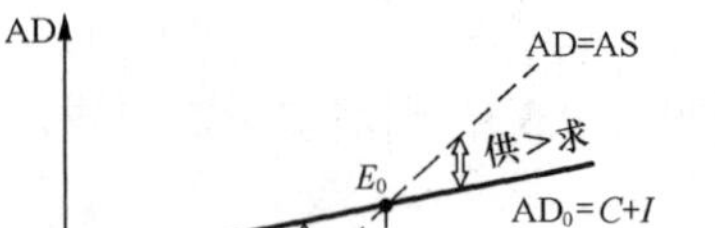

图 9.4　简单国民收入决定模型

在图 9.4 中，横轴为总供给 AS，用总产出或总收入 Y（即实际国内生产总值）度量；纵轴为总需求 AD，用总支出度量；45° 线表示经济中总需求等于总供给，即此线上任意一点都表示经济处于均衡状态。AD_0 代表总需求水平，与 45° 线相交于 E_0 点，决定了均衡国民收入水平为 Y_0。

在 Y_0 的左边，总供给小于总需求，厂商会扩大生产，国民收入向 Y_0 增加；在 Y_0 的右边，总供给大于总需求，厂商会缩减生产，国民收入向 Y_0 减少；当总供给等于总需求时，整个经济处于均衡状态，Y_0 为均衡国民收入。

教学互动

问： 在图 9.4 中，为何总需求曲线是一条向右上方倾斜的直线？

答：在现实经济中，总需求由消费、投资、政府购买和净出口构成。但在简单国民收入决定模型分析中，总需求只考虑消费这一因素，此处的总需求表现为消费需求，可用线性消费函数来表达。

如图 9.5 所示，当总需求减少时，AD_0 平移至 AD_1，决定均衡国民收入为 Y_1，$Y_1<Y_0$，均衡国民收入减少；当总需求增加时，AD_0 平移至 AD_2，决定均衡国民收入为 Y_2，$Y_2>Y_0$，均衡国民收入增加。

结论：短期内，在总供给不变的条件下，总需求决定均衡国民收入水平。总需求增加，均衡国民收入增加；总需求减少，均衡国民收入减少。这一结论同样适用于三部门经济和四部门经济。

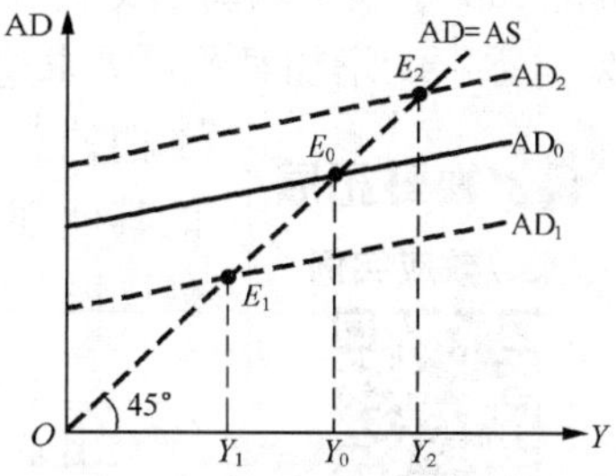

图 9.5　均衡国民收入的变动

视野拓展

节俭悖论

悖论是指在逻辑上可以推导出互相矛盾的两个结论，但表面上又能自圆其说的命题或理论体系。

节俭是一种公认的传统美德，但如果用国民收入决定理论来推导，则会发现所有人节俭将导致国民收入减少。

从微观经济来看，节俭是个人积累财富最常用的方式之一。单个家庭勤俭持家，节制消费、增加储蓄，往往会变得更富有。从宏观经济来看，根据总需求决定国民收入的理论，如果所有家庭都增加储蓄，当收入既定时，消费必然减少，从而导致总需求减少，进而引起国民收入减少甚至经济萧条。由此看来，节俭对个人来说是好事，对整个社会来说却并非好事，这种现象被称为“节俭悖论”。

值得注意的是，任何理论的使用都有其前提条件（基本假设），也就是有其适用边界。国民收入决定理论只是一种经济理论，只能使用在“经济”范畴内，而且只有在资源未充分利用、社会有效需求不足时，才可通过刺激消费的方式促进经济增长。如果社会已达到充分就业，但资源紧缺，甚至存在膨胀缺口，节俭则能抑制过高的总需求，也有助于消除通货膨胀。

节俭实例

进入 21 世纪，人类面临的不仅仅是经济问题，人类的过度需求已经造成各种资源的紧缺和严重的环境污染。对于全人类而言，节俭是重要的美德，因此把我们的需求限制在地球可循环供给的范围内是今后全人类面临的重大课题。

二、乘数理论

乘数是指自发总需求增加所引起的均衡国民收入增加的倍数，是均衡国民收入增量与引起这种增加的自发总需求增量的比率。乘数的计算公式为

$$K=\frac{\Delta Y}{\Delta A} \qquad (9-18)$$

式中，K 为乘数，ΔY 为均衡国民收入增量，ΔA 为自发总需求增量。

自发总需求是指不随国民收入变化而变动的总需求，即国民收入 Y 为零时的总需求，为总需求曲线在纵轴上的截距。如图 9.6 所示，初始的总需求曲线如 AD_1 所示，当自发总需求增加 ΔA 时，总需求曲线由 AD_1 平移至 AD_2，

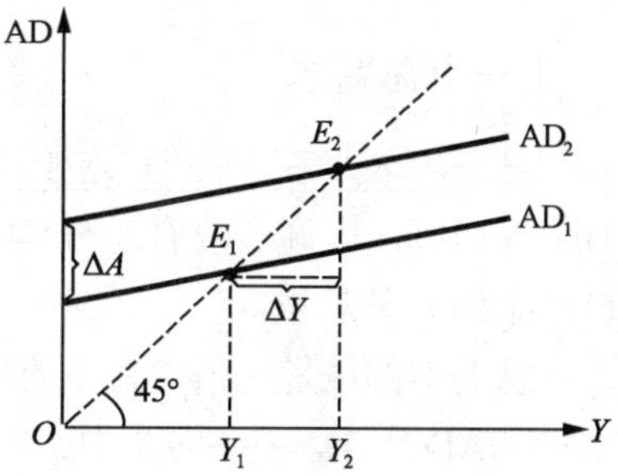

图 9.6　乘数基本公式图解

第九章　国民收入的衡量与决定理论

引起均衡国民收入由 Y_1 增加至 Y_2，均衡国民收入增量为 ΔY。

若自发总需求增加 200 亿元引起均衡国民收入增加 280 亿元，则乘数为 1.4（注：280/200），表明均衡国民收入增量是自发总需求增量的 1.4 倍。乘数之所以大于 1，是因为自发总需求的增加导致总需求进一步增加——国民经济各部门之间存在着密切的联系，即某一部门的总需求增加，不仅会使本部门的收入增加，而且还会使相互联系的其他部门发生连锁反应，导致这些部门的需求与收入相应增加，最终使国民收入的增加数倍于最初总需求的增加。

视野拓展

乘数效应实例

总需求不同构成部分的增加具有相应的乘数效应，如投资乘数、政府支出乘数、对外贸易乘数等。

乘数的大小取决于边际消费倾向。边际消费倾向越高，收入中用于消费的部分就越多，总需求和国民收入的增加就越多，从而乘数越大；边际消费倾向越低，收入中用于消费的部分就越少，总需求和国民收入的增加就越少，从而乘数越小。以投资乘数为例，说明如下。

投资乘数是投资增加所引起的国民收入增加的倍数。以 K_I 为投资乘数，ΔY 为国民收入增量，ΔI 为投资增量，则投资乘数表达为

$$K_I = \frac{\Delta Y}{\Delta I} = \frac{\Delta Y}{\Delta Y - \Delta C} = \frac{1}{1 - \dfrac{\Delta C}{\Delta Y}} = \frac{1}{1 - \mathrm{MPC}} \tag{9-19}$$

式中，ΔC 为消费增量，MPC 为边际消费倾向。

乘数是一把“双刃剑”，有着双重的作用。当总需求增加时，所引起的国民收入的增加量大于最初总需求的增加量；当总需求减少时，所引起的国民收入的减少量大于最初总需求的减少量。乘数效应起作用的前提条件是资源未充分利用。

教学互动

问： 为何乘数效应以资源未充分利用为前提条件？在长期，乘数是多少？

答： 资源充分利用时，国民收入达到潜在国民收入水平，此时总需求增加，国民收入的增量为零。在长期，资源达到充分利用状态，因此乘数为零。

三、总需求-总供给模型

简单国民收入决定模型不考虑总供给和价格对国民收入决定的影响。在现实经济中，总供给总是有限的，而价格水平也是不断变化的，总需求-总供给模型将总需求与总供给结合起来，分析均衡国民收入与价格水平的决定与变动，解释经济增长、经济波动和滞胀。

（一）总需求

总需求表示在一定时期内，在每一价格水平下，一国所有家庭、厂商、政府及外国客户愿意而且能够购买的商品和劳务总量。

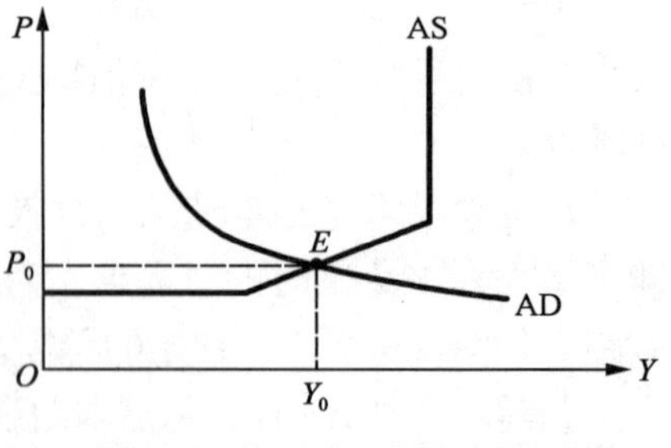

图 9.7　总需求-总供给模型

总需求曲线是一条向右下方倾斜的曲线，如图 9.7 中的曲线 AD 所示。在图 9.7 中，横轴为商品和劳务总产量（注：实际国内生产总值）Y，纵轴为物价总水平 P。在其他因素不变的条件下，价格水平越高，总需求量越小；价

格水平越低，总需求量越大。总需求曲线之所以向右下方倾斜，是因为有以下三种效应。

第一，财富效应。物价水平下降提高了货币的真实价值，增加了财富，刺激了消费支出。

第二，利率效应。物价水平下降降低了利率，从而刺激了投资支出。

第三，汇率效应。当一国物价水平下降引起其利率下降时，其本位币在外汇市场上的真实价值则下降，这种贬值刺激了其产品的出口需求。

三种效应的结果是一致的，即物价水平的下降引起了商品和劳务需求量的增加。

总需求由消费、投资、政府购买及净出口构成。在物价水平既定时，总需求中的每一构成部分发生变化，都会引起总需求曲线的移动：增加时，总需求曲线向右上方平移；减少时，总需求曲线向左下方平移。人们对未来的预期也会引起总需求曲线的移动。预期未来收入增加或通货膨胀，会增加现期消费，总需求增加，总需求曲线向右上方平移；预期未来利润增加，会增加投资，总需求增加，总需求曲线向右上方平移。另外，政府的宏观经济政策也会使总需求曲线发生相应的变动。

（二）总供给

总供给表示一国所有厂商在一定时期内，在每一价格水平下愿意而且能够提供的商品和劳务总量。总供给取决于资源利用情况，资源利用情况不同，总供给与价格的关系即不相同，总供给曲线所呈现的特征也不相同，如图 9.7 中的 AS 曲线所示。

根据资源利用情况，总供给曲线 AS 分为以下三种情况。

1. 凯恩斯总供给曲线

在图 9.7 中，处于水平状态的总供给曲线称为凯恩斯总供给曲线，表明存在大量闲置资源，厂商可以在既定的价格下供给任何数量的商品和劳务。此种曲线由凯恩斯在西方国家 1929—1933 年经济大萧条的背景下提出。

教学互动

问：如何区分宏观经济的长期与短期？

答：宏观经济的长期是指实际变量能调整到资源充分利用状态的时间周期；宏观经济的短期是指一些价格具有黏性，使实际变量未能调整到资源充分利用状态的时间周期，如实际产出水平可能低于或高于潜在产出水平、失业率可能低于或高于自然失业率等。

2. 短期总供给曲线

在图 9.7 中，向右上方倾斜的总供给曲线称为短期总供给（short-run aggregate supply，SAS）曲线。短期总供给曲线表示短期中在其他影响因素不变的条件下，商品和劳务的供给量与价格水平之间的关系。从短期来看，物价水平影响经济的产量。价格上升，产量增加；价格降低，产量减少。短期总供给曲线之所以会向右上方倾斜，有以下几个原因。

其一，工资黏性。工资黏性是指对于经济状况变动而言，名义工资调整缓慢。名义工资调整缓慢往往是由于工人与厂商间根据预期物价水平签订了固定名义工资的长期合同，同时名义工资的调整也受制于收入分配制度。如果实际物价水平不断上涨，而名义工资不能及时调整，则厂商利润增加，从而会增加产量；反之，如果实际物价水平不断下降，而名义工资不能及时调整，则厂商利润减少，从而会减少产量。

其二，价格黏性。价格黏性是指对于经济状况变动而言，一些商品和劳务的价格调整缓慢。价格调整缓慢的部分原因是由于存在菜单成本，即调整价格要付出成本，包括印刷和分发目录成本、改变价格标签所需时间等。当厂商宣布定价之后，如果实际物价水平上涨，一些厂商会及时调高价格，另一些厂商则会因菜单成本而暂缓调高价格，低价会吸引更多顾客，扩大销售，引起厂商扩大生产，增加产量；反之，如果实际物价水平下降，因菜单成本而暂缓调低价格的厂商会减少产量。

其三，相对价格错觉。相对价格错觉是指厂商因暂时误判相对价格作出反应，使短期总供给曲线向右上方倾斜。假设物价总水平上升到厂商的预期水平之上，当厂商看到自己的产品价格上涨时，可能会误认为自己的产品的价格相比其他产品上涨了，从而增加产量；反之，假设物价总水平下降到厂商的预期水平之下，当厂商看到自己的产品价格下降时，可能会误认为自己产品的价格相比其他产品下降了，从而减少产量。

结论：在短期，当实际物价水平高于预期物价水平时，产量增加；当实际物价水平低于预期物价水平时，产量减少。

预期物价水平会引起短期总供给曲线移动。预期物价水平上升，成本上升，产量减少，短期总供给曲线向左上方平移；预期物价水平下降，成本下降，产量增加，短期总供给曲线向右下方平移。

劳动、资本、自然资源及生产技术等因素的变动会引起短期总供给曲线移动。它们增加时，短期总供给曲线向右下方平移；减少时，短期总供给曲线向左上方平移。

3. 长期总供给曲线

在图 9.7 中，处于垂直状态的总供给曲线称为长期总供给（long-run aggregate supply，LAS）曲线。长期总供给曲线表示长期在实际产出水平等于潜在产出水平时，商品和劳务的供给量与价格水平的关系。长期总供给曲线是处于潜在产出水平上的一条垂线。从长期来看，资源会实现充分利用，而在资源充分利用的情况下，无论价格怎样变化，总供给都保持不变，因为长期中物价总水平并不影响经济生产产品和劳务的能力。

劳动、资本、自然资源及生产技术等因素的变动会引起长期总供给曲线移动。它们增加时，长期总供给曲线向右平移；减少时，长期总供给曲线向左平移。

教学互动

问：预期物价水平对短期总供给曲线有何影响？对长期总供给曲线有何影响？

答：预期物价水平下降时，生产要素成本下降，厂商供给增加，短期总供给曲线向右下方平移；预期物价水平上升时，生产要素成本上升，厂商供给减少，短期总供给曲线向左上方平移。预期物价水平不影响长期总供给曲线。

（三）均衡国民收入和均衡价格水平的决定

均衡国民收入是总需求等于总供给时的国民收入。如图 9.8 所示，总需求曲线 AD 与短期总供给曲线 SAS 相交于均衡点 E，实现短期宏观经济均衡。此时商品和劳务的总需求量等于总供给量，均衡国民收入为 Y_0，均衡价格水平为 P_0。在短期，由于名义工资是固定的，不能使经济调整到充分就业状态，因此实际产出水平低于或高于潜在产出水平。

如图 9.9 所示，总需求曲线 AD 与长期总供给曲线 LAS 相交于均衡点 E，实现长期宏观经济均衡。此时商品和劳务的总需求量等于总供给量，实际产出水平等于潜在产出水平，均衡价格水平为 P_0。长期宏观经济均衡之所以会实现，是因为名义工资得到调整。潜在产出水平和总需求决定价格水平，而价格水平影响名义工资。在长期，名义工资调整到使曲线 SAS 通过长期均衡点，总需求决定价格水平但不影响实际产出水平，长期总供给决定实际产出水平。

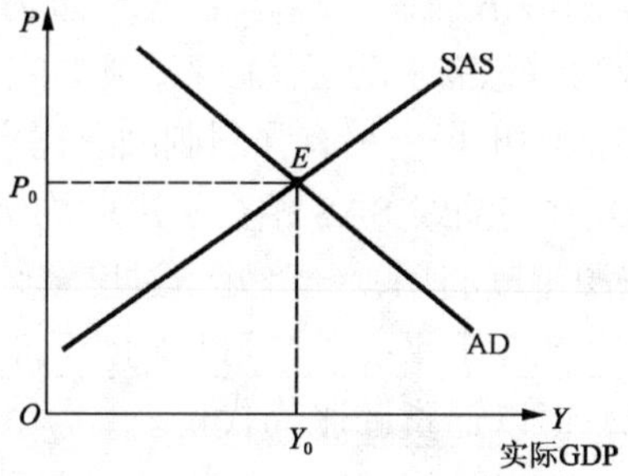

图 9.8　短期宏观经济均衡

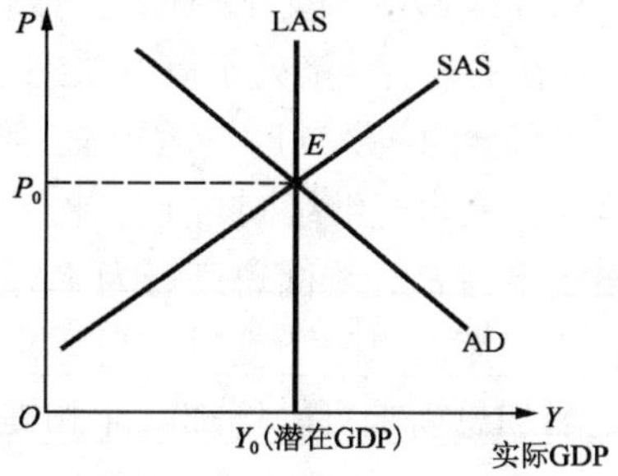

图 9.9　长期宏观经济均衡

四、总需求-总供给模型的运用

总需求-总供给模型既可解释经济的长期趋势与短期波动，也可说明失业与通货膨胀情况，是分析经济形势及制定经济政策的重要工具。

（一）描述经济的长期增长与通货膨胀

在长期，许多因素会引起总需求和总供给的变动。如降低利率及增加财政支出的经济政策使总需求增加，总需求曲线向右上方平移；技术进步使长期总供给增加，长期总供给曲线向右平移等，如图 9.10 所示。

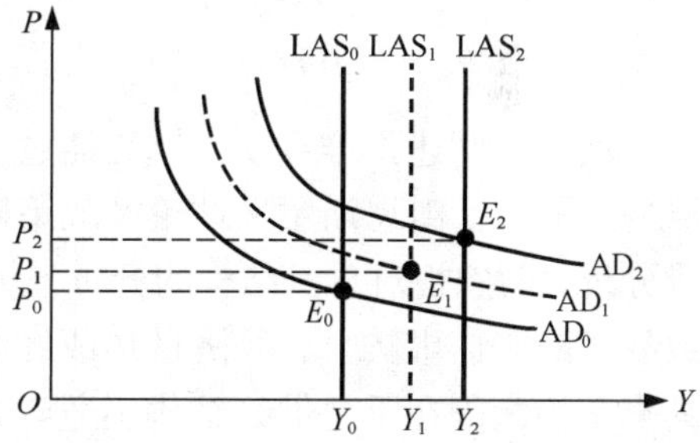

图 9.10　经济的长期增长与通货膨胀

在图 9.10 中，初始的总需求曲线 AD_0 与长期总供给曲线 LAS_0 相交于 E_0，决定均衡总产量为 Y_0，均衡物价水平为 P_0。总需求增加，总需求曲线由 AD_0 向右平移至 AD_1 后，持续平移至 AD_2；长期总供给增加，长期总供给曲线 LAS_0 向右平移至 LAS_1 后，持续平移至 LAS_2，经济达到新均衡点 E_2，决定均衡总产量为 Y_2，均衡物价水平为 P_2。均衡总产量由 Y_0 持续增至 Y_2，表明经济长期增长；均衡物价水平由 P_0 持续增至 P_2，表明存在通货膨胀。

结论：经济的长期增长取决于长期总供给的增加。在总需求不变的情况下，长期总供给增加，总产量增加，物价下降；在长期总供给不变的情况下，总需求增加，总产量并未增加，物价上升，导致通货膨胀。

（二）分析经济的短期波动

经济的长期趋势是短期波动叠加的结果，产量与物价水平的短期波动是对其长期趋势的背离。

1. 经济萧条与繁荣

当短期总供给不变时，总需求决定一国经济萧条或繁荣状态下的均衡水平，如图 9.11 所示。

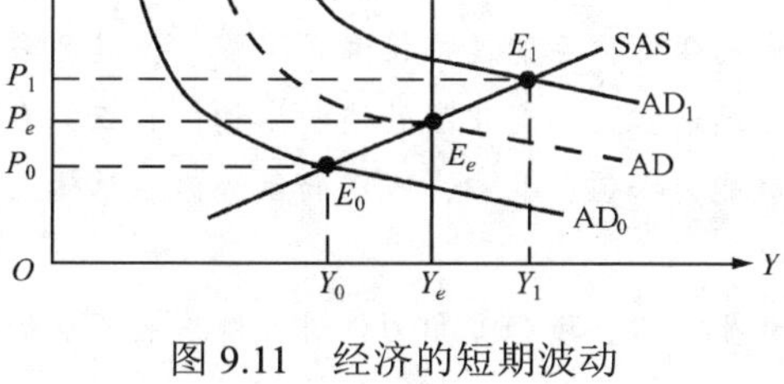

图 9.11　经济的短期波动

在图 9.11 中，AD 为总需求曲线，SAS 为短期总供给曲线，LAS 为长期总供给曲线，三者的交点

E_e为长期均衡点。此时短期均衡总产量正好等于充分就业时的总产量 Y_e，经济实现了充分就业均衡，这是最理想的宏观经济状况。当总需求减少时，总需求曲线 AD 向左下方平移至 AD_0，与短期总供给曲线 SAS 相交于短期均衡点 E_0，此时均衡价格水平为 P_0，均衡总产量为 Y_0，$Y_0<Y_e$，资源闲置，存在失业，经济处于萧条状态。政府采取刺激总需求的经济政策，则曲线 AD_0 向右上方平移，当移至曲线 AD 时，达到长期均衡点。若此时市场上另有强烈刺激总需求扩张的因素，则曲线 AD 有可能继续向右上方平移至曲线 AD_1 并与曲线 SAS 相交于短期均衡点 E_1，此时均衡价格水平为 P_1，均衡总产量为 Y_1，$Y_1>Y_e$，资源过度利用，经济处于过度繁荣状态。

结论：当短期总供给不变时，总需求增加，社会就业水平、总产量与物价同时上升。其政策含义是增加总需求可以增加就业和提高总产量，但以通货膨胀为代价。

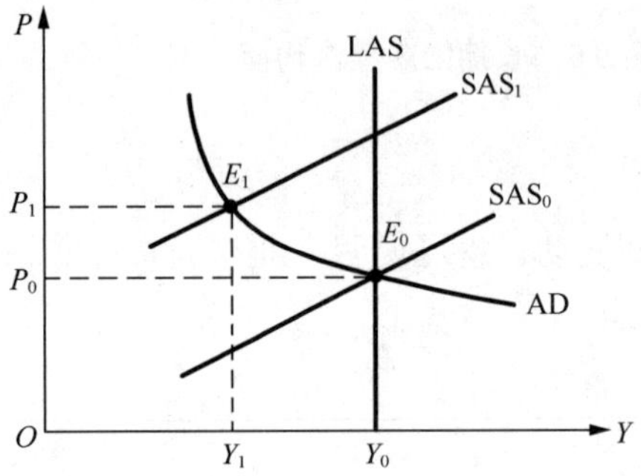

图 9.12 经济滞胀

2. 经济滞胀

滞胀是指产量减少而物价上升的现象，是衰退与通货膨胀并存的经济状况。如图 9.12 所示，当总需求不变时，受各种因素如农业歉收、外汇市场波动或要素价格上涨等的影响，短期总供给减少，会引起短期总供给曲线 SAS_0 向左上方平移至 SAS_1，总产量由 Y_0 减少至 Y_1，而物价由 P_0 上升至 P_1。

结论：当总需求不变时，短期总供给减少引起滞胀，短期总供给增加引起总产量增加而物价下降。

从以上阐述不难看出，单纯通过刺激总需求来推动经济发展具有明显的局限性。凯恩斯主义理论及政策以总需求为中心，侧重于短期的总量分析，而忽视对总量结构的分析，从 20 世纪的实践结果来看，极易导致经济滞胀。事实上，经济过热或经济萧条都是经济结构失衡的表现，其真正的病因在于总供给结构不适应总需求结构。从长远的系统的观点来看，摆脱经济萧条或衰退的根本出路在于调整总供给结构，而不是刺激总需求。

视野拓展

滞胀实例

案例 9.3

供给侧结构性改革：中国经济治理思路出现最重大转变

《中共中央关于制定国民经济和社会发展第十三个五年规划的建议》提出，今后五年，中国经济保持中高速增长的目标，2016 年至 2020 年经济年均增长底线是 6.5%。2015 年 11 月 10 日，中央财经领导小组第十一次会议首次提出供给侧结构性改革。简单的几个字，昭示着中国经济改革的主流视角正在从“需求分析”转向“供给分析”，中国经济治理思路出现最重大转变——在适度扩大总需求的同时，着力加强供给侧结构性改革，着力提高供给体系质量和效率，增强经济持续增长动力。

“十二五”期间，我国经济增速有所下降，或与下述问题有关：其一，我国的供给体系总体上具有外向型特点，外需减少导致一些产业产能过剩；其二，国内的供给体系能适应排浪式消费，但满足多样化、个性化消费的能力相对较弱，难以适应中等收入群体迅速扩大而变化了的消费结构；其三，有些产业的产能已经达到了物理性峰值或资源环境约束的承载能力峰值；其四，我国的供给体系总体上呈现中低端产品过剩，高端产品供给不足的状况。

供给侧结构性改革就是从供给、生产端入手，通过解放生产力，增强竞争力促进经济发展。从短期来看，政府要尽快降低融资成本、大规模减税、放松垄断和行政管制；从长期来看，政府要减少生产要素的供给抑制、推进技术创新与制度变革、引导产业结构升级、更新供给结构。2015 年 12 月，中央经济工作会议明确指出：通过降低企业成本、加大生产结构的调整和优化等方式，淘汰落后产能，创造新的经济增长点；通过创造新供给、提高供给质量，扩大消费需求。

供给侧结构性改革实例

启发思考

（1）试用总需求-总供给模型分析我国供给侧结构性改革的意义。

（2）政府强调供给侧结构性改革是否意味着放弃需求管理？为什么？

本章小结

国内生产总值是一个国家或地区一定时期在其领土范围内生产的所有最终产品和劳务的市场价值总和，是衡量一国总收入或总支出最基本的宏观经济总量指标。

从支出的角度来看，国内生产总值由消费、投资、政府购买和净出口构成；从收入的角度来看，国内生产总值由工资、利息、租金、利润、间接税净额和折旧构成。国内生产总值同时衡量一国的总支出和总收入，对于整个经济而言，总收入恒等于总支出，投资恒等于储蓄。

简单国民收入决定模型表明，短期内，在总供给不变的条件下，总需求决定均衡国民收入水平。总需求增加，均衡国民收入增加；总需求减少，均衡国民收入减少。

乘数是指自发总需求增加所引起的均衡国民收入增加的倍数。乘数的大小取决于边际消费倾向。边际消费倾向越高，乘数越大；边际消费倾向越低，乘数越小。

总需求-总供给模型表明，在长期，经济的增长取决于长期总供给的增加；在长期总供给不变的情况下，总需求增加引起通货膨胀；在短期，总需求与总供给变动引起经济波动，当短期总供给不变时，增加总需求可以增加就业和提高总产量，但以通货膨胀为代价；当总需求不变时，短期总供给减少引起滞胀。

练 习 题

一、概念识记

国内生产总值　消费　投资　储蓄　边际消费倾向　乘数　总需求　总供给　均衡国民收入
潜在国民收入　工资黏性　价格黏性　菜单成本　滞胀

二、单项选择题

1. 两部门经济指的是只存在（　　）的经济。

   A. 厂商与家庭　　B. 政府与家庭　　C. 出口与进口　　D. 投资与储蓄

2. 核算国内生产总值遵从的原则是（　　）。

   A. 国民原则　　B. 国土原则　　C. 收入原则　　D. 支出原则

3. 下列项目中，计入国内生产总值的是（　　）。

   A. 为他人提供家教所得收入　　B. 出售股票的收入

C. 拍卖徐悲鸿作品的收入　　D. 从政府部门获得的困难补助收入

4. 下列项目中，(　　)不计入国内生产总值。

A. 出口到外国的一批货物　　B. 政府给农民发放种粮补贴

C. 经纪人收取一栋旧房买卖的佣金　　D. 银行办理转账收取的手续费

5. 名义国内生产总值与实际国内生产总值的比率是(　　)。

A. 物价指数　　B. 产量指数　　C. 通货膨胀率　　D. 经济增长率

6. 下列项目中，(　　)不是经济学意义上的投资。

A. 企业建造厂房　　B. 企业购买设备　　C. 企业增加存货　　D. 企业购买股票

7. 消费函数研究的是消费与(　　)之间的关系。

A. 价格　　B. 收入　　C. 储蓄　　D. 利率

8. 如果边际储蓄倾向为0.2，投资增加70亿元，将使国内生产总值增加(　　)亿元。

A. 200　　B. 70　　C. 350　　D. 300

9. 在宏观经济长期均衡点上，实际产出水平(　　)潜在产出水平。

A. 小于　　B. 等于　　C. 大于　　D. 不能确定

10. 经济滞胀是指(　　)的现象。

A. 产量与物价同时下降　　B. 产量与物价同时上升

C. 产量增加而物价下降　　D. 产量减少而物价上升

三、多项选择题

1. 下列选项中，(　　)为居民消费支出。

A. 生活用品支出　　B. 住房租金支出　　C. 教育支出　　D. 购买新住房支出

2. 下列选项中，计入投资的有(　　)。

A. 购买债券　　B. 购买设备　　C. 购买耐用品　　D. 购买原材料

3. 下列选项中，计入政府购买的是(　　)。

A. 行政管理支出　　B. 国防支出　　C. 环保工程支出　　D. 财政补贴支出

4. 基础产业具有的特点有(　　)。

A. 外部性　　B. 公用性　　C. 不可分割性　　D. 非独占性

5. 下列变量中，(　　)是名义变量。

A. 就业人数　　B. 产品产量　　C. 货物出厂价格　　D. 银行挂牌利率

6. 消费函数与储蓄函数的关系有(　　)。

A. C+S=Y　　B. APC+APS=1　　C. MPC+MPS=1　　D. APC+MPC=1

7. 总需求曲线之所以向右下方倾斜，是因为(　　)。

A. 财富效应　　B. 利率效应　　C. 汇率效应　　D. 乘数效应

8. 短期总供给曲线之所以向右上方倾斜，是因为(　　)。

A. 工资黏性　　B. 价格黏性

C. 相对价格错觉　　D. 实际价格偏离预期水平

9. 使长期总供给增加的因素有(　　)。

A. 劳动增加　　B. 资本增加　　C. 预期物价下降　　D. 技术进步

10. 在总需求不变的情况下，长期总供给增加会导致(　　)。

A. 总产量增加　　B. 总产量减少　　C. 物价下降　　D. 物价上升

四、判断题

1. 国内生产总值包括自产自用的粮食、家禽、蔬菜和自建房屋。 （ ）
2. 面粉不一定是中间产品。 （ ）
3. 投资是流量指标，而资本则是存量指标。 （ ）
4. 固定资产折旧不是国内生产总值的构成部分。 （ ）
5. 边际消费倾向与平均储蓄倾向之和等于1。 （ ）
6. 一国在一定时期内的国内生产总值总是大于国民生产总值。 （ ）
7. 储蓄函数研究储蓄与消费之间的依存关系。 （ ）
8. 对于整个经济而言，投资恒等于消费。 （ ）
9. 对于整个经济而言，总收入恒等于总支出。 （ ）
10. 在资源充分利用的情况下，乘数才能发挥作用。 （ ）

五、简答题

1. 简述国内生产总值与国民总收入的区别和联系。
2. 简要说明四部门经济体系中的国民收入流量循环及恒等关系。
3. 预期价格水平怎样影响总需求和总供给？

六、应用题

1. 已知投资增加40 000亿元，边际消费倾向为0.8，试计算乘数、收入变化量及消费变化量。

新能源汽车推广补贴政策相关资料

2. 2020年12月31日，财政部、工业和信息化部、科技部、发展和改革委员会联合发出《关于进一步完善新能源汽车推广应用财政补贴政策的通知》，请扫描右侧二维码，阅读相关政策内容，分析此项政策的理论依据及政策效应。

3. 2015年年初，包括央视在内的中国主流媒体纷纷报道中国游客在日本抢购洁身器。其实，在日本市场份额占据第一的松下洁身器，其产地是中国杭州。成立于2004年的松下电化住宅设备机器（杭州）有限公司，是松下集团目前全球唯一的洁身器研发、制造和销售基地，其产品销往世界各地。2015年3月1日，松下中国洁身器品牌洁乐官方微博回应媒体报道中国游客在日本购买洁身器却发现产地为中国一事称："是的，杭州下沙有我们洁乐的工厂。这些洁身器好不容易生产出来漂洋过海出口到日本，又被大家背了回来。"

试分析：

（1）松下电化住宅设备机器（杭州）有限公司生产的洁身器应计入哪国国内生产总值？

（2）中国游客在日本购买消费品对日本国内生产总值有何影响？

（3）中国游客在国外购买中国制造的产品对中国国内生产总值有何影响？

（4）国人热衷于海外扫货的根源是什么？

第十章　宏观经济政策

【学习目标】

理解宏观经济政策的概念及目标；掌握财政政策和货币政策的基本工具及运用策略；能正确解读现实中的各种宏观经济政策并分析其对经济的影响。

案例 10.1

2021年中国的宏观经济政策

2021 年，我国继续实施积极的财政政策，积极的财政政策要提质增效、更可持续。2021 年，赤字率拟按 3.2%左右安排，比去年预算低 0.4 个百分点；财政赤字 3.57 万亿元，其中中央财政赤字 2.75 万亿元，地方财政赤字 0.82 万亿元。财政支出超过 25 万亿元，增长 1.8%；中央对地方一般性转移支付增长 7.8%。

2021 年，我国继续实施稳健的货币政策，稳健的货币政策要灵活精准、合理适度。货币供应量和社会融资规模增速与名义国内生产总值增速基本匹配，保持流动性合理充裕，保持宏观杠杆率基本稳定。保持人民币汇率在合理均衡水平上的基本稳定。把服务实体经济放到更加突出的位置，处理好恢复经济与防范风险的关系，引导资金更多流向科技创新、绿色发展，更多流向小微企业、个体工商户和新型农业经营主体。

启发思考

（1）什么是宏观经济政策？

（2）什么是财政政策和积极的财政政策？

（3）什么是货币政策和稳健的货币政策？

（4）为何 2021 年我国要实施积极的财政政策和稳健的货币政策？

市场机制是不完善的。自从市场经济产生以来，各国的经济就在繁荣与萧条中交替发展。单纯依赖市场机制的自发调节，无法克服经济危机、失业与通货膨胀等问题，难以实现经济的平稳增长。政府有能力调节经济，纠正市场机制的缺陷，而宏观经济政策理论为政府干预经济提供了理论依据和决策指导。

第一节　宏观经济政策概述

宏观经济政策是一国政府为实现一定的总体经济目标而制定的相关指导原则和措施。宏观经济调控则是政府运用一定的宏观经济政策对各种宏观经济总量的变动进行调节和控制，使之达到总体经济目标要求。

一、宏观经济政策目标

一般认为，宏观经济政策应该同时达到如下四个目标。

1. 充分就业

充分就业是宏观经济政策的首要目标。就业是民生之本，是民众维持生存和改善生活的基本前提与保障。充分就业是指包括劳动在内的各种生产要素都按其所有者愿意接受的价格全部被用于生产的一种经济状态。充分就业并不是指人人都有工作，而是维持一定的失业率，这个失业率要控制在大众所能接受的范围之内，一般为 5%左右。较高的失业率不仅会造成社会资源的极大浪费，而且容易导致社会动乱和政治危机，因此各国政府一般都将充分就业作为优先考虑的政策目标。

需要注意的是，在经济学中，充分就业不仅指劳动这一生产要素的充分利用，还泛指全社会经济资源的充分利用。

2. 物价稳定

在现实生活中，物价水平往往会随货币供应量、总需求、总供给、成本、预期等多种因素的变化而变动。物价稳定不是指每种商品的价格或价格总水平保持固定不变，而是指价格总水平相对稳定，维持一个较低而稳定的通货膨胀率，一般为年通货膨胀率 3%以下。这种通货膨胀率既能为社会所接受，也不会对经济产生不利影响。在市场经济中，价格的波动是价格调节经济的具体形式，但价格的大起大落对经济十分不利。如物价大幅上升，会刺激盲目投资，导致重复建设、片面追求数量扩张、产能过剩、经济效益下降；而物价大幅下降，则会抑制投资，导致生产下降、物资短缺、失业率上升。因此，保持物价稳定是经济平稳运行的基本条件。

3. 经济增长

经济增长是指一国实际国内生产总值或人均国内生产总值的持续增加，通常用实际国内生产总值增长率来衡量。经济增长是经济和社会发展的基础，是提高国民生活水平的重要条件。促进经济持续稳定增长，是政府宏观调控的重要目标。经济增长速度并不是越高越好，过高的经济增速不仅会付出高昂的环境和社会代价，也会因受资源及技术的约束而不可持续。一般而言，经济处于较低发展阶段的国家，经济增速较高；经济处于较高发展阶段的国家，经济增速较低。因此，经济增长目标应该是实现与本国国情相符的适度增长率。

4. 国际收支平衡

国际收支是在一定时期（通常为一年）内一国居民与世界其他国家居民之间全部经济交易的系统记录。国际收支平衡是指既无国际收支盈余，也无国际收支赤字的状态。由于国际收支总差额意味着官方储备的增减，因而可以看作与货币供求相联系的一种货币现象，是一国货币供给的自动调节机制。根据货币供给量的变动，国际收支总差额又会进一步对其他宏观经济变量如汇率、利率、私人资本的流动、国内投资、生产以及进出口等产生重要的影响。国际收支平衡要求一国汇率基本保持稳定，同时进出口大致平衡、略有顺差或逆差。国际收支严重失衡会对一国经济发展产生不利影响。如过度的国际收支盈余易造成资源闲置，引发国际贸易摩擦；而过大的国际收支赤字，会给一国带来沉重的债务负担等。

以上四个宏观经济政策目标之间存在着矛盾，要想同时实现并不容易。如要实现充分就业，就要以牺牲一定的物价稳定为代价（详见第十一章“菲利普斯曲线”）；而伴随经济增长的总需求增加往往会引起通货膨胀，不利于物价稳定；为了平抑国内物价，增加国内供给，往往会增加进口、减少出口，从而导致国际收支逆差等。宏观经济政策目标之间的矛盾表明，政策制定者应根据本国不同时期的具体经济情况，对政策目标进行价值判断，权衡轻重缓急和利弊得失，确定一个或两个重点政策目标，并兼顾其他政策目标。

视野拓展

2021年中国宏观经济政策目标

2021 年《政府工作报告》提出，2021 年我国经济社会发展主要预期目标是：国内生产总值增长 6%以上；城镇新增就业 1 100 万人以上，城镇调查失业率 5.5%左右；居民消费价格涨幅 3%左右；进出口量稳质升，国际收支基本平衡；居民收入稳步增长；生态环境质量进一步改善，单位国内生产总值能耗降低 3%左右，主要污染物排放量继续下降；粮食产量保持在 1.3 万亿斤以上。

二、宏观经济政策工具

宏观经济政策工具是为达到政策目标所采用的手段。政策工具有多种，且各具特色，但往往都能达到相同的政策目标，可以有选择地运用。常用的宏观经济政策工具有需求管理、供给管理和对外经济管理等。

1. 需求管理

需求管理是指通过调节总需求来达到一定政策目标的宏观经济政策工具。需求管理包括财政政策和货币政策。

凯恩斯主义理论认为，短期内在总供给既定的条件下，决定就业和物价的关键是总需求。需求管理通过调节总需求，实现总需求等于总供给，达到充分就业和稳定物价的目标。当总需求小于总供给时，整个经济会因需求不足而产生失业，政府应采取扩张性政策工具，刺激总需求增加，实现充分就业；当总需求大于总供给时，整个经济会因需求过度而出现通货膨胀，政府应采取紧缩性政策工具，抑制总需求，消除通货膨胀。

2. 供给管理

供给管理是通过调节总供给来达到一定政策目标的宏观经济政策工具。供给即生产，在短期内影响供给的主要因素是生产成本，特别是生产成本中的工资成本；在长期内影响供给的主要因素是生产能力，即经济潜力的增长。因此，供给管理包括控制工资与物价的收入政策、指数化政策、人力政策和经济增长政策。

（1）收入政策。工资上涨是成本推动型通货膨胀的主因。收入政策是指通过限制货币工资和其他收入的增长率，从而限制物价上涨率的政策。收入政策有以下三种形式：①工资与物价指导线。工资与物价指导线是指政府根据劳动生产率和其他因素的变动，规定工资和物价上涨的限度，其中主要是规定货币工资增长率。工会和企业都要根据这一指导线来确定工资增长率，企业也必须据此确定产品的价格变动幅度。②工资与物价的冻结。工资与物价的冻结是指政府采用法律和行政措施禁止在一定时期内提高工资与物价。这种措施一般只用于战争等特殊时期或通货膨胀严重时期。③税收刺激政策。税收刺激政策是指政府规定工资指导线，企业工资增长率超过这一指导线，就课以重税；企业工资增长率低于这一指导线，则给予减税。

视野拓展

企业工资指导线实例

（2）指数化政策。指数化政策是指定期地根据通货膨胀率来调整各种收入的名义价值，以使其实际价值保持不变。它主要包括工资指数化和税收指数化，如规定劳资双方签订劳动合同时约定在一定时期内根据通货膨胀率来调整名义工资的条款、定期按通货膨胀率来调整个人所得税免征额和税率等级等。

视野拓展

人力政策实例

（3）人力政策。人力政策也称就业政策，是一种旨在改善劳动市场结构，以减少失业的政策。人力政策主要包括：①人力资本投资。由政府或有关机构向劳动者投资，以提高劳动者的文化技术水平与身体素质，从而满足劳动力市场的需要。②完善劳动力市场。政府应规范各类就业中介机构，鼓励发展人力资源管理咨询、高级人才寻访、人才测评等高技术、高附加值业态，完善人力资源服务机构信用评价标准和服务许可制度，健全公共就业服务体系，健全就业失业统计监测预警机制，为劳动力供求双方提供迅速、准确而完全的信息，使劳动者找到满意的工作，企业得到所需员工。③促进平等就业。消除影响平等就业的各类不合理限制或就业歧视，破除妨碍劳动要素市场化配置和自由流动的障碍，畅通劳动者社会性流动渠道。

思考与讨论 10.1

（1）在现实社会中，影响平等就业的各类不合理限制或就业歧视主要有哪些？

（2）在我国，妨碍劳动要素市场化配置和自由流动的社会性障碍主要有哪些？

视野拓展

供给学派与新供给主义经济学

（4）经济增长政策。从长期来看，影响总供给最重要的因素是生产能力，因此提高生产能力是供给管理的重要内容。经济增长政策主要包括：①增加劳动力的数量和提高劳动力的质量。如提高人口出生率、鼓励移民入境、增加人力资本投资等。②资本积累。资本积累主要来源于储蓄，减少税收和提高利率可鼓励人们增加储蓄。③技术进步。政府通过对科学技术发展进行规划、直接投资、出台鼓励科研政策、加强科技人才培养及引进国外科技人才等措施促进技术进步。④计划化和平衡增长。各部门之间协调增长是经济本身所要求的，而各部门之间平衡增长则要通过政府计划或政策指导来实现。

视野拓展

对外贸易政策实例

3. 对外经济管理

对外经济管理是指通过对国际贸易、国际资本流动、劳务的国际输出和输入等进行管理和调节，以实现国际收支平衡。对外经济管理包括对外贸易政策和对外金融政策。对外贸易政策包括关税政策、非关税壁垒和鼓励出口政策等；对外金融政策包括外汇管理政策和国际收支调节政策等。

第二节　财政政策

财政政策是政府为实现一定的经济目标，运用财政收入和财政支出来调节经济的政策。财政政策是政府干预经济的主要政策之一，是需求管理的重要工具。

一、财政政策工具

财政政策工具也称财政政策手段，是指政府为实现一定的政策目标而采取的各种财政手段和措施。财政政策工具包括财政收入、财政支出及财政预算。

（一）财政收入

财政收入是指政府为履行其职能、实施公共政策和提供公共物品与服务而筹集的一切资金的总和。财政收入表现为政府部门在一定时期（一般为一个财政年度）内所取得的货币收入，是衡量一国政府财力的重要指标。财政收入主要包括税收和公债。

1. 税收

税收是政府为实现其职能，凭借其政治权力并按照法定标准，强制、无偿取得的财政收入。税收是政府组织财政收入的基本手段，是政府财政收入中最主要的组成部分，是调节经济的重要杠杆。凯恩斯主义理论认为，减税会刺激消费与投资，从而刺激总需求，而增税则会抑制总需求；供给学派认为，减税会刺激储蓄与个人工作积极性，从而刺激总供给，而增税则会抑制总供给。

视野拓展

从税收数据看中国经济

税收促进财政目标实现的方式是灵活运用各种税制要素，主要表现为：适当设置税种和税目，形成合理的税收体系，从而确定税收调节的范围和层次，使各税种相互配合；确定起征点和税率，明确税收调节的数量界限；规定必要的税收减免和加成。因此，政府可以通过调整税率和增减税种来调节产业结构，实现资源的优化配置；可以通过累进的个人所得税、财产税等来调节个人收入和财富，实现公平分配。

2. 公债

公债是指政府凭借信用，通过发行债券或借款的方式而取得的收入，是政府财政收入的另一来源。发行公债是政府弥补财政赤字的普遍做法，比增税、增发货币等弥补财政赤字的方式更具优越性。公债是政府调控经济的重要政策工具。政府发行公债能扩大财政资金的来源，筹集重点建设资金，调节积累与消费比例，调节投资结构与产业结构，优化经济结构，增加财政收入和支出，刺激总需求。另外，公债是连接财政政策与货币政策最重要的纽带，是中央银行公开市场业务的基础。中央银行通过买卖公债能调节货币市场与资本市场的供求关系，影响货币供应量及市场利率水平，从而对经济产生扩张或紧缩效应。

视野拓展

公债发行实例

教学互动

问：什么是公债哲学？

答：公债哲学即公债有益论。凯恩斯主义理论认为，公债不仅是弥补财政赤字的重要手段，还是实施财政政策的重要工具。这是因为：①债务人是国家，债权人是公众，国家与公众的根本利益是一致的；②政府的政权是稳定的，不会引起信用危机；③债务用于发展经济，经济的发展使政府偿还债务的能力更强。

当然，公债并非越多越好。2008 年 10 月始于冰岛，其后蔓延至希腊、意大利、西班牙、匈牙利、葡萄牙、爱尔兰等国并在欧洲愈演愈烈的欧洲主权债务危机就是最好的证明。一般认为：政府未清偿债务总额占同年国内生产总值的比重，即公债负担率低于 60%，国民经济是可以承受的；当年公债还本付息额占当年财政收入的比重，即偿债率不超过 10%为正常；当年公债发行额占当年财政支出的比重，即公债依存度的国际警戒线为 15%～20%。

视野拓展
主权债务违约实例

教学互动

问：什么是主权债务？

答：主权债务是指一国以自己的主权为担保通过向境外发行外币主权债券或借款所产生的以外币计价的债务。主权债务违约是指一国不能偿付其主权债务的情形。

3. 国有资产收益、收费收入及其他收入

政府财政收入的来源还有国有资产收益、收费收入及其他收入等。

国有资产收益是指政府凭借资产所有权所获得的经营利润、租金、股息、红利、资产占用费等收入的总称。

收费收入是指政府机关或事业单位在提供公共服务、实施行政管理或提供特定公共设施的使用时，向受益人收取一定费用的收入形式。收费收入包括使用费和规费。使用费是政府对公共设施的使用者按一定标准收取的费用，如对使用政府建设的高速公路、桥梁、隧道的车辆收取的使用费；规费是政府对公民个人提供特定服务或特定行政管理所收取的费用，如护照费、毕业证费、民事诉讼费、结婚登记费等。收费收入具有有偿性和不确定性的特点，是政府财政收入的辅助形式。

其他收入是指上述项目之外的收入，如捐赠收入等。

（二）财政支出

财政支出是政府财政资金的分配和使用，包括政府购买和政府转移支付。

1. 政府购买

政府购买是指政府对商品和劳务的购买。政府购买性支出主要包括行政管理支出、国防支出、科教文卫支出和公共投资支出。

政府购买有商品和劳务的实际交易，直接形成社会需求和购买力，是一种实质性支出，是国民收入的一个组成部分。

视野拓展
政府转移支付实例

2. 政府转移支付

政府转移支付是指政府单方面的、无偿的资金支付，包括社会保障和社会福利支出、政府对农业或部分企业的补贴、公债利息、上级政府对下一级政府的补助、国际援助捐赠支出等。

转移支付是一种无偿的货币性支出，是政府对现有收入的再分配，社会总收入并没有增加，但有利于实现社会公平。一般而言，由于转移支付不直接构成对商品和劳务的需求，形成的是潜在购买力，因此对总需求的影响是间接的。

视野拓展
财政预算实例

（三）财政预算

财政预算也称公共财政预算，是由政府编制，经立法机关审批，反映政府一个财政年度内收支状况的计划。财政预算反映政府活动的范围和方向，体现政府在特定时期所要运用的政策工具及所要实现的政策目标，具有法定性、精细性、完整性、时效性和公开性，是政府调节经济和社会发展的重要工具。

财政预算通过调整收支规模和收支差额发挥调节作用。收支规模决定政府投资和消费的规模，从而影响社会总需求和总供给；收支差额一般分为赤字预算、盈余预算和平衡预算三种情形，分别体现着扩张性财政政策、紧缩性财政政策和中性财政政策。总之，在市场经济条件下，当经济难以保持自身均衡发展时，政府可以根据经济运行状况，选择适当的预算总量或结构政策，采用预算手段调节国民收入的分配和再分配，调整经济结构，平衡社会总需求与总供给的关系，促进经济稳定增长。

资料查询

查询财政收支数据和财政预算、决算

查询步骤：登录中华人民共和国财政部网站首页>信息公开>财政数据>单击所要查看项目的链接。

学习推荐：查询我国近五年财政收支数据，计算其差额，并分析财政收支总量及结构变化。

二、财政政策的运用

根据对总需求调节方向的不同，财政政策可分为扩张性财政政策、紧缩性财政政策和中性财政政策。财政政策运用的一般原则是“逆经济风向行事”，即在经济萧条时期，采用扩张性财政政策；在经济繁荣时期，采用紧缩性财政政策。

微课堂

制造业减税政策

1. 扩张性财政政策

扩张性财政政策也称积极的财政政策，是通过减税、扩大政府财政支出来增加总需求的政策。其具体措施为减税和扩大政府财政支出。

（1）减税。减税可增加个人可支配收入，从而促进消费增加；减税可增加企业利润，从而促进投资增加。因此，减税能刺激总需求增加。

（2）扩大政府财政支出。扩大政府财政支出的途径有增加政府购买、增加政府转移支付、实行赤字预算、发行公债等。政府购买是总需求的构成部分，增加政府购买就是增加总需求，同时还能刺激企业投资；增加政府转移支付既能促进个人消费增加，也能促进企业投资。因此，扩大政府财政支出能刺激总需求增加。

思考与讨论 10.2

在我国，自新冠肺炎疫情发生以来，多地推出多轮向消费者发放消费券的活动。问题：

（1）此举为哪类财政支出？属于何种政策？其理论依据和政策目标是什么？

（2）政府为何不直接向消费者发放现金？

在经济萧条时期，总需求小于总供给，经济中存在大量失业，政府就要采取扩张性财政政策来刺激总需求，以达到充分就业、稳定经济增长的目标。

2. 紧缩性财政政策

紧缩性财政政策是通过增税、减少政府财政支出来压缩总需求的政策。其具体措施为增税和减少政府财政支出。

（1）增税。增税降低个人收入水平，从而减少消费；增税降低企业利润，从而减少投资。因此，增税会抑制总需求。

（2）减少政府财政支出。减少政府财政支出的途径有减少政府购买、减少政府转移支付、实行盈余预算等。减少政府财政支出可抑制总需求。

在经济繁荣时期，总需求大于总供给，经济中存在通货膨胀，政府需采取紧缩性财政政策来抑制总需求，达到稳定物价的目标。

3. 中性财政政策

中性财政政策是指财政收支保持平衡，不对社会总需求产生扩张或紧缩影响的财政政策。中性财政政策并不意味着保守或停滞，我国所称“稳健的财政政策”即属于中性财政政策。其特点是：在总量上，财政收支基本平衡；在具体结构内容方面，则是“有松有紧”“有保有控”，如在涉及诸如科技创新、教育、新能源、农业等薄弱领域，需要进一步加大投入力度，而在诸如水泥、钢铁、电解铝等行业，则需要进行控制。因此，中性财政政策注重规模与效益、速度与质量的统一，是具有可持续性的财政政策。

三、自动稳定器

自动稳定器也称内在稳定器，是指经济系统自身存在的，减少各种干扰对国民收入形成冲击的机制。这种机制能够在经济繁荣时期自动抑制总需求扩张，在经济萧条时期自动减缓总需求下降。具有自动稳定器作用的因素主要包括个人和公司所得税、失业救济金和其他社会福利支出、农产品价格维持制度等。

（1）个人和公司所得税。所得税具有一定的起征点和相应的税率。在经济繁荣时期，随着生产扩大，就业增加，个人收入和公司利润增加，同时符合纳税规定的个人和公司也相应增加，政府税收随之自动增加，在累进税率的情况下，纳税人自动进入较高的纳税档次，政府税收增加幅度超过收入增加幅度，从而抑制总需求扩张和经济过热；在经济萧条时期，个人收入和公司利润减少，同时符合纳税规定的个人和公司也相应减少，政府税收随之自动减少，在累进税率的情况下，纳税人自动进入较低的纳税档次，政府税收减少幅度超过收入减少幅度，从而缓解总需求减少造成的经济萧条。

（2）失业救济金和其他社会福利支出。失业救济金和其他社会福利支出为政府转移支付，有一定的支付标准。在经济繁荣时期，失业减少，个人收入水平提高，能达到转移支付标准的人数减少，失业救济金和其他社会福利支出自动减少，从而抑制可支配收入和消费需求增长；在经济萧条时期，失业增加，个人收入水平下降，能达到转移支付标准的人数增加，失业救济金和其他社会福利支出自动增加，从而减缓个人收入下降，进而减缓消费需求下降。

（3）农产品价格维持制度。在经济繁荣时期，对农产品的需求增加，农产品价格上升，政府根据农产品价格维持制度，减少收购并抛售库存的农产品，以平抑农产品价格，从而减少农民的可支配收入；在经济萧条时期，对农产品的需求减少，农产品价格下降，政府根据农产品价格维持制度，以支持价格增加收购农产品，从而增加农民的可支配收入，使农民的收入和消费维持在一定水平。

在现实经济中，自动稳定器作为抑制经济波动的第一道防线，其稳定经济的作用十分有限。它只能减轻经济波动的程度，而不能改变经济波动的方向，更不能从根本上解决经济问题。因此，政府审时度势，适当干预经济是十分必要的。

四、财政政策的特点

财政政策既有优点，也存在一定的局限性。

财政政策的优点主要表现为：财政政策可以直接刺激消费和投资，具有手段多、力度大和见效快的特点；在调节公平分配、调整经济结构、促进经济增长和充分就业、优化资源配置等方面，效果比较明显。

财政政策的局限性主要表现为：财政政策对经济运行发挥作用的过程主要是政府干预，因而这种调节作用容易对市场机制形成较大冲击，也难以提高资金的使用效率；财政政策的制定过程是一个经济决策和政治决策相结合的过程，政策实施起来灵活性相对较小；财政政策具有挤出效应。所谓挤出效应，是指增加政府投资对私人投资产生的替代效应，从而导致增加政府投资所增加的国民收入可能因为私人投资减少而被全部或部分抵消，如公债的发行增加了政府用以投资的财源，会使国民收入增加，但其实质是借用民间资金来投资，会相应减少民间用于投资和消费的资金，国民收入又会随之相应减少。

第三节　货币政策

货币政策也称金融政策，是政府通过中央银行控制货币供应量来调节利率，进而影响投资和整个经济，以实现宏观经济政策目标的行为措施。与财政政策一样，货币政策也是政府干预经济的重要政策，是需求管理的重要工具。

一、货币与银行体系

学习货币政策，有必要了解相关的基础知识。

（一）什么是货币

货币是人们普遍接受的充当交换媒介的特殊商品，是经济中人们经常用于向其他人购买商品和劳务的资产。

1. 货币的职能

在市场经济中，货币执行着计价单位、交换媒介、支付手段、价值储藏手段等多种职能。

（1）计价单位。计价单位是人们用来表示价格和记录债务的标准。货币是以一定的计量单位来衡量其他一切商品价值大小的尺度。如美国以美元为货币计量单位，西欧大部分国家以欧元为货币计量单位，中国以元为人民币的计量单位。当你在商店购物或在理发店美发时，会看到每件商品或每项劳务都有价格标签，这正是货币在执行计价单位的职能。货币在执行计价单位的职能时，可以是观念上的货币，而不必是现实的货币。比如一双鞋值 300 元，并不需要把 300 元拿在手中。

（2）交换媒介。货币是商品交换的媒介，即买者需要用货币来交换所需商品。当买者在商场购买一双鞋时，这双鞋之所以能从卖者转移到买者，最终实现交易，是因为买者支付了等量的货币。买者走进商场购物时，确信商场会接受他的货币，因为货币是人们普遍接受的交换媒介。执行交换媒介职能的货币不是停留在观念上的货币，而必须是实实在在的货币。如购买一双价值 300 元的鞋，必须以相应的货币来交换，即一手交钱一手交货，实现等价交换，这样交易才能完成。

（3）支付手段。支付手段是随着商品交换过程中赊账买卖的出现而产生的。在商品赊销的情形下，货币不是直接作为商品交换的媒介，因为商品的买卖已经在没有交付货币的情况下完成了，支付货币只是为了偿还买者对卖者的欠账。货币的支付手段这一职能，促进了商品流通和生产发展，方便了人们的生活。但商品转移和货币交付在时间上的分离，容易形成错综复杂的债权债务关系。

随着商品经济的发展，货币的支付职能逐渐超出商品交换的范围，如私人用货币缴纳税款、捐款、借贷，政府用货币向私人支付财政补贴等。这类货币支付都与商品交换无关，体现着货币的支付职能。因此，货币在实际价值单方面转移时就执行支付手段这一职能。

（4）价值储藏手段。货币是一种价值储藏手段，因为它可以保存并在以后用于交换商品和劳务。货币不是经济中唯一的价值储藏手段，住房、汽车、艺术品、股票、债券等都具有价值储藏职能。货币是最具流动性的资产，流动性是指一种资产兑换为经济中交换媒介的容易程度。币值越稳定，货币的价值储藏效果越好。当出现通货膨胀时，货币的购买力缩水，储藏价值蒸发。可以说，没有完全稳定的价值储藏手段。随着时间的推移，住房、汽车、艺术品、股票、债券等的价值会出现波动。

货币的多种职能之间存在着密切关系。计价单位和交换媒介是货币的两种基本职能，其他职能是在这两种职能的基础上逐步发展起来的。正是由于货币能执行交换媒介和支付职能，人们才愿意保存货币，从而使货币有价值储藏职能；而如果货币不具有价值储藏职能，它就不可以作为支付手段；同时，货币的价值储藏职能又提供了潜在的交换媒介和支付手段。

2. 现代货币的分类

现代货币包括以下四种具体形式。

（1）现金。现金是通用的交换媒介，包括纸币、铸币和数字货币。其中：纸币称为法币，是政府强制流通的法定货币；铸币称为硬币，是币值微小的辅币，一般用金属铸造；数字货币是网络环境下纸币、铸币的替代物，如中国人民银行推出央行数字货币（CBDC）。

（2）存款货币。存款货币是指可以随时提取现金的商业银行的活期存款。活期存款可以随时转换为现金，也可以通过支票在市场上流通。存款货币和现金一样，流动性极强。存款货币的出现，将货币由有形扩展到无形，延伸了货币的概念。

（3）准货币。准货币又称亚货币或近似货币，是指能够执行价值储藏职能，并且易于转换成货币，但本身不是货币的资产，包括商业银行的定期存款和其他储蓄机构的储蓄存款、股票、债券等金融资产。

（4）货币替代物。货币替代物是指能够暂时执行交换媒介职能，但不能执行价值储藏职能的金融工具，如信用卡等。

教学互动

问：支票、信用卡是货币吗？

答：支票、信用卡都不是货币。支票只是让银行把货币从买者账户转移至卖者账户的凭证；信用卡是使持有人购物时能立即得到贷款的身份卡，持有人需要按期偿还信用卡公司的贷款，否则会产生利息。

（二）银行体系

银行是依法成立的经营货币信贷业务的金融机构。当今各国都形成了一个规模庞大、分工明确的金融体系，大致由中央银行、商业银行、专业银行及非银行金融机构组成。其中，发挥主要作用的是中央银行和商业银行。

1. 中央银行

中央银行是一个国家金融体系的核心，是最高的金融管理机构。它统筹管理整个国家的金融活动，实施货币政策以影响经济。我国的中央银行是中国人民银行。一般认为，中央银行具有三种职能：①发行货币。中央银行代表国家发行本位币，独占货币发行权。②管理银行。中央银行集中保管存款准备金，办理全国商业银行间的清算，充当最终贷款者。③代理中央政府金融业务。中央银行代理国库，提供政府所需贷款，监督管理国内金融活动，实施货币政策，管理对外金融事务。因此，中央银行担负着调控国家宏观经济、管理金融行业和服务政府及金融机构的职责。

知识点滴

中央银行通过票据交换所提供清算业务服务。票据交换所是同一城市内银行间清算各自应收、应付票据款项的场所。票据交换所一般每天交换1～2次，具体次数根据实际需要而定。所有银行间的应收、应付款项都可在相互轧抵后，通过其在中央银行开设的往来存款账户转账收付其差额。

视野拓展

《中华人民共和国中国人民银行法》

《中华人民共和国商业银行法》

2. 商业银行

商业银行是指能够吸收公众存款、发放贷款、办理结算等多种业务的营利性金融机构。我国的商业银行主要有国有商业银行、股份制商业银行、城市商业银行、农村商业银行、外资银行等，如中国工商银行、中国农业银行、中国银行、中国建设银行、交通银行等是国有商业银行，上海浦东发展银行、招商银行、中信银行、中国光大银行、华夏银行、中国民生银行、广发银行、兴业银行、平安银行、恒丰银行、浙商银行、渤海银行等是股份制商业银行。

商业银行在一国经济中扮演着重要角色，其主要职能如下。

（1）信用中介。信用中介是商业银行最基本的职能。商业银行通过吸收存款，动员和集中社会上的一切闲散货币资金，再通过贷款出借给资金需求者，从而成为货币资金的贷出者与借入者之间的中介机构。在这一过程中，私人的储蓄转化为厂商的投资，而商业银行则从存贷利差中获取收益。商业银行作为信用中介，克服了直接借贷在资本数量，借贷时间、空间、期限上难以协调，缺乏借入者资信等种种局限，通过对货币资本进行再分配并进行充分有效地运用，加速了资本周转，促进了生产扩大。

（2）支付中介。商业银行除了作为信用中介融通货币资本以外，还执行着支付中介的职能。商业银行通过转账结算代理客户收付、为客户兑付现款等，成为工商企业、团体和个人的货币保管者、出纳者和支付代理机构。

（3）信用创造。信用创造职能是在信用中介职能和支付中介职能的基础上产生的。信用创造也称货币创造，是指商业银行通过吸收活期存款、发放或收回贷款，实现社会货币供给的扩张或收缩。商业银行是各种金融机构中唯一能吸收活期存款、发放贷款、开设支票存款账户的机构。在支票流通和转账结算的基础上，贷款不断派生为活期存款，因为不提现或不完全提现，所以增加了商业银行的资金来源，最后在整个银行体系中形成数倍于原始存款的派生存款，产生货币乘数效应。商业银行以自己的信贷活动创造和收缩活期存款。贷款派生存款，如果没有足够的贷款需求，存款贷不出去，就谈不上创造；相反，如果企业归还贷款，派生存款就会相应收缩。

中央银行发行的货币称为基础货币，也称高能货币，由银行体系的法定准备金、超额准备金、库存现金和银行体系之外的社会公众所持现金构成。基础货币通过商业银行系统的货币创造，实现货币供给的扩张与收缩。商业银行的货币创造能力与原始存款成正比，与法定存款准备金率成反比。

3. 专业银行

专业银行是指具有特定经营范围和提供专门性金融服务的银行，如融资性专业银行、投资性专业银行、政策性专业银行等。这类银行一般具有特定的客户。1994 年，我国组建了三家政策性银行，即国家开发银行、中国进出口银行、中国农业发展银行，均直属国务院领导。

视野拓展

中国的政策性银行

政策性银行是指由政府创立、参股或担保，以贯彻国家产业政策和区域发展政策为目标，具有特殊的融资原则和特定的业务领域，不以营利为目的的金融机构。

我国于 1994 年相继建立了国家开发银行（1994 年 3 月 17 日）、中国进出口银行（1994 年 4 月 26 日）、中国农业发展银行（1994 年 11 月 8 日）三家政策性银行。2015 年 4 月 12 日，由中央银行会同有关单位提出的国家开发银行、中国进出口银行、中国农业发展银行改革方案获批。其中，国家开发银行被明确定位为开发性金融机构，而中国进出口银行、中国农业发展银行被明确定位为政策性银行。

政策性银行贷款利率较低，期限较长，有特定的服务对象，其放贷支持的主要是商业银行在初始阶段不愿意进入或难以涉及的领域。例如，国家开发银行服务于能源、交通等“瓶颈”行业和国家需要优先扶持的领域，包括西部大开发、振兴东北老工业基地等，这些领域的贷款量占其总量的 91%；中国进出口银行则致力于扩大机电产品和高新技术产品出口以及支持对外承包工程和境外投资项目；中国农业发展银行主要承担国家政策性农村金融业务，代理财政性支农资金拨付，专司粮棉油收购、调销、储备贷款业务等。

4. 非银行金融机构

非银行金融机构是指中央银行、商业银行及专业银行之外的金融机构，如保险公司、证券公司、信托投资公司、金融资产管理公司、财务公司、金融租赁公司、典当行等。这些机构承担着商业银行的部分职能。

二、货币供应量

货币供应量指一国的货币存量，是某一时点承担流通和支付手段的金融工具总和。为了测算、掌握流通中货币供应量的情况，从而有效地调控货币供应量，国际货币基金组织根据货币涵盖范围的大小和流动性的差别，把货币供应量划分为如下三个层次。

教学互动

问：什么是流动性和流动性过剩?

答：流动性是指某一资产转变为现金的相对速度及所支付代价大小的程度。某一资产转变为现金的速度快，所支付代价小，则其流动性强；反之，则流动性弱。流动性过剩是指货币发行过多，货币供应量增长过快的现象。

（1）M0。M0 是指流通于银行体系以外的现金，也就是居民和企业持有的现钞。它也称通货，包括纸币、铸币和数字货币。M0 的流动性最强。

$$M0=流通中的现金 \tag{10-1}$$

（2）狭义货币供应量 M1。M1 由 M0 和活期存款构成。其中，活期存款由于随时可以提取变现，其流动性不亚于现钞。M1 代表了一国经济中的现实购买力，因此对社会经济生活有着最广泛和最直接的影响。许多国家都把 M1 作为调控货币供应量的主要对象。

$$M1=M0+活期存款 \tag{10-2}$$

（3）广义货币供应量 M2。M2 由 M1、定期存款和储蓄存款构成。M2 不仅反映现实购买力，还反映潜在购买力。由于 M2 对研究货币流通的整体状况有着重要意义，近年来很多国家开始把货币供应量的调控目标转向 M2。

$$M2=M1+定期存款+储蓄存款 \tag{10-3}$$

教学互动

问：怎样根据 M1 与 M2 指标变化判断经济形势？

答：若 M1 增速较快，则表明消费和终端市场活跃；若 M2 增速较快，则表明投资和中间市场活跃。若 M1 过高而 M2 过低，则表明需求强劲，投资不足，有通货膨胀风险；若 M2 过高而 M1 过低，则表明投资过热，需求不旺，有危机风险。

一般来说，各国银行业务名称不尽相同，即使同一名称的业务内容也不尽相同，因此货币供应量统计口径不尽相同，只有 M0 和 M1 大体相同。在我国，M0 为流通中的现金；狭义货币 M1 由 M0 和机关、团体、部队、企事业单位活期存款构成；广义货币 M2 由 M1 和准货币构成，其中准货币包括机关、团体、部队、企事业单位定期存款、居民储蓄存款、外币存款和信托类存款。

视野拓展

广义货币增长8.3%，狭义货币增长3.7%

2021 年 9 月末，我国广义货币 M2 余额 234.28 万亿元，同比增长 8.3%，增速比上月末高 0.1 个百分点，比上年同期低 2.6 个百分点；狭义货币 M1 余额 62.46 万亿元，同比增长 3.7%，增速分别比上月末和上年同期低 0.5 个和 4.4 个百分点；流通中货币 M0 余额 8.69 万亿元，同比增长 5.5%。前三季度净投放现金 2 552 亿元。

——摘自中国人民银行网站《2021 年前三季度金融统计数据报告》

资料查询

查询货币供应量

查询步骤：登录中国人民银行网站首页>调查统计>统计数据>××年统计数据>货币统计概览>货币供应量>选择数据格式，查看货币供应量。

学习推荐：查询近五年货币供应量，分析其中的变化。

三、货币政策工具

货币政策工具是中央银行为达到政策目标而采取的手段，主要包括法定存款准备金率、再贴现率和公开市场业务。

1．法定存款准备金率

为了保证满足客户提取存款和资金清算的需要，商业银行不能贷出全部存款，必须保留一定额度的存款即存款准备金以备日常所需。

存款准备金由法定存款准备金和超额准备金组成。法定存款准备金是指商业银行按规定存入中央银行的准备金，它是商业银行存款准备金中最主要的构成部分。超额准备金是银行为应付可能的提款所安排的法定存款准备金之外的准备金。超额准备金包括两个部分：一是商业银行在中央银行超出法定存款准备金的存款；二是商业银行营运资金中的现金准备。前者主要用于银行间的结算和清算，以及补充现金准备；而后者则用于满足客户的现金需要。

法定存款准备金率是商业银行的法定存款准备金与其存款总额的比率。

中央银行通过调整法定存款准备金率影响商业银行的信贷扩张能力，间接调控货币供应量，从而达到既定的货币政策目标。如提高法定存款准备金率，由一定的货币基数所支持的存贷款规模就会减小，流通中的货币供应量相应减少，从而防止经济过热，抑制通货膨胀；反之，如降低法定存款准备金率，由一定的货币基数所支持的存贷款规模就会扩大，流通中的货币供应量相应增加，从而促进经济增长。

一般而言，法定存款准备金率在正常情况下为 10%～12%，经济过热时为 16%～18%。法定存款准备金率的调整对商业银行的超额准备金、货币乘数、货币供应量、社会大众的心理预期及整个经济等均有较大的影响，因而不宜频繁调整法定存款准备金率。

视野拓展

法定存款准备金率持续下调

综合媒体报道　法定存款准备金率的变动虽然不能直接改变基础货币的存量，但可以加大或减小商业银行可动用资金的比例，进而调节银行体系内流动性的充裕程度，最终通过乘数效应影响宏观货币供应量。自 2010 年以来，我国货币政策调控持续偏紧，法定存款准备金率被频繁使用，大型商业银行的法定存款准备金率一度升至 21.5%的历史高位。但是，超高的法定存款准备金率毕竟是非常态之举。2011 年 12 月 5 日，法定存款准备金率从历史高位首次下调，自此开启了下降之旅。历经多次下调，至 2021 年 7 月 15 日，我国大型商业银行法定存款准备金率降至 12%，金融机构加权平均法定存款准备金率降至 8.9%。

持续下调法定存款准备金率，旨在支持小微企业、民营企业等实体经济的发展，降低企业融资成本，是应对当前宏观经济形势的理性选择。

调整法定存款准备金率实例

2. 再贴现率

贴现是指客户因急需资金，将未到期票据出售给商业银行，兑现现款以获得短期融资的行为，是商业银行向客户提供资金的一种方式。再贴现是商业银行将未到期票据出售给中央银行以获得资金的行为，是中央银行向商业银行提供资金的一种方式。再贴现率是中央银行为商业银行贴现未到期票据时所采用的利率。中央银行通过变动再贴现率，限制或鼓励银行借款，影响银行系统的存款准备金和利率，从而调节货币供应量。

中央银行作为最终贷款者，主要是协助商业银行备有足够的存款准备金。当商业银行的存款准备金临时不足时，就可用其持有的政府债券或商业票据向中央银行申请再贴现或贷款以获得资金。当这种贴现增加时，商业银行存款准备金增加，进而引起货币供给量成倍增加；当这种贴现减少时，商业银行存款准备金减少，会引起货币供给量成倍减少。中央银行通过调整再贴现率可影响商业银行的借款行为，从而调节货币供应量。再贴现率提高，商业银行向中央银行借款就会减少，商业银行存款准备金减少，从而货币供给量就会减少；再贴现率降低，商业银行向中央银行借款就会增加，商业银行存款准备金增加，从而货币供给量就会增加。

再贴现主要用于满足商业银行存款准备金临时不足的需求，具有短期性，而对于短期借款，商业银行可以向有超额准备金的其他银行进行同业拆借，同业拆借利率往往低于再贴现率。另外，为了保持良好形象，商业银行和其他金融机构通常会尽量避免使用再贴现来填补资金缺口。但当商业银行十分缺乏存款准备金时，即使再贴现率很高，依然会通过再贴现筹措资金。因此，通过再贴现率变动来控制商业银行存款准备金，从而调节货币供应量的效果有限。

3. 公开市场业务

公开市场又称金融市场，是资金供求双方运用金融工具进行各种金融交易活动的场所。金融市场是以金融工具为媒介进行资金融通和借贷的市场，其以资金为交易对象、以金融工具为交易媒介。金融工具主要有货币头寸、商业票据、银行承兑汇票、政府公债、金融债券、企业债券、股票、基金、外汇、金融衍生品等。金融市场中的交易不是单纯的买卖关系，更主要的是借贷关系，体现了资金所有权和使用权相分离的特点。金融市场按金融工具期限长短，可划分为货币市场和资本市场。货币市场是专门融通短期（一年以内）资金的市场，如同业拆借市场、回购市场、票据市场、大额可转让定期存单市场等。货币市场是典型的以机构投资者为主体的市场，其活动的主要目的是保持资金的流动性：一方面满足资金需求者的短期资金需要；另一方面为资金充裕者的闲置资金提供赢利机会。资本市场是融通长期（一年以上）资金的市场，如长期债券市场、股票市场、基金市场、保险市场、融资租赁市场等。

教学互动

问：什么是货币头寸？

答：货币头寸又称现金头寸，是指商业银行每日收支相抵后，资金过剩或不足的数量。货币头寸是同业拆借市场中重要的交易工具。

视野拓展

中国公开市场业务简介

公开市场业务是指中央银行在金融市场上公开买卖政府债券以控制货币供给和利率的政策手段。公开市场业务是中央银行实施货币政策的主要工具，是中央银行稳定经济最常用、最重要、最灵活的政策手段。

中央银行在公开市场上购买政府债券，将货币投入市场，会引起货币供应量增加。商业银行将持有的政府债券卖给中央银行获得货币而使存款准备金增加，个人或企业等非银行机构将持有的政府债券卖给中央银行，再将获得的货币存入商业银行也会使商业银行存款准备金增加。由于货币创造的乘数效应，货币供给量成倍增加，利率下降。同时，中央银行购买政府债券的行为使债券的市场需求增加，债券价格上升，而利率下降。利率下降会促进人们增加消费和投资，从而刺激总需求扩张。

中央银行在公开市场上卖出政府债券，回笼货币，会引起货币供应量减少。商业银行若买进政府债券，则因支付货币而减少存款准备金；个人或企业等非银行机构若买进政府债券，则因支付货币而减少在商业银行的活期存款，从而减少商业银行的存款准备金。由于货币创造的乘数效应，货币供给量成倍减少，利率上升。同时，中央银行卖出政府债券的行为使债券市场的需求减少，债券价格下跌，而利率上升。利率上升会促进人们减少消费和投资，从而抑制总需求扩张。

教学互动

问：货币供给量如何调节利率？

答：凯恩斯假定人们的财富只有货币和债券两种形式，债券是货币的唯一替代物。人们在保存财富时只能在货币与债券间作出选择，并总要使两者保持一定的比例。如果货币供给量增加，人们就要以货币购买债券，债券价格就会上升，利率就会下降；反之，债券价格就会下降，利率就会上升。可见，债券价格与债券收益成正比，与利率成反比。

与法定存款准备金率和再贴现率相比，公开市场业务具有明显的优势。其优势主要表现为：第一，中央银行在公开市场业务操作中占主动地位，可根据经济形势灵活运用，及时改变货币供给的方向和数量；第二，借助货币乘数，可以较准确地预测公开市场业务对货币供给的影响；第三，公开市场业务是一种微调，调控作用和缓，不会引起社会的强烈反应，可以相对频繁地使用。

除了以上三种主要工具外，货币政策还借助道义劝告、垫头规定、利率限制、贷款限额、规定分期付款条件和抵押贷款条件等辅助性工具。道义劝告是指中央银行利用其在金融体系中的特殊地位和声望，以口头或书面的形式对商业银行和其他金融机构发出通告、指示，劝其遵守政策、主动合作。如在国际收支出现赤字时劝告金融机构减少海外贷款，在房地产与证券市场投机盛行时要求商业银行缩减对这两个市场的信贷等。这种劝告无法律约束力，但有一定的作用。垫头规定是指规定购买有价证券必须支付的现金比例。利率限制是指中央银行规定存款利率的上限，规定贷款利率的上下限，以避免商业银行恶性竞争，造成金融混乱、经营不善而破产倒闭，或牟取暴利。贷款限额是指中央银行规定各商业银行贷款的最高限额，以控制信贷规模和货币供应量；或规定商业银行某类贷款的最高限额，以防止某些行业发展过快。

资料查询

中国现行的货币政策

查询步骤：登录中国人民银行网站首页>货币政策>货币政策工具>单击需要查看的子链接。

知识点滴

根据 1997 年 4 月 15 日国务院发布的《中国人民银行货币政策委员会条例》，货币政策委员会是中国人民银行制定货币政策的咨询议事机构，其职责是在综合分析宏观经济形势的基础上，依据国家宏观调控目标，讨论货币政策的制定和调整、一定时期内的货币政策控制目标、货币政策工具的运用、有关货币政策的重要措施、货币政策与其他宏观经济政策的协调等涉及货币政策的重大事项，并提出建议。

四、货币政策的运用

与财政政策一样，根据对总需求调节方向的不同，货币政策可分为扩张性货币政策、紧缩性货币政策和中性货币政策。货币政策运用的一般原则是"逆经济风向行事"，即在经济萧条时期，采用扩张性货币政策；在经济繁荣时期，采用紧缩性货币政策。

1. 扩张性货币政策

扩张性货币政策也称积极或宽松的货币政策，是通过增加货币供应量、降低利率来刺激总需求的货币政策。

在经济萧条时期，总需求小于总供给，存在大量失业，政府就要采取扩张性货币政策来刺激总需求，其中包括降低法定存款准备金率、降低再贴现率并放宽再贴现条件、在公开市场上买进有价证券等，通过增加货币供应量、降低利率来刺激总需求，促进充分就业和经济增长。

2. 紧缩性货币政策

紧缩性货币政策是通过减少货币供应量、提高利率来抑制总需求的货币政策。

在经济繁荣时期，总需求大于总供给，存在通货膨胀，政府则需采取紧缩性货币政策来抑制总需求，其中包括提高法定存款准备金率、提高再贴现率和收紧再贴现条件、在公开市场上卖出有价证券等，通过减少货币供应量、提高利率来抑制总需求，达到稳定物价的目标。

3. 中性货币政策

中性货币政策是一种保证货币因素不对经济运行产生影响，从而保证市场机制可以不受干扰地在资源配置过程中发挥决定性作用的货币政策。

中性货币政策是顺经济风向行事的货币政策。执行中性货币政策的中央银行根据真实利率来调整名义利率。由于真实经济运行的连续性，真实利率的变动也是连续的，而名义利率的调整是中央银行离散进行的，如果中央银行调整名义利率的时间间隔过长，会导致名义利率滞后于真实利率而影响真实经济。为了不致影响真实利率进而影响真实经济，中性货币政策的操作方法是小幅微调、经常变动。实施中性货币政策有严格的条件限制，包括中央银行的指导思想、最终目标、信誉基础、行动顺序和信息环境。

视野拓展

何为稳健的货币政策

2021 年，我国继续实施稳健的货币政策。所谓稳健的货币政策，是指货币和信贷增速回归常态的货币政策。

稳健货币政策解读

2021 年《政府工作报告》提出“货币供应量和社会融资规模增速与名义经济增速基本匹配，保持流动性合理充裕”，以促进经济运行在合理区间。货币供应量增速调控目标的计算公式为 M2 增速=国内生产总值名义增速=国内生产总值实际增速+消费者物价指数增速。2021 年经济增速预期目标为 6%以上，消费者物价指数增速预期目标为 3%左右，那么 2021 年货币政策回归常态的标志就是广义货币供应量 M2 和社会融资规模增速要被控制在 9%左右。

五、货币政策的特点

货币政策通过调整货币供应总量，可以直接调节物价总水平，影响市场利率水平，调节经济运行中的消费、储蓄及投资关系，从而影响总需求。货币政策对总需求的影响是间接的，属于一种经济行为，对经济的调节作用比较缓和且灵活，有利于市场机制发挥作用。

货币政策也存在一些局限性，主要表现为难以解决国民收入分配不公的问题；在弥补市场机制缺陷、促进区域经济协调发展和经济结构调整方面的作用不如财政政策直接和有效。

第四节　相 机 抉 择

相机抉择是指政府在运用宏观经济政策调节经济时，根据具体经济形势及各项政策措施的特点，灵活地选择适当的政策工具，以形成合力，稳定经济。

一、财政政策与货币政策的区别

财政政策与货币政策各具特点，其区别主要表现在以下四个方面。

第一，调节范围不同。尽管财政政策与货币政策都是需求管理工具，都通过调节总需求来调节经济，但两者的调节范围不尽相同。财政政策不仅作用于经济领域，而且作用于非经济领域；而货币政策只作用于经济领域。

第二，调节方式不同。财政政策直接调节总需求，调节经济的方式具有较强的直接性；而货币政策通过货币供应量、利率等中间变量来调节总需求，调节经济的方式具有较强的间接性。

第三，调控重点不同。财政政策与货币政策都对经济总量和结构进行调节，但财政政策更长于调整经济结构，而货币政策则偏重于总量调整。

第四，调控效果有异。当经济萧条时，人们对经济前景信心低迷，即使采用非常宽松的货币政策，人们也不愿增加消费与投资，而扩张性财政政策通过增加政府支出、减税能显著地提振经济，因而财政政策对经济复苏的作用优于货币政策；当经济过热时，人们对经济前景信心高涨，紧缩性货币政策能有效抑制通货膨胀，因而货币政策对抑制经济过热的效果优于财政政策。

视野拓展

财政政策与货币政策的时滞

任何一项政策，从决策到对经济产生影响都会有一个时间间隔，这个时间间隔即政策时滞。政策时滞包括决策时滞和作用时滞。决策时滞是指从认识到有必要采取某种政策至实际作出决策所需要的时间；作用时滞是指从政策执行到政策在经济中完全发挥作用、达到调控目标之间的时间间隔。

财政政策的决策时滞较长而作用时滞较短。无论是政府支出还是税收政策变动，都要经过一个完整的法律过程，由于任何一项财政政策都会涉及不同阶层、不同集团和不同部门的利益，要使各方对要实现的政策目标和政策措施达成一致或达到大多数人意见一致相当不易，因而财政政策决策所需时间较长。财政政策的作用时滞较短，因为财政政策对总需求有较为直接的影响，如增加政府购买支出可直接增加总需求。当然，不同的财政政策的作用时滞不同，如减税会即时增加个人可支配收入，但对消费支出的影响则要经过一段时间后才能产生，而财政政策挤出效应的作用时滞最长。

货币政策的决策时滞较短而作用时滞较长。货币政策由中央银行决定，决策程序相对简单，因此决策时滞较短，在短期内可经常变动，以对经济进行微调。货币政策的作用时滞较长，这是因为货币政策对总需求的影响是间接的，当中央银行改变货币供应量时，只有在经过一段时间之后，随着利率的改变，才会有越来越多的家庭和厂商对此作出反应。一般而言，在成熟的市场经济国家，货币政策变动对总需求产生较大作用需要6～9个月的时间，而这些作用可持续两年。

政策时滞易引起政府对经济的调控滞后，从而加剧经济波动。

二、财政政策和货币政策的组合运用

在实践中，由于宏观经济问题十分复杂，单一的财政政策或货币政策往往很难起到良好的作用，因此通常将两者组合起来运用，以得到理想的调控效果。

常用的政策组合主要有如下几种情形。

（1）扩张性财政政策与扩张性货币政策组合。扩张性财政政策与扩张性货币政策组合也称“双松”模式，适用于经济萧条阶段。在经济萧条阶段，社会总需求严重小于总供给，政府采用扩张性财政政策使总需求增加的同时会使利率上升，而配合采用扩张性货币政策则会抑制利率上升，以消除或减小扩张性财政政策的挤出效应，从而使总需求增加。

（2）紧缩性财政政策与紧缩性货币政策组合。紧缩性财政政策与紧缩性货币政策组合也称“双紧”模式，适用于经济过热阶段。在经济过热阶段，社会总需求严重大于总供给，政府采用紧缩性财政政策使总需求减小的同时会使利率下降，而配合采用紧缩性货币政策则会抑制利率下降，从而使总需求减少。

（3）扩张性财政政策与紧缩性货币政策组合。扩张性财政政策与紧缩性货币政策组合也称“一松一紧”模式，适用于经济衰退阶段。在经济衰退阶段，政府采用扩张性财政政策刺激需求，采用紧缩性货币政策控制通货膨胀。使用这种政策组合会导致利率上升，产生挤出效应。

（4）紧缩性财政政策与扩张性货币政策组合。紧缩性财政政策与扩张性货币政策组合也称“一紧一松”模式。当经济出现通货膨胀但又不太严重时，政府可采用这种政策组合。一方面，政府用紧缩性财政政策抑制总需求；另一方面，政府用扩张性货币政策降低利率、刺激投资，以防止财政政策过紧而引起经济衰退。

在案例 10.1 中，2021 年我国继续实施积极的财政政策和稳健的货币政策，是我国政府根据具体经济形势及各项政策工具特点所作出的相机抉择，也是实现宏观经济政策目标的需要。

未来几年，我国发展面临的环境更复杂、更严峻，可以预料和难以预料的风险挑战将更多、更大。我国发展仍处于重要战略机遇期，拥有巨大的潜力和不断迸发的创新活力，经济长期趋势向好。继续实施积极的财政政策和稳健的货币政策，有利于保障基本民生，改革完善县级基本财力保障机制，缓解困难地区财政运转压力；保持资金流动性合理充裕，有效解决实体经济特别是民营企业和小微企业融资难、融资贵问题，防范、化解金融风险，确保经济运行在合理区间，促进经济社会持续健康发展。

本章小结

宏观经济政策是一国政府为实现一定的总体经济目标而制定的相关指导原则和措施。宏观经济政策的目标是充分就业、物价稳定、经济增长和国际收支平衡。凯恩斯主义理论的宏观经济政策主要是财政政策与货币政策。

财政政策是政府为实现一定的经济目标，运用财政收入和财政支出来调节经济的政策。财政政策工具主要有税收、公债、政府购买、政府转移支付和财政预算等。根据对总需求调节方向的不同，财政政策可分为扩张性财政政策、紧缩性财政政策和中性财政政策。

货币政策是政府通过中央银行控制货币供应量来调节利率，进而影响投资和整个经济，以实现宏观经济政策目标的行为措施。货币政策工具主要包括法定存款准备金率、再贴现率和公开市场业务。根据对总需求调节方向的不同，货币政策可分为扩张性货币政策、紧缩性货币政策和中性货币政策。

运用财政政策与货币政策的一般原则是“逆经济风向行事”，即在经济萧条时期，采用扩张性财政与货币政策；在经济过热时期，采用紧缩性财政与货币政策。政府在运用宏观经济政策调节经济时应相机抉择，根据具体的经济形势及各项政策措施的特点，灵活地选择适当的政策工具，以实现宏观经济政策目标。

练 习 题

一、概念识记

宏观经济政策　财政政策　自动稳定器　挤出效应　货币政策　法定存款准备金率
再贴现率　公开市场业务

二、单项选择题

1. 可以直接刺激消费和投资，具有手段多、力度大和见效快特点的经济政策是（　　）。
A. 消费政策　B. 货币政策　C. 投资政策　D. 财政政策
2. 体现紧缩性财政政策取向的收支差额预算是（　　）。
A. 赤字预算　B. 平衡预算　C. 盈余预算　D. 零基预算
3. 由于存在（　　），财政政策在实施过程中可能出现与制定初衷相反的效果。
A. 预期　B. 乘数　C. 时滞　D. 滞胀
4. 公债的基本职能是（　　）。
A. 弥补财政赤字　B. 推进技术进步　C. 发展对外贸易　D. 筹集消费资金
5. 中央银行稳定经济最常用、最重要、最灵活的政策工具是（　　）。
A. 法定存款准备金率　B. 再贴现率
C. 公开市场业务　D. 垫头规定
6. 中央银行在公开的证券市场上买入政府债券会使货币供给量（　　）。
A. 增加　B. 减少　C. 不变　D. 难以确定
7. 金融市场的交易对象是（　　）。
A. 货币资金　B. 有价证券　C. 货币头寸　D. 利率
8. 财政补贴属于（　　）。
A. 积累性支出　B. 购买性支出　C. 转移性支出　D. 补偿性支出
9. 扩张性财政政策与紧缩性货币政策组合使用将导致利率（　　）。
A. 上升　B. 不变　C. 下降　D. 不能确定
10. 同业拆借利率一般（　　）中央银行的再贴现率。
A. 高于　B. 等于　C. 低于　D. 不能确定

三、多项选择题

1. 宏观经济政策目标有（　　）。
A. 充分就业　B. 物价稳定　C. 经济增长　D. 国际收支平衡
2. 财政收入主要来源于（　　）。
A. 税收　B. 公债　C. 规费　D. 捐赠
3. 财政政策通过调整（　　）来调节经济。
A. 货币供应量　B. 财政预算　C. 财政收入　D. 财政支出
4. 具有自动稳定经济功能的是（　　）。
A. 政府购买　B. 所得税
C. 政府转移支付　D. 农产品价格维持制度

5. 经济过热时，政府应该采取(　　)的财政政策。

A. 减少财政支出　B. 增加财政支出　C. 减少税收　D. 增加税收

6. 下列金融市场中，货币市场有(　　)。

A. 同业拆借市场　B. 票据市场　C. 股票市场　D. 保险市场

7. 商业银行的主要职能有(　　)。

A. 调节经济　B. 信用中介　C. 支付中介　D. 信用创造

8. 货币政策的时滞特点有(　　)。

A. 决策时滞较短　B. 决策时滞较长　C. 作用时滞较短　D. 作用时滞较长

9. 下列选项中，(　　)属于紧缩性货币政策。

A. 降低法定存款准备金率　B. 中央银行卖出政府债券

C. 提高再贴现率　D. 实行赤字预算

10. 法定存款准备金率越低，(　　)。

A. 银行越愿意贷款　B. 货币供给量越大

C. 越可能引发通货膨胀　D. 商业银行存款创造越困难

四、判断题

1. 经济增长是宏观经济政策的主要目标之一。(　　)
2. 需求管理是宏观经济政策的唯一工具。(　　)
3. 公债并非越多越好。(　　)
4. 赤字财政与财政赤字是完全等同的概念。(　　)
5. 中性财政政策是保守的财政政策。(　　)
6. 财政政策的自动稳定器表明，政府的宏观调控是多余的。(　　)
7. 货币供应量的快速增长往往引发严重的通货膨胀。(　　)
8. 公债是连接财政政策与货币政策最重要的纽带。(　　)
9. 我国货币政策的目标是保持货币币值的稳定，并以此促进经济增长。(　　)
10. 货币政策通过调整利率来影响总需求。(　　)

五、简答题

1. 宏观经济政策目标是什么？
2. 什么是公开市场业务？这一货币政策工具有哪些优点？
3. 财政政策与货币政策有何区别？

六、应用题

1. 利用互联网查找并阅读我国不同年度的《政府工作报告》，看看各年宏观经济政策有何变化。

2. 运用所学理论分析当前我国宏观经济形势，解读宏观经济政策。

第十一章　失业与通货膨胀理论

【学习目标】

理解失业、充分就业与通货膨胀等基本概念；理解失业与通货膨胀的类型、成因、影响及治理；能初步运用失业与通货膨胀理论分析现实问题，能正确解读宏观经济形势及政策。

案例 11.1

“招工难”与“就业难”并存

人力资源和社会保障部信息中心和中国就业培训技术指导中心对全国83个城市的公共就业服务机构市场供求信息的统计分析显示，2021 年第二季度，用人单位通过公共就业服务机构招聘各类人员约563.8 万人，进入市场的求职者约 356 万人，岗位空缺与求职人数比率约为 1.58。这表明用工方面在一定范围内和程度上存在“招工难”问题，如天津市物业管理员岗位空缺与求职人数比率为 8，西安市保安员岗位空缺与求职人数比率为 5……

与此同时，部分求职者存在“就业难”问题。如西安市计算机程序设计员岗位空缺与求职人数比率为 0.2，兰州市会计专业人员岗位空缺与求职人数比率为 0.25……

分析“招工难”与“就业难”并存的原因，主要有以下三个方面：其一，供求双方就薪酬未达成一致；其二，企业用工需求与求职者就业意愿和技能存在差异；其三，招工信息渠道不畅。

部分城市公共就业服务机构市场供求状况

启发思考

（1）“招工难”与“就业难”并存表明存在哪类失业？

（2）如何衡量失业？

（3）失业有何利弊？

在现代社会中，失业与通货膨胀既是影响普通百姓生活状态的常见问题，也是困扰各国政府的两大经济难题，已成为宏观经济学研究的重要内容。

第一节　失 业 理 论

失业理论研究失业的界定与衡量、分类与成因、影响及治理对策。

一、失业的界定与衡量

失业是指在法定年龄范围内的有劳动能力者愿意工作而没有工作，且在积极寻找工作的状态。处于失业状态的劳动力称为失业者。

失业有如下限定条件。

（1）在法定年龄范围内。目前，世界上多数国家的法定工作年龄范围为 16～65 岁；我国法定工作年龄范围男性为 16～60 岁、女性为 16～55 岁，自 2015 年 3 月 1 日起，行政事业单位处级女干部和具有高级职称的女性专业技术人员退休年龄可延至 60 周岁。

（2）有劳动能力且愿意工作。丧失劳动能力或有劳动能力而不愿工作者，不计入失业。

思考与讨论 11.1

全日制在读大学生、放弃求职的“啃老族”、全职家庭主妇处于失业状态吗？说明理由。

（3）没有工作且在积极寻找工作。没有工作而不寻找工作者，不计入失业。

在我国，将劳动者愿意从事更多的工作，但劳动时间少于法定工作时间，且劳动报酬低于当地最低工资标准但高于城市居民最低生活保障标准的情况，规定为“不充分就业”；收入低于当地城市居民最低生活保障标准的就业人员视同失业。

衡量一个经济中失业状况的基本指标是失业率。失业率是失业人数占劳动力总数的百分比，计算公式为

$$失业率=\frac{失业人数}{劳动力总数}\times 100\% \qquad (11-1)$$

式中，失业人数是指属于失业定义范围内的人数，劳动力总数是全部就业人数与失业人数之和。

视野拓展

美国劳工部统计失业率

美国劳工部每月对大约 6 万个家庭进行定期调查，根据调查资料把每个受调查家庭中 16 岁以上的成年人分别划入就业者、失业者和非劳动力三个组别。其中：就业者是指有工作的人；失业者包括能够工作且在之前 4 周内努力找工作但没有找到工作的人及被暂时解雇正在等待重返工作岗位而连续 7 日未得到工资的人；非劳动力是指不属于前两个组别的人，如全日制大学生、家务劳动者和退休人员等。美国劳工部汇总各组别的人数，计算劳动力总数，运用失业率计算公式得出失业率，并于每月第一个周五公布。美国劳工部数据显示，2021 年 9 月美国失业率为 4.8%。

资料查询

查询中国的城镇调查失业率

查询步骤：登录国家统计局网站首页>统计数据>新闻发布会，单击相应月份新闻发布会子链接可查看当月全国城镇调查失业率，本地户籍人口调查失业率、外来户籍人口调查失业率，16～24 岁人口调查失业率、25～59 岁人口调查失业率，31 个大城市城镇调查失业率，全国企业就业人员周平均工作时间。

二、失业的分类与成因

根据失业产生的原因，通常可将失业划分为两类：自然失业与周期性失业。

（一）自然失业

自然失业是指实现充分就业时仍然存在的失业。自然失业由经济中某些难以克服的原因，如劳动力的正常流动等引起。自然失业的存在有其必然性，这是因为任何经济系统都处于不

断变化之中，人员的流动和产业的兴衰不会停止，任何时候总会有一部分劳动力处于失业状态。自然失业的程度以自然失业率来衡量。自然失业率是指实现充分就业时的失业率，即一国经济实现长期均衡时的失业率，通常认为是经济健康运行状态下的失业率。自然失业率一般由各国政府根据本国实际的调研数据来确定。各国在不同时期所确定的自然失业率不同。以美国为例，公认的自然失业率曾为4%，20世纪90年代中期以来为5%。

教学互动

问：什么是充分就业？

答：充分就业是指在现有工作条件和工资水平之下，所有愿意工作的人都获得了就业机会。充分就业并非人人都有工作，充分就业时仍然存在一定程度的自然失业。

自然失业按其产生的具体原因，可分为摩擦性失业、结构性失业和古典失业。

1. 摩擦性失业

劳动者在不同地区、职业或生命周期的不同阶段变换工作所引起的失业，称为摩擦性失业。变换工作往往需要一个过程，处于这种劳动力正常流动过程中的失业为摩擦性失业。就单个劳动者而言，摩擦性失业是暂时的现象；就整个经济而言，摩擦性失业是长期存在的现象。

新加入劳动力队伍的劳动者寻找工作、已入职劳动者被雇主解聘而被迫寻找新工作、已入职劳动者不满意现有工作而辞职寻找新工作等，这些寻找工作期间内的无业状态均属于摩擦性失业。

影响摩擦性失业的主要因素有：①劳动力流动性的大小。一般而言，摩擦性失业与劳动力流动性呈同向变化。影响劳动力流动性大小的因素主要有制度性因素、社会文化因素和劳动力的构成状况。如户籍制度及"父母在不远游"的传统思想会限制劳动力流动，而年轻人跳槽的频率相对较高等。②寻找工作的成本。一般而言，摩擦性失业与寻找工作的成本呈反向变化。寻找工作的成本主要取决于获得有关供求信息的成本、寻找工作的时间、失业者承受失业的能力及社会保障制度等因素。人们在生活有一定保障的条件下，就可能会花更多的时间寻找工作。失业救济等社会保险制度及劳动力市场的完善服务都可降低人们寻找工作的成本。

2. 结构性失业

由于劳动力的供求结构不匹配引起的失业称为结构性失业。在结构性失业的情况下，劳动力的供求总量或许平衡，但结构不一致，故而会出现有人因找不到工作而失业与有工作岗位因无人应聘而职位空缺并存的现象。

影响结构性失业的主要因素有：①经济结构的变化。随着技术进步及消费需求发生变化，经济的产业结构与地区结构发生变化，一些传统行业衰落，导致大量人员失业；而一些新兴行业蓬勃发展，却缺少合格的技术人员。另外，由于各地区经济发展不平衡，一些地区因经济落后而存在失业，另一些地区则因经济快速发展而出现"用工荒"。②劳动力供求信息的非对称性。信息的非对称性导致劳动力的供给结构调整往往滞后并具有一定的盲目性，与需求结构难以完全一致。如一些大学生毕业即失业，与此同时不少厂商却人才难觅。③季节性因素。一些行业如农业、建筑业、旅游业等，其生产具有季节

视野拓展

结构性失业实例

性。旺季时，这些行业对劳动力的需求大幅增加，存在职位空缺；淡季时，这些行业对劳动力的需求大幅减少，导致季节性失业。④雇主歧视用工。雇主歧视某类人，如对种族、性别、年龄、学历等的歧视都有可能引起结构性失业。

在案例 11.1 中，“招工难”与“就业难”并存，表明存在结构性失业。

3. 古典失业

由工资刚性所引起的失业称为古典失业。工资是劳动的价格。根据古典经济学思想，如果工资能如同一般商品的价格一样随行就市灵活调整，则会使劳动的供求均衡，实现人人都有工作；但工资具有特殊性，由于长期形成的社会习惯，人们普遍期望工资不断上升，而不愿接受工资下降，并且工会的存在及最低工资法限制了工资的下降，从而使工资具有能升不能降的特性，即工资刚性。工资刚性的存在，表明工资高于均衡水平，使得劳动的供给量增加；同时，厂商对劳动的需求量减少，导致劳动供过于求，从而出现失业。

（二）周期性失业

周期性失业是指经济的短期波动所造成的失业。周期性失业随经济的扩张而下降，随经济的衰退而上升。在经济繁荣阶段，整个经济对劳动的需求大幅上升，众多失业者被迅速吸收，失业率下降；在经济衰退和萧条阶段，大量企业倒闭，幸存的企业也会减少产量，整个经济对劳动的需求急剧减少，失业率迅速大幅上升。周期性失业因与经济波动的周期相一致，故而得名。

凯恩斯主义理论认为，周期性失业的根源在于社会总需求不足，而总需求决定国民收入，总需求减少会降低总产出，从而引起失业。

视野拓展

失业的其他分类

❖ 自愿失业与非自愿失业。自愿失业是指劳动者因不愿意在现行工资水平下工作而造成的失业，如自动离职造成的摩擦性失业等；非自愿失业是指劳动者愿意在现行工资水平下工作却找不到工作而造成的失业，如结构性失业、周期性失业等。一般认为，自愿失业无法通过经济政策来解决，而非自愿失业则可通过经济政策来消除。

❖ 隐蔽性失业。隐蔽性失业是指未在官方失业统计中反映出来的潜在失业。那些表面上有工作，而实际上对生产未作出贡献的人，即为隐蔽性失业者，其边际生产力为零。当经济中减少就业人员而产量仍没有下降时，就存在着隐蔽性失业。如一个经济中有 3 000 万名工人，如果减少 600 万名工人后国内生产总值并没有减少，则经济中存在着 20%的隐蔽性失业。隐蔽性失业广泛存在于发展中国家，尤其是农业部门。

三、失业的影响

失业的影响是多方面的，可谓利弊并存。

1. 失业的有利影响

在市场经济条件下，失业是劳动力的流动，有利于优化劳动力配置；失业对劳动者是一种外在压力，能促进劳动者不断提高自身素质和技能，进而提高工作效率；失业为社会提供了必要的劳动力储备。

2. 失业的不利影响

不论是对个人、企业还是对国家，失业都会造成诸多损失。

（1）失业对个人和家庭的不利影响。失业在减少人们收入、降低人们生活质量的同时，还会影响人们的情绪和家庭和谐。心理研究表明，失业所造成的创伤不亚于亲友去世或学业失败，会使人们的自尊心、自信心备受打击。

（2）失业对企业的不利影响。失业会使企业的人才资源流失。

（3）失业对国家的不利影响。失业是劳动力资源的闲置和浪费，当失业率超过自然失业率时，国内生产总值减少。失业使政府的财政收入减少，而失业救济等转移支付增加，提高了社会经济的运行成本。失业人员因生活窘迫、心理失衡等问题，易出现酗酒，甚至自杀、违法犯罪行为，是影响社会安定的重要因素。

3. 奥肯定律

失业所造成的最大经济损失就是减少国民收入。1962 年，美国经济学家阿瑟·奥肯提出了著名的奥肯定律，说明了失业率与实际国内生产总值增长率之间的关系。这一定律表述为：失业率每增长 1%，则实际国内生产总值降低 2.5%；反之，失业率每降低 1%，则实际国内生产总值增长 2.5%。

这一定律表明，失业率与实际国内生产总值增长率之间呈反向变化。失业率与实际国内生产总值增长率之间 1∶2.5 的对比关系是根据统计资料得出来的平均数，在不同国家或同一国家的不同时期并不相同。有关研究表明，我国 1985—1999 年，失业率与实际国内生产总值增长率的对比关系为 1∶2.9，即：失业率每增长 1%，实际国内生产总值降低 2.9%；失业率每降低 1%，实际国内生产总值增长 2.9%。

人物谱

阿瑟·奥肯

阿瑟·奥肯（Arther M. Okun，1928—1980），美国经济学家。

奥肯历任肯尼迪、约翰逊等总统经济顾问委员会成员，并于 1968 年被任命为总统经济顾问委员会主席。

他倾向于凯恩斯主义，长期致力于宏观经济理论及经济预测的研究，并从事政策的制定及分析。他提出了估算“可能产出额”的著名的奥肯定律，其代表作《平等与效率》分析了平等与效率的替换关系，是有关这一问题的权威论著。

四、失业的治理对策

失业的类型及根源不同，所采取的治理对策也不同。

1. 自然失业的治理对策

经济中的自然失业在所难免，采取有针对性的治理对策可有效减少自然失业。

（1）全方位提供就业服务。完善劳动力市场，建立多种类、多层次的就业服务机构，预测并发布劳动力供求走势，提供招聘信息，举办各类招聘会，开展就业指导，协助并加速劳动力的流动。

（2）加强职业技能培训。大力发展职业技术教育，开展职前培训、在职培训、转岗培训和创业培训，增强劳动者的就业能力。

（3）出台调控劳动力供求量的政策。其主要措施有：①推迟就业年龄或提前退休年龄。延长人口受教育年限，从而延缓新增劳动力就业；或提前退休年龄，使劳动力提前退出劳动年龄人口，可有效减少劳动力供给，减缓就业压力。②缩短就业者的劳动时间。此举既有利于吸收更多的劳动力就业，又有利于增加劳动者的休闲时间，从而提高劳动者的生活品质。国外许多企业对雇员实行“带薪休假”制度，我国实行的五天工作制及近年来推出的“清明节”“五一节”“端午节”“中秋节”等“小长假”制度，也有这方面的考虑。③降低工资指导线水平，以减少劳动力的供给并增加劳动力的需求，从而减少失业。④建立和完善社会保障制度。建立和完善失业保险制度及失业救济金制度，保障失业人口的基本生活，以便减轻就业压力。⑤反对就业歧视。针对弱势群体出台就业扶持政策，如在我国，企业安置残疾人就业可享受增值税、企业所得税、房产税、城镇土地使用税等多项税收优惠政策。

思考与讨论 11.2

（1）部分大学生毕业即失业现象的根源是什么？大学生怎样增强自身的就业竞争力？

（2）普通高校的毕业生就业时，频繁遭遇的就业歧视主要有哪些？你如何看待这类现象？

2. 周期性失业的治理对策

凯恩斯主义理论认为，周期性失业的根源在于社会总需求不足，政府应采取扩张性财政政策和货币政策，通过增加政府支出、减税、降低利率等措施刺激总需求，增加消费，扩大投资，繁荣经济，促进就业。

第二节　通货膨胀理论

通货膨胀理论研究通货膨胀的界定与衡量、分类与成因、影响及治理对策。

一、通货膨胀的界定与衡量

通货是指流通中的纸币、铸币和数字货币。关于通货膨胀，不同流派所持观点不同，且至今尚无统一的定义，一般表述为：通货膨胀是指物价水平普遍而持续地上升。通货膨胀同时具备两个条件：第一，通货膨胀是物价水平的普遍上升，即物价总水平的上升，而不是指一种或几种商品的物价上升；第二，通货膨胀是指物价水平在一定时期内的持续上升，而不是指物价水平暂时的一次性上升。一般认为，物价总水平在6个月（两个季度）内持续上升，即可界定为通货膨胀。

思考与讨论 11.3

（1）某地农贸市场上多种商品的价格逢节即涨，节后回落，这是通货膨胀吗？请说明理由。

（2）高考期间，考场周边的酒店房间价格普遍上涨，这是通货膨胀吗？请说明理由。

视野拓展

通货紧缩

通货紧缩是与通货膨胀相反的一个概念，指因货币供应量少于流通领域对货币的实际需求量而引起的货币升值，从而导致商品和劳务的价格总水平持续下跌的现象。萨缪尔森将通货紧缩定义为价格和成本正在普遍下降。长期处于通货紧缩状态会抑制投资与生产，导致失业率升高与经济衰退。经济学者普遍认为，当消费者物价指数连跌两季时，即表示已出现通货紧缩。

物价指数是衡量通货膨胀程度的基本指标。通货膨胀率是一定时期内物价指数的变动率。通货膨胀率的计算公式为

$$通货膨胀率=\frac{报告期物价指数-基期物价指数}{基期物价指数}\times 100\% \qquad (11-2)$$

式中，报告期物价指数是指所研究的那一时期的物价指数，基期物价指数是作为对比标准的那一时期的物价指数。

例如，2021 年 8 月我国消费者物价指数为 100.8%，该数据以 2020 年 8 月为基期，基期物价指数为 100%，则相应的通货膨胀率为（100.8%-100%）/100%×100%=0.8%。

物价指数是综合反映物价变动趋势和程度的相对数。常用的物价指数主要有消费者物价指数、生产者物价指数和国内生产总值缩减指数。

1. 消费者物价指数

消费者物价指数（consumer price index，CPI）是衡量一定时期内居民个人所购买商品和劳务零售价格变化的指标。消费者物价指数反映消费环节的价格水平，与人们的生活水平关系最为密切，是国际通用的衡量一个国家或地区通货膨胀或通货紧缩程度的指标。

视野拓展

我国居民消费价格指数

我国居民消费价格指数（即消费者物价指数）涵盖全国城乡居民生活消费的食品烟酒、衣着、居住、生活用品及服务、交通和通信、教育文化和娱乐、医疗保健、其他用品和服务等八大类、262 个基本分类的商品与服务价格。该数据来源于全国 31 个省（区、市）500 个市县、8.8 万余个价格调查网点，包括商场（店）、超市、农贸市场、服务网点和互联网电商等，采用抽样调查方法确定调查网点，按照“定人、定点、定时”的原则，直接派人前往采集原始价格，经过汇总计算获得。此项数据由国家统计局发布，可登录国家统计局官方网站获取（参见表 11.1）。

表 11.1　2021 年 8 月我国居民消费价格指数

项目名称	同比（%）	项目名称	同比（%）
居民消费价格指数	100.8	5. 交通和通信	105.9
1. 食品烟酒	98.0	6. 教育文化和娱乐	103.0
2. 衣着	100.5	7. 医疗保健	100.4
3. 居住	101.1	8. 其他用品和服务	96.1
4. 生活用品及服务	100.6	—	—

资料来源：国家统计局。

2. 生产者物价指数

生产者物价指数（producer price index，PPI）是衡量一定时期内生产者原材料购进价格变化和产成品出厂价格变化的指标。生产者物价指数反映生产环节的价格水平。整个价格水平的波动一般首先出现在生产领域，然后通过产业链向下游产业扩散，最后波及消费品，影响消费者物价指数。因此，生产者物价指数是整个价格水平变化的一个信号，被视作经济周期的指示性指标之一，受到各国政策制定者及企业经营决策者的密切关注。

视野拓展

我国工业生产者价格指数

我国工业生产者价格指数包括工业生产者出厂价格指数和工业生产者购进价格指数。工业生产者

出厂价格指数反映工业企业产品第一次出售时的出厂价格的变化趋势和变动幅度，工业生产者购进价格指数反映工业企业中间投入产品的购进价格的变化趋势和变动幅度。

我国工业生产者出厂价格统计调查涵盖 1 638 个基本分类的 20 000 多种工业产品的价格，工业生产者购进价格统计调查涵盖 900 多个基本分类的 10 000 多种工业产品的价格。目前，我国编制的工业生产者购进价格指数所调查的产品包括燃料动力、黑色金属、有色金属、化工、建材等九大类。

工业生产者价格调查采取重点调查与典型调查相结合的方法。年主营业务收入在 2 000 万元以上的企业采用重点调查方法，年主营业务收入在 2 000 万元以下的企业采用典型调查方法。工业生产者价格调查涉及全国 5 万余家工业企业。2021 年 8 月我国工业生产者价格指数如表 11.2 所示。

表 11.2　2021 年 8 月我国工业生产者价格指数

项目名称	环比（%）	同比（%）
工业生产者出厂价格指数	100.7	109.5
工业生产者购进价格指数	100.8	113.6

资料来源：国家统计局。

3. 国内生产总值缩减指数

国内生产总值缩减指数是衡量一国在一定时期内所生产的最终产品和劳务的价格总水平变化程度的指标，是名义国内生产总值与实际国内生产总值的比率。

以上三类物价指数由于观察角度不同、统计范围不同，所计算的通货膨胀率数值也不同，但其变动趋势基本相同。从理论的角度来看，国内生产总值缩减指数由于反映了国内生产的所有商品和劳务的价格，统计范围全面，并且各种商品和劳务的结构即权重随着时间的推移而自动变化，从而比前两种指数更为全面、客观与准确；从实践的角度来看，生产者物价指数与消费者物价指数的针对性更强，生产者物价指数反映生产环节的价格水平，消费者物价指数反映消费环节的价格水平，较国内生产总值缩减指数更为具体与明确。

二、通货膨胀的分类与成因

从不同的角度考察通货膨胀，会有不同的分类。

（一）按严重程度划分通货膨胀

按通货膨胀的严重程度，可将通货膨胀划分为以下三种类型。

（1）温和的通货膨胀。温和的通货膨胀也称爬行的通货膨胀，是指年通货膨胀率在 10%以内的通货膨胀。在温和的通货膨胀情况下，通货膨胀率低，可预测，物价水平较为稳定。凯恩斯主义理论认为，温和的通货膨胀虽然使物价水平有所上升，但能增加社会需求，促进资源的利用、就业的增加和收入的增长，对整个社会经济发展是有利的。

（2）奔腾的通货膨胀。奔腾的通货膨胀也称急剧的或加速的通货膨胀，是指年通货膨胀率为 10%～100%的通货膨胀。在奔腾的通货膨胀情况下，通货膨胀率较高，物价上升速度快、涨幅大，货币的实际购买力急剧下降，人们对货币的信心产生动摇，更愿意大量囤积商品而不愿意持有货币，金融市场陷于瘫痪，经济运行秩序受损，经济和社会产生动荡。

（3）恶性的通货膨胀。恶性的通货膨胀也称超速或超级的通货膨胀，是指年通货膨胀率在100%以上的通货膨胀。在恶性的通货膨胀情况下，通货膨胀率非常高而且完全失控，金融体系完全崩溃，经济体系陷入崩溃边缘，导致严重的经济危机，甚至出现政权更迭。

恶性的通货膨胀在经济发展史上并不多见，通常发生于战争或社会大动乱之后。如德国在第一次世界大战结束后，5 年内物价上涨了 66 亿倍；苏联解体后，5 年内俄罗斯的物价上涨了 1 000 倍。津巴布韦自 2000 年以来陷入恶性通货膨胀，并不断加速，到 2008 年物价上涨

7.96 亿倍，导致金融体系崩溃，2017 年 11 月 15 日发生政变。

视野拓展

实例一：第一次世界大战后德国的恶性通货膨胀

正如著名经济学家萨缪尔森所说：“突出的通货膨胀总是发生在战争期间，几乎每一个政府都是以通货膨胀作为支付战费最方便的手段。”

德国的货币供应量在第一次世界大战前约为 60 亿马克，至 1918 年 11 月 17 日宣布停战为止已增至 284 亿马克，相当于战前的 4.73 倍。从 1922 年到 1923 年，德国的货币发行量上升到天文数字，1923 年年底货币流通总量相当于战前的 1 280 亿倍。战后的德国陷入了恶性通货膨胀的深渊。

战后，德国的物价经历了爬行、小跑与狂奔三个阶段。1918 年 11 月第一次世界大战停战时，德国的物价已较 1913 年上涨了 117%，战后物价上涨速率加快，次年物价上涨了 247%，是 4 年大战期间总涨幅的 1.5 倍。一年后，又大涨约 11 倍。1921 年 11 月物价开始步入疯狂的攀升阶段，1922 年生产者物价指数为 45 205，是 1913 年的 448 倍。1922 年后，物价螺旋式上升进入加速阶段，至 1923 年年底物价指数已高达约 143 万亿，是战前的 1.4 万亿倍多。战后 5 年物价上涨了 66 亿倍。

米尔顿·弗里德曼有一个著名论断：“通货膨胀无论何时何地，总是一种货币现象。”德国的恶性通货膨胀证明，借助印钞机使货币供应量在短时间内急剧增加，“过多的货币追逐更少的商品”是发生恶性通货膨胀最直接且最根本的原因与特征。

（贺水金，2007）

实例二

（二）按形成原因划分通货膨胀

按通货膨胀的形成原因，可将通货膨胀划分为以下五种类型。

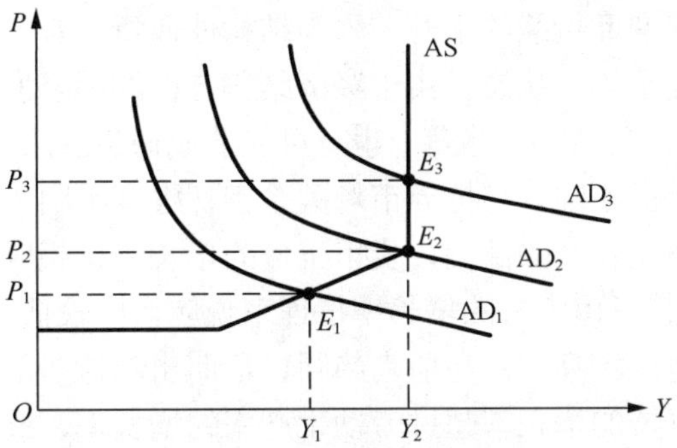

图 11.1　需求拉动的通货膨胀

1. 需求拉动的通货膨胀

当总供给相对稳定时，因总需求过度增长，使得总需求超过总供给而引起的通货膨胀，称为需求拉动的通货膨胀。在总需求-总供给模型中，需求拉动的通货膨胀表现为总需求曲线 AD 右移造成的价格上升，如图 11.1 所示。

在图 11.1 中，当经济未实现充分就业时，总需求曲线 AD_1 与总供给曲线 AS 相交于均衡点 E_1，决定均衡国民收入为 Y_1，价格水平为 P_1。随着总需求的增加，总需求曲线 AD_1 向右平移至 AD_2，与总供给曲线 AS 相交于新的均衡点 E_2，均衡国民收入由 Y_1 上升至 Y_2，价格水平由 P_1 上升至 P_2，总需求增加在引起价格水平上升的同时，也引起收入增加，这一状态称为半通货膨胀。

当经济处于充分就业状态即均衡点 E_2 时，随着总需求的继续增加，总需求曲线 AD_2 向右平移至 AD_3，与总供给曲线 AS 相交于均衡点 E_3，此时国民收入不变，而价格水平由 P_2 上升至 P_3，总需求增加的唯一结果是引起价格水平上升，这一状态称为完全通货膨胀。凯恩斯称之为“真正的通货膨胀”。

视野拓展

需求拉动的通货膨胀实例　成本推动的通货膨胀实例

社会总需求由总消费、总投资、政府购买和净出口构成，其中任何一个构成部分的增加都会引起总需求增加，当总需

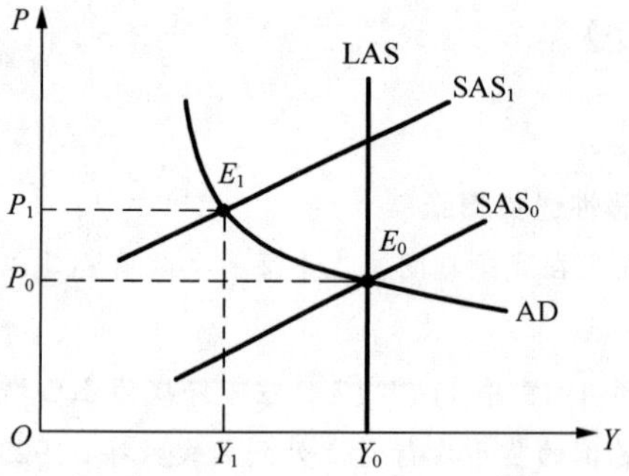

图 11.2　成本推动的通货膨胀

求过度增加时便形成需求拉动的通货膨胀。

2. 成本推动的通货膨胀

成本推动的通货膨胀也称供给通货膨胀，是指在总需求不变的情况下，由于成本提高等供给方面的原因，使总供给减少，引起的物价水平普遍而持续的上涨。工资、利润及进出口原材料成本的增加都会引起产品价格的上升，形成成本推动的通货膨胀。在总需求–总供给模型中，成本推动的通货膨胀表现为总供给曲线向左上方平移造成的价格上升，如图 11.2 所示。

在图 11.2 中，初始的短期总供给曲线 SAS_0 与长期总供给曲线 LAS 及总需求曲线 AD 相交于均衡点 E_0，此时的收入 Y_0 为充分就业收入，价格水平为 P_0。当短期总供给减少时，短期总供给曲线 SAS_0 向左上方平移到 SAS_1，与总需求曲线 AD 相交于均衡点 E_1，价格水平由 P_0 上升到 P_1，发生通货膨胀；而与此同时，收入或产出水平由 Y_0 下降到 Y_1，形成滞胀。

3. 供求混合型通货膨胀

由需求拉动和成本推动共同作用而引起的通货膨胀，称为供求混合型通货膨胀。现实经济中的通货膨胀往往是总需求与总供给共同作用的结果，两种原因相互作用、互为因果。如果通货膨胀由需求拉动开始，过度的需求增加必然导致物价总水平上升，物价总水平上升推动工资上涨，而工资上涨则导致成本推动的通货膨胀；反之，如果通货膨胀由成本推动开始，工资及利润上涨使人们收入增加，消费增加，从而使总需求增加，形成需求拉动的通货膨胀。

4. 结构性通货膨胀

单纯由经济结构因素变动所引起的物价水平普遍而持续的上升，称为结构性通货膨胀。这一理论认为，即使整个经济的总需求和总供给处于均衡状态，由于经济结构方面的因素发生变动，如各经济部门发展不平衡、总供给与总需求结构不一致等，也有可能造成通货膨胀。

在一国的经济体系中，各经济部门兴衰进展状况不同，与世界市场关系密切程度不同，其劳动生产率存在差异。那些劳动生产率的增长率比较高的部门，货币工资的增长率也相应较高。而那些劳动生产率的增长率比较低的部门，其货币工资的增长率按理来说应该比较低，但因“攀比效应”的作用，其货币工资的增长率也比较高，并与前者趋同，从而引起这些部门的产品平均成本及价格上升，使整个社会货币工资的增长率超过劳动生产率的增长率，最终形成由工资成本推动的通货膨胀。

此外，产品需求结构的变化、劳动力市场结构的变化等也有可能引发结构性通货膨胀。

知识点滴

经济结构是指国民经济各组成部分的比例关系。从不同的角度分类，经济有不同的结构，如部门结构、产业结构、地区结构、企业结构、技术结构、产品结构、劳动力结构、消费结构、进出口结构等。

5. 预期的通货膨胀

预期因素所引发的通货膨胀，称为预期的通货膨胀。一般而论，当经济中已经存在通货膨胀时，人们普遍会认为通货膨胀将持续存在，并据此来计划和安排经济活动，如签订合同时会考虑通胀因素而事先提高商品售价、在进行工资谈判时会考虑通胀因素而事先要求工资按一定比率增加等，从而使本来不应延续的通货膨胀可能延续、本来不严重的通货膨胀可能加剧。由于人们会将预期的通货膨胀考虑到交易契约中，因此对已有通货膨胀的适应性预期常常会变成惯性通货膨胀，从而年复一年地持续下去。预期既影响需求，也影响供给，因此预期的通货膨胀往往表现为供求混合型通货膨胀。

三、通货膨胀的影响

通货膨胀影响着人们的经济活动，更深刻地影响着社会的政治稳定。

（一）通货膨胀的经济效应

通货膨胀对经济的影响主要表现为通货膨胀对收入和财富的再分配效应和产出效应。

1. 通货膨胀的再分配效应

通货膨胀是指物价普遍而持续地上升，意味着货币购买力下降。由于各种商品价格变化的程度不同，且人们所持有货币的状况不同，因而通货膨胀会影响收入和财富在不同成员间的再分配。经济学理论认为，在通货膨胀可完全预期的情况下，通货膨胀率较为稳定，名义工资、名义利率等各种名义变量可根据通货膨胀率进行调整，从而使各种实际变量保持不变，此时通货膨胀对收入和财富再分配的影响很小；在通货膨胀不可完全预期的情况下，人们无法准确地根据通货膨胀率及时调整各种名义变量及自身的经济行为，导致通货膨胀产生明显的再分配效应，具体表现为如下三个方面。

第一，使收入和财富从工资收入者转移到利润收入者。因为在通货膨胀期间，名义工资的增加不仅滞后于物价的上升，而且上升幅度往往也赶不上物价的上升幅度，即实际工资下降，而利润收入者可通过提高产品价格转嫁通货膨胀带来的损失。

第二，使收入和财富由债权人转移至债务人。因为实际利率等于名义利率减去通货膨胀率，所以发生通货膨胀时，实际利率下降。如 2020 年我国一年期存款名义利率为 1.5%，低于同期通货膨胀率 2.5%，一年期存款实际利率为负利率，表明通货膨胀使储户财富缩水，但缩水的财富并未消失，而是由债权人即储户转移至债务人即银行。

第三，使收入和财富由公众转移至政府。通货膨胀往往是由货币发行量过多引起的，政府通过印发货币，筹集收入，并以此进行支付、弥补赤字或偿还债务，直接剥夺公众财富；通货膨胀能够在现行税率下自动提高政府的税收收入，在通货膨胀过程中，随着名义工资的增加，在实行累进所得税率的情况下，个人所得税增加；同时，通货膨胀能够使政府的内债负担下降，从而获得通货膨胀税。

教学互动

问：什么是通货膨胀税？

答：通货膨胀税是政府通过印发货币而筹集的收入。当政府印发货币时，物价上升，人们所持有的货币就会贬值，因此通货膨胀税就像一种向每个持有货币的人征收的税。但没有人从政府那里收到这种税的税单，因而通货膨胀税有很强的隐蔽性。

人们所拥有的财产分为货币形态的财产与实物形态的财产。前者如现金、银行存款、各种有价证券等，其实际价值随物价上涨而下降，而名义价值不变；后者如房屋、土地、古玩等，其名义价值随物价上涨而上升，而实际价值不变。

2. 通货膨胀的产出效应

一般认为，从短期来看，温和的、未被预期的、需求拉动的通货膨胀能刺激产出增加，促进就业；而成本推动的通货膨胀使产出减少，导致失业；恶性通货膨胀导致产出和就业下降，甚至经济崩溃。从长期来看，决定经济增长的是劳动、资本、自然资源及生产技术等实际因素，而不是价格水平，人们通过预期通货膨胀率调整各种名义变量，使各种实际变量保持不变，因此由货币量变动引起的通货膨胀不影响产出水平。

（二）通货膨胀的社会影响

通货膨胀加剧贫富差距，使相当一部分人的实际生活水平下降，滋生出对政府和社会的不满情绪，引起社会动荡。凯恩斯曾将通货膨胀的影响描述为：当通货膨胀来临时，货币的实际价值每月都产生巨大的波动，所有构成资本主义坚实基础的、存在于债权人和债务人之间的永恒关系，都会变得混乱不堪甚至几乎完全失去意义，获得财富的途径也退化到依靠赌博和运气的境地。在迅速的不可预期的通货膨胀时期，由于准确预期通货膨胀率比从事生产活动更有利可图，相当多的人开始减少甚至放弃从事自己原本擅长的专业生产活动，而愿意花更多的时间及精力来预期通货膨胀，打理自己的投资资产组合，以使自己的财富保持增值。通货膨胀使生产活动性资源转向预期通货膨胀，造成资源浪费。

西方经济学家认为，通货膨胀对经济造成的影响本身并不严重，真正的严重性在于收入和财富再分配所导致的政治后果。特别是在恶性通货膨胀条件下，利益再分配会引起社会各阶层的冲突和对立，使经济停滞和混乱，造成社会不安和动乱。

总之，通货膨胀有利有弊，其影响具有具体性和复杂性。从第二次世界大战后各国的情况来看，通货膨胀的弊大于利，借助于通货膨胀来发展经济绝非上策。

四、通货膨胀的治理对策

严重的通货膨胀不利于经济发展和社会安定，治理通货膨胀、稳定物价是各国政府的重要任务。通货膨胀产生的原因不同，相应的治理对策也不同。

1. 控制货币供应量

货币供应量过多是引发通货膨胀最直接的原因。控制货币供应量，使货币供应量与需求量相适应，可有效抑制通货膨胀。其主要手段有：第一，控制货币发行量；第二，采取紧缩性货币政策，通过提高法定存款准备金率和再贴现率、中央银行在公开市场上出售各种政府债券等，减少货币供应量。

视野拓展

货币供应量增长率必须控制在国内生产总值增长率加3%的水平之内

据 2011 年 3 月 21 日《南方日报》文章（田秋生）依据费雪方程式，货币供应量增长率等于经济增长率加通货膨胀率减货币流通速度变动率。通常情况下，货币流通速度大致不变，因此货币供应量增长率应该等于经济增长率加通货膨胀率。经验表明，3%左右的通货膨胀率大致说来是正常的，可满足经济增长需要且被人们所接受。依据费雪方程式，要保持通货膨胀率不超过这一水平，货币供应量增长率就必须控制在国内生产总值增长率加 3%的水平之内。

为了应对美国次贷危机对我国的冲击，我国政府采取了宽松的财政政策和货币政策，这对抵御外部冲击、维护经济稳定起到了很大作用，但它的副作用不容忽视——货币超发带来的通货膨胀压力。

2009年，国内生产总值增长率为9.2%，而M1和M2增长率分别为32.4%和27.7%。2010年，国内生产总值增长率为10.3%，而M1和M2增长率分别为21.2%和19.7%。当时，货币供应量的超常增长，造成我国实体经济部门与货币金融部门出现严重失衡。这种严重失衡，正是当时乃至之后一定时期我国价格水平上涨的最根本原因。而且应该看到，当时我国价格水平的较快上涨，是在产能过剩依然突出的情况下出现的。看到这一点，有助于我们深刻认识我国该次价格上涨的严重性，从而有助于我们探寻应对价格上涨的治本之策。

2. 抑制总需求

对于需求拉动的通货膨胀，抑制总需求是关键，通常采取紧缩性财政政策与货币政策。采取紧缩性财政政策，即减少财政支出与增加税收，通过削减政府预算与财政赤字，压缩政府购买，减少政府对商品和劳务的需求；通过减少政府转移支付，降低社会福利费用，减少居民可支配收入，抑制消费需求；通过增加税收，抑制厂商的投资需求和居民的消费需求。采取紧缩性货币政策，即通过减少货币供应量，提高利率，抑制消费和投资需求。

3. 增加总供给

增加总供给，特别是有效供给，是治理通货膨胀的根本之策。增加总供给的具体措施主要有：①采取扩张性财政政策和货币政策，通过降低税率及利率等刺激厂商增加总供给；②改善产业结构，通过减免税收、给予财政补贴或提供低息甚至无息贷款等，支持短缺商品的生产；③鼓励技术创新，以提高资源利用率，降低成本；④减少或取消供给管制，鼓励竞争，增加有效供给。

视野拓展

拉弗曲线

拉弗曲线是一条描述税率与税收量之间关系的曲线，由美国南加利福尼亚州大学商学院教授拉弗于1974年提出，用以说明税收与供给的关系，如图11.3所示。

在图11.3中，纵轴t表示税率，横轴T表示政府税收量。税收量等于税率与税基的乘积。当税率为零时，政府收益等于零，政府也就不可能存在，因此经济处于无政府状态（丛林法则），这种经济显然是不可取的；当税率上升到100%时，无人愿意工作或投资，没有税源或者税基，因此政府的收益也为零。

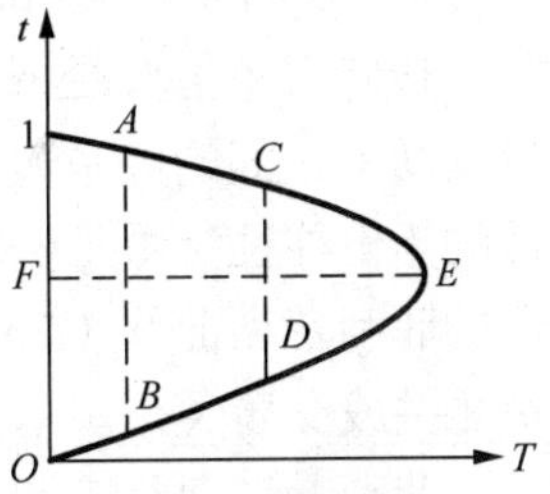

图11.3 拉弗曲线

实际税率总是介于上述两种极端税率之间。A点代表一个很高的税率和很低的产量，而B点代表一个很低的税率和很高的产量，然而两者可以为政府提供同样多的收益。显然，税收量和产量在E点对应的税率F上达到最大。在E点，如果政府降低税率，产量将增加，但收益会下降；如果政府提高税率，产量和收益都会下降。E点所对应的税率是最佳税率，政府和政治家的主要经济任务就是找到这样的税率。

4. 指数化政策

指数化政策是指对交易中因通货膨胀而利益受损的一方给予一定补偿的政策，具体做法是定期按通货膨胀率来调整有关的名义变量值，以使其实际水平保持不变。指数化政策包括利率指数化、工资指数化和税收指数化。

利率指数化是根据通货膨胀率来调整名义利率，以保持实际利率不变。工资指数化是根据通货膨胀率来调整货币工资，把货币工资增长率与物价上涨率联系在一起，使它们同比例变动。税收指数化是根据通货膨胀率来调整纳税的起征点和税率等级。

指数化政策可在一定程度上抵消通货膨胀对经济的消极影响，有利于社会稳定，但实施难度大，有加剧通货膨胀的风险。

第三节　失业与通货膨胀的关系

失业与通货膨胀是困扰各国政府的两大经济难题，经济学家通过研究两者之间的关系得出了不同的结论。

一、关于失业与通货膨胀关系的不同结论

在经济发展的不同时期，经济学家的研究结论不同。这表明失业与通货膨胀之间的关系具有复杂性，经济理论在实践中得以不断发展。

1. 凯恩斯的观点：失业与通货膨胀不会并存

凯恩斯认为，在未充分就业的情况下，总需求的增加只会使国民收入增加，而不会引起物价上升，即不会发生通货膨胀；在充分就业的情况下，总需求的增加无法使国民收入增加，而只会引起物价上升，即发生需求拉动的通货膨胀。这就是说，失业与通货膨胀不会同时存在。

凯恩斯对失业与通货膨胀关系的这种论述，适用于20世纪30年代经济大萧条时期的情况，但不符合第二次世界大战后各国的实际情况。

2. 菲利普斯的观点：失业与通货膨胀交替变化

1958年，伦敦经济学院教授菲利普斯发表其成名作《1861—1957年英国的失业和货币工资变动率之间的关系》。该论文分析了英国1861—1957年的统计资料，其研究显示，失业率低的年份往往货币工资增长率高，而失业率高的年份往往货币工资增长率低，由此推导出著名的菲利普斯曲线（Phillips curver，PC）。菲利普斯曲线是指失业率与通货膨胀率之间存在负相关或交替关系。

菲利普斯曲线表明，在经济繁荣阶段，失业率低，而工资与物价水平高，通货膨胀率高；在经济萧条阶段，失业率高，而工资与物价水平低，通货膨胀率低。失业率与通货膨胀率呈反向变动的原因是：在经济繁荣阶段，厂商用工需求旺盛，失业率低，厂商间因用工竞争激烈而推动工资走高，通货膨胀率相应上升；在经济萧条阶段，厂商用工需求减少，失业率高，工人间因就业竞争激烈而推动工资走低，通货膨胀率相应降低。如图11.4所示，横轴表示失业率，纵轴表示通货膨胀率，PC表示菲利普斯曲线，是一条向右下方倾斜的曲线。

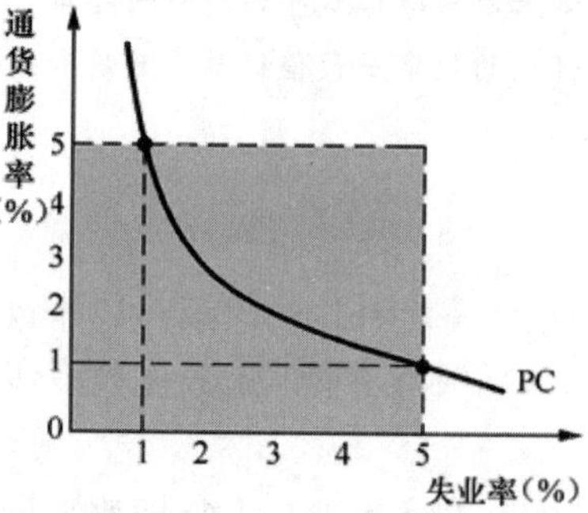

图11.4　菲利普斯曲线及其政策含义

失业率与通货膨胀率交替变化的关系意味着政策选择的两难性，即选择低失业率的政策目标要付出高通胀的代价，而选择低通胀的政策目标则要付出高失业率的代价。一般认为，图11.4所示阴影部分为社会可接受的

安全区域，临界点为（5%，5%）。临界点值因各国实际情况不同而异，如经济学家厉以宁提出现阶段我国宏观调控的临界点应定为（4%，4%）。当菲利普斯曲线处于安全区域时，政府无须干预；当菲利普斯曲线超出安全区域时，政府必须干预；当菲利普斯曲线向右上方平移，远离安全区域时，政府必须加大干预力度。

菲利普斯曲线所反映失业与通货膨胀之间交替变化的关系基本符合 20 世纪五六十年代西方国家的实际情况。20 世纪 70 年代末期滞胀的出现，使失业与通货膨胀之间的关系有了新的解释。

3. 弗里德曼的观点：在长期内，通货膨胀与失业不存在交替变化关系

弗里德曼提出了短期菲利普斯曲线（short-term Phillips curve，SPC）和长期菲利普斯曲线（long-term Phillips curve，LPC）的概念。在短期内，工人来不及调整通货膨胀预期，由于工资是按预期通货膨胀率制定的，因此当实际通货膨胀率高于预期通货膨胀率时，工人的实际工资会降低，从而使厂商利润增加，刺激投资，增加就业。因此，菲利普斯曲线在短期内是可能存在的，政府采取扩张性政策可以减少失业，即宏观经济政策短期具有有效性。

短期菲利普斯曲线并不是唯一的，会随着人们预期通货膨胀率的改变而发生平移。如图 11.5 所示，预期通货膨胀率上升，短期菲利普斯曲线向右上方平移；预期通货膨胀率下降，短期菲利普斯曲线向左下方平移。此外，直接改变企业产品的成本和利润，会使经济中的总供给曲线出现移动，也会使短期菲利普斯曲线发生平移，如产品成本增加导致总供给减少会引起滞胀，使短期菲利普斯曲线 SPC_1 向右上方平移至 SPC_2。

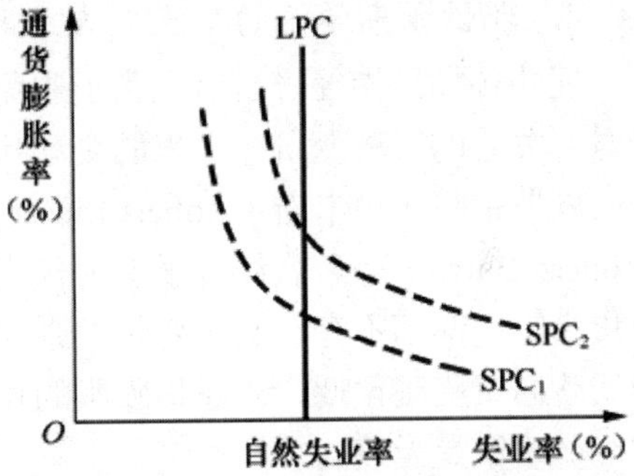

图 11.5　短期和长期菲利普斯曲线

结论：短期菲利普斯曲线向右上方平移表明高通货膨胀率与高失业率并存，向左下方平移表明低通货膨胀率与低失业率并存。而同一条短期菲利普斯曲线上的不同组合点，则表明通货膨胀率与失业率之间的交替变化关系。

案例 11.2

美国通货膨胀率和失业率的双降现象

美国在 1981—1990 年通货膨胀率和失业率同时下降。其中，通货膨胀率从 1981 年的 10.4%下降到 1990 年的 5.4%，失业率从 1981 年的 9.5%下降到 1990 年的 5.3%。其原因在于高新技术所带来的劳动生产率的提高，出现“边际成本递减”特征，产生“技术溢出效应”。新技术的发展创造了更多的新产业和新岗位，为厂商提供了更大的发展空间，为劳动力提供了更多的就业岗位和机会。

启发思考

（1）试用总需求-总供给模型分析这一现象。

（2）试用菲利普斯曲线解释这一现象。

从长期来看，工人会根据以往的实际经验不断调整自己的预期，使预期通货膨胀率与实际通货膨胀率达到一致，此时工人要求增加名义工资，而实际工资保持不变，因此通货膨胀不能减少失业。长期菲利普斯曲线是一条固定在自然失业率水平上的垂线，无论通货膨胀率怎样变动，失业率都不变，即通货膨胀率与失业率之间不存在交替变化关系，如图 11.5 中的

曲线 LPC 所示。

结论：在长期内，货币政策只会影响名义变量，如物价水平和通货膨胀率等，并不会影响实际变量，如产量和就业等。扩大总需求的政策只会引起更高的通货膨胀率，而失业率则保持不变。

人物谱

米尔顿·弗里德曼

米尔顿·弗里德曼（Milton Friedman，1912—2006），美国芝加哥大学经济学教授，货币学派创始人。

弗里德曼主张自由竞争，反对政府干预，认为政府只应扮演规章制度的制定者和仲裁人的角色，以及在反对技术垄断和克服市场的不完全性等方面发挥作用。因对消费理论、货币史和货币理论等方面研究的杰出贡献，弗里德曼于 1976 年获诺贝尔经济学奖，成为 20 世纪与凯恩斯齐名的最具影响力的经济学家之一。

4. 理性预期学派的观点：失业与通货膨胀不存在交替变化关系

理性预期是指经济当事人为了避免损失和谋取最大利益，设法利用一切可以取得的信息，来对所关心的经济变量在未来的变动状况作出尽可能准确的预测。

以罗伯特·卢卡斯（Robert Lucas）、托马斯·萨金特（Thomas Sargent）、罗伯特·巴罗（Robert Barro）等著名经济学家为代表的理性预期学派认为，无论在长期还是短期，失业与通货膨胀之间都不存在交替变化关系。当经济政策发生改变时，人们会很快根据理性预期相应调整通货膨胀预期，使通货膨胀的预期值始终与实际值保持一致。因此，调节总需求的宏观经济政策是无效的。

二、痛苦指数与不受欢迎指数

较高的失业率和通货膨胀率都将对一个国家的经济和社会造成损失。将失业率和通货膨胀率结合运用，可以形成痛苦指数和不受欢迎指数。

1. 痛苦指数

痛苦指数也称遗憾指数或不安指数，代表令人不快的经济状况。痛苦指数的计算公式为

$$痛苦指数=失业率+通货膨胀率 \tag{11-3}$$

痛苦指数由美国经济学家阿瑟·奥肯于 20 世纪 70 年代提出。痛苦指数指示着宏观经济的运行状况。痛苦指数越小，表明宏观经济运行状况越好；反之，则越差。痛苦指数是政府作出宏观经济决策的重要依据。

视野拓展

美国的痛苦指数

综合媒体消息 2021 年 11 月，美国失业率为 4.2%，通货膨胀率为 6.8%，痛苦指数为 11%。

1980 年 5 月，美国的痛苦指数触及顶点 21.9%，当时美国失业率达到 7.5%，而通货膨胀率为 14.4%，美联储主席保罗·沃尔克（Paul Volcker）将利率提升至 20%，通货膨胀率很快下降，失业率也随之在几年后下降，美国经济进入 20 世纪八九十年代的良好发展时期。

新冠肺炎疫情发生以后，美国的痛苦指数于 2020 年 4 月攀升至 15%（失业率为 14.7%，通货膨胀

率为 0.3%）。

痛苦指数显示了对家庭十分重要的两个方面——失业与通货膨胀。当它们走低时，许多家庭真的会感觉更富有。

2. 不受欢迎指数

不受欢迎指数指人们对政府不满意的程度。有关研究资料显示，人们对失业的重视程度是通货膨胀的 6 倍。不受欢迎指数的计算公式为

$$不受欢迎指数=6\times失业率+通货膨胀率 \quad (11-4)$$

仍以美国 2021 年 11 月的数据为例，政府不受欢迎指数为 32%（6×4.2%+6.8%）。不受欢迎指数越低，表明政府受公众信任的程度越高，本届政府获得连任的可能性就越大。

本章小结

失业是指在法定年龄范围内的有劳动能力者愿意工作而没有工作，且在积极寻找工作的状态。失业率是失业人数占劳动力总数的百分比。根据失业产生的原因，通常可将失业划分为自然失业与周期性失业。对于自然失业，治理对策主要是全方位提供就业服务、加强职业技能培训、出台调控劳动力供求量的政策等；对于周期性失业，治理对策是采用扩张性的宏观经济政策。

通货膨胀是指物价水平普遍而持续地上升。通货膨胀率是一定时期内物价指数的变动率，常用的物价指数主要有消费者物价指数、生产者物价指数和国内生产总值缩减指数。通货膨胀既影响经济中收入和财富的再分配，又影响经济的短期产出水平，更深刻地影响着社会的政治稳定。通货膨胀按形成原因不同，可分为需求拉动、成本推动、供求混合型、结构性及预期的通货膨胀五种类型。针对不同类型的通货膨胀，相应的治理对策主要有控制货币供应量、抑制总需求、增加总供给及指数化政策等。

关于失业与通货膨胀的关系：凯恩斯认为两者不会并存；菲利普斯认为两者交替变化；弗里德曼认为在短期内两者交替变化，在长期内不存在交替变化关系；理性预期学派则认为两者不存在交替变化关系。总之，不同的理论都有其存在的合理性及相应的政策意义。

练 习 题

一、概念识记

失业　失业率　充分就业　自然失业　摩擦性失业　结构性失业　周期性失业　奥肯定律
通货膨胀　通货膨胀率　消费者物价指数　生产者物价指数　菲利普斯曲线

二、单项选择题

1. 由于厂商经营不善破产而形成的失业属于（　　）。
   A. 周期性失业　B. 结构性失业　C. 自愿失业　D. 摩擦性失业
2. 说明失业率与实际国内生产总值增长率之间变化规律的是（　　）。
   A. 拉弗曲线　B. 菲利普斯曲线　C. 奥肯定律　D. 学习曲线

3. 一般用（　　）来衡量通货膨胀水平。

A. 劳动生产率　　B. 物价指数变动率

C. 商品和劳务的价格　　D. 经济增长率

4. 在充分就业的情况下，（　　）最有可能导致通货膨胀。

A. 进口增加　　B. 工资不变，劳动生产率提高

C. 出口减少　　D. 税收不变，政府支出扩大

5. 某国连续3年货币供应量增长速度为5%，国内生产总值增长速度为8%，货币流通速度不变，其物价水平变动趋势是（　　）。

A. 上升　　B. 下降　　C. 不变　　D. 不确定

6. 下列选项中，（　　）是引起成本推动通货膨胀的原因。

A. 银行贷款扩张　　B. 预算赤字　　C. 石油价格上涨　　D. 投资增加

7. 未在官方的失业统计中反映出来的潜在失业称为（　　）。

A. 自愿失业　　B. 非自愿失业　　C. 自然失业　　D. 隐蔽性失业

8. 恶性通货膨胀产生的根本原因是（　　）。

A. 货币供应量增加　B. 总需求增加　　C. 成本上升　　D. 通货膨胀预期

9. 若实际利率为5%，同期通货膨胀率为10%，则名义利率应为（　　）。

A. 15%　　B. 10%　　C. 5%　　D. −5%

10. 长期菲利普斯曲线是一条固定在自然失业率水平上的垂线，这表明在长期内，（　　）。

A. 通货膨胀率与失业率有交替关系　　B. 货币政策并不影响实际变量

C. 货币政策并不影响名义变量　　D. 名义变量等于实际变量

三、多项选择题

1. 下列选项中，（　　）属于自然失业。

A. 周期性失业　　B. 结构性失业　　C. 古典失业　　D. 摩擦性失业

2. 下列选项中，可能引起结构性失业的有（　　）。

A. 经济结构变化　　B. 季节性因素　　C. 雇主歧视用工　　D. 信息不对称

3. 下列选项中，治理自然失业的对策是（　　）。

A. 加强技能培训　　B. 推行带薪休假制度

C. 提前退休年龄　　D. 提供就业指导

4. 下列选项中，治理周期性失业的对策是（　　）。

A. 降低利率　　B. 减少税收　　C. 增加政府支出　　D. 扩大出口

5. 下列选项中，（　　）是物价指数。

A. CPI　　B. PPI　　C. GDP　　D. GDP缩减指数

6. 恶性通货膨胀可能引发的结果有（　　）。

A. 金融体系崩溃　　B. 经济体系崩溃　C. 经济危机　　D. 政权更迭

7. 以下选项中，可能在通货膨胀中利益受损的是（　　）。

A. 债权人　　B. 固定收入者　　C. 货币持有者　　D. 政府

8. 下列选项中，（　　）是治理通货膨胀的对策。

A. 控制货币供应量　B. 抑制总需求　　C. 增加总供给　　D. 指数化政策

9. 抑制需求拉动的通货膨胀，应采取的宏观经济政策有（　　）。

A. 降低利率　　B. 提高利率　　C. 减少政府支出　　D. 增加政府支出

10. 痛苦指数是将（　　）结合运用而形成的。

A. 失业率　　B. 通货膨胀率　　C. 物价指数　　D. 不受欢迎指数

四、判断题

1. 只要存在失业者，就不可能有工作空位。（　　）
2. 充分就业是指有劳动能力的人都有工作。（　　）
3. 一位工人提前退休，这是一种失业状态。（　　）
4. 一位有工作的公司职员因病住院，不能上班，这是一种就业状态。（　　）
5. 因季节性因素引起的失业是周期性失业。（　　）
6. 房东因生活资料普遍、持续地涨价而提高房租，这是需求拉动的通货膨胀。（　　）
7. 通货膨胀损害了债务人的利益而有利于债权人。（　　）
8. 货币供应量的快速增长往往引发严重的通货膨胀。（　　）
9. 菲利普斯曲线说明通货膨胀率与失业率之间呈正相关。（　　）
10. 不受欢迎指数是对失业率和通货膨胀率的结合运用。（　　）

五、简答题

1. 简述失业的分类及治理对策。
2. 简述通货膨胀的主要成因及治理对策。

六、应用题

1. 假设某人为购买住宅贷款10万元，按固定利率每年偿还银行的抵押贷款额为1万元。当通货膨胀使工资和收入都翻了一番以后，此人的实际债务负担会发生怎样的变化？

2. 查询我国近36个月城镇调查失业率数据，分析其变化，写一篇调查分析报告。

3. 利用互联网搜集相关资料，研究你所读专业就业现状及前景，写一篇调查分析报告。

第十二章　经济周期、经济增长与发展理论

【学习目标】

理解经济周期、经济增长、可持续发展等基本概念；理解经济周期与经济增长的影响因素；理解哈罗德-多马模型和新古典模型的意义；理解可持续发展理论；能初步运用所学理论判断经济形势，并分析现实经济问题。

案例 12.1

中国的经济周期与经济增长

1978—2020 年的 40 多年中，中国经济呈现周期性波动，其运行曲线如图 12.1 所示。

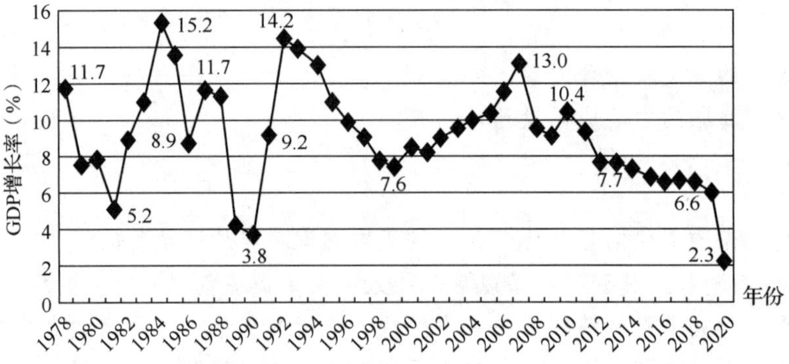

资料来源：国家数据库。

图 12.1　1978—2020 年中国的经济周期

自 1978 年改革开放以来，中国经济进入高速增长阶段，至 2010 年国内生产总值首次超越日本，成为世界第二大经济体。自 2010 年以来，中国经济增速持续放缓，随着“中国制造 2025”战略的实施和供给侧结构性改革政策的稳步推进，中国经济结构不断优化，产业转型升级正在走向成长期，已进入高质量增长阶段。

启发思考

（1）什么是经济周期，经济周期是由哪些原因引起的？

（2）什么是经济增长，经济增长的引擎是什么？

（3）为何要保持经济平稳增长，怎样保持经济平稳增长？

（4）中国经济持续快速增长的主要影响因素有哪些？

经济增长是指一国经济的长期变动趋势。经济周期研究的是一国总体经济活动的短期波动，一国的经济总是在不断的周期性波动中曲折前行。

第一节　经济周期理论

经济周期理论主要研究经济波动的特点与成因，是政府宏观调控的重要依据。

一、什么是经济周期

经济周期又称商业周期或商业循环，是指总体经济活动的扩张和收缩交替反复出现的过程。经济周期过程可以用实际国内生产总值的波动或国内生产总值增长率的波动来描述。因此，衰退不一定表现为实际国内生产总值绝对量的下降，只要国内生产总值增长率下降，即可称为衰退，故而在西方有“增长性衰退”之说。

现代宏观经济学认为，经济周期是经济活动围绕其总体长期趋势所经历的有规律的扩张和收缩，是不可避免的客观存在。其波动的中轴线是经济长期稳定的增长趋势，表现为潜在国内生产总值水平，也称为经济活动的正常水平。经济周期发生在实际国内生产总值相对于潜在国内生产总值上升或下降的时候，表现为经济中的实际国内生产总值对潜在国内生产总值的阶段性偏离。经济周期重复出现，具有明显的周期性。每个周期在持续时间和变化幅度上都可能有很大的差别，但其发展过程是一致的。每个周期都包括一个扩张阶段和一个收缩阶段。扩张阶段是总需求和经济活动的增长时期，通常伴随着就业、生产、投资和利润的上升；而收缩阶段则是总需求和经济活动的下降时期，通常伴随着就业、生产、投资和利润的下降。

视野拓展

经济衰退实例

经济萧条实例

经济复苏实例

一个典型的经济周期通常可细分为四个阶段和两个转折点。四个阶段分别是衰退、萧条、复苏和繁荣。其中：衰退与萧条阶段属于收缩，复苏与繁荣阶段属于扩张；衰退是从繁荣到萧条的过渡阶段，复苏是从萧条到繁荣的过渡阶段。两个转折点分别是峰顶和谷底。峰顶和谷底对应整个经济周期的最高点和最低点，是收缩阶段与扩张阶段的转折点。以横轴 t 表示时间，纵轴 Y 表示国民收入，直虚线 N 表示经济活动的正常水平，曲实线 AF 表示经济活动的实际水平，经济周期的阶段如图 12.2 所示。

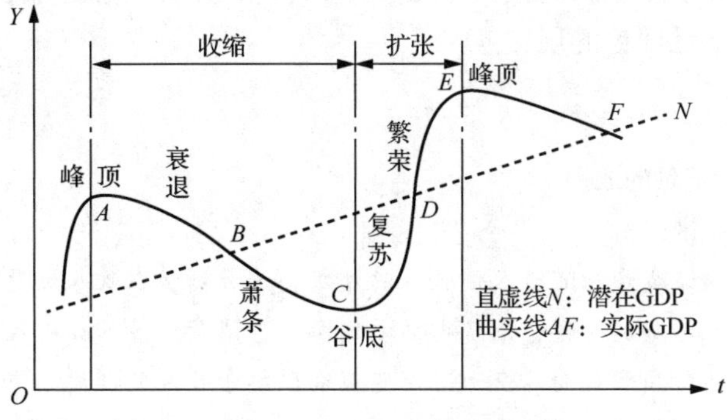

图 12.2　经济周期的阶段

图 12.2 描绘了经济活动水平的变化过程，即峰顶—衰退—萧条—谷底—复苏—繁荣—峰顶……如此周而复始，一个峰顶至下一个峰顶之间（或者一个谷底到下一个谷底之间）即为一个经济周期。

从图 12.2 中不难看出，衰退与繁荣阶段的经济活动水平高于正常水平，但衰退处于收缩阶段，经济下行，而繁荣处于扩张阶段，经济上行；萧条与复苏阶段的经济活动水平低于正常水平，但萧条处于收缩阶段，经济下滑严重，而复苏处于扩张阶段，经济形势向好。

视野拓展

经济周期的长度

经济周期的长度是指一个完整的经济周期所经历的时间。

❖ 短周期。短周期又称“基钦周期”，由美国经济学家约瑟夫·基钦（Joseph Kitchen）于 1923 年提出。经济周期有大周期和小周期两种，小周期平均长度约为 40 个月，大周期则是小周期的总和。一个大周期可包含两个或三个小周期。这里的大周期相当于中周期，小周期即为短周期。

❖ 中周期。中周期又称“朱格拉周期”，由法国经济学家朱格拉（Juglar）于 1862 年提出，经济周期平均长度为 9～10 年。

❖ 长周期。长周期又称“康德拉季耶夫周期”，由苏联经济学家康德拉季耶夫（Kondratief）于 1925 年提出，经济有一种较长的循环，平均长度为 50 年左右。此外，1930 年，美国经济学家库兹涅茨（Kuznets）基于建筑业提出经济周期长度为 15～25 年，平均长度为 20 年。这也是一种长周期，被称为“库兹涅茨周期”或“建筑周期”。

❖ 综合周期。综合周期又称“熊彼特周期”。1939 年，美籍奥地利经济学家熊彼特以创新理论为基础，在总结前人理论的基础上提出，上述几种周期并存而且相互交织，每个长周期约包括 6 个中周期，每个中周期约包括 3 个短周期，短周期约为 40 个月，中周期为 9～10 年，长周期为 48～60 年。

二、经济周期的成因

对经济周期成因的具体解释有很多，但大体可分为内因论和外因论两种。内因论认为，经济周期主要是由经济体系内部因素引发的；外因论则认为，经济周期的根源在于经济体系之外的某些因素的变动。

（一）内因论

以下是比较有代表性的几种内因论。

1. 有效需求不足理论

有效需求是指商品的总供给和总需求达到均衡时的社会总需求，包括消费需求和投资需求。凯恩斯认为，有效需求不足会导致经济萧条，政府干预可使经济摆脱萧条。当前，全球性的经济收缩仍然被多数国家的政府和经济学家归结为消费不足。自 1997 年以来，我国政府力推扩大内需的政策，足以说明有效需求不足理论的现实意义。

视野拓展

需求不足的成因

凯恩斯将需求不足的原因解释为三大心理规律。

❖ 边际消费倾向递减规律。边际消费倾向递减是指随着人们收入的增加，消费增量在收入增量中所占的比例在减小。这是因为：①在人们收入增加的时候，消费也随之增加，但消费增量不如收入增量大。富人的边际消费倾向通常低于穷人的边际消费倾向。②边际消费倾向取决于收入的性质。消费者往往基于长期收入前景来选择其消费水平。长期收入前景被称为永久性收入或生命周期收入，是个人在不同年景下的平均收入水平。如果收入的变动是暂时的，收入增加的相当部分就会成为储蓄。收入不稳定的个人通常具有较低的边际消费倾向。③人们对未来收入的预期影响着边际消费倾向。

❖ 资本边际效率递减规律。资本边际效率递减是指随着投资的不断增加，人们预期从投资中获得的利润率下降。这是因为投资的不断增加必然会引起资本品供给价格的上升，而资本品供给价格的上升意味着成本增加，从而会使投资的预期利润率下降；投资的不断增加会使所生产出来的产品数量增加，而产品数量的增加会使其市场价格下降，从而使投资的预期利润率也下降。资本边际效率递减使资本家往往对未来缺乏信心，从而引起投资需求的不足。

❖ 灵活偏好规律。灵活偏好又称流动偏好，是指人们愿意以现金形式或存款形式保持某一部分财富，而不愿以股票、债券等资本形式保持财富的一种心理动机。这是因为：①交易动机，即为了日常生活的方便所产生的持有货币的愿望；②谨慎动机，即为了应对各种不测所产生的持有货币的愿望；③投机动机，由于利率的前途不确定，人们愿意持有货币寻找更好的获利机会。这三种动机，尤其是谨慎动机，说明当面对诸多不确定性时，人们通常不敢轻易动用自己的存款。

2. 乘数-加速原理

在经济中，投资与产量（或国民收入）是相互影响的。投资乘数是指投资变动所引起的产量变动。根据乘数原理，投资增加会使产量增加数倍于初始投资的增加。加速原理是指产量变动所引起的投资变动。加速原理表明，现代化大生产的特点是采用大量先进而昂贵的设备。所以在开始生产时，投资的变动率要大于产量的变动率；但当产能形成之后，如果产量不能以一定的比率增长，投资就无法增加，即要使投资一直增长，产量就必须按一定比率增加。

萨缪尔森将两者结合起来，提出乘数-加速原理，认为经济周期的根源在于乘数原理与加速原理的相互作用。投资增加引起产量的更大增加，产量的更大增加又引起投资的更大增加，从而使经济出现繁荣；然而产量达到一定水平后，由于社会需求和资源限制无法继续增加，此时加速原理的作用使投资减少，投资减少因乘数作用使产量减少，乘数原理与加速原理的交互作用使经济陷入萧条。萧条持续一段时间后，由于产量回升使投资增加，投资增加引起产量的更大增加，经济进入另一轮繁荣，从而形成周期性经济波动。

人物谱

保罗·萨缪尔森

保罗·萨缪尔森（Paul A.Samuelson，1915—2009）美国经济学家，凯恩斯主义理论的主要代表人物。

他的研究涉及经济理论的诸多领域，几乎改变了经济领域所有方面的学术思想，被誉为“经济学界的通才”和“百科全书似的经济学家”。他首次把数学工具引入经济学，帮助政府制定了著名的“肯尼迪减税方案”，其巨著《经济学》是全球最畅销的经典教科书之一。

1970 年，他成为第一个获得诺贝尔经济学奖的美国人。

3. 纯货币理论

以弗里德曼为代表的货币学派认为，经济的周期性波动源于货币数量的变动，是一种纯货币现象。货币需求与供给失调是造成经济周期性波动的根源。纯货币论者认为，货币的需求相对稳定，货币的供给则不太稳定。现代信用制度由于法定存款准备金的规定很容易产生货币的乘数效应，随着货币信用的扩大，总需求上升，产品生产增加，形成繁荣。但是一旦信用扩张过度，为了避免风险而紧缩货币，需求就急剧下降，而此时供给已创造出来，供给的调整赶不上需求的调整，衰退和危机也就不可避免。因此，经济周期是货币供给剧烈增减的结果。货币学派主张按照单一规则制定货币政策，防止中央银行为了减轻衰退或达到政治目的而任意频繁地改变货币政策。他们认为，相机抉择的货币政策与财政政策不但不会减轻经济波动，反而有可能加剧经济波动。

教学互动

问：什么是单一规则货币政策？

答：单一规则货币政策又称稳定货币增长率规则，是指将货币供应量作为唯一的政策工具，并制定货币供应量增长的数量法则，使货币增长率同预期的经济增长率保持一致。货币增长率一经确定则不能任意变动，货币当局或中央银行按一个稳定的增长率扩大货币供应。

4. 投资过度理论

投资过度论者认为，投资增加，引起经济繁荣，经济繁荣首先表现为对资本品（资本品是指用于未来生产更多商品和劳务的物品）需求的增加以及资本品价格的上升，从而刺激对资本品的投资。由于资源限制，资本品的生产过度发展引起消费品生产减少，出现结构性失衡，从而使资本品过剩，造成生产过剩危机，经济陷入萧条。

此外，内因论还包括消费不足理论和心理周期理论等。消费不足理论认为经济萧条是因为社会对消费品的需求赶不上消费品生产的增长，而消费不足的根源在于收入分配不平等所造成的穷人购买力不足和富人储蓄过度。心理周期理论认为人们对未来预期乐观，则投资增加，经济繁荣；反之，则经济萧条。

（二）外因论

以下是比较有代表性的几种外因论。

1. 创新理论

熊彼特认为，创新是提供新产品或劳务、引进新方法、采用新原料、开辟新市场和建立新企业组织形式等行为。创新有别于技术发明，它不是一个技术概念，而是一个经济概念，指把现成的技术革新引入经济组织，形成新的经济能力。创新可以提高生产效率，降低成本，增加利润。尽管创新是某些企业家在一个较短时间内进行的，但是创新一旦实现，就会使大量企业相继模仿、效法，从而形成"创新浪潮"。创新浪潮的出现主要以投资活动的迅速增加为标志，会引起银行信用和需求的扩大，形成经济繁荣。当创新扩展到相当多的企业之后，一方面企业赢利机会趋于消失，另一方面企业偿还贷款必然引起信用收缩、需求减少，经济开始衰退，期待新的创新出现，而这时如果没有新的创新出现，经济就会陷入萧条。由于创新活动不可能经常出现，因此经济活动的周期性波动也就不可避免。

人物谱

约瑟夫·熊彼特

约瑟夫·熊彼特（Joseph Schumpeter，1883—1950），美籍奥地利经济学家，因提出创新理论而闻名于世。

1911 年，他在《经济发展理论》一书中提出创新理论后，又相继在《经济周期循环论》和《资本主义、社会主义和民主》两本书中加以运用和发挥，形成了以创新理论为基础的理论体系。

独具特色的创新理论奠定了熊彼特在经济研究领域的独特地位，也成为他经济研究的主要成就。

2. 真实经济周期理论

以基德兰德和普雷斯科特为代表的真实经济周期理论认为，经济周期源于经济体系之外一些如技术创新、政策变动、战争和自然灾害等真实因素的冲击，这种冲击称为“外部冲击”。外部冲击分为引起总供给变动的“供给冲击”和引起总需求变动的“需求冲击”。这两种冲击又分为“正冲击”和“负冲击”。“正冲击”引起有利作用，刺激经济繁荣，如技术进步；“负冲击”引起不利作用，导致经济衰退，如严重的自然灾害。以技术进步为例，假定一个经济处于正常运行之中，这时出现了重大的技术突破，如网络的出现，这种技术突破引起对新技术的投资迅速增加，从而带动整个经济迅速发展，引起经济繁荣，因此技术是决定经济的重要因素之一。这种繁荣并不是对经济长期趋势的背离，而是经济能力本身的提高。但新技术的重大突破不会一个紧接一个，当一次新技术突破引起的投资过热消失之后，经济又趋于平静。这种平静一般不会低于原先的长期趋势，而会形成新的长期趋势。20 世纪 90 年代，美国经济繁荣与以后的衰退即证明了这种理论。所以，经济出现波动是正常的，并非由市场机制的不完善性所引起。

此外，外因论还包括政治性周期理论和太阳黑子理论等。政治性周期理论认为，在政治家希望连选连任的情况下，大选前往往会采取扩张性经济政策，大选后往往会采取紧缩性经济政策，从而形成周期性的经济波动。太阳黑子理论认为，太阳黑子的周期性变化影响气候的周期性变化，气候影响农业生产，而农业生产影响整个经济。太阳黑子的出现是有规律的，大约每 10 年出现一次，因而一个经济周期的平均长度大约也是 10 年。

从上述关于经济周期成因的不同理论可以看出，经济周期的成因是多样的、复杂的，应对时必须作具体分析。成因不同，应对主张也不同。一般而言：外因论者多主张市场自由调节，反对政府干预；内因论中，否认市场有缺陷者反对政府干预，认同市场有缺陷者多主张政府干预，即经济不景气时实行扩张性经济政策、经济过热时实行紧缩性经济政策。

尽管在理论上关于政府是否应该采取经济政策应对经济中出现的周期性波动仍然存在分歧，但实践中各国政府在面对经济出现大起大落时，都无一例外地选择了积极干预。

三、新供给主义的经济周期理论

新供给创造了新需求与新供给经济周期。新供给主义经济学认为，技术和产业的演进、供给和需求结构的变化，以及供给和需求循环往复的交互作用是形成经济周期的主要力量。从供给端和供给结构的变化出发，一个完整的经济周期可以划分为新供给形成、供给扩张、供给成熟和供给老化四个阶段。

第一阶段：新供给形成阶段。当新供给随着技术进步孕育产生后，社会旧有供给和需求结构仍在延续，经济处在新周期的导入期，经济潜在增长率开始回升。

第二阶段：供给扩张阶段。当新供给内容被社会普遍接受后，新需求被新供给开发创造出来，它们之间形成良性促进，经济进入快速增长阶段，经济增速不断提高。

第三阶段：供给成熟阶段。在该阶段，生产技术进一步普及，社会资源纷纷涌向新供给领域，供给迅猛增加，而需求逐步趋稳，供给自动创造需求的能力降低，但供给仍然维持惯性增长，社会资源配置效率开始降低，经济增速回落。

第四阶段：供给老化阶段。过剩供给短期内难以消化，过剩产业资本沉淀不能退出；老化的供给不能创造新需求，造成总需求持续下降；新供给的力量尚未产生，经济整体陷入萧条。

新供给主义经济学认为，在新供给形成和供给扩张阶段，新供给不但能够自动创造需求，而且所有产品销售收入最终都会变为要素报酬，而资本、劳动和资源等要素报酬要么转化为消费，要么形成储蓄并转化为投资，进而形成新需求。当一种产业的生产技术普及到一定程度，进入供给成熟和供给老化阶段，形成产能和产量过剩时，不但原投入的生产要素报酬不能及时回收，而且大量生产要素无法充分就业，以致供给自动创造需求的过程中断。

如果一个经济体中大部分行业处于新供给形成和供给扩张阶段，这个经济体就会充满活力，其经济增长速度也会提高，整体运行趋势是向上的；反之，如果一个经济体中较多行业处于供给成熟和供给老化阶段，这个经济体的活力就会下降，其经济增长速度也会降低，整体运行趋势就会向下。任何一项社会主流技术和主流产业，早晚都会进入供给成熟和供给老化阶段，因此无论是通过财政政策、货币政策刺激总需求，还是通过计划手段增加或抑制总供给，都不可能从根本上解决技术周期和供给老化问题。财政与货币政策刺激虽然可以在短期内吸收部分过剩产能，但长期反而可能会进一步鼓励过剩产能扩张，加剧供需矛盾，阻碍长期的经济结构调整，并且削弱经济的自我循环能力。在实践中，真正能有效应对经济增速下降的办法是：吸引社会资源创造新供给，并让新供给创造新需求。如此，才能使经济尽快驶入供给自动创造需求的理想运行轨道。为了刺激新供给，让新供给创造新需求，新供给主义经济学提出的正确做法是，通过“放松供给约束”的系列政策大幅度降低企业生产成本，打破生产销售僵局，让市场通过成本价格传导机制快速消化过剩产品，在较短时期内恢复均衡，并通过要素转移更新供给结构。

第二节　经济增长理论

现代经济增长理论以国民收入的长期增长趋势为中心，研究、解释影响经济增长的因素，分析经济长期稳定增长的条件，寻求经济长期稳定增长的途径。

一、什么是经济增长

美国经济学家库兹涅茨曾给经济增长下了这样一个经典的定义：“一个国家的经济增长，可以定义为给居民提供种类日益繁多的经济产品的能力长期上升，这种不断增长的能力是建立在先进技术以及所需要的制度和思想意识之相应调整的基础上的。”

可以从三个方面理解这个定义：①经济增长集中表现为经济实力的增长，而这种经济实力的增长就是商品和劳务总量的增加，即国内生产总值的增加；②技术进步是经济增长的必要条件，科学技术是生产力已成共识；③制度和思想意识的相应调整是经济增长的充分条件，只有社会制度和意识形态适应经济增长的需要，技术进步才能发挥作用，经济增长才可能实现。

视野拓展

产业结构升级实例

库兹涅茨认为现代经济增长有六个特征，归纳为如下三个方面。

（1）数量方面。第一，按人口计算的产量、人口以及资本具有高增长率；第二，生产效率具有高增长率。

（2）结构方面。第一，经济结构的快速变革。这种变革包括产业结构、产品结构、就业结构、消费结构、进出口结构等变革。以美国为例：1820 年，70%的劳动力集中于农业部门；1940 年，这一比率下降到不足 20%；1987 年，这一比率为 3%；到 20 世纪 90 年代中期，这一比率已降至 1%。有关研究资料显示，贫困国家从事农业的劳动力占比为 50%以上，收入中上的发展中国家从事农业的劳动力占比为 20%～25%，而工业国家从事农业的劳动力占比只有 5%左右。第二，社会结构与意识形态的迅速改变，如城市化、教育与宗教的分离等。

教学互动

问： 什么是产业结构升级？

答： 产业结构升级是指产业结构从低级形态向高级形态转变的过程或趋势。如国民经济结构由第一产业为主向第二产业为主，进而向第三产业为主的升级；由以原材料生产为主上升到以加工组装为主；由以低附加值的劳动密集型产业为主上升到以高附加值的技术密集型产业为主等。

（3）国际扩散方面。第一，经济增长在世界范围内迅速扩大。发达国家凭借其实力和优势，采用各种手段向世界各地扩张，在争夺其他国家市场和原料的过程中，使经济增长在全球扩散。第二，世界各国经济增长是不平衡的。目前全球有 75%的国家处于落后状态，发达国家和落后国家之间人均产出水平有很大差距，全球贫富差距正在不断扩大。

人物谱

西蒙·史密斯·库兹涅茨

西蒙·史密斯·库兹涅茨（Simon Smith Kuznets，1901—1985），美籍俄裔著名经济学家。

他在国民收入核算研究中提出了国民收入及其组成部分的定义和计算方法，被誉为"美国 GNP 之父"；在经济周期研究中提出了为期 20 年的经济周期，被称为"库兹涅茨周期"；在对经济增长的分析中揭示了各个发达国家一个多世纪的经济增长过程。

因在上述研究领域的杰出贡献，他于 1971 年获诺贝尔经济学奖。

需要指出的是，经济增长与经济发展是两个相互区别而又相互联系的概念。一般认为：经济增长是一个量的概念，是指实际国内生产总值（或人均国内生产总值）的持续增加，经济增长的程度用实际国内生产总值的增长率来衡量；而经济发展则是一个比较复杂的质的概念，不仅包括经济增长，还包括国民生活质量、整个社会经济的结构、制度及意识形态的进步，如人口文化教育程度的提高和寿命的延长、环境的治理和改善、社会福利的增加、产业结构的合理化和高度化、消费结构的改善和升级、贫富差距的缩小等，是反映一个经济社会总体发展水平的综合性概念。经济增长是经济发展的基础和手段，国民生活水平的提高、经济结构和社会形态等的进步在很大程度上依赖于经济增长；而经济发展是经济增长的目的和结果。

二、经济增长的因素分析

经济增长是产量的增加，因此影响经济增长的直接因素是生产要素；经济增长以先进技术以及所需要的制度和思想意识的相应调整为基础，因此影响经济增长的关键因素是技术进步及经济体制变革。

（一）生产要素

增加产量的主要途径是增加生产要素的投入，即增加劳动、资本和自然资源的投入。以增加劳动、资本和自然资源的投入来实现经济增长的方式称为粗放型经济增长方式。

1. 劳动

劳动的增加包括劳动力的数量增加与质量提高。劳动力的数量增加主要来源于三个方面：①人口的增加；②就业率的提高；③劳动时间的增加。劳动力质量表现为劳动者的品德修养、职业技能、文化素养和健康程度。劳动力质量的提高主要来源于人力资本投资。一般而言，在经济发展的初期阶段，如发展中国家，人口增长迅速，经济增长所需的劳动增加主要依靠劳动力数量的增加；当经济发展到一定阶段之后，如欧美等发达国家，人口增长率下降，劳动时间缩短，此时就要通过提高劳动力质量来弥补劳动力数量的不足。

2. 资本

资本可分为物质资本和货币资本。在对经济增长的分析中，涉及的是物质资本，即厂房、设备及基础设施等存量。资本积累是经济增长的基础，亚当·斯密认为资本的增加是国民财富增加的源泉。现代经济学认为，人均资本量提高是人均产量提高的前提。许多经济学家都把资本积累占国民收入的 10%～15%作为经济起飞的先决条件，把增加资本积累作为实现经济增长的首要任务。德国、日本等国家经济增长的事实说明储蓄率高从而资本增加快的国家，经济增长率往往都比较高。

资本积累的增加，使人均资本量提高。每个劳动者使用的工具和机器设备越先进，其产量就越高。在欠发达国家，农民种的粮食仅够养家糊口。而当今的美国，1%的农业劳动力所生产的农产品在满足美国人的消费需求之外还大有结余，可供出口，原因就是农业机械化使美国农民当今工作一小时相当于 50 年前工作一周。

3. 自然资源

自然资源主要包括土地、河流、森林和矿藏等。丰富的自然资源有利于一个国家经济的持续增长，这在一国经济发展的初期尤显重要。发展中国家在经济发展初期需要经历缓慢而艰辛的资本积累过程，而优越的自然条件则有利于大幅缩短资本积累过程，为经济起飞打下基础。如人均国内生产总值稳居全球前列的挪威和卡塔尔，其经济的快速增长与丰富的石油资源密不可分。当然，自然资源并非经济增长的决定性条件，如日本和卢森堡的自然资源极度贫乏，却因大力发展资本密集型产业及技术研发，借助国际贸易，发挥比较优势而大获成功。

（二）技术进步

技术进步在经济增长中的作用是提高生产效率，使同样的生产要素投入量能提供更多、更好的产品。以亨利·福特创造的汽车生产流水线中的活塞杆组装为例，按照老式的方法，28 个人每天装配 175 只，每只用时 3 分 5 秒。工头用秒表分析装配动作之后，发现工人有一半时间用于来回走动，每个人要做六个动作，于是他改造了流程，把工人分成三组，并在凳子上装了滑轮传动，工人再也不需要来回走动了，结果 7 个人每天就能装配 2 600 只。技术进步不仅极大地提高了生产效率，而且改变了人们的生产生活方式，是推动经济发展与社会进步的巨大力量。美国经济学家丹尼森曾根据美国1929—1969年的统计资料，估算美国经济增长的决定性因素，所得出的结论是生产要素数量增长对经济增长的贡献为53.4%，技术进步对经济增长的贡献为46.6%，而技术进步引起的生产率提高中有58%要归功于知识进步。

视野拓展

丹尼森关于经济增长的研究

美国经济学家丹尼森（E.F.Dennison）认为，影响经济增长的因素主要有七类：①就业人数及其年龄、性别构成；②包括非全日制工作工人在内的工时数；③就业人员受教育的年限；④资本存量的大小；⑤资源配置改善，即资源从生产率低的部门不断转移到生产率高的部门，主要指低效率使用的劳动力比重的减少；⑥规模的节约，以市场的扩大来衡量，即规模经济；⑦知识进步，包括技术和管理进步。前四类属于生产要素的增长，其中前三类为劳动要素的增长，第四类为资本要素的增长；后三类属于生产要素的生产率范畴，可归纳为技术进步。各因素对经济增长的影响如表12.1所示。

表12.1　美国1929—1969年经济增长的源泉（单位：%）

增长因素	年平均增长率	占年平均增长率的比重	增长因素	年平均增长率	占年平均增长率的比重
实际国民收入	3.41	100	2. 生产率的提高	1.59	46.6
1. 生产要素投入	1.82	53.4	知识进步	0.92	27.0
劳动	1.32	38.7	资源配置改善	0.30	8.8
资本	0.50	14.7	规模的节约	0.36	10.6
土地	0	0	其他	0.01	0.2

资料来源：《1929—1969年美国经济增长的说明》，布鲁金斯学会1974年版。

（三）经济体制变革

现实经济总是在一定的体制框架下运行的，经济体制不仅为经济增长提供平台和保障，也是促进经济增长的重要力量。一些劳动、资本、自然资源及技术状况相近的国家，经济发展状况却大相径庭，其原因就在于经济体制的差异。20世纪70年代以来，以美国经济学家科斯、诺斯等为代表的新制度经济学家深入研究了制度和经济增长的关系，认为制度和资本、技术等一样都是经济增长的内生变量。诺斯还从历史角度进行阐述，即使技术条件基本不变，只要经济制度发生变化，如市场制度变化、组织形式革新、产权制度变革等，生产效率也能提高，经济也能增长。我国过去40多年来经济持续快速增长的事实表明，经济体制是影响经济增长的重要因素。

以技术进步和经济体制变革来实现经济增长的方式，称为集约型经济增长方式。

知识点滴

经济增长即社会扩大再生产。马克思把扩大再生产分为外延型扩大再生产和内涵型扩大再生产。外延型扩大再生产表现为生产要素（生产资料和劳动力）投入量的增大；内涵型扩大再生产表现为生产要素使用效率的提高，它是以生产技术的进步和资本构成的变化为前提的。因此，人们把经济增长方式分为外延型即粗放型经济增长方式和内涵型即集约型经济增长方式。

视野拓展

滕泰谈中国经济增长

新供给主义经济学代表人物滕泰认为，经济的长期潜在增长率取决于人口和劳动力、土地及其附着资源、资本、技术和创新、制度五大财富源泉。

亚当·斯密关于制度和社会分工对生产力促进作用的研究，构建了资本主义经济增长理论的基础；熊彼特以创新理论解释经济增长过程，认为生产技术的革新是驱动经济螺旋式发展的核心力量，同时认为技术和制度的破坏性创新才是经济增长的长期动力；库兹涅茨则更多地从投入产出的角度分析经济增长，并将经济长期增长要素归纳为人口增长、生产效率提高、经济结构升级、社会结构转变等。这些理论无一例外都是从供给角度来解释经济增长的。

中国经济增长的三个驱动力

中国经济过去40多年的高速增长是上述三种经济增长理论的综合体现。20世纪80年代的制度改革开启了中国经济的“斯密增长”时代，而90年代以后持续的人力、资源、资本、技术投入换来了“库兹涅茨增长”，兼带着“熊彼特增长”的特征。未来中国“库兹涅茨增长”仍将延续，但应该通过“放松供给约束、解除供给抑制”的系列改革措施，刺激新的“熊彼特增长”，并通过制度改革重启“斯密增长”。

三、经济增长模型

经济增长反映经济社会潜在生产能力的长期变化趋势，这种趋势与其影响因素之间的函数关系式即为经济增长模型。经济增长模型的意义在于，通过定量分析研究经济长期稳定增长的条件，以寻求经济长期稳定增长的途径。具有代表性的经济增长模型是哈罗德-多马模型和新古典模型。

1. 哈罗德-多马模型

20世纪40年代，英国经济学家R.哈罗德和美国经济学家E.多马分别提出相似的经济增长理论，强调投资在经济增长中的重要性，其研究成果并称哈罗德-多马模型。

该模型假设生产技术不变，生产中只用资本与劳动两种生产要素，且两种要素的配合比例不变。哈罗德-多马模型表达为

$$\text{经济增长率}=\frac{\text{储蓄率}}{\text{资本收入率}} \tag{12-1}$$

式中，经济增长率是指国民收入增长率；储蓄率为储蓄量在国民收入中所占比率；资本收入率为资本存量与国民收入之比，是创造单位收入所需要投入的资本量。资本收入率主要取决于生产技术，在生产技术不变、资本与劳动配合比例不变的情况下，资本收入率是不变的。

哈罗德-多马模型表明：一个国家的经济增长率由其储蓄率与资本收入率共同决定，经济增长率与储蓄率成正比、与资本收入率成反比。在资本收入率不变的情况下，可通过提高储蓄率来提高经济增长率。

该模型用实际增长率、有保证的增长率与自然增长率三个概念分析经济长期稳定增长的条件与波动的原因。

实际增长率是指实际储蓄率除以实际资本收入率所得的增长率；有保证的增长率是长期中理想的增长率，是指在储蓄率和资本收入率已知的条件下，要把储蓄全部转化为投资所需要的增长率；自然增长率是长期中人口增长和技术进步所允许达到的最大增长率。

长期中实现经济稳定增长的条件是三种增长率相等。如果这三种增长率不一致，则会引起经济波动。实际增长率与有保证的增长率不一致，引起经济的短期波动：实际增长率大于有保证的增长率，厂商增加投资，刺激经济扩张；实际增长率小于有保证的增长率，厂商减少投资，引起经济收缩。在长期中，有保证的增长率与自然增长率不一致，也会引起经济波

动：有保证的增长率大于自然增长率，经济将会出现长期停滞；有保证的增长率小于自然增长率，经济将会出现长期繁荣。

哈罗德-多马模型是最早的经济增长模型，为后续经济增长模型奠定了研究基础。

2. 新古典模型

20 世纪 50 年代，美国经济学家 R. 索洛等人提出新古典模型。新古典增长理论认为，哈罗德-多马模型中的三种增长率在现实中很难达到一致，称哈罗德-多马模型所指出的经济增长途径为“刃锋”。新古典模型通过改变资本收入率来解决“刃锋”问题，并考虑技术进步对经济增长的作用。新古典模型表达为

$$\text{经济增长率}=a\times\text{资本增长率}+b\times\text{劳动增长率}+\text{技术进步率} \qquad (12-2)$$

式中，a、b 分别为经济增长中资本和劳动的贡献比例。

新古典模型表明：决定经济增长的因素是资本的增加、劳动的增加和技术进步；资本与劳动的配比是可变的，因而资本收入率是可变的，这是对哈罗德-多马模型的重要修正；资本与劳动配合比例的改变是通过价格调节来进行的，如果资本的相对价格低则更多地投入资本，如果劳动的相对价格低则更多地投入劳动，从而使资本与劳动都得到充分利用，实现经济稳定增长。

长期中实现经济稳定增长的条件是储蓄全部转化为投资。如果储蓄倾向不变，劳动增长率不变，则长期稳定增长的条件就是经济增长率等于资本增长率。经济增长率高于资本增长率，说明资本生产率提高，从而刺激厂商用资本替代劳动；随着资本使用量的增加，资本边际生产率下降，资本价格提高，从而减少资本使用量，使经济在长期中保持经济增长率等于资本增长率，最终实现稳定增长。

四、经济增长的代价

经济增长在增加社会财富和增进社会福利的同时，也带来了严重的环境污染、自然资源枯竭、居民公害病症增多以及城市交通拥堵等诸多问题。自 20 世纪 60 年代以来，许多经济学家对经济增长提出了质疑。

1. 增长代价论

1967 年，英国经济学家 E.J.米香（E.J.Mishan）首先对经济增长是否值得提出疑问。米香认为，经济增长在带给人们物质享受的同时，却使人们在社会福利方面得不偿失。如技术发明固然给人们提供了较多福利，但也加重了人们的焦虑，飞速的交通工具使人们变得孤立，移动性增强反而使转换时间增多，自动化程度提高加深了人们的隔阂，电视增多使人们更少交往，人们较以往更少理解他们的邻居等。经济增长给人们带来了更高的收入，但使社会道德风尚败坏、贫富差距加大。人们的幸福不仅仅局限于物质享受，经济增长使人们失去闲暇、新鲜的空气、秀丽的景色和安静的环境、平衡生态及传统文化，降低了人们的生活质量。人类为经济增长付出的代价太大了，经济增长即使是可能的，也是不值得追求的。他认为，应停止经济增长，恢复过去那种田园式的生活。

2. 增长极限论

增长极限论最初由非正式的学术团体罗马俱乐部提出。受俱乐部委托，1972 年美国经济学家 D.H.麦多斯（D.H.Meadows）等人将俱乐部讨论结果整理为《增长的极限》一书出版。增长极限论认为，人口和经济增长必然会加大对非再生资源和粮食的需求，同时增加污染，

由于粮食供应受土地、水源等自然资源的制约及环境吸收污染的容量有限，经济增长必将在某一时间内达到极限。如果经济不受阻碍地继续增长，人口和工业生产的增长将于 2100 年到来之前完全停止，出现“世界末日”。为避免这种灾难性情况的发生，应停止追求经济增长，减少资源消耗和污染，以达到“零人口增长”和“零经济增长”的全球性均衡。

3. 零增长反对论

零增长观点一经提出，立即引起西方社会的广泛讨论，主要异议如下。

第一，零增长的结论建立在一系列假定及简单分析的基础之上，而影响未来的因素是复杂的，很难准确预测。

第二，阻止经济继续增长的决策不现实，用行政命令予以控制既不可取也不可行。政府不可能命令人们停止发明提高生产力的方法，而且厂商冻结其产出水平也毫无意义，因为人们需要的变化会要求某些工业扩大生产，同时也会要求另一些工业紧缩生产。由政府出面干预以达到零增长，不仅成本巨大而且很难满足人们的需要。

第三，零增长将严重损害消除贫困的努力。当前世界上大多数国家仍处于落后状态，需要通过经济增长来改善现状。零增长意味着贫困的延续。

第四，即使零增长，也不能减少环境污染和资源消耗。经济增长中出现的种种问题，需要通过技术进步与经济发展来解决。停止经济增长，人类只能自取灭亡。

第五，经济零增长难以提供环境保护资金。消除空气、水流、土壤污染以及净化城市生活，每年需要大量资金，只有通过经济增长才能既获取这些资金又不致减少现行消费。如果经济不增长，环保方案就难以实施，最后仍将使人们陷于贫困和环境恶化。

总之，大多数经济学家认为，技术进步的作用是无可估量的，完全可以突破资源的限制，使经济增长持续下去，而解决经济增长负面后果的途径就在经济增长之中。

在案例 12.1 中，经济周期是一国总体经济活动的短期波动，引起经济周期的原因既有内因，如有效需求不足、投资乘数与加速原理交互作用、投资过度、货币供求失衡等，也有外因，如技术革新、政局变动、自然灾害等。

经济增长是一国实际国内生产总值的持续增加，是一个长期供给的概念。现代经济增长理论认为，经济增长的引擎有两个：其一是人均资本（包括物质资本和人力资本）的增长，其二是全要素生产率的提高。前者是生产要素投入量指标，后者是生产要素使用效率指标，一般被看成技术进步的结果，经济体制变革也会带来生产率的提高。

经济平稳增长是经济和社会发展的基础。从长期来看，提高储蓄率从而增加投资及提高全要素生产率是经济增长的根本途径；从短期来看，当经济急剧波动时，政府可采取适当的宏观经济政策“削峰填谷”，即经济过热时采取紧缩性财政与货币政策、经济萧条时采取扩张性财政与货币政策来干预经济，以保持经济平稳增长。

中国自改革开放以来，经济持续高速增长。大多数经济学者的实证研究表明，资本积累（投资）对中国经济增长的贡献最大，同时中国的生产率每年也有显著提高。储蓄率高，因此投资率也高，资本积累快，这是中国经济快速增长的主要原因。中国的全要素生产率的提高在很大程度上是一种“追赶”效应，正因为中国的科技水平落后于发达国家，其技术进步的速度即使在缺乏自主创新的情况下也照样比较快。事实上，当一个国家需要通过自主创新才能实现技术进步时，表明这个国家已经处于科学技术的前沿，进步的速度不可能很快。此外，经济体制的变革不断改善资源配置效率，也是生产率提高的另一个重要原因。

第三节　可持续发展理论

可持续发展是人类对工业文明进程进行反思的结果，是人类为了克服一系列环境、经济和社会问题，特别是全球性的环境污染和广泛的生态破坏以及它们之间的关系失衡而作出的理性选择。

一、什么是可持续发展

可持续发展一词最早见诸 1962 年美国海洋生物学家蕾切尔·卡逊（Rachel Carson）的著作《寂静的春天》。1972 年，联合国人类环境研讨会议正式提出可持续发展的概念。1987 年，联合国世界环境与发展委员会出版《我们共同的未来》报告，将可持续发展定义为："既能满足当代人的需要，又不对后代人满足其需要的能力构成危害的发展。" 1992 年 6 月，联合国在巴西里约热内卢举行环境与发展大会，明确提出把可持续发展作为人类迈向 21 世纪的共同发展战略，首次将可持续发展由概念落实为全球的行动。

可从以下三个方面理解可持续发展的定义：其一，要使同代内所有人都获得平等的发展机会，特别是应优先满足贫困人口的基本需要；其二，要使当代人和后代人都获得同等的发展机会；其三，要使人类和自然界享有同等的生存和发展机会，做到人与自然和谐统一。

可持续发展的核心是发展，可持续发展鼓励经济增长，而不是以环境保护为名放弃经济增长。可持续发展不仅重视经济增长的数量，更追求经济发展的质量；可持续发展强调环境保护和改善，要求经济建设和社会发展要与自然承载能力相协调，将人类的发展控制在地球承载能力之内；可持续发展强调以改善和提高人类生活质量为目标，追求社会进步。可持续发展包括生态、经济和社会三个方面的可持续发展，这三者之间相互关联且不可分割。生态可持续发展是基础，经济可持续发展是手段，社会可持续发展是目标。人类共同追求的应该是自然、经济和社会复合系统的持续、稳定、健康发展。

二、经济可持续发展

经济可持续发展以"低消耗、低污染、高效益"为主要特征，实施清洁生产和文明消费。从增长方式来说，集约型经济增长方式就是可持续发展在经济方面的体现。集约型经济增长方式是指依靠技术创新，提高劳动者素质和资金、设备、原材料的利用率等实现经济增长的方式。

自可持续发展概念诞生以来，与之相关的新经济理念不断涌现，如生态经济、循环经济、低碳经济、知识经济、绿色经济等，新型经济正在世界范围内不断发展。在我国，发展新型经济已被写入社会经济发展规划和政府文件，成为政府政策支持的重点对象，而且取得了不俗的业绩。

视野拓展

生态经济实例

1. 生态经济

生态经济与生态经济学两个概念皆由美国经济学家肯尼斯·鲍尔丁（Kenneth Boulding）于 20 世纪 60 年代中期提出。

生态经济是指在生态系统承载能力范围内，运用生态经济学原理和系统工程方法改变生产和消费方式，实现经济发展与环境保护、物质文明与精神文明、自然生态与人类生态的高度统一和可持续发展的经济模式。生态经济作为一种科学的发展观，是一种全新的经济发展模式。以生态经济为基础的生态文明是人类社会继农业文明和工业文明之后的又一大进步。

生态经济学将生态学和经济学相结合，围绕着人类经济活动与自然生态之间相互作用的关系，研究生态经济系统的结构、功能、规律、平衡、生产力及生态经济效益，生态经济的宏观管理和数学模型等内容，旨在促使社会经济在生态平衡的基础上实现持续稳定发展。

视野拓展

企业循环经济实例

园区循环经济实例

社会循环经济实例

2. 循环经济

循环经济的概念最初于20世纪60年代由美国经济学家肯尼斯·鲍尔丁提出。循环经济即物质闭环流动型经济模式，本质上是一种生态经济，是实现生态经济理念的现实途径。它与传统经济有着本质区别。

传统经济是一种由“资源—产品—污染排放”单向流动的线性经济，其特征是高开采、低利用、高排放。在这种经济中，人们高强度地把地球上的物质和能源提取出来，然后又把污染物大量地排放至水系、空气和土壤中，其对资源的利用是粗放的和一次性的，通过把资源持续不断地变为废物来实现经济的数量型增长。

循环经济倡导与生态环境和谐的经济发展，要求按“资源—产品—再生资源”的反馈式流程进行资源配置，以消解长期以来资源消耗和经济需求的尖锐冲突。循环经济遵从“减量化、再利用、再循环”的原则，以实现三个层面的物质闭环流动。其中：在企业这一小循环的层面上，推行清洁生产，依靠技术进步，减少产品和服务中物料和能源的使用量，实现污染物排放的最小化；在区域这一中循环的层面上，按照工业生态学的原理，建立或形成企业间有共生关系的工业生态园区或虚拟园区，通过产业的合理组织，实现园区内生产污染物低排放甚至零排放，使资源得到充分利用；在社会这一大循环的层面上，通过对废旧物资的再生利用，实现物质和能量的循环。

视野拓展

绿色消费实例

循环经济观在强调循环生产的同时，还提倡绿色消费，主要表现为选择未被污染或有助于公众健康的绿色产品；崇尚自然、追求健康，在追求生活舒适的同时，节约资源和能源；在消费过程中注重对垃圾的处置，以免造成环境污染。

3. 低碳经济

系统地谈论低碳经济，最早可追溯到1992年签署的《联合国气候变化框架公约》。1994年3月21日公约正式生效，截至1997年12月1日，共有171个国家和区域一体化组织成为缔约方。缔约方经过近3年的谈判，于1997年12月11日在日本东京签署了《京都议定书》，确定发达国家2008—2012年温室气体排放量在1990年的基础上减少5%。低碳经济最早见诸政府文件是在2003年的英国能源白皮书《我们能源的未来：创建低碳经济》中。

视野拓展

低碳经济实例

低碳经济是一种以能源的清洁开发与高效利用为基础，以低能耗、低排放、低污染为基本特征的经济模式。低碳经济的核心是新能源技术和减排技术创新、制度创新以及人类生存发展观念的转变。低碳经济是实现生态经济理念的又一重要途径。

实现低碳经济的主要方式有：第一，节能，如发展节能技术、推广使用节能产品、培养节能意识；第二，发展可再生能源和绿色能源，如太阳能、风能、潮汐能、生物能、地热能等；第三，碳的利用和捕捉，如植树造林、碳固化、碳封存等；第四，低排放，如优化能源结构、调整产业结构、发展洁净煤技术、改变生活和消费方式等。

4. 知识经济

早在 1962 年，美国经济学家弗里兹 • 马克卢普（Fritz Machlup）就提出了“知识产业”的概念。马克卢普认为，科学本身就是一项典型的知识生产活动，科学知识可以被看成提高未来生产率的一种投资。科学知识还可以作为社会生活的消费品之一而受到部分社会成员的偏好，人们投资它是为了获取知识为己所消费。知识仍然是一项投资，它作为社会中间产品而为人们所使用。1990 年，联合国教科文组织提出“知识经济”这一概念。1996 年，经济合作与发展组织发表了题为“以知识为基础的经济”的报告，该报告将知识经济定义为建立在知识的生产、分配和使用（消费）之上的经济。其中所述知识，包括人类迄今为止所创造的一切知识，最重要的部分是科学技术、管理及行为科学知识。

教学互动

问：知识经济中的“知识”包括哪些内容？

答：“知识”包括：①是什么的知识，指关于事实方面的知识；②为什么的知识，指原理和规律方面的知识；③怎么做的知识，指操作能力，包括技术、技能、技巧和诀窍等；④是谁的知识，指对社会关系的认识，以便可能接触有关专家并有效利用他们的知识，也就是关于管理的知识。

知识经济是与农业经济、工业经济相对应的一个概念。它以知识和高素质的人力资源为基础，以信息技术为平台，以创新为动力，以教育、文化和研究开发为先导产业，以高新技术产业为经济的支柱产业，是产业结构高度化的经济形态。

知识经济的兴起对投资模式、产业结构、经济增长方式及教育的职能与形式产生了深刻的影响。在投资模式方面，信息、教育、通信等知识密集型高科技产业的巨大产出和展现出的骤然增长的就业前景，将导致对无形资产的大规模投资；在产业结构方面，电子贸易、网络经济、在线经济等新型产业大规模兴起，同时农业等传统产业将越来越知识化，产业结构的变化和调整将以知识的学习积累和创新为前提，在变化的速度和跨度上将显现出跳跃式发展的特征；在经济增长方式方面，知识可以低成本地不断复制并实现边际报酬递增，使经济增长方式可能摆脱传统经济依赖物质资源的模式；在教育的职能和形式方面，学习、教育融入经济活动的所有环节，同时，知识更新的加快使终生学习成为必要，受教育和学习成为人一生中最重要的活动之一。

5. 绿色经济

绿色经济的概念源自英国环境经济学家皮尔斯于 1989 年出版的《绿色经济蓝图》一书。绿色经济是以生态经济和知识经济为基础，以经济与环境的和谐和可持续发展为目的，建立和发展起来的一种新的经济形式。中国绿色经济系统理论的创建者和实践者——北京工商大学世界经济研究中心主任、遂宁绿色经济研究院院长季铸教授认为，绿色经济是以效率、和谐、持续为发展目标，以生态农业、循环工业和持续服务业为基本内容的经济结构、发展方式和社会形态。

教学互动

问：什么是持续服务业？

答：持续服务业的全称是“可持续发展的现代服务业”。它是伴随着信息技术和知识经济的发展而产生的向社会提供高附加值、高层次、知识型的生产服务和生活服务的服务业，具有智力要素密集度高、产出附加值高、资源消耗少、环境污染少等特点。

四川省遂宁市自2007年开始发展绿色经济，已形成以生态农业、循环工业、持续服务业为内容的绿色经济结构、发展方式和社会形态。其生态良好，经济快速发展，社会和谐，人民幸福，于2010年11月20日被联合国工业发展组织国际环境资源监督管理机构授予“绿色经济示范城市”的荣誉称号。

三、经济全球化和经济一体化

当今世界，经济全球化和经济一体化共同发展，对各国经济发展影响重大。经济全球化和经济一体化是当代世界经济的重要特征，也是世界经济发展的重要趋势。在经济全球化背景下，各国经济很难离开世界经济运行而独立发展。

（一）经济全球化

国际货币基金组织认为,“经济全球化是指跨国商品与服务贸易及资本流动规模和形式的增加，以及技术的广泛迅速传播使世界各国经济的相互依赖性增强”。而经济合作与发展组织认为，“经济全球化可以被看成一种过程，在这个过程中，经济、市场、技术与通信形式都越来越具有全球性特征，民族性和地方性在减弱”。

一般认为，经济全球化是指各种经济资源跨国、跨地区流动，各国及地区的经济联系日益紧密，相互间高度依存，使世界经济日益成为紧密联系的一个整体的过程。

经济全球化以市场经济为基础，基于生产力和国际分工的高度发展，有利于资本、劳动、技术和产品在全球的合理配置，从而促进各国经济的发展，是人类发展进步的具体表现，是世界经济发展的必然结果。经济全球化在促进各国经济发展的同时，也加剧了国际竞争，增多了国际投机，增加了国际风险，并对国家主权和发展中国家的民族工业造成严重冲击。在全球性市场的激烈竞争中，发展中国家由于与发达国家实力相差悬殊而明显处于弱势地位，其所面临的风险和挑战更加严峻，竞争结果往往是发达国家和跨国公司得利丰厚，而发展中国家所得甚少。因此，发展中国家与发达国家的差距将进一步拉大，一些最不发达的国家则有可能被排除在经济全球化之外，越来越被“边缘化”，甚至成为发达国家和跨国公司的“新技术殖民地”。

（二）经济一体化

如何保证国际竞争的公平性和有效性，使各国在经济全球化过程中获得共同发展，是经济全球化中急需解决的问题。经济一体化是许多国家的现实选择。

1. 什么是经济一体化

经济一体化有广义和狭义之分。

广义的经济一体化即世界经济一体化，或称全球经济一体化，是指世界各国经济之间彼此相互开放，取消歧视，形成相互联系、相互依赖的有机整体。

狭义的经济一体化即地区经济一体化，或称区域经济一体化，是指两个或两个以上的国家或地区，在一个由政府授权组成的并具有超国家性的共同机构下，通过制定统一的对内对外经济政策，消除国别之间阻碍经济贸易发展的障碍，实现区域内互利互惠、协调发展和资源优化配置，最终形成一个政治经济高度协调统一的有机体的过程。经济一体化产生的动因是参与国的共同利益，其行为主体是国家政府和一体化经济组织，具体表现为通过谈判制定统一规则，实现成员方的互惠互利、共同发展。

世界经济一体化是一个从局部到整体，由低级到高级不断发展的过程。由于各国在经济发展水平、经济利益、社会制度及民族观念等方面存在巨大差异，在相当长的时期内，不可能在世界范围内实现经济一体化，但能在局部实现经济一体化，因此区域经济一体化是实现世界经济一体化的主要途径和方法。此外，全球性国际经济组织如世界贸易组织、联合国、世界银行、国际货币基金组织等制定的一系列经济政策、条约、公约、协定对世界经济一体化发挥着极大的推动作用。

2. 区域经济一体化的影响

区域经济一体化有利于增强成员方的竞争力，促进成员方的经济发展。由于区域经济一体化消除了成员方之间的贸易壁垒，因此，各成员方企业面临着来自其他成员方同类企业的竞争，企业为在竞争中占据有利地位，必然会增加研究与开发投入，增强采用新技术的意识，不断降低生产成本，从而在同盟内营造出一种浓烈的竞争气氛，提高经济效率，促进技术进步。区域经济一体化在消除成员方之间贸易壁垒等障碍的同时，促进了区域内各国及地区生产的专业化分工，每个成员都集中自己的有限资源生产效益最高的产品。生产规模的扩大和产业结构的调整，势必会提高规模经济效益，降低成本，从而增强整体竞争力。区域经济一体化是经济全球化在一定区域内深化和加强的反映，促进了国际贸易的发展，推动了经济全球化的进程。

3. 国际经济一体化组织形式

国际经济一体化组织是指两个或两个以上的国家或行政上独立的经济体在现有生产力发展水平和国际分工的基础上，由政府间通过协商缔结条约建立的经济合作组织。在这个经济合作组织的区域内，参与者的商品、服务和生产要素最终能够自由流动，不存在任何贸易壁垒，并拥有一个统一的机构来监督条约的执行和实施共同的政策及措施。国际经济一体化组织有五种形式，即自由贸易区、关税同盟、共同市场、经济联盟和完全的经济一体化。

第一，自由贸易区。自由贸易区是指两个或两个以上的国家或行政上独立的经济体之间通过达成协议，相互取消进口关税和与关税具有同等效力的其他措施而形成的经济一体化组织。其特征是经济体内的成员可自由进行商品贸易，经济体成员之间没有共同对外关税，即各成员之间的自由贸易并不妨碍各成员针对非成员方采取其他贸易政策。全球比较知名的自由贸易区有东盟自由贸易区、北美自由贸易区、巴拿马科隆自由贸易区、中国-东盟自由贸易区等。

视野拓展

自由贸易区实例

第二，关税同盟。关税同盟是指在自由贸易区的基础上，所有成员统一对非成员方的进口关税或其他贸易政策措施。其特征是关税同盟的成员方在相互取消进口关税的同时，设立共同对外关税。随着成员方之间相互取消关税，各成员方为保护本国或地区的某些产业，需要采取更加隐蔽的措施，如非关税壁垒等。关税同盟是比自由贸易区更高一级的经济一体化形式。

第三，共同市场。共同市场是指各成员方之间不仅实现了自由贸易，建立了共同对外关税，而且实现了服务、资本和劳动力的自由流动。共同市场是比关税同盟更高一级的经济一体化形式。其特征是成员方之间不仅实现了商品的自由流动，还实现了生产要素和服务的自由流动。共同市场的建立需要成员方让渡多方面的权利，主要包括进口关税的制定权、非关税壁垒特别是技术标准的制定权、国内间接税率的调整权，以及干预资本的流动权等。

第四，经济联盟。经济联盟是指不但成员方之间废除贸易壁垒，统一对外贸易政策，允许生产要素的自由流动，而且在协调的基础上，各成员方采取统一的经济政策。其特征是成员方之间在形成共同市场的基础上，进一步协调它们之间的财政政策、货币政策和汇率政策。当汇率政策的协调达到某种程度，以致建立了成员方共同使用的货币或统一货币时，这种经济联盟就称为经济货币联盟。各成员方不仅让渡了建立共同市场所需让渡的权利，更重要的是让渡了使用宏观经济政策干预本国经济运行的权利。特别是其成员方不仅让渡了干预内部经济的财政和货币政策，即保持内部平衡的权利，也让渡了干预外部经济的汇率政策，即维持外部平衡的权利。经济联盟是比共同市场更高一级的经济一体化形式。

视野拓展

“一带一路”建设海上合作设想

“一带一路”：与世界分享中国红利

第五，完全的经济一体化。完全的经济一体化是指成员方在实现了经济联盟目标的基础上，进一步实现经济制度、政治制度和法律制度等方面的协调，乃至统一的经济一体化形式。完全的经济一体化是经济一体化的最终阶段，是类似于一个国家的经济一体化组织。

总之，自由贸易区、关税同盟、共同市场、经济联盟和完全的经济一体化是处在不同层次上的国际经济一体化组织。根据它们让渡国家主权程度的不同，一体化组织从低级向高级发展，如欧盟即从关税同盟逐步过渡到经济货币联盟。各国或地区应根据具体情况选择适合自身需要的一体化组织形式。经济一体化组织建立的基本条件是：第一，成员方在地理位置上相互邻近；第二，成员方之间经济互补；第三，需要照顾到每个成员方的经济利益；第四，成员方之间的政治制度比较接近。

视野拓展

经济一体化的新模式——亚太经合组织

亚洲与太平洋地区经济合作组织（Asia-Pacific Economic Cooperation，APEC）简称亚太经合组织，成立于1989年11月。其成员已由最初的12个扩展到21个，其中发达成员有5个，发展中成员有16个。中国于1991年加入这一组织。

亚太经合组织充分考虑了各成员之间在政治、经济、文化等方面的巨大差异，采取了独特的运行方式，即承认多样化，强调灵活性、渐进性、开放性，遵循协商一致、自主自愿、单边行动与集体行动相结合的原则，形成了别具一格的“APEC方式”。根据这一方式，亚太经合组织成员就贸易投资自由化、便利化及经济技术合作问题进行协商一致的结果是非约束性和非强制性的，不具有法律效力，是在单边自愿基础上的承诺。而且亚太经合组织奉行“开放的地区主义”，即亚太经合组织成员内部贸易投资自由化的成果适用于亚太经合组织以外的任何国家和地区。也就是说，非亚太经合组织成员可以分享亚太经合组织内部成员之间的任何关税减让以及非关税壁垒减少和消除所带来的利益和好处。开放的地区主义与世界贸易组织的基本原则——非歧视原则是一致的，它标志着区域经济一体化实践上的一次创新，同时也是对传统的区域经济一体化理论的一次挑战。

开放的地区主义实际上反映了经济全球化对区域经济一体化的一种积极影响。它之所以会出现在亚太地区，与东亚国家或地区（包括东南亚）经济全球化倾向的迅速发展有很大关系。

本章小结

经济周期是指总体经济活动的扩张和收缩交替反复出现的过程。一个典型的经济周期通常可细分为四个阶段和两个转折点，四个阶段分别是衰退、萧条、复苏、繁荣，两个转折点分别是峰顶和谷底。经济周期成因大体可分为内因论和外因论。内因论认为经济周期主要由经济体系内部的因素引发，主要有有效需求不足理论、乘数–加速原理、纯货币理论、投资过度理论等；外因论则认为引发经济周期的根源在于经济体系之外的某些因素变动，主要有创新理论、真实经济周期理论等。

经济增长是指一国生产能力的持续增加。影响经济增长的因素主要有劳动、资本和自然资源的投入，技术进步和经济体制变革。哈罗德–多马模型强调投资在经济增长中的重要性，认为在资本收入率不变的情况下，可通过提高储蓄率来提高经济增长率，长期中实现经济稳定增长的条件是实际增长率、有保证的增长率与自然增长率三者相等；新古典模型认为决定经济增长的因素是资本的增加、劳动的增加和技术进步，长期中实现经济稳定增长的条件是储蓄全部转化为投资。经济增长在增加社会财富和增进社会福利的同时，也使社会付出了沉重的代价。

可持续发展是既能满足当代人的需要，又不对后代人满足其需要的能力构成危害的发展。经济可持续发展的新理念有生态经济、循环经济、低碳经济、知识经济、绿色经济等。国际经济一体化组织有五种形式，即自由贸易区、关税同盟、共同市场、经济联盟和完全的经济一体化。经济全球化和经济一体化是当今世界经济发展的重要趋势。

练 习 题

一、概念识记

经济周期　经济增长　可持续发展　生态经济　循环经济　低碳经济　知识经济
绿色经济　经济全球化　经济一体化

二、单项选择题

1. 一国总体经济活动的长期变动趋势称为（　　）。
   A. 经济周期　B. 季节变动　C. 经济增长　D. 经济发展
2. 经济周期波动的中心是（　　）。
   A. 国民收入　B. 利率　C. 价格　D. 就业率
3. 中周期的一般长度为（　　）年。
   A. 3～4　B. 9～10　C. 15～25　D. 48～60
4. 经济增长的标志是（　　）。
   A. 社会福利水平提高　B. 城镇化步伐加快
   C. 工资水平提高　D. 社会生产能力不断增强

5．当计算一个国家或地区的经济增长速度时，国内生产总值应采用（　　）计算。

A．现行价格　　B．不变价格　　C．平均价格　　D．计划价格

6．根据哈罗德-多马模型，若要使经济增长率达到6%，在资本收入率为3的条件下，储蓄率应达到（　　）。

A．2%　　B．18%　　C．3%　　D．9%

7．根据哈罗德的分析，当有保证的增长率小于自然增长率时，将会出现（　　）。

A．短期经济扩张　　B．短期经济收缩　　C．长期经济繁荣　　D．长期经济停滞

8．可持续发展理论强调（　　）。

A．经济增长是第一位的　　B．后代人的利益是第一位的

C．当代人的利益是第一位的　　D．人与自然和谐统一

9．节能是实现（　　）的主要方式之一。

A．循环经济　　B．低碳经济　　C．持续服务产业　　D．知识经济

10．1999年1月欧元诞生，这标志着欧盟这个经济一体化组织已发展到（　　）阶段。

A．关税同盟　　B．共同市场

C．经济联盟　　D．完全的经济一体化

三、多项选择题

1．一国总体经济活动的短期波动称为（　　）。

A．经济周期　　B．季节变动　　C．商业周期　　D．商业循环

2．下列选项中，（　　）是经济周期的阶段。

A．繁荣　　B．衰退　　C．萧条　　D．复苏

3．在经济周期的扩张阶段，通常伴随着的现象有（　　）。

A．总需求增加　　B．产量增加　　C．失业率降低　　D．投资增加

4．劳动力数量增加的主要途径有（　　）。

A．人口增加　　B．人口就业率提高

C．劳动时间增加　　D．职业技能增强

5．下列选项中，（　　）是经济增长的因素。

A．资本增加　　B．劳动增加　　C．技术进步　　D．消费增加

6．主要依靠增加资本、劳动等生产要素投入来增加社会产品数量、推动经济增长的方式属于（　　）经济增长方式。

A．粗放型　　B．集约型　　C．外延型　　D．内涵型

7．下列影响经济增长的因素中，可归纳为技术进步的有（　　）。

A．就业人数　　B．资本存量　　C．规模经济　　D．资源配置改善

8．关于经济增长与经济发展之间关系的说法，正确的有（　　）。

A．经济增长是经济发展最基本的部分

B．经济增长是实现经济发展的手段和基础

C．经济增长必然会导致经济发展

D．两者是同一概念的两种表述

9．以下选项中，属于绿色经济的有（　　）。

A．生态农业　　B．循环工业

C. 持续服务产业　　　　D. 传统的单向线性经济

10. 下列选项中，(　　) 是国际经济一体化组织的形式。

A. 自由贸易区　　B. 关税同盟　　C. 共同市场　　D. 经济联盟

四、判断题

1. 经济周期表现为整体经济的短期波动。 (　　)
2. 一个完整的经济周期包括一个扩张阶段和一个收缩阶段。 (　　)
3. 经济扩张阶段通常伴随着通货膨胀。 (　　)
4. 经济周期的绝对长度总是相同的。 (　　)
5. 经济周期的成因是复杂的。 (　　)
6. 乘数–加速原理是由熊彼特提出的。 (　　)
7. 经济增长等同于经济发展。 (　　)
8. 经济增长表现为生产可能性曲线上的某一点沿曲线向上方移动。 (　　)
9. 可持续发展不仅重视经济增长，更追求经济发展的质量。 (　　)
10. 可持续发展强调在自然、经济和社会的平衡发展中提高人类生活质量。 (　　)

五、简答题

1. 简述经济周期的成因理论。
2. 经济增长的源泉是什么？
3. 经济发展与经济增长有何关系？
4. 怎样落实可持续发展？
5. 国际经济一体化组织的形式有哪些？

六、应用题

1. 利用互联网查阅有关资料，判断我国经济目前所处经济周期的具体阶段。
2. 了解你所在地区生态农业或循环工业的发展情况，写一篇调查报告。
3. 在同学中开展绿色消费调查，写一篇调查报告。

附　　录

经济学学习常用网站

数据查询网站

世界银行中文网站“数据－指标”栏目 （data.worldbank） 该栏目提供世界各国（地区）历年国内生产总值、人口总数、二氧化碳排量、贷款利率等各种数据，这些数据还可按图、表、地图等形式显示。	**国家数据库** （data.stats） 国家数据库提供我国各种统计数据的月度数据、季度数据、年度数据、普查数据、地区数据、部门数据，还提供部分其他国家的统计数据。
中国经济信息网 （cei） 中国经济信息网是由国家信息中心组建的、以提供经济信息为主要业务的专业性信息服务网站，提供宏观经济、行业经济、区域经济、法律法规等方面的动态信息、统计数据和研究报告。	**新浪财经－中国宏观经济数据** （finance.sina） **东方财富网－数据中心** （data.eastmoney）

财经新闻网站

东方财富网 （eastmoney）	中国经济网 （ce）	第1财经 （yicai）	和讯网 （hexun）

中国政府相关网站

国家发展和改革委员会（ndrc）	中国人民银行 （pbc）	中华人民共和国商务部（mofcom）	全国企业信用信息公示系统（gsxt.saic）

财经报纸、杂志官网

人民网财经频道 （finance.people）	ECO中文网 （ecocn）	每经网 （nbd）	世界经理人网站 （ceconline）

自测试卷及答案

A 卷及答案　　B 卷及答案

更新勘误表和配套资料索取示意图

说明 1：本书配套教学资料存于人邮教育社区（www.ryjiaoyu.com），资料下载有教师身份、权限限制（身份、权限需网站后台审批，参见示意图）。

说明 2：“用书教师”，是指为学生订购本书的授课教师。

说明 3：本书配套教学资料将不定期更新、完善，新资料会随时上传至人邮教育社区本书相应的页面内。

说明 4：扫描二维码可查看本书现有“更新勘误记录表”“意见建议记录表”。如发现本书或配套资料中有需要更新、完善之处，望及时反馈，我们将尽快处理！

更新勘误及意见建议记录表

咨询邮箱：13051901888@163.com

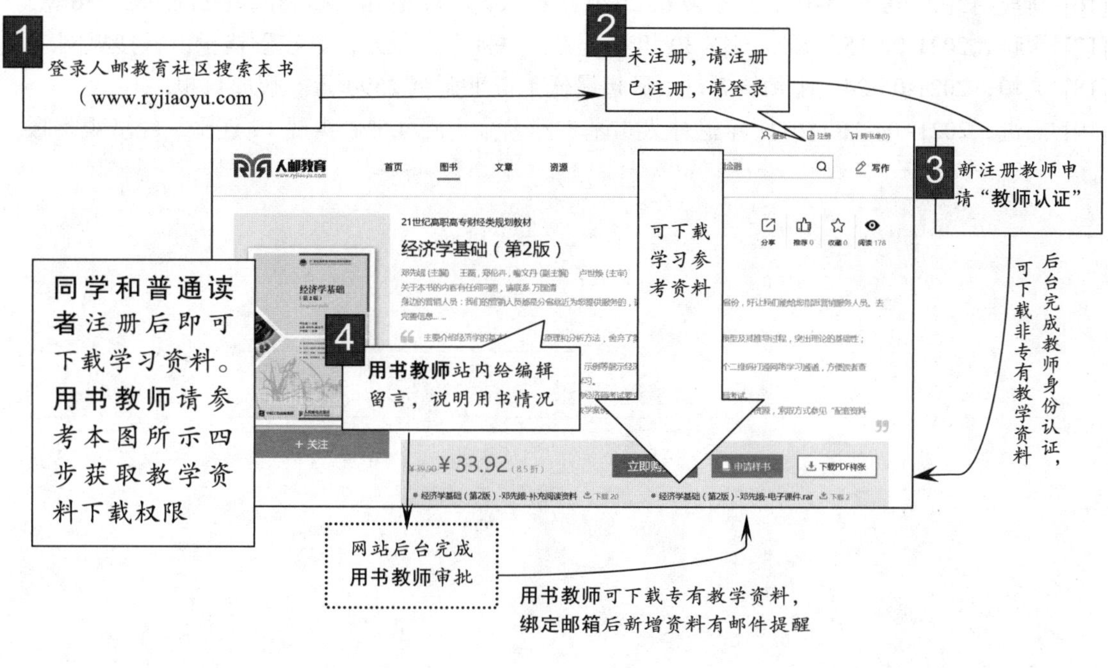

主要参考文献

[1] 高鸿业，1994. 私有制、科斯定理和产权明晰化. 当代思潮，(5).

[2] 高鸿业，2007. 西方经济学. 4版. 北京：中国人民大学出版社.

[3] 何善华，2006. 西方经济实训教程. 广州：暨南大学出版社.

[4] 贺水金，2007. 中、德两国恶性通货膨胀之比较研究. 社会科学，(8).

[5] 梁小民，2004. 西方经济学基础教程. 2版. 北京：北京大学出版社.

[6] 梁小民，2008. 微观经济学纵横谈. 北京：生活·读书·新知三联书店.

[7] 曼昆，2009. 经济学原理. 5版. 梁砾，译. 北京：北京大学出版社.

[8] 史蒂芬·列维特，史蒂芬·都伯纳，2007. 魔鬼经济学. 刘祥亚，译. 广州：广东经济出版社.

[9] 滕泰，2015-11-20. 供给侧改革开启经济新周期. 上海证券报.

[10] 方华，2013-02-25. 吴敬琏：市场的灵魂在于竞争. 金融时报.

[11] 谢诚，刘会玲，2019-01-11. 圆通与菜鸟联手 布局国际化发展战略. 证券日报.

[12] 谢丽聃，2018-12-07. 格兰仕集团多个品类同时跻身“2018年中国出口十强”. 齐鲁晚报.

[13] 徐世明，2019-02-21. 快去存钱！新年首月超9成银行一年定存利率上浮超30%. 中新经纬.

[14] 叶麦穗，2018-08-09. 利润暴降9成 管窥一个传统行业的没落. 21世纪经济报道.

[15] 正解局，2019-02-03. 收视率下降，没人看了？你们对春晚的力量一无所知. 百家号.

[16] 新浪财经，2021-03-19. 李宁发布2020年收入达144亿元，净利润近17亿元. 36氪.

[17] 深响，2021-02-15. 春晚广告39年变迁史：每秒百万千万，谁在砸钱抢占？搜狐网.

[18] 吴頔，2021-06-24. 上海：7月1日起最低工资上调至2590元. 解放日报.

[19] 田进，2021- 04-16. 2021年退休人员基本养老金上涨4.5% 实现17连涨. 经济观察报.